罗绕典集

［清］罗绕典 著

曾主陶 主编

刘时雨 副主编

第二册

岳麓書社 · 长沙

湖南省新闻出版发展基金会资助项目

总　目

第一册

◎奏折

第二册

◎题本

第三册

◎知养恬斋时文钞

第四册

◎知养恬斋试帖道光戊戌刊　　◎蜀槎小草

◎知养恬斋诗钞　　◎知养恬斋试帖道光甲辰刊

◎知养恬斋赋钞

第五册

◎黔南职方纪略　　◎补遗

◎附录　　◎罗绕典年表

目　录

目 录

题 本

题报护理贵州巡抚印务日期事 ………………………… 3

题为奉旨护理贵州巡抚印务谢恩事 …………………… 3

题报黔省福集等厂道光十九年四月至二十年三月收过
铅斤等各数事 ………………………………………… 4

题报道光二十五年黔省麦收分数事 …………………… 22

题为审理大定府夷人罗阿地戈因与邻居口角被斥伤毙
罗妈哄把一案依律拟绞监候请旨事 ………………… 24

题为审理安顺府民王正发因欲拿送究逃军周老银被斥
口角戳其身死一案依律拟绞监候请旨事 …………… 28

题为审理大定府民李发才因拒托代传口信争闹伤毙
王阿幺把一案依律拟绞监候请旨事 ………………… 33

题为审理黄平州僧人兴太因葬棺纠纷伤毙黄正品一案
依律拟绞监候请旨事 ………………………………… 36

题为审理正安州民刘世扬因胞兄刘世伦忤逆听从父命
殴跌其身死一案依律拟斩立决请旨事 ……………… 40

题为审理遵义县民刘金明因劝解夫妻口角被斥争殴
伤毙夏正杰一案依律拟绞监候请旨事 ……………… 47

题为审理定番州民张老五戳伤斥奸之吴阿红身死一案
依律拟绞监候请旨事 ………………………………… 51

题为审理安化县民刘正华因索欠纠纷伤毙族侄刘添禄

一案依律拟绞监候请旨事 …………………………………… 55

　题请以胡霖澍补授贵定县知县事 ………………………… 59

　题请曹廷勖承袭恩骑尉世职事 …………………………… 61

　题报道光二十二年黔省坡坳坂阶二厂抽获课砂课磺变价

银数请销事 …………………………………………………… 63

　题报道光二十四年黔省羊伍加河水银厂抽收折解及支销

饭食等项请销事 ……………………………………………… 65

　为承袭恩骑尉世职胡允清年已及岁题请验看事 ……… 66

　题为黎平府知府朱德璒报满请加衔留任事 …………… 67

2

　题为审理威宁州民普尔海因索还小刀未遂口角伤毙

劝解人陈式泰一案依律拟绞监候请旨事 ………………… 71

　题为审理遵义县民曹连兄弟因拒借贷被骂争殴伤毙胞叔

曹文华一案依律均拟斩立决请旨事 ……………………… 75

　题为审理镇远府民欧阳先日因索欠伤毙黄沅珠一案依律

拟绞监候请旨事 ……………………………………………… 83

　题为审理遵义县民王老六因查找烟袋争闹伤毙贾仕文一案

依律拟绞监候请旨事 ……………………………………… 84

　题为审理册亨州民邓泳溃踢伤伊妻李氏身死私埋匿报一案

依律拟绞监候请旨事 ……………………………………… 87

　题为审理永宁州民黄狗因少出酬神钱文起衅伤毙袁发甲

一案依律拟绞监候请旨事 ………………………………… 92

　题为审理桐梓县民令狐明帼因索欠钱起衅伤毙李明贤

一案依律拟绞监候请旨事 ………………………………… 95

　题为审理清镇县民余苗子因牛只践食包谷索赔纠纷故杀

族弟余老二一案依律拟斩监候请旨事 …………………… 99

　题报交卸贵州抚篆回任日期事 ………………………… 104

　题为普安直隶同知张瀚中苗疆俸满请旨加衔留任事 …… 105

　题为审理黔西州民张应租等图财伤毙杨金台等情一案

依律分别定拟请旨事 ·········· 108

　题为审理石阡府民王时顺因索欠谷起衅伤毙王泳才一案

依律拟绞监候请旨事 ·········· 117

　题为审理遵义县民妇彭穆氏因找补田价起衅勒毙夫嫂

彭邹氏图赖一案依律拟斩监候请旨事 ·········· 121

　题为奉旨署理贵州巡抚谢恩事 ·········· 125

　题为审理独山州民莫小应等撞奸共殴陆阿受身死一案

依律分别定拟请旨事 ·········· 126

　题为审理思州府民何三因索欠纠纷伤毙王沮赐一案依律

拟绞监候请旨事 ·········· 132

　题为审理正安州民韦三等因拉劝索欠伤毙张安一案依律

分别定拟请旨事 ·········· 136

　题为署遵义县事兴义县知县杨兆奎患病难以供职请开缺

回籍调理事 ·········· 140

　题为审理威宁州民陈上沅因索要工钱伤毙刘顺一案依律

拟绞监候请旨事 ·········· 142

　题为审理龙泉县民李七因债务纠纷伤毙刘朱氏一案依律

拟绞监候请旨事 ·········· 145

　题为审理威宁州民陈连受因被疑窃争闹伤毙周正伦一案

依律拟绞监候请旨事 ·········· 150

　题报归化厅斩犯陈应高在监病故日期事 ·········· 154

　题为审理安平县民曾思潘因索欠纠纷伤毙熊世字一案

依律拟绞监候请旨事 ·········· 156

　题为审理天柱县民杨嬉全等因债务纠纷共殴伤毙宋开益

一案依律分别定拟请旨事 ·········· 161

　题为奏销黔省道光二十八年驿站钱粮事 ·········· 165

　题为审理大塘州民妇熊金氏因被斥骂伤毙伊夫熊菖伦

一案依律拟斩立决请旨事 ·········· 167

题为审理安化县民萧登学等因阻越界砍柴争殴伤毙许罄溃一案依律分别定拟请旨事 …………………………… 172
题为审理荔波县民吴阿沦因吴阿闲坐歇碍路争闹将其伤毙一案依律拟绞监候请旨事 …………………………… 180
题为审理大定府民陈老二因卖马换银争闹伤毙胡小幺一案依律拟绞监候请旨事 …………………………… 184
题为审理水城厅民俞秋坝因被索欠钱起衅伤毙蒋小四一案依律拟绞监候请旨事 …………………………… 188
题参湖北随州祝林总州同刘鉁等员疏防限满赃贼未获事 …… 192
题为审理归州民向青河殴伤伊妻谭氏身死一案依律拟绞监候请旨事 …………………………… 194
题为审理随州贼犯张九等行窃张登贵家时行强奸污妇女一案依律分别定拟请旨事 …………………………… 197
题为审理襄阳县民李正发因牛践食山草纷争伤毙杨兆碌一案依律拟绞监候请旨事 …………………………… 199
题为安陆县童生陈学贵等员捐修文庙工程请旨奖叙事 …… 204
为据署布政使骆秉章详称湖北被水成灾直隶分拨恩赏内帑银三十万两于道光二十九年八月二十四日到司又陕西拨十六万两山东拨八万两长芦盐政拨六万两均如数兑收供支抚赈之用具题前来理合具题事 …………………………… 207
题为审理利川县民邱沅升因钱文纠纷故杀堂叔邱维斌一案依律拟绞监候请旨事 …………………………… 213
题为审理兴山县民简平忠因地界纠纷伤毙族叔简受裁一案依律拟绞监候请旨事 …………………………… 221
题为审理宜城县民尚三因被索欠债伤毙石正沅一案依律拟绞监候请旨事 …………………………… 224
题为恭报交送抚篆日期事 …………………………… 227
题参云南河阳县民宅被贼行劫银物一案内疏防武职

官员事 ················· 228

题请以俞良杰升补云南永昌府分防龙陵同知事 ········· 229

题请核销滇省云州顺宁县咸丰二年拨运缅宁厅仓兵粮

用过运脚银两事 ·············· 231

题请罕恩泽承袭云南顺宁府属耿马宣抚司事 ········· 234

题请庆瑞升补贵州铜仁协副将事 ············ 235

题参贵州永宁州民罗发被人殴伤身死失去衣物一案内

疏防武职官员事 ············· 236

题为请销采买云南普洱镇不敷兵粮价脚银两事 ······ 238

题为循例筹办云南昭通镇咸丰元年至咸丰三年兵粮

以资储备事 ··············· 244

题为循例采买云南腾越镇龙陵营兵丁咸丰元年至咸丰

三年不敷兵粮事 ············· 247

题请报销云南各标镇协营咸丰二年恤赏兵丁银两事 ····· 250

为贵州松桃协右营游击达冲阿身健技优保题留任事 ····· 251

题为报销咸丰元年黔省兵丁差费银两事 ········· 252

为护贵州下江营游击事台拱营左军守备褚玉奉

于咸丰三年十月初三日在署任病故具疏题报事 ····· 254

题报檄委台拱营参将彭长春署理广定协副将事 ····· 255

题请准以沈绍裘承袭云南广南府属土富州知州事 ····· 256

题为盘查贵州各标镇协营咸丰三年旗帜军火等项事 ····· 258

为原任云南禄丰汛把总李敏等员疏防限满赃贼未获

题请参处事 ··············· 259

为云南广西营分防弥勒汛左哨二司把总速锐并护该营

游击事门国安疏防限满承缉不力题请参处事 ····· 261

为调署贵州提标右营守备事永安协右营守备李焕林精力

尚健保题留任事 ············· 263

题为奏销云南各标镇协营咸丰二年动支公费银两事 ····· 264

题报署贵州古州镇总兵印务上江协副将哈达古吉拉丁忧事
………………………………………………………………… 268

题请鄂清护理贵州松桃协副将并文英调署平远协副将事
………………………………………………………………… 269

题报云南开化镇标右营阵亡把总议给云骑尉请伊其子
袭职事 …………………………………………………………… 270

题报贵州平越州民人银物被抢疏防限满未获盗贼知州
外委参劾事 …………………………………………………… 271

题报云南禄劝州世职恩骑尉年已及岁请发标营学习事 … 273

题报贵州永宁州沙营长官司土官病故其子年已及岁
请袭职事 ……………………………………………………… 274

为云南昭通镇标中营守备员缺请以云南抚标左营右哨
千总张得权升补会疏题请事 ………………………………… 275

为云南普洱镇右营游击员缺请以云南腾越镇左营都司
怀唐阿升补会疏题请事 ……………………………………… 276

为咸丰三年滇省各标镇协营一切军械钱粮马匹等项照例
委员盘查均系实贮无亏分别造册送部具疏保题事 ………… 278

为云南抚标右营守备员缺请以云南大理城守营分驻
宾川汛右哨千总李占先升补恭疏具题事 …………………… 279

为云南东川营右军守备员缺请以出师永昌打仗著绩之
龙陵营左哨千总罗勋臣升补会疏题请事 …………………… 280

题请以王秀毓升补云南景东直隶厅同知事 ……………… 281

为贵州普安营存城右哨外委伍齐禄等员疏防限外获犯
题请参处事 …………………………………………………… 284

为云南维西协中军都司员缺查有拣发都司阿克敦布堪以
题补事 ………………………………………………………… 285

为原任云南腾越镇左营把总毕云礼奉派带兵剿捕腾越
边外野夷受伤身故议给云骑尉世职由长子毕万年承袭后

以年老革退随营仍留世职前颁给敕书因悬供家堂焚香供奉

年久绳朽坠入香炉内被烧毁题请补颁案事 ……………………… 287

题请以杨怀远补授贵州松桃协右营守备事 ……………… 288

题请核销黔省标镇协营咸丰元年应需公费银两动支各项

银数事 ………………………………………………………… 289

为贵州清江协右营游击那丹珠五年俸满考验该员才识

干练地方静谧并无违罚案件循例报满会疏保题事 …… 292

题报贵州思南营游击陈师诚病故事 ……………… 293

题请核销滇省腾越龙陵二厅镇营咸丰三年等兵米不敷

采买完仓用过银两数目事 ……………………………… 294

题请以汤兰亭调补贵州清江协左营都司吴世斌调补

仁怀营都司事 ………………………………………… 298

题参贵州瓮安县民张溁洸被贼抢夺银两拒伤一案内疏防

武职官员事 …………………………………………… 299

为贵州大定协右营守备王连忠现年六十三岁例应甄别

验得该员精力未衰堪以保题留任会疏题请事 ………… 301

题报咸丰三年贵州各标镇协营官兵马匹及朋桩皮脏银两

管收除在数目事 ……………………………………… 302

题为奏销滇省咸丰三年兵马钱粮事 ……………… 304

题请核销滇省镇沅等厅县咸丰三年采买不敷兵米用过

银两数目事 …………………………………………… 310

题请核销滇省昭通等府厅县咸丰三年采买不敷兵米用过

银两数目事 …………………………………………… 315

为原署云南楚雄协把总毕万春出师维西打仗阵亡议给

云骑尉世职查有曾孙毕隽保例应接袭取具宗图册结会疏

题请事 ……………………………………………… 320

为顺治年间殉节之云南曲靖卫指挥王寿彭八世孙请袭

恩骑尉世职取具宗图册结会疏题请事 ……………… 322

为署贵州安顺城守营分防白老虎汛左哨二司把总事提标

前营武举程永昌等员疏防限满赃贼未获题请参处事 ………… 323

　为署贵州贵阳城守营右哨二司把总事郝懋修并署

贵阳城守营游击事图塔纳疏防限满赃盗未获题请参处事 ……… 325

　题报署云南维西协中军都司事右营守备马霄汉病故事 … 327

　题请钟大荣调补贵州丹江营左军守备并王万年调补

思南营守备事 ………………………… 327

　题参云南临元镇标分防宁州汛左哨二司把总陈思义等员

疏防客民朱怀被贼行窃一案限满无获事 ……… 328

　题请核销滇省云州顺宁县咸丰三年拨运缅宁厅不敷兵米

用过脚价银两事 ……………………… 330

　题请以杨名高升补贵州铜仁协右军守备事 ………… 332

　题请以邓国煊补授云南开化府分防安平同知事 ……… 333

　题报咸丰三年贵州各标镇协营经制原设额数并裁汰增添

安塘存营实在兵丁马匹各数目事 ……………… 336

　为署贵州永安协左营分防上挂汛把总顾玉梁等员疏防

限满赃贼未获题请参处事 …………… 338

　为代防云南临元镇标右营江川汛右哨千总事马登洲等员

限满逸犯未获题请参处事 ……………… 339

　题请王兴邦补授贵州安义镇标左营守备事 ……… 341

　题报咸丰三年云南各标镇协营原设额数及裁汰增添调拨

换防实在兵丁马匹数目事 …………… 343

　题报署贵州天柱营都司事长寨营左军守备吴登发病故事

……………………………… 344

　题请以刘廷谞补云南东川府分防巧家同知事 ………… 345

8

题　本

单敏捷　整理

题报护理贵州巡抚印务日期事

道光二十五年六月初九日

护理贵州巡抚印务布政使司布政使臣罗绕典谨题：为恭报微臣护理巡抚印务日期仰祈圣鉴事。

窃照抚臣贺长龄钦奉上谕，补授云贵总督，遵旨赴京请训，奏委臣护理抚篆。于道光二十五年五月二十九日，将钦颁道字三十号、贵州巡抚银关防一颗、王命旗牌八面杆、圣谕、上谕、书籍并一切文卷等项，委令贵阳府知府周作楫、署抚标中军参将存住赍送到臣，当即恭设香案，望阙叩头谢恩，接受护理。所有微臣护理巡抚印务日期，理合恭疏题报，伏乞皇上圣鉴，敕部查照施行。为此具本，谨具题闻。

道光二十五年六月初九日，护理贵州巡抚印务布政使司布政使臣罗绕典。

朱批：该部知道。

题为奉旨护理贵州巡抚印务谢恩事

道光二十五年六月初九日

护理贵州巡抚印务布政使司布政使臣罗绕典谨题：为恭谢天恩事。

窃照抚臣贺长龄钦奉上谕，补授云贵总督，遵旨赴京请训，奏明将贵州巡抚印务交臣护理，臣当即恭设香案，望阙叩头谢恩，祗领任事。伏念黔省为苗疆重地，巡抚有统辖文武、绥靖地方之责，臣以庸愚，膺兹巨任，抚躬循省，实切悚惶，惟有随时随事。矢勤矢慎，勉力妥办，以冀仰报高厚鸿慈于万一。除接印护理日期另疏题报外，所有微臣感激下忱，理合恭疏题谢，伏乞皇上圣鉴施行。为此具本，谨具题闻。

道光二十五年六月初九日，护理贵州巡抚印务布政使司布政使臣罗绕典。

朱批：该部知道。

4

题报黔省福集等厂道光十九年四月至二十年三月收过铅斤等各数事

道光二十五年六月二十九日

护理贵州巡抚印务布政使司布政使臣罗绕典谨题：为详明筹办厂务等事。

案准前抚臣贺长龄移交臣：前于布政使任内详称，窃查黔省各厂抽收买运课余铅斤，用过工本、水陆脚费，并获息银两，例应按年造册报销。自道光十八年四月起，至十九年三月以前厂务，业经汇总报销在案，自应接续造报。

兹准贵溪道将水城通判属福集厂，威宁州属莲花、倮纳、柞子等厂，自道光十九年四月起至二十年三月底止，收买铅斤支销工本、水陆脚费等项银分晰造册移送前来。

该署司按册覆核：旧管项下，道光十九年三月底存剩工本、脚费银六十七万九千六百四十一两三钱九分六厘一毫六丝五忽五微，存汉口销售扣回工本、脚费银两无项，存永宁局销售四川采买白铅扣回工本、脚价银九千三十二两三钱五分五厘，存柞子厂收买未运商余黑铅一万二千三百二十六斤五两八钱三分九厘，存永宁局毛白余铅三百五十七万二千七百一斤十二两九钱二厘七毫，存永宁局净白黑铅七百九十七万零八百二十一斤十四两五钱六分。又，存莲花厂未运亦未变价毛白课铅三斤零一钱三分五厘，兴发厂未运毛白课铅六千三百六十五斤九两四钱六分二厘。

新收项下，一收奉部拨湖南委员试用知县杨家麟管解辛丑年协黔铅本银十万两，江西委员龙泉县左安司巡检汪绍林管解辛丑年协黔铅本银六万六千两，贵溪县上清司巡检谢树纶管解辛丑年协黔铅本银六万五千三百四十九两七钱零三厘。又收遵奉部咨扣除委员林经光在直隶坐粮厅库借领车脚银二千两，又提出扣存委员曹敦锜、王兆俊二员应缴余铅关税银八十九两七钱七分七厘，又提出道光十八年分续收委员仇效忠解缴沿途借款银三百八十四两八钱零三厘五毫，谭炜解缴银四十两零九钱六分四厘，庞霖解缴银九百八十四两六钱五分，王兆俊扣缴银一千八百四十六两八钱三分六厘，朱寿准解缴银六百三十八两零一分九厘，曹敦锜扣缴银四百九十六两八钱八分九厘，共银四千三百九十二两一钱六分二厘。查委员曹敦锜、王兆俊二员应缴余铅关税银八十九两七钱七分七厘，又收委员林经光在直隶坐粮厅库借领车脚银二千两，均经照数收入铅斤工脚项下应用，汇入请拨辛丑年铅本文内声明，饬令协拨省分在于应拨来黔银内照数划扣，汇同车价等银，就近分别拨解，奉部覆准在案。

又，查黔省委解铅斤，历运各员沿途借支各省水脚劳费等项银两，均系于该委员等回黔报销后，核实欠解银数，饬行解缴齐全，拨入铅本款内应用，造入厂务新收项下开报，并将收明银两缘由先行咨部查核。如未经解缴齐全，遇有事故离黔，亦俟详咨着追未完银两时，再将收存银两报拨详咨。

嗣奉部咨，查从前运铅各员沿途借支银两，凡遇完缴在黔，均据收入铅斤工脚项下应用，从未划除报拨，是以铅本存款日积月累，为数较多。国家经费有常，未便久任虚积，应仍咨转饬，即将历年各运完存铅斤工脚项下银两作速查明确数，拨充下年铅本，并将查出数目先行报部查覆。当查道光六年三月以前各员全完银两，均经收存铅本款内，造入各年厂务报销册内新收项下，接流开报，应请毋庸重行扣拨，以省繁冗。其零星扣收未经报拨，及道光六年四月以后陆续扣存银两三钱六分八厘四毫三丝三忽三微，自应遵照部咨，拨充铅本抵用。随将收存各员银两数目开具清折，详请咨报，奉部覆准照数提出，拨抵甲午年铅本案内支用在案。所有道光十八年分陆续扣存委员仇效忠等应缴沿途借支水脚等项银四千三百九十二两一钱六分二厘，业于请拨辛丑年铅本银二十三万七千八百三十一两六钱四分二厘数内，连扣缴关税车脚等银，一并声明抵正支用，奉部覆准，实只拨解协黔银二十三万一千三百四十九两七钱零三厘。今应将各员扣缴关税借款银两照数提出，造入新收项下，以符该年实需应拨铅本。

以上新收共银二十三万七千八百三十一两六钱四分二厘，管收共银九十二万六千五百零五两三钱九分三厘一毫六丝五忽五微。

用银收买课余铅斤，一道光十九年四月起至二十年三月底，妈姑厂收买九成余白铅八万五千零五十斤，又收买凑补羊角厂礁炉被淹缺额九成商余白铅一百七十一万八千三百一十斤十二两四钱八分，新发厂收买九成余白铅一十四万一千七百五十斤，又收买凑补该厂礁炉被淹缺额九成商余白铅六万七千二百二十五斤一两八钱六分二厘，共铅二十万八千九百七十五斤一两八钱六分二厘，白岩厂收买九成余白铅五万九千五百三十五斤，马街厂收买九成余白铅七十九万零一百五十七斤十五两五钱二分，倮纳厂收买九成余白铅七万二千零五十六斤四两，黑泥厂收买九成余白铅十三万一千五百二十五斤，三家湾厂收买九成余白铅一十四万六千四百七十五斤，共收买余白铅三百三十一万二千零八十五斤一两八钱六分二厘。每百斤照题定价值九八平银一两五钱，折库平银一两四钱七分，共用九八平银四万九千六百八十一两二钱七分七厘，折库平银四万八千六百八十七两六钱五分一厘。又每百斤照奏定加增工本九八平银三钱，折库平银二钱九分四厘，共用九八平银九千九百三十六两二钱五分五厘，折库平银九千七百三十七两五钱三分。

一、福集厂自道光十九年四月起至二十年三月底，共收买九成余白铅一百三十五万零八百一十七斤十二两八钱一分二厘，每百斤照题定价值九八平银一两四钱，折库平银一两三钱七分二厘，共用九八平银一万八千九百一十一两四钱四分九厘，折库平银一万八千五百三十三两二钱二分。又每百斤照奏定加增工本九八平银三钱，折库平银二钱九分四厘，共用九八平银四千零五十二两四钱五分三厘，折库平银三千九百七十一两四钱零四厘。合计妈姑、羊角、新发、白岩、马街、倮纳、黑泥、三家湾、福集等厂共收买余白铅四百六十六万二千九百零二斤十四两六钱七分四厘，共用过原定工本库平银六万七千二百二十两八钱七分一厘，用过加增工本库平银一万三千七百零八两九钱三分四厘。查妈姑、福集二厂因开采年久，原定收买价银不敷炉民烧炼工本，业经奏明每百斤加增工本银三钱，其加价银两毋庸另请筹款，即于京运委员三两水脚节省银内动支，并于乾隆五十四年正月起照数加增收买在案。又查妈姑、福集等厂用过原定工本库平银六万七千二百二十两零八钱七分一厘，应于收存铅斤工本银内开除，用过加增工本库平银一万三千七百零八两九钱三分四厘，应于京运委员三两水脚节省银内动支。是以分款登注，以便核计铅斤工本及扣解各员节省水脚各清案款，不致混淆。

一、道光十九年四月起至二十年三月底，妈姑、羊角、新发、白岩、马街、倮纳、黑泥、三家湾、福集等厂共抽课铅五十一万八千一百零三斤五两三钱二分一厘，内除买入余铅项下变价支给人役工食课铅四万五千七百八十六斤十两六钱六分六厘，用过原定工本库平银六百七十三两零一分四厘，应于收存铅斤工本款内开除，用过加增工本库平银一百三十四两六钱一分三厘，应于京运委员三两水脚节省银内动支，是以分款登注各清案款。又除拨入余铅项下充饷课铅四十七万二千三百一十三斤十两五钱二分，实存厂未收买课铅三斤零一钱三分五厘。查妈姑、福集等厂实因开采年久，洞老山空，厂势衰微，炉户疲乏，出铅不敷额运。于道光八年十月内议：请援照滇省铜课之例，暂减一成课铅，俾炉民借资补苴，赔贴无多，则威水两厂庶免停炉，短课俟厂地丰旺、炉民力量稍宽，正额不致短少，再当照旧二成抽课。奏奉谕旨允准，即以道光九年春季起酌议声请，予限五年，照数减抽一成课铅，以纾厂力。嗣因各厂仍无起色，难以归复二成课额，于道光十四年、十九年节次咨准部覆，展限在案。

一、柞子厂自道光十九年四月起至二十年三月底，共收买本厂余黑铅四万五千八百四十斤，又收买凑运商余黑铅七千斤，共收买商余黑铅五万二千八百四十斤，每百斤照题定价值库平银一两五钱，共用库平银七百九十二两六钱。又柞子厂自道光十九年四月起，至二十年三月底，共抽课秤毛黑铅一万二千四百七十斤二两八钱二分七厘六毫，内除拨支各营操演沿二千零六十七斤，又拨运省局备供下游各营操演及出师仁怀缺补共铅七千斤，实拨入余铅项下充饷课秤黑铅三千四百零三斤二两八钱二分八厘。用银发运课余铅斤，一道光十九年四月起至二十年三月底，妈姑、羊角、新发、白岩、马街、俫纳、黑泥、三家湾、福集、柞子等厂共发运白黑课余净铅四百九十九万一千二百八十八斤十二两八钱一分八厘，共用过原定脚价库平银七万四千六百六十八两八钱五分五厘，用过加增运脚库平银五千一百七十五两六钱九分五厘。查妈姑、羊角、新发、白岩、马街、俫纳、黑泥、三家湾、福集、柞子等厂发运铅斤，用过原定脚价库平银七万四千六百六十八两八钱五分五厘，应于收存铅斤脚价银内开除造报，其马街、俫纳、黑泥、三家湾等厂用过加增运脚库平银五千一百七十五两六钱九分五厘，应于京运委员三两水脚节省银内动支，是以分款登注。查威宁州属莲花老厂衰微，采获俫纳等处子厂，运道较远，原定脚价不敷，请将各子厂所出铅斤酌量加增三站脚价所需银两无须另筹，即于京运委员三两水脚项下动支具题。部覆：开采各子厂准加增三站脚费。即于嘉庆四年秋季起，照数给领，至二十年止，因三站运脚历年均有浮销，业经查明另案议赔。其马街、倮纳、黑泥、三家湾等厂加增运脚，均遵照嘉庆二十一年查明程站，据实支销。又查旧存厂未运商余毛黑铅一万二千三百二十六斤五两八钱三分九厘，应存永宁局等处课余毛白铅三百五十七万九千零七十斤六两四钱九分九厘七毫，又存永宁局净白黑铅七百九十七万零八百二十一斤十四两五钱六分，三共旧存厂及运存永宁局毛净白黑铅一千一百五十六万二千二百一十八斤十两八钱九分八厘七毫。又抽收课余白黑毛铅五百二十三万七千二百四十六斤六两六钱八分七厘，共新旧课余毛净白黑铅一千六百七十九万九千四百六十五斤一两五钱八分五厘七毫。内除上年应存永宁局毛白余铅三百五十七万二千七百零一斤十二两九钱零二厘七毫，又除净白黑铅七百九十七万零八百二十一斤十四两五钱六分，又除新运永宁局净白黑铅四百九十九万一千二百八十八斤十二两八钱一分八厘，又除折耗白黑铅二十四万九千五百六十四斤七两零四分一厘，实存妈姑厂未运课毛白铅三斤零一钱三分五厘。柞子厂未运商余毛黑铅八千七百一十九斤八两六钱六分七厘，兴发厂毛白课铅六千三百六十五斤九两四钱六分二厘，一自永宁转运辛丑年上运白铅一百九十二万零九百五十七斤，又加运白铅二十七万五千斤，又带解工部己亥年下运净黑铅五万八千三百八十斤四两六钱七分，又添办净黑铅一万五千斤，又带解辛丑年上运营操黑铅一万五千斤，又辛丑年下运白铅一百九十二万零九百五十七斤，又加运白铅二十七万五千斤，又带解工部庚子年上运净黑铅五万八千三百八十斤四两六钱七分，又添办黑铅一万五千斤，又带解辛丑年下运营操黑铅一万五千斤，共白黑铅四百五十六万八千六百七十五斤十三两三钱四分。每百斤奉部拨给水脚银三两，共拨银一十三万七千零六十两二钱七分五厘，内除自通州至京车价银五千八百四十七两九钱零五厘，已由直隶省就近拨解通州坐粮厅通济库存贮，俟委员到彼，给发领办。又除奉部议分拨湖北省存贮支发银一万零一百八十九两一钱二分，江宁省存贮支发银七千九百六十四两九千八分八厘，分别给与运官执照领用外，实应拨解黔省银一十一万三千零五十八两二钱六分二厘。查由永宁转运京局铅斤，奉部拨给水脚银一十一万三千零五十八两二钱六分二厘，内有节省若干之处，应俟各员事竣，于报销用过水脚银两册内声明咨部查核。今应照依原题，仍照每百斤给银三两造报，总计用过工本水路缴费银五十七万五千四百三十二两八钱九分四厘，内除加增工本银一万三千八百四十三两五钱四分七厘，加增脚价银五千一百七十五两六钱九分五厘，统于前款京运委员三两水脚节省银内招数扣除。抵完前项加价用款，余银招数拨入公费应用，毋庸再列用款开除外，实用工本脚费银二十五万六千四百一十三两六钱五分二厘，实存剩工本脚费银六十七万零九十一两七钱四分一厘一毫六丝五忽五微。

一、开除项下委员清镇县王畲办运宝泉、宝源两局辛丑年上运一起净白铅九十六万零四百七十八斤八两，又加办白铅一十三万七千五百斤，又带解工部己亥年下运净黑铅二万九千一百九十斤七两三钱三分五厘，又添办黑铅七千五百斤，又带解辛丑年上运营操黑铅七千五百斤，共正加白黑铅一百一十四万二千一百六十八斤十五两三钱三分五厘，内拨福集厂运存永宁局净白余铅二十万斤，羊角厂运存永宁局净白余铅八十九万七千九百七十八斤八两，柞子厂运存永宁局净黑铅四万四千一百九十斤七两三钱三分五厘。又委员桐梓县尹思敬办运宝泉、宝源两局辛丑年上运二起净白铅一十三万七千五百斤，又带解工部己亥年下运净黑铅二万九千一百九十斤七两三钱三分五厘，又添办黑铅七千五百斤，又带解辛丑年上运营操黑铅七千五百斤，共正加白黑铅一百一十四万二千一百六十八斤十五两三钱三分五厘，内拨福集厂运存永宁局净白余铅二十万斤，羊角厂云存永宁局净白铅七十三万斤，新发厂运存永宁局充饷净白课铅一十六万七千九百七十八斤八两，柞子厂运存永宁局净黑铅四万四千一百九十斤七两三钱三分五厘，又委员署都江通判夏廷燮办运宝泉宝源两局辛丑年下运一起净白铅九十六万零四百七十八斤八两，又加办白铅一十三万七千五百斤，又带解工部庚子年上运净黑铅二万九千一百九十斤七两三钱三分五厘，又新添办黑铅七千五百斤，又带解辛丑年下运营操黑铅七千五百斤，共正加白黑铅一百一十四万二千一百六十八斤十五两三钱三分五厘，内拨福集厂运存永宁局净白余铅二十万斤，新发厂运存永宁局充饷净白课铅四万斤，马街厂运存永宁局净白余铅七十五万斤，倮纳厂运存永宁局净白余铅六万斤，黑泥厂运存永宁局净白余铅四万七千九百七十八斤八两，柞子厂运存永宁局净黑铅四千四千一百九十斤七两三钱三分五厘。又委员清江通判周潞办运宝泉、宝源两局辛丑年下运二起净白铅九十六万零四百七十八斤八两，又加办白铅一十三万七千五百斤，又带解工部庚子年上运净黑铅二万九千一百九十斤七两三钱三分五厘，又添办黑铅七千五百斤，又带解辛丑年下运营操黑铅七千五百斤，共正加白黑铅一十四万二千一百七十八斤十五两三钱三分五厘，内拨福集厂运存永宁局净白余铅二十万斤，黑泥厂运存永宁局净白余铅一十七万斤，三家湾厂运存永宁局净白余铅一十三万斤，羊角厂运存永宁局充饷净白课铅五十七万七千九百七十八斤八两，新发厂运存永宁局充饷净白课铅二万斤，柞子厂运存永宁局净黑铅四万四千一百九十斤七两三钱三分五厘，又妈姑等厂共兑交京运委员折耗白铅二十一万九千五百九十五斤十一两二钱，折耗黑铅八千八百三十八斤一两四钱六分七厘，用工本、脚价银两，业于节年报销册内收买发运项下汇册造报在案，均毋庸重赘再查。妈姑、福集等厂每年办运京楚铅斤，从前系将厂办毛铅轻重配搭发运永宁局，照每百斤加耗铅五斤兑交，委员接收转运。京铅由委员在重庆镕净，解京楚铅则在汉口镕净售卖。其应需镕化火工、官役养廉、工食房租等项，京运系于原动三两水脚银内开销，楚运则于售获铅价银内动用。嗣奉部奏明：贵州办运铅斤，亦照湖南之例，在于本厂镕净，五十斤一块，再行起运解京，以免委员借口，又可节省耗铅脚价，当经详请咨明。以乙卯年上运为始，兑交净铅，领运所有各厂铅斤，请即以乾隆五十八年正月初一日起，由厂镕净，发运永宁局供兑。其所需一切镕工、炭煤、工食等项银两，无需另行筹款，京运仍于三两水脚银内动支，楚运仍于售获铅价银内销算，并于京楚各员报销册内分晰声明造报，奉部覆准在案。

一、四川采买酌拨白岩等厂净白余铅二十六万六千六百六十六斤十两六钱六分七厘，共卖获价银一万二千三百一十九两一钱四分四厘。除归还原动工本、脚价、火工等项库平银九千零三十二两三钱五分五厘，实获余息银三千一百零六两七钱八分九厘。查川省采买铅斤，向系在于妈姑厂工本款内动支收买，发运永宁局销售，即于售获铅价银内将用过工本脚价照数声明收入铅斤工脚项下汇册造报，所获余息照数收入余息册内报查。实在项下存剩工本脚费银六十七万零九十一两七钱四分一厘一毫六丝五忽五微，存汉口销售扣回工本、脚价银两无项，存永宁局销售四川采买白铅扣回工本脚费银九千零三十二两三钱五分五厘。又道光十九年三月底存剩余息银五万一千六百二十二两五钱六分四厘，新收余息银三千一百零六两七钱八分九厘，管收共银五万四千七百二十九两三钱五分三厘，内除支给奏销饭食、办理铅务官役养廉、工食、夫马盘费等项银二千六百五十五两六钱九分三厘，又存柞子厂收买未运商余黑铅八千七百一十九斤八两六钱六分七厘，妈姑、羊角、新发、白岩、马街、倮纳、黑泥、三家湾、福集、柞子等厂共运存永宁局毛白余铅三百五十七万二千七百零一斤十二两九钱零二厘七毫，又存永宁局净白黑铅八百一十二万六千七百六十八斤三两三钱七分一厘，莲花厂抽收存厂未运课毛白铅三斤零一钱三分五厘，兴发厂抽收存厂未运课毛白铅六千三百六十五斤九两四钱六分二厘。理合备造管、收、除、在四柱清册请查核具题。等情。前抚臣贺长龄未及核题，移交到臣。

该臣看得：各厂抽收课余铅斤用过工本水陆脚费，并获息银两，例应按年造册报销。

臣前于布政使任内详称，水城通判属福集厂，威宁州属莲花、倮纳、柞子等厂，自道光十八年四月起，至二十年三月底，收买铅斤，支销工本、水脚费等项银两各数目：旧管项下，道光十九年三月底存剩工本、脚费银六十七万九千六百四十一两三钱九分六厘一毫六丝五忽五微，存汉口销售扣回工本脚费银两无项，存永宁局销售四川采买白铅扣回工本脚价银九千三十二两三钱五分五厘，村柞子厂收买未运商余黑铅一万二千三百二十六斤五两八钱三分九厘，存永宁局毛白余铅三百五十七万二千七百一斤十二两九钱二厘七毫，存永宁局净白黑铅七百九十七万零八百二十一斤十四两五钱六分，又存莲花厂亦未变价毛白课铅三斤零一钱三分五厘，兴发厂未运毛白铅六千三百六十五斤九两四钱六分二厘。

新收项下，一收奉部拨湖南委员试用知县杨家麟管解辛丑年协黔铅本银十万两，江西委员龙泉县左安司巡检汪绍休管解辛丑年协黔铅本银六万六千两，贵溪县上清司巡检谢树纶管解辛丑年协黔铅本银六万五千三百四十九两七钱零三厘，总共解黔银二十三万一千三百四十九两七钱零三厘。又收遵奉部咨扣除委员林经光在直隶坐粮厅库借领车脚银二千两，又提出扣存委员曹敦锜、王兆俊二员应缴余铅关税银八十九两七钱七分七厘，又提出道光十八年分续收委员仇效忠解缴沿途借款银三百八十四两八钱零三厘五毫，谭炜解缴银四十两零九钱六分四厘，庞霖解缴银九百八十四两六钱五分，王兆俊扣缴银一千八百四十六两八钱三分六厘，朱寿准解缴银六百三十八两零一分九厘，曹敦锜扣缴银四百九十六两八钱八分九厘，共银四千三百九十二两一钱六分二厘。查委员曹敦锜、王兆俊二员应缴余铅关税银八十九两七钱七分七厘，又收委员林经光在直隶坐粮厅库借领车脚银二千两，均经照数收入铅斤工脚项下应用，汇入请拨辛丑年铅本文内声明，饬令协拨省分在于应拨来黔银内照数划扣，汇同车价等银，就近分别拨解，奉部覆准在案。

又，查黔省委解铅斤历运各员沿途借支各省水脚劳费等项银两，均系于该委员等回黔报销后，核实欠解银数，饬行解缴齐全，拨入铅本款内应用，造入厂务新收项下开报，并将收明银两缘由先行咨部查核。如未经解缴齐全，遇有事故离黔，亦俟详咨着追未完银两时，再将收存银两报拨详咨。嗣奉部咨，查从前运铅各员沿途借支银两，凡遇完缴在黔，均据收入铅斤工脚项下应用，从未划除报拨，是以铅本存款日积月累，为数较多。国家经费有常，未便久任虚积，应仍咨转饬，即将历年各运完存铅斤工脚项下银两作速查明确数，拨充下年铅本，并将查出数目先行报部查覆。当查道光六年三月以前各员全完银两，均经收存铅本款内造入各年厂务报销册内新收项下，接流开报，应请毋庸重行扣拨，以省繁冗。其零星扣收未经报拨，及道光六年四月以后陆续扣存银两，通盘核计共收过银三万五千零六十六两三钱六分八厘四毫三丝三忽三微，自应遵照部咨拨充铅本抵用。随将收存各员银两数目开具清折详请咨报，奉部覆准，照数提出拨抵甲午年铅本案内支用在案。所有道光十八年分陆续扣存委员仇效忠等应缴沿途借支水脚等项银四千三百九十二两一钱六分二厘，业于请拨辛丑年铅本银二十三万七千八百三十一两六钱四分二厘数内，连扣缴关税、车脚等银，一并声明抵正支用。奉部覆准，实只拨解协黔银二十三万一千三百四十九两七钱零三厘，今应将各员扣缴关税借款银两照数提出造入新收项下，以符该年实需应拨铅本。

以上新收共银二十三万七千八百三十一两六钱四分二厘，管收共银九十二万六千五百零五两三钱九分三厘一毫六丝五忽五微。

用银收买课余铅斤，一道光十九年四月起至二十年三月底妈姑厂收买九成余白铅八万五千零五十斤，又收买凑补羊角厂礁炉被淹缺额九成商余白铅一百七十一万八千三百一十斤十二两四钱八分，新发厂收买九成余白铅一十四万一千七百五十斤，又收买凑补该厂礁炉被淹缺额九成商余白铅六万七千二百二十五斤一两八钱六分二厘，共铅二十万八千九百七十五斤一两八钱六分二厘，白岩厂收买九成余白铅五万九千五百三十五斤，马街厂收买九成余白铅七十九万零一百五十七斤十五两五钱二分，倮纳厂收买九成余白铅七万二千零五十六斤四两，黑泥厂收买九成余白铅十三万一千五百二十五斤，三家湾厂收买九成余白铅一十四万六千四百七十五斤，共收买余白铅三百三十一万二千零八十五斤一两八钱六分二厘。每百斤照题定价值九八平银一两五钱，折库平银一两四钱七分，共用九八平银四万九千六百八十一两二钱七分七厘，折库平银四万八千六百八十七两六钱五分一厘。又，每百斤照奏定加增工本九八平银三钱，折库平银二钱九分四厘，共用九八平银九千九百三十六两二钱五分五厘，折库平银九千七百三十七两五钱三分。

一、福集厂自道光十九年四月起至二十年三月底共收买九成余白铅一百三十五万零八百一十七斤十二两八钱一分二厘，每百斤照题定价值九八平银一两四钱，折库平银一两三钱七分二厘，共用九八平银一万八千九百一十一两四钱四分九厘，折库平银一万八千五百三十三两二钱二分。又，每百斤照奏定加增工本九八平银三钱，折库平银二钱九分四厘，共用九八平银四千零五十二两四钱五分三厘，折库平银三千九百七十一两四钱零四厘。合计妈姑、羊角、新发、白岩、马街、倮纳、黑泥、三家湾、福集等厂共收买余白铅四百六十六万二千九百零二斤十四两六钱七分四厘，共用过原定工本库平银六万七千二百二十两八钱七分一厘，用过加增工本库平银一万三千七百零八两九钱三分四厘。查妈姑、福集二厂因开采年久，原定收买价银不敷炉民烧炼工本，业经奏明每百斤加增工本银三钱。其加价银两毋庸另请筹款，即于京运委员三两水脚节省银内动支，并于乾隆五十四年正月起照数加增收买在案。又查妈姑、福集等厂用过原定工本库平银六万七千二百二十两零八钱七分一厘，应于收存铅斤工本银内开除，用过加增工本库平银一万三千七百零八两九钱三分四厘，应于京运委员三两水脚节省银内动支。是以分款登注，以便核计铅斤工本及扣解各员节省水脚各清案款，不致混淆。

一、道光十九年四月起至二十年三月底妈姑、羊角、新发、白岩、马街、俾纳、黑泥、三家湾、福集等厂共抽课铅五十一万八千一百零三斤五两三钱二分一厘，内除买入余铅项下变价支给人役工食，课铅四万五千七百八十六斤十两六钱六分六厘，用过原定工本库平银六百七十三两零一分四厘，应于收存铅斤工本款内开除，用过加增工本库平银一百三十四两六钱一分三厘，应于京运委员三两水脚节省银内动支，是以分款登注各清案款。又除拨入余铅项下充饷课铅四十七万二千三百一十三斤十两五钱二分，实存厂未收买课铅三斤零一钱三分五厘。查妈姑、福集等厂实因开采年久，洞老山空，厂势衰微，炉户疲乏，出铅不敷额运。于道光八年十月内议，请援照滇省铜课之例，暂减一成课铅，俾炉民借资补苴，赔贴无多，则威、水两厂庶免停炉。短课俟厂地丰旺，炉民力量稍宽，正额不致短少，再当照旧二成抽课。奏奉谕旨允准，即以道光九年春季起酌议声请，予限五年，照数减抽一成课铅，以纾厂力。嗣因各厂仍无起色，难以归复二成课额，于道光十四年十九年节次咨准部覆，展限在案。

一、柞子厂自道光十九年四月起至二十年三月底，共收买本厂余黑铅四万五千八百四十斤，又收买凑运商黑铅七千斤，共收买商、余黑铅五万二千八百四十斤。每百斤照题定价值，库平银一两五钱，共用库平银七百九十二两六钱。又柞子厂自道光十九年四月起，至二十年三月底，共抽课秤毛黑铅一万二千四百七十斤二两八钱二分七厘六毫，内除拨支各营操演沿二千零六十七斤，又拨运省局备供下游各营操演及出师仁怀缺补共铅七千斤，实拨入余铅项下充饷课秤黑铅三千四百零三斤二两八钱二分八厘。用银发运课余铅斤，一道光十九年四月起至二十年三月底，妈姑、羊角、新发、白岩、马街、俾纳、黑泥、三家湾、福集、柞子等厂共发运白黑课余净铅四百九十九万一千二百八十八斤十二两八钱一分八厘，共用过原定脚价库平银七万四千六百六十八两八钱五分五厘，用过加增运脚库平银五千一百七十五两六钱九分五厘。查妈姑、羊角、新发、白岩、马街、倮纳、黑泥、三家湾、福集、柞子等厂发运铅斤，用过原定脚价库平银七万四千六百六十八两八钱五分五厘，应于收存铅斤脚价银内开除造报，其马街、倮纳、黑泥、三家湾等厂用过加增运脚库平银五千一百七十五两六钱九分五厘，应于京运委员三两水脚节省银内动支，是以分分款登注。查威宁州属莲花老厂衰微，采获倮纳等处子厂，运道较远，原定脚价不敷，请将各子厂所出铅斤酌量加增三站脚价所需银两无须另筹，即于京运委员三两水脚项下动支具题。部覆：开采各子厂准加增三站脚费，即于嘉庆四年秋季起，照数给领，至二十年止。因三站运脚历年均有浮销，业经查明另案议赔。其马街、倮纳、黑泥、三家湾等厂加增运脚，均遵照嘉庆二十一年查明程站，据实支销。又查旧存厂未运商余毛黑铅一万二千三百二十六斤五两八钱三分九厘，应存永宁局等处课余毛白铅三百五十七万九千零七十斤六两四钱九分九厘七毫，又存永宁局净白黑铅七百九十七万零八百二十一斤十四两五钱六分，三共旧存厂及运存永宁局毛净白黑铅一千一百五十六万二千二百一十八斤十两八钱九分八厘七毫，又抽收课余白黑毛铅五百二十三万七千二百四十六斤六两六钱八分七厘，共新旧课余毛净白黑铅一千六百七十九万九千四百六十五斤一两五钱八分五厘七毫，内除上年应存永宁局毛白余铅三百五十七万二千七百零一斤十二两九钱零二厘七毫，又除净白黑铅七百九十七万零八百二十一斤十四两五钱六分，又除新运永宁局净白黑铅四百九十九万一千二百八十八斤十二两八钱一分八厘，又除折耗白黑铅二十四万九千五百六十四斤七两零四分一厘，实存妈姑厂未运课毛白铅三斤零一钱三分五厘，柞子厂未运商余毛黑铅八千七百一十九斤八两六钱六分七厘，兴发厂毛白课铅六千三百六十五斤九两四钱六分二厘。

一、自永宁转运辛丑年上运白铅一百九十二万零九百五十七斤，又加运白铅二十七万五千斤，又带解工部己亥年下运净黑铅五万八千三百八十斤四两六钱七分，又添办净黑铅一万五千斤，又带解辛丑年上运营操黑铅一万五千斤，又辛丑年下运白铅一百九十二万零九百五十七斤，又加运白铅二十七万五千斤，又带解工部庚子年上运净黑铅五万八千三百八十斤四两六钱七分，又添办黑铅一万五千斤，又带解辛丑年下运营操黑铅一万五千斤，共白黑铅四百五十六万八千六百七十五斤十三两三钱四分。每百斤奉部拨给水脚银三两，共拨银一十三万七千零六十两二钱七分五厘，内除自通州至京车价银五千八百四十七两九钱零五厘，已由直隶省就近拨解通州坐粮厅通济库存贮，俟委员到彼，给发领办。又除奉部议分拨湖北省存贮支发银一万零一百八十九两一钱二分，江宁省存贮支发银七千九百六十四两九千八分八厘，分别给与运官执照领用外，实应拨解黔省银一十一万三千零五十八两二钱六分二厘。查由永宁转运京局铅斤，奉部拨给水脚银一十一万三千零五十八两二钱六分二厘，内有节省若干之处，应俟各员事竣，于报销用过水脚银两册内声明，咨部查核。今应照依原题，仍照每百斤给银三两造报，总计用过工本水路缴费银五十七万五千四百三十二两八钱九分四厘，内除加增工本银一万三千八百四十三两五钱四分七厘，加增脚价银五千一百七十五两六钱九分五厘，统于前款京运委员三两水脚节省银内招数扣除。抵完前项加价用款，余银招数拨入公费应用，毋庸再列。用款开除外，实用工本脚费银二十五万六千四百一十三两六钱五分二厘，实存剩工本脚费银六十七万零九十一两七钱四分一厘一毫六丝五忽五微。

一、开除项下委员清镇县王畬办运宝泉、宝源两局辛丑年上运一起净白铅九十六万零四百七十八斤八两，又加办白铅一十三万七千五百斤，又带解工部己亥年下运净黑铅二万九千一百九十斤七两三钱三分五厘，又添办黑铅七千五百斤，又带解辛丑年上运营操黑铅七千五百斤，共正加白黑铅一百一十四万二千一百六十八斤十五两三钱三分五厘，内拨福集厂运存永宁局净白余铅二十万斤，羊角厂运存永宁局净白余铅八十九万七千九百七十八斤八两，柞子厂运存永宁局净黑铅四万四千一百九十斤七两三钱三分五厘。又委员桐梓县尹思敬办运宝泉、宝源两局辛丑年上运二起净白铅一十三万七千五百斤，又带解工部己亥年下运净黑铅二万九千一百九十斤七两三钱三分五厘，又添办黑铅七千五百斤，又带解辛丑年上运营操黑铅七千五百斤，共正加白黑铅一百一十四万二千一百六十八斤十五两三钱三分五厘，内拨福集厂运存永宁局净白余铅二十万斤，羊角厂云存永宁局净白铅七十三万斤，新发厂运存永宁局充饷净白课铅一十六万七千九百七十八斤八两，

柞子厂运存永宁局净黑铅四万四千一百九十斤七两三钱三分五厘。又委员署都江通判夏廷燮办运宝泉宝源两局辛丑年下运一起净白铅九十六万零四百七十八斤八两，又加办白铅一十三万七千五百斤，又带解工部庚子年上运净黑铅二万九千一百九十斤七两三钱三分五厘，又新添办黑铅七千五百斤，又带解辛丑年下运营操黑铅七千五百斤，共正加白黑铅一百一十四万二千一百六十八斤十五两三钱三分五厘，内拨福集厂运存永宁局净白余铅二十万斤，新发厂运存永宁局充饷净白课铅四万斤，马街厂运存永宁局净白余铅七十五万斤，倮纳厂运存永宁局净白余铅六万斤，黑泥厂运存永宁局净白余铅四万七千九百七十八斤八两，柞子厂运存永宁局净黑铅四千四百一百九十斤七两三钱三分五厘。又委员清江通判周潞办运宝泉宝源两局辛丑年下运二起净白铅九十六万零四百七十八斤八两，又加办白铅一十三万七千五百斤，又带解工部庚子年上运净黑铅二万九千一百九十斤七两三钱三分五厘，又添办黑铅七千五百斤，又带解辛丑年下运营操黑铅七千五百斤，共正加白黑铅一十四万二千一百七十八斤十五两三钱三分五厘，内拨福集厂运存永宁局净白余铅二十万斤，黑泥厂运存永宁局净白余铅一十七万斤，三家湾厂运存永宁局净白余铅一十三万斤，羊角厂运存永宁局充饷净白课铅五十七万七千九百七十八斤八两，新

发厂运存永宁局充饷净白课铅二万斤，柞子厂运存永宁局净黑铅四万四千一百九十斤七两三钱三分五厘。又妈姑等厂共兑交京运委员折耗白铅二十一万九千五百九十五斤十一两二钱，折耗黑铅八千八百三十八斤一两四钱六分七厘。用工本脚价银两，业于节年报销册内收买发运项下汇册造报在案，均毋庸重赘再查。妈姑、福集等厂每年办运京楚铅斤，从前系将厂办毛铅轻重配搭发运永宁局，照每百斤加耗铅五斤兑交，委员接收转运。京铅由委员在重庆镕净，解京楚铅则在汉口镕净售卖。其应需镕化火工、官役养廉、工食房租等项，京运系于原动三两水脚银内开销，楚运则于售获铅价银内动用。嗣奉部奏明：贵州办运铅斤，亦照湖南之例，在于本厂镕净，五十斤一块，再行起运解京，以免委员借口，又可节省耗铅脚价。当经详请咨明，以乙卯年上运为始，兑交净铅领运，所有各厂铅斤请即以乾隆五十八年正月初一日起，由厂镕净，发运永宁局供兑，其所需一切镕工、炭煤、工食等项银两，无需另行筹款，京运仍于三两水脚银内动支，楚运仍于售获铅价银内销算，并于京楚各员报销册内分晰声明造报，奉部覆准在案。

一、四川采买酌拨白岩等厂净白余铅二十六万六千六百六十六斤十两六钱六分七厘，共卖获价银一万二千三百一十九两一钱四分四厘，除归还原动工本、脚价、火工等项库平银九千零三十二两三钱五分五厘，实获余息银三千一百零六两七钱八分九厘。查川省采买铅斤，向系在于妈姑厂工本款内动支收买发运永宁局销售，即于售获铅价银内将用过工本、脚价照数声明收入铅斤工脚项下汇册造报，所获余息照数收入余息册内报查。实在项下存剩工本脚费银六十七万零九十一两七钱四分一厘一毫六丝五忽五微。存汉口销售，扣回工本脚价银两无项，存永宁局销售四川采买白铅扣回工本脚费银九千零三十二两三钱五分五厘，又道光十九年三月底存剩余息银五万一千六百二十二两五钱六分四厘，新收余息银三千一百零六两七钱八分九厘，管收共银五万四千七百二十九两三钱五分三厘，内除支给奏销饭食办理铅务官役养廉、工食、夫马、盘费等项银二千六百五十五两六钱九分三厘，又存柞子厂收买未运商余黑铅八千七百一十九斤八两六钱六分七厘，妈姑、羊角、新发、白岩、马街、倮纳、黑泥、三家湾、福集、柞子等厂共运存永宁局毛白余铅三百五十七万二千七百零一斤十二两九钱零二厘七毫，又存永宁局净白黑铅八百一十二万六千七百六十八斤三两三钱七分一厘，莲花厂抽收存厂未运课毛白铅三斤零一钱三分五厘，兴发厂抽收存厂未运课毛白铅六千三百六十五斤九两四钱六分二厘。理合备造管、收、除、在四柱清册请查核具题。等情。前抚臣贺长龄未及核题，移交到臣。臣覆核无异，除册分送部科外，相应恭疏具题，伏乞皇上圣鉴，敕部核覆施行。

再，此案铅务报销总册，历系该届京楚委员运铅事竣，相距总须数年之后，方能分晰造报，以致迟延岁月。业将不能按年造报迟延缘由咨部。于道光十四年正月接准户部咨覆，以各厂发运铅斤报销既查明分案办理事涉琐屑，而各处造报送司总须四五年方能齐全，准其以四年之后汇总报部核销，如有逾违，即行照例参办，以示限制，而归简易。等因。现在报销总册均系挨年接续造办，尚未迟延，合并陈明，为此具本，谨题请旨。

道光二十五年六月二十九日，护理贵州巡抚印务布政使司布政使臣罗绕典。

朱批：该部察核具奏。

题报道光二十五年黔省麦收分数事

道光二十五年六月二十九日

护理贵州巡抚印务布政使司布政使臣罗绕典谨题：为恭报麦收分数事。

据兼署布政使吴振棫、粮巡道陶士霖会详称：窃照通省麦收分数，例应查明详请汇题。今道光二十五年分黔省麦收分数，据贵阳等一十二府并所属各厅州县及平越直隶州，普安、仁怀、松桃直隶三同知册报前来。该署司道等覆查：黔省本年自春徂夏，雨水沾足，民苗布种小麦、燕麦，多获丰收。通查黔省各属册报内，古州一同知、黔西一州，共二处，俱有九分收成。贵阳、安顺、大定、都匀、镇远、石阡、铜仁、黎平等八府，平越直隶州一州，普安、仁怀直隶二同知，长寨、郎岱、台拱八寨四同知，水城、清江、丹江三通判，定番、开州、镇宁、永宁、贞丰、威宁、平远、正安、独山等九州，贵筑、贵定、龙里、修文、普定、清镇、安平、兴义、普安、安南、毕节、绥阳、桐梓、都匀、荔波、镇远、施秉、天柱、婺川、龙泉、玉屏、青溪、铜仁、开泰、余庆、瓮安、湄潭等二十七县，罗斛一州判，册亨一州同，锦屏乡一县丞，共五十七处，俱有八分收成。思南、思州二府，松桃直隶一同知，归化、都江、下江三通判，广顺、麻哈、黄平三州，遵义、仁怀、清平、安化、印江、永从等六县，共一十五处，俱有七分收成。兴义府一处六分收成。合计黔省上下两游本年二麦收成，牵算七分有余，其春荞杂粮等项亦皆一律丰收。至米粮价值，据各属月报，贵阳省城上米每仓石价银一两七分，上游各属上米每仓石价银五钱二分至一两六钱四分，下游各属上米每仓石价银七钱九分至一两四钱八分不等，其荞麦等项杂粮价值俱属平减。又，古州等处所辖屯卫地方，米粮各价大略相等。所有黔省道光二十五年分二麦收成分数、米粮价值，相应汇造清册会详请题。再，遵义一府并无亲辖地方，无凭开造。又，贵阳府属之定番州大塘州判，都匀府属之独山州三脚坉州同，清平县属之凯里县丞，镇远府属之镇远县邛水县丞，施秉县施秉县丞，黎平府属之永从县丙妹县丞，开泰县朗洞县丞等处米粮时价，奉文增入册内。又查大塘州判虽系分驻之员，并无经征之责，其所属之地亩钱粮，仍隶该州征收。所有收成分数，通归该州造报。又，古州等处屯卫附入册后开报，合并声明。等情。到臣。

该臣看得：麦收分数例应查明汇题。今兼署布政使吴振棫、粮巡道陶士霖会详称：道光二十五年分二麦收成，据各属册报，古州一同知、黔西一州，共二处，俱有九分收成。贵阳、安顺、大定、都匀、镇远、石阡、铜仁、黎平等八府，平越直隶州一州，普安、仁怀直隶二同知，长寨、郎岱、台拱八寨四同知，水城、清江、丹江三通判，定番、开州、镇宁、永宁、贞丰、威宁、平远、正安、独山等九州，贵筑、贵定、龙里、修文、普定、清镇、安平、兴义、普安、安南、毕节、绥阳、桐梓、都匀、荔波、镇远、施秉、天柱、婺川、龙泉、玉屏、青溪、铜仁、开泰、余庆、瓮安、湄潭等二十七县，罗斛一州判，册亨一州同，锦屏乡一县丞，共五十七处，俱有八分收成。思南、思州二府，松桃直隶一同知，归化、都江、下江三通判，广顺、麻哈、黄平三州，遵义、仁怀、清平、安化、印江、永从等六县，共一十五处，俱有七分收成。兴义府一处六分收成。合计黔省上下两游本年二麦收成，牵算七分有余，其春荞杂粮等项亦皆一律丰收。至米粮价值，据各属月报，贵阳省城上米每仓石价银一两七分，上游各属上米每仓石价银五钱二分至一两六钱四分，下游各属上米每仓石价银七钱九分至一两四钱八分不等，其荞麦等项杂粮价值俱属平减。又古州等处所辖屯卫地方，米粮相符。相应汇造清册，详请具题。等情。前来。臣覆查无异。除册分送部科外，臣谨恭疏具题，伏乞皇上圣鉴，敕部查照施行。为此具本题闻。

道光二十五年六月二十九日，护理贵州巡抚印务布政使司布政使臣罗绕典。

朱批：该部知道。

题为审理大定府夷人罗阿地戈因与邻居口角被斥伤毙罗妈哄把一案依律拟绞监候请旨事

24

道光二十五年六月二十九日

护理贵州巡抚印务布政使司布政使臣罗绕典谨题：为报验缉究事。

案准前抚臣贺长龄移交，据按察使吴振棫详称，案据署大定府知府鹿丕宗详称：道光二十四年十二月二十五日据府属乡约王绳组报，据夷妇罗陈氏投称，本月二十二日早有寨邻罗阿地戈向伊夫罗妈哄把口角争闹，被罗阿地戈用柴棍殴伤伊夫囟门等处身死。等语。约往看属实。查罗阿地戈业已逃逸，理合报验缉究。等情。并据尸妻罗陈氏报同前由。据此，随差缉凶犯，并带刑仵，前诣尸所。饬令将尸移放平地，如法相验。据仵作潘廷沅喝报：已死罗妈哄把问年三十八岁。验得仰面致命囟门一伤，斜长一寸五分，宽四分，紫红色，皮破血污，骨微损。偏左一伤，横长八分，宽三分。偏右一伤，斜长五分，宽四分，均紫红色，俱系木器伤，不致命。左膝盖一伤，去粗皮，系跌擦伤。余无别故。委系受伤身死。报毕亲验无异。凶犯在逃，无从查起凶器，比对尸伤。当场填格取结，尸饬棺殓。

即讯据乡约王绳组供，与报词同。据原报尸妻罗陈氏供：已死罗妈哄把是小妇人丈夫。道光二十四年十二月二十日，有寨邻罗阿地戈与林有枢口角争闹，丈夫拢劝，斥说罗阿地戈不是，当各走散。二十二日早，罗阿地戈路过门首，斥骂丈夫不应帮护林有枢，说他不是。丈夫回骂，被罗阿地戈拾取地上柴棒，连打偏左、偏右各一下。丈夫向他撞头拼命，罗阿地戈又用柴棒打伤丈夫囟门，扑跌倒地，擦伤左膝盖。有洛富把走过，同小妇人上前喝阻，罗阿地戈跑走。不料丈夫到下午时就因伤身死，小妇人投约具报的。求缉究。

据见证洛富把供：道光二十四年十二月二十二日早，小的路过罗妈哄把门首，见罗阿地戈与罗妈哄把口角争闹，罗阿地戈拾取地上柴棒，连打罗妈哄把偏左、偏右各一下，罗妈哄把向他撞头拼命，又被罗阿地戈用柴棒打伤囟门，扑跌倒地，擦伤左膝盖。小的同他妻子罗陈氏赶拢喝阻，罗阿地戈跑走。小的问明情由，也各自走回，不料罗妈哄把到下午因伤身死，小的救阻不及。是实。各等供。

正在具文通报间，旋于二十五年二月初三日，据缉役拿获凶犯罗阿地戈到案。即讯据凶犯罗阿地戈供：是大定府剃发夷人。与已死罗妈哄把同姓不宗，素识无嫌。道光二十四年十二月二十日，小的与寨邻林有枢口角争闹，罗妈哄把拢劝斥说小的不是，当各走散。二十二日早，小的路过罗妈哄把门首，斥骂他不应帮护林有枢说小的不是，罗妈哄把回骂，小的生气，顺拾地上柴棒，连打他偏左、偏右各一下。罗妈哄把向小的撞头拼命，小的又用柴棒吓打。不料伤着他囟门，扑跌倒地，擦伤左膝盖。有洛富把路过，与他妻子罗陈氏赶拢喝阻。小的跑走后，闻罗妈哄把因伤身死，逃出躲避，今被拿获的。委系口角争殴吓打，适伤致毙，并不是有心要打死他的。柴棒已经丢弃。是实。各等供。

据此，除将犯证分别禁保，再行研讯起衅争殴，致伤身死，究明有无谋故，务得确情，按拟依限招解外，合将报验获犯审讯缘由填格录供，具文通报。等情。奉两院批司饬审去后，兹据署大定府知府鹿丕宗详称，遵提犯证覆讯，除乡约王绳组、尸妻罗陈氏、见证洛富把各供均与初审相同不叙外，据凶犯罗阿地戈供：年二十二岁，是大定府剃发夷人。父亲已故，母亲陈氏现年七十一岁。弟兄二人，胞弟罗阿幺现年十六岁。小的尚未娶妻。与已死罗妈哄把同姓不宗，素识无嫌。道光二十四年十二月二十日，小的与寨邻林有枢口角争闹，罗妈哄把拢劝斥说小的不是，当各走散。二十二日早，小的路过罗妈哄把门首，斥骂他不应帮护林有枢，说小的不是，罗妈哄把回骂，小的生气，顺拾地上柴棒，连打他偏左、偏右各一下。罗妈哄把向小的撞头拼命，小的又用柴棒吓打，不料伤着他囟门，扑跌倒地，擦伤左膝盖。有洛富把路过，与他妻子罗陈氏赶拢喝阻。小的跑走后，闻罗妈哄把因伤身死，逃出躲避，前被拿获的。委系口角争殴吓打，适伤致毙，并不是有心要打死他的。柴棒已经丢弃。是实。等供。

据此，该署大定府知府鹿丕宗审看得：夷人罗阿地戈殴伤罗妈哄把身死一案，缘罗阿地戈与已死罗妈哄把同姓不宗，素识无嫌。道光二十四年十二月二十日，罗阿地戈与寨邻林有枢口角争闹，罗妈哄把拢劝斥责罗阿地戈之非，当各走散。二十二日早，罗阿地戈路过罗妈哄把门首，斥骂罗妈哄把不应帮护林有枢说伊不是，罗妈哄把回骂，罗阿地戈生气顺拾地上柴棒，连殴伤罗妈哄把偏左、偏右。罗妈哄把向其撞头拼命，罗阿地戈复用柴棒吓殴，适伤罗妈哄把囟门，扑跌倒地，擦伤左膝盖。经路过之洛富把，与罗妈哄把之妻罗陈氏赶拢喝阻，罗阿地戈跑走。讵罗妈哄把伤重，延至下午殒命。报经卑府，诣验获犯讯详，奉批饬审，遵提覆鞫，据供前情不讳，究诘委因口角争殴，适伤致毙，并非有心欲杀。矢口不移，案无遁饰。查律载，斗殴杀人者不问手足他物金刃并绞监候。等语。此案罗阿地戈殴伤罗妈哄把身死，自应按律问拟。罗阿地戈合依斗殴杀人者不问手足他物金刃并绞监候律，拟绞监候，秋后处决。洛富把救阻不及，应毋庸议。柴棒供弃免追。尸棺饬属领理。无干省释。是否允协，理合具招连犯解候审转。等情。到司。该按察使吴振棫审与该府所审相同，按

27

拟连犯招解。前抚臣贺长龄提犯亲讯无异，未及具题，移交到臣。

该臣核看得：大定府夷人罗阿地戈殴伤罗妈哄把身死一案，缘罗阿地戈与已死罗妈哄把同姓不宗，素识无嫌。道光二十四年十二月二十日，罗阿地戈与寨邻林有枢口角争闹，罗妈哄把拢劝斥责罗阿地戈之非，当各走散。二十二日早，罗阿地戈路过罗妈哄把门首，斥骂罗妈哄把不应帮护林有枢说伊不是，罗妈哄把回詈，罗阿地戈生气，顺拾地上柴棒，连殴伤罗妈哄把偏左、偏右。罗妈哄把向其撞头拼命，罗阿地戈复用柴棒吓殴，适伤罗妈哄把囟门，扑跌倒地，擦伤左膝盖。经路过之洛富把与罗妈哄把之妻罗陈氏赶拢喝阻，罗阿地戈跑走。讵罗妈哄把伤重，延至下午殒命。报经署大定府知府鹿丕宗诣验获犯讯详，批饬审解。该署府提犯审拟解司，经按察使吴振棫覆审招解。前抚臣贺长龄提犯亲讯，据供前情不讳，究诘委因口角争殴，适伤致毙，并非有心欲杀。矢口不移，案无遁饰。未及具题，移交到臣。臣覆核无异，此案罗阿地戈殴伤罗妈哄把身死，自应按律问拟。罗阿地戈合依斗殴杀人者不问手足他物金刃并绞监候律，拟绞监候，秋后处决。洛富把救阻不及，应毋庸议。柴棒供弃免追。尸棺已据饬属领埋。无干经府省释。是否允协，臣谨具题，伏乞皇上圣鉴，敕下法司，核覆施行。

再，查此系府属命案，例限五个月，应以道光二十五年二月初三获犯之日起限承审，自府至省计程三百八十里，程限八日，共扣至本年七月十一日统限届满，并未逾违，合并陈明。为此具本，谨题请旨。

道光二十五年六月二十九日，护理贵州巡抚印务布政使司布政使臣罗绕典。

朱批：三法司核拟具奏。

题为审理安顺府民王正发因欲拿送究逃军周老银被斥口角戳其身死一案依律拟绞监候请旨事

道光二十五年六月二十九日

护理贵州巡抚印务布政使司布政使臣罗绕典谨题：为报验缉究事。

案准前抚臣贺长龄移交，据按察使吴振棫详称，案据安顺府知府多龄详称：道光二十五年正月初二日据府属乡约罗登魁报，据民妇周谢氏投称，伊子周老银因在普定县属迭次抢窃，犯案拟军，起解赴配，中途脱逃。道光二十四年十二月二十七日，伊子回至府属地方，尚未抵家，撞遇王正发，欲拿送究，彼此争闹，被王正发用刀戳伤伊子右后胁、胸膛等处身死。有杨兴贵向伊告知。等语。约往看属实，查王正发业已逃逸，理合报验缉究。等情。并据尸母周谢氏报同前由。

据此，随卷查逃军周老银系普安县人，因迭次纠伙抢窃，审依积匪猾贼例，拟军发配福建省安置，于道光十八年八月二十五日起解赴配。该犯行至清平县属地方，拒伤兵役脱逃，奉文通缉，当经各前府差缉在案。兹据具报前情，随差缉凶犯，并带刑仵，前诣尸所。勘得该处地名石头寨，与普定县属连界，距周谢氏家约三里许。勘毕，饬令将尸移放平地，如法相验。据仵作卜荣喝报：已死逃军周老银，问年三十六岁。验得仰面左右面均有销毁刺字疤痕。致命额颅一伤，斜长一寸，宽一分，深不及分，皮破血污，系刀尖划伤。胸膛一伤，直长一寸，宽二分，深透内。不致命左腿接连二伤。上一伤，斜长一寸二分，宽二分，深八分；下一伤，斜长一寸，宽一分，深三分。合面不致命左胳肘一伤，斜长七分，宽一分，深二分。致命右后胁一伤，斜长八分，宽二分，深透内，均皮肉卷缩血污，俱系刀伤。余验无故。委系受伤身死。报毕亲验无异，凶犯在逃，无从查起凶刀，比对尸伤。当场填格取结，尸饬棺殓。

即讯据乡约罗登魁供，与报词同。据尸母周谢氏供：已死周老银是小妇人儿子，住处与府属连界。道光十七年，儿子在普定县迭次抢窃，犯案拟军，起解赴配，走到清平县属脱逃，蒙派差查拿，儿子总没回家。二十四年十二月二十七日晌午，有杨兴贵去向小妇人说，儿子回到府属石头寨地方，撞遇王正发要拿儿子送究，两相争闹，被王正发用刀戳伤儿子右后胁等处。小妇人赶来查看，见儿子受伤在地，当向问明在途脱逃，随往各处躲避，今因事冷走回，被王正发撞见捉拿，戳伤倒地情由。隔不一会儿子就因伤身死，小妇人投约报验的。求缉究。

据邻佑汪老大供：小的与周谢氏邻居，他儿子周老银先年犯案起解赴配，在途脱逃。屡蒙派差查拿，周老银总没回家。如今他如向家潜回，被王正发捉拿，戳伤身死，小的并不知道。是实。

据见证杨兴贵供：已死周老银是普定县人。他从前犯案拟军，起解赴配，在途脱逃，蒙派差查拿，小的是知道的。道光二十四年十二月二十七日早，饭后小的与王正发出外赶场，遇见周老银走过，王正发向他查问，周老银斥骂多管。王正发不依，要拿他送究。周老银就拔取身带尖刀向戳，王正发将刀夺获，戳伤他左胳肘，并刀尖划伤额颅。周老银举脚回踢，又被王正发用刀戳伤左腿。周老银弯身拾石，王正发又用刀戳伤他右后胁。周老银站起转身扑殴，王正发又用刀向戳，致伤他胸膛，倒地。小的赶拢喝阻，王正发当就跑走。小的去向周老银的母亲周谢氏告知，同来看明，隔不一会周老银就因伤身死。小的救阻不及。是实。各等供。

正在具文通报间，旋于二月初十日将凶犯王正发拿获到案。即讯据凶犯王正发供：是安顺府人。与已死周老银邻寨居住，素识无嫌。他先年在普定县犯案拟军，中途脱逃，蒙府县派差查拿，周老银总没回家。小的是知道的。道光二十四年十二月二十七日，早饭后小的同杨兴贵出外赶场，路遇周老银走过。小的向他查问，周老银斥骂多管，小的不依，要拿他送究。周老银就拔取身带尖刀向戳，小的将刀夺获，戳伤他左胳肘，并刀尖划伤额颅。周老银举脚向踢，小的用刀连戳他左腿两下，周老银弯身拾石，又被小的戳伤右后胁，周老银站起转身扑殴，小的又用刀吓戳，不料伤着他胸膛，倒地。杨兴贵赶拢喝阻，小的跑走后，闻周老银因伤身死，逃出躲避，今被拿获的。委因欲拿逃军送究，争闹吓戳，适伤致毙，并无别故，也不是有心要戳死他的。凶刀已经丢弃。是实。各等供。

据此，除将犯证分别禁保，再行研讯是否因逃军潜回，欲拿送究，起衅争闹，戳伤身死，究明有无别故，务得确情，按拟依限招解外合，将报验获犯审讯缘由填格录供，具文通报。等情。奉两院批司饬审去后，兹据安顺府知府多龄详称，遵提犯证覆讯，除乡约罗登魁、尸母周谢氏、邻佑汪老大、见证杨兴贵各供，均与初审相同不叙外，据凶犯王正发供：年四十二岁，是安顺府人。父母俱故，并无弟兄。娶妻陈氏，生有子女。与已死周老银邻寨居住，素识无嫌。他先年在普定县犯案拟军，中途脱逃，蒙府县派差查拿，周老银总没回家，小的是知道的。道光二十四年十二月二十七日，早饭后小的同杨兴贵出外赶场，路遇周老银走过，小的向他查问，周老银斥骂多管，小的不依，要拿他送究。周老银就拔取身带尖刀向戳，小的将刀夺获，戳伤他左胳肘，并刀尖割伤额颅。周老银举脚向踢，小的用刀连戳他左腿两下，周老银弯身拾石，又被小的戳伤右后胁，周老银站起转身扑殴，小的又用刀吓戳，不料伤着他胸膛，倒地。杨兴贵赶拢喝阻，小的跑走后，闻周老银因伤身死，逃出躲避，前被拿获的。委因欲拿逃军送究，争闹吓戳，适伤致毙，并无别故，也不是有心要戳死他的。凶刀已经丢弃。是实。等供。

据此，该安顺府知府多龄审看得：府民王正发戳伤逃军周老银身死一案，缘王正发与已死逃军周老银邻寨居住，素识无嫌。周老银系普定县人，因迭次纠伙抢窃审依积匪猾贼例，拟军发配福建省安置。于道光十八年八月二十五日起解赴配，该犯行至清平县属地方，拒伤兵役脱逃，详报通缉，该犯并未逃回。二十四年十二月二十七日，早饭后王正发偕杨兴贵出外赶场，路遇周老银走过，向其查问，周老银斥骂多管，王正发不依，欲拿其送究。周老银拔取身带尖刀向戳，王正发将刀夺获戳伤周老银左胳肘，并刀尖割伤其额颅。周老银举脚向踢，王正发用刀连戳其左腿，周老银弯身拾石，又被王正发戳伤右后胁，周老银站起转身扑殴，王正发复用刀吓戳，适伤周老银胸膛，倒地。经杨兴贵赶拢喝阻，王正发跑走，杨兴贵向周老银之母周谢氏告知，往看讯明逃回被戳情由，讵周老银伤重移时殒命。报经卑府诣验获犯讯详，奉批饬审，遵提覆鞫，据供前情不讳，究诘委因逃军潜回，欲拿送究，争殴吓戳，适伤致毙，并无别故，亦非有心欲杀。矢口不移，似无遁饰。查律载，斗殴杀人者不问手足他物金刃并绞监候。等语。此案王正发因逃军周老银潜回，欲拿送究，争闹吓戳，适伤身死。查周老银虽系逃军，该犯并非应捕之人，自应仍照凡斗问拟，王正发合依斗殴杀人者不问手足他物金刃并绞监候律，拟绞监候，秋后处决。该逃军周老银甫经潜回，尚未抵家即被戳伤身死，邻佑汪老大无从觉察，应与救阻不及之杨兴贵，均毋庸议。无干省释。尸棺饬属领理。凶刀供弃免追。周老银逃回尚未到家，即被王正发戳毙，所有失察职名邀免开报。是否允协，理合具招连犯解候审转。等情。到司该按审使吴振械审，与该府所审相同，按拟连犯招解。前抚臣贺长龄提犯亲讯无异，未及具题，移交到臣。

该臣核看得：安顺府民王正发戳伤逃军周老银身死一案，缘王正发与已死逃军周老银邻寨居住，素识无嫌。周老银系普定县人，因迭次纠伙抢窃，审依积猾贼例，拟军发配福建省安置。于道光十八年八月二十五日起解赴配，该犯行至清平县属地方，拒伤兵役脱逃，详报通缉，该犯并未逃回。二十四年十二月二十七日。早饭后王正发偕杨兴贵出外赶场，路遇周老银走过，向其查问。周老银斥骂多管，王正发不依，欲拿其送究。周老银拔取身带尖刀向戳，王正发将刀夺获，戳伤周老银左胳肘，并刀尖划伤其额颅。周老银举脚向踢，王正发用刀连戳其左腿，周老银弯身拾石，又被王正发戳伤右后胁，周老银站起转身扑殴，王正发复用刀吓戳，适伤周老银胸膛，倒地。经杨兴贵赶拢喝阻，王正发跑走，杨兴贵何周老银之母周谢氏告知，往看询明逃回被戳情由，讵周老银伤重，移时殒命。报经安顺府知府多龄，诣验获犯讯详，批饬审解。该府提犯审拟解司，经按察使吴振棫审，与该府所审相同，按拟连犯招解。前抚臣贺长龄提犯亲讯，据供前情不讳，究诘委因逃军潜回，欲拿送究，争殴吓戳，适伤致毙，并无别故，亦非有心欲杀。矢口不移，似无遁饰。未及具题，移交到臣。臣覆核无异，此案王正发因逃军周老银潜回，欲拿送究，争闹吓戳，适伤身死，查周老银虽系逃军，该犯并非应捕之人，自应仍照凡斗问拟，王正发合依斗殴杀人者不问手足他物金刃并绞监候律，拟绞监候，秋后处决。该逃军周老银甫经潜回尚未抵家，即被戳伤身死。邻佑汪老大无从觉察，应与救阻不及之杨兴贵，均毋庸议。无干经府省释。尸棺已据饬属领埋。凶刀供弃免追。周老银逃回尚未到家，即被王正发戳毙，所有失察职名邀免开报。是否允协，臣谨具题，伏乞皇上圣鉴，敕下法司核覆施行。

再，查此系府属命案，例限五个月，应以道光二十五年二月初十获犯之日起限承审，自府至省计程一百九十五里，程限四日，共扣至本年七月十四日统限届满，并未逾违，合并陈明。为此具本，谨题请旨。

道光二十五年六月二十九日，护理贵州巡抚印务布政使司布政使臣罗绕典。

朱批：三法司核拟具奏。

题为审理大定府民李发才因拒托代传口信争闹伤毙王阿幺把一案依律拟绞监候请旨事

道光二十五年六月二十九日

护理贵州巡抚印务布政使司布政使臣罗绕典谨题：为报恳验究事。

案准前抚臣贺长龄移交，据按察使吴振棫详称，案据署大定府知府鹿丕宗详称：道光二十五年二月初三日据府属乡约袁锦秀报，据夷民王二投称，本年正月二十四日，伊叔王阿幺把因何李发才口角争殴，被李发才用刀戳伤伊叔右腿，延至二十九日因伤身死。等语。约往看属实，当将李发才拿获，理合解报验究。等情。并据尸侄王二报同前由。

据此，随带刑仵前诣尸所。饬令将尸移放平地，如法相验。据仵作彭玉升唱报：已死王阿幺把问年四十八岁。验得仰面不致命右腿一伤，前后穿透，进刃处斜长一寸二分，宽五分，合面出刃处斜长四分，宽二分，皮肉卷缩血污，系刀戳伤。余验无故。委系受伤身死。报毕亲验无异。饬取凶刀，比对尸伤相符，当场填格取结，尸饬棺殓。

即讯据乡约袁锦秀供，与报词同。据原报尸侄王二供：已死王阿幺把是小的叔子，李发才是婶母嫩菊把母家邻人。道光二十五年正月二十四日，小的同叔子在寨邻四戈把家闲坐，遇见李发才，叔子说起婶母往母家拜年日久不回，央他代催婶母回家，李发才不允。叔子向他村斥，两相争闹，叔子赶拢揪住李发才发辫往下揪殴，被李发才用刀戳伤右腿，倒地。小的同四戈把上前喝阻，李发才跑走。小的将叔子背回，用药医治不效，到二十九日就因伤身死，投约具报的。求究抵。

据见证四戈把供：道光二十五年正月二十四日，有寨邻王阿幺把同他侄子王二来小的家闲坐，适有相好的李发才前来探望，王阿幺把说他妻子嫩菊把往母家拜年日久没回，因李发才住处邻近，托他代催嫩菊把回来。李发才不允，王阿幺把生气，向他村斥，两相争闹。王阿幺把赶拢揪住李发才发辫往下揪殴，被李发才用刀戳伤右腿，倒地。小的同王二上前喝阻，李发才弃刀跑走。王二将王阿幺把背回，医治不效，到二十九日就因伤身死。小的救阻不及。是实。

据凶犯李发才供：是大定府人。与已死王阿幺把素识无嫌。道光二十五年正月二十四日，小的往四戈把家探望，见寨邻王阿幺把与他侄子王二也在那里，王阿幺把说他妻子嫩菊把往母家拜年日久没回，因小的与他妻父住处邻近，托小的代催嫩菊把回来。小的因有事正要出外，没有应允。王阿幺把生气村斥，两相争闹。王阿幺把赶拢揪住小的发辫往下揪殴，小的挣不脱身，一时情急顺拔身带小刀吓戳伤着他右腿，因刀尖锋利致伤处穿透倒地。当经四戈把同王二上前喝阻，小的弃刀跑走，不料王阿幺把到二十九日就因伤身死。委系口角争殴吓戳，适伤致毙，并不是有心要戳死他的。凶刀已蒙起获。是实。各等供。

据此，除将犯证分别禁保，凶刀贮库，再行研讯起衅争殴，戳伤身死，究明有无谋故，务得确情，按拟依限招解外，合将据报验讯缘由填格录供，具文通报。等情。奉两院批司饬审去后，兹据署大定府知府鹿丕宗详称，遵提犯证覆鞫，除邻约袁锦秀、尸侄王二、见证四戈把各供，均与初审相同不叙外，据凶犯李发才供：年三十二岁，是大定府人。父亲已故，有母亲金氏，现年六十三岁，并无弟兄。娶妻高氏，未生子女。与已死王阿幺把素识无嫌。道光二十五年正月二十四日，小的往四戈把家探望，见寨邻王阿幺把与他侄子王二也在那里，王阿幺把说他妻子嫩菊把往母家拜年日久没回。因小的与他妻父家住处邻近，托小的代催嫩菊把回来，小的因有事正要出外，没有应允。王阿幺把生气村斥，两相争闹。王阿幺把赶拢揪住小的发辫往下揪殴，小的挣不脱身，一时情急顺拔身带小刀吓戳伤着他右腿，因刀尖锋利，致伤处穿透倒地。当经四戈把同王二上前喝阻，小的弃刀跑走，不料王阿幺把到二十九日就因伤身死。委系口角争殴吓戳，适伤致毙，并不是有心要戳死他的。凶刀已蒙起获。是实。等供。

据此，该署大定府知府鹿丕宗审看得：府民李发才戳伤王阿幺把越五日身死一案，缘李发才与已死王阿幺把素识无嫌，道光二十五年正月二十四日，王阿幺把与伊侄王二在寨邻四戈把家闲坐，适李发才往彼探望。王阿幺把道及伊妻嫩菊把往母家拜年日久未回，因李发才与伊妻父家邻居，托其代催伊妻回家。李发才因有事正欲出外，未经应允。王阿幺把生气向其村斥，彼此争闹。王阿幺把赶拢揪住李发才发辫往下揪殴，李发才挣不脱身，一时情急顺拔身带小刀吓戳，适伤王阿幺把右腿，因刀尖锋利，致伤处穿透倒地。当经四戈把与王二上前喝阻，李发才弃刀跑走，王二将王阿幺把背回医治不愈，延至二十九日殒命。报经卑府验讯通详，奉批饬审，遵提覆鞫，据供前情不讳，究诘委因口角争殴吓戳，适伤致毙，并非有心欲杀。矢口不移，案无遁饰。查律载，斗殴杀人者不问手足他物金刃并绞监候。等语。此案李发才戳伤王阿幺把身死，自应按律问拟，李发才合依斗殴杀人者不问手足他物金刃并绞监候律，拟绞监候，秋后处决。四戈把救阻不及，应毋庸议。无干省释。尸棺饬属领埋。凶刀随招解验。案结汇报变解。是否允协，理合具招连犯解候审转。等情。到司。该按察使吴振械审与该府所审相同，按拟连犯招解。前抚臣贺长龄提犯亲讯无异，未及具题，移交到臣。

该臣核看得：大定府民李发才戳伤王阿幺把越五日身死一案，缘李发才与已死王阿幺把素识无嫌，道光二十五年正月二十四日，王阿幺把与伊侄王二在寨邻四戈把家闲坐，适李发才往彼探望。王阿幺把道及伊妻嫩菊把往母家拜年日久未回，因李发才与伊妻父家邻居，托其代催伊妻回家。李发才因有事正欲出外，未经应允。王阿幺把生气向其村斥，彼此争闹。王阿幺把赶拢揪住李发才发辫往下揪殴，李发才挣不脱身，一时情急顺拔身带小刀吓戳，适伤王阿幺把右腿，因刀尖锋利，致伤处穿透，倒地。当经四戈把与王二上前喝阻，李发才弃刀跑走。王二将王阿幺把背回医治不愈，延至二十九日殒命。报经署大定府知府鹿丕宗验讯通详，批饬审解。该署府提犯审拟解司，经按察使吴振棫覆审招解。前抚臣贺长龄提犯亲讯，据供前情不讳，究诘委因口角争殴吓戳，适伤致毙，并非有心欲杀。矢口不移，案无遁饰。未及具题，移交到臣。臣覆核无异，此案李发才戳伤王阿幺把身死，自应按律问拟。李发才合依斗殴杀人者不问手足他物金刃并绞监候律，拟绞监候，秋后处决。四戈把救阻不及，应毋庸议。无干经府省释。尸棺已据饬属领埋。凶刀饬令汇报变解。是否允协，臣谨具题，伏乞皇上圣鉴，敕下法司核覆施行。

再，查此系府属命案，例限五个月，应以道光二十五年三月初三获犯之日起限承审，自府至省计程三百八十里，程限八日，共扣至本年七月十一日统限届满，并未逾违，合并陈明。为此具本，谨题请旨。

道光二十五年六月二十九日，护理贵州巡抚印务布政使司布政使臣罗绕典。

朱批：三法司核拟具奏。

题为审理黄平州僧人兴太因葬棺纠纷伤毙黄正品一案依律拟绞监候请旨事

道光二十五年六月二十九日

护理贵州巡抚印务布政使司布政使臣罗绕典谨题：为报明事。

案准前抚臣贺长龄移交，据按察使吴振棫详称，案据署黄平州知州刘元标详称：道光二十四年十一月初四日据乡约杨占春报，据黄大政投称，本月初二日，伊子黄正品因僧兴太将其故祖尸棺在于伊家祖茔附近地内安葬，虑恐伤犯，向阻争殴，被僧兴太用刀戳伤左腿等处身死。等语。往看属实。查僧兴太业已逃逸，理合报验缉究。等情。并据黄大政报同前由。据此，随差缉凶犯，一面带领刑仵驰诣尸所。先勘得僧兴太山地与黄大政祖茔毗连，立有石碑为界。僧兴太葬坟处所系在已地界内，距黄大政祖茔尚远，并无伤犯。勘毕，饬令将尸移放平地，如法相验。据仵作雷明喝报：已死黄正品问年十八岁。验得仰面不致命左腿旁一伤穿透，合面左䐀腴入刃处斜长七分，宽三分，出刃处斜长五分，宽二分，皮肉卷缩血污，系刀伤。合面不致命左手背一伤，斜长六分，宽深均不及分，血污，系刀划伤。余俱无故。委系受伤身死。报毕亲验无异。凶犯在逃，无从查起凶器，比对尸伤。当场填格取结，尸饬棺殓。

即讯据乡约杨占春供，与报词同。据尸父黄大政供：已死黄正品是儿子。小的家祖坟与僧兴太山地毗连。道光二十四年十一月初二日，僧兴太在他地内埋葬他故祖尸棺，儿子因与祖茔相近，恐有伤犯，向阻争殴，被僧兴太用刀戳伤左腿等处，倒地。是黄达申来向告知，小的赶往看问属实。隔不一会儿，子因伤身死，就投约赴案报验的。求缉究。

据见证黄达申供：道光二十四年十一月初二日，小的路过僧兴太地边，见僧兴太在他地内埋葬故祖尸棺。适黄正品走至，因那里与他祖茔相近，说怕伤犯，上前拦阻。僧兴太分辩，两相争闹，黄正品用刀向戳，被僧兴太夺获刀回戳，致刀尖划伤黄正品左手背。黄正品举脚向踢，僧兴太用刀戳伤他左腿旁，穿透䐀腴，倒地。小的赶拢喝散，告知黄正品的父亲黄大政前往查看，那知黄正品伤重，隔不一会就身死了。委系救阻不及。是实。各等供。

旋于十一月二十二日，据凶犯僧兴太闻拿投首，并呈缴凶刀一把，前来随讯。据凶犯僧兴太供：年二十四岁，是黄平州人。

自幼在界牌寺披剃为僧，与已死黄正品素识无嫌。黄正品家祖茔与僧人山地连界。道光二十四年十一月初二日，僧人因故祖尸棺在家无人安理，雇人抬到山地埋葬。适黄正品路过看见，说与他家祖茔附近，恐有伤碍来脉，上前拦阻。僧人分辩，两相争闹，黄正品拔出身带小刀戳来，僧人夺刀回戳，致刀尖划伤他左手背。黄正品举脚踢来，僧人用刀吓戳，想他退避。不料黄正品踢来势猛，刀尖锋利，致戳伤他右腿旁，穿透腘脓，倒地。经黄达申喝散后，闻黄正品身死，逃出躲避。因差拿严紧，就赴案投首的。委被阻葬，争闹吓戳，适伤致毙，并不是有心要戳死他的。凶刀现已呈缴。是实。等供。

据此，随查验凶刀，现有血迹核与原验尸伤相符。除将犯证分别禁保，凶刀贮库，再行研讯阻葬争殴，戳伤致毙，究明有无谋故，务得确情，按拟依限招解外，令将验讯缘由填格取结，录供具文通报。等情。奉两院批司饬审去后，兹据署镇远府知府朱德璘转据署黄平州知州刘元标详称，遵提覆鞫，除乡约杨占春、尸父黄大政、见证黄达申各供均与初审相同不叙外，据凶犯僧兴太供：年二十五岁，是黄平州人。自幼在界牌寺披剃为僧，与已死黄正品素识无嫌。黄正品家祖茔与僧人山地连界。道光二十四年十一月初二日，僧人因故祖尸棺在家无人安埋，雇人抬到山地埋葬。适黄正品路过看见，说与他家祖茔附近，恐有伤碍来脉，上前拦阻。僧人分辩，两相争闹，黄正品拔出身带小刀戳来，僧人夺刀回戳，致刀尖划伤他左手背。黄正品举脚踢来，僧人用刀吓戳想其退避，不料黄正品踢来势猛，刀尖锋利，致戳伤他左腿旁，穿透左腘脓，倒地。经黄达申喝散后，闻黄正品身死，逃出躲避，因差拿严紧，就赴案投首的。委被阻葬，争闹吓戳，适伤致毙，并不是有心要戳死他的。凶刀已经呈缴。是实。等供。

据此，该署黄平州知州刘元标审看得：僧兴太戳伤黄正品身死一案，缘僧兴太籍隶黄平州，自幼在界牌寺披剃为僧，与已死黄正品素识无嫌。黄正品家祖茔与僧兴太山地毗连。道光二十四年十一月初二日，僧兴太因故祖尸棺在家无人安埋，雇人抬至山地埋葬。适黄正品路过瞥见，因与伊家祖茔附近，虑及有伤来脉，上前拦阻。僧兴太分辩，两相争闹。黄正品拔出身带小刀向戳，僧兴太夺刀回戳，致刀尖划伤黄正品左手背。黄正品举脚向踢，僧兴太用刀吓戳，冀其退避，不期黄正品踢去势猛，刀尖锋利致戳伤其左腿旁，穿透左胠胁，倒地。经黄达申喝散，告知尸父黄大政前往看问属实。讵黄正品移时殒命，僧兴太闻知逃逸，报经卑职验缉。旋据僧兴太投首前来，讯供通详，奉批饬审，遵提覆鞫，据供前情不讳，究诘委被阻葬，争闹吓戳，适伤致毙，并非有心欲杀。矢口不移，案无遁饰。查律载，斗殴杀人者不问手足他物金刃并绞监候。

等语。此案僧兴太戳伤黄正品身死，虽自行投首，无因可免。自应按律问拟，僧兴太合依斗殴杀人者不问手足他物金刃并绞监候律，拟绞监候，秋后处决。黄达申救阻不及，应毋庸议。僧兴太故祖安葬处所勘明，与黄正品祖茔并无伤犯，应听埋葬。无干省释。尸棺饬属领埋。凶刀随招解验，案结汇报变解。是否允协，理合具招连犯解候审转。等情。由府覆审解司。该按察使吴振棫审与该州府所审相同，按拟连犯招解。前抚臣贺长龄提犯亲讯无异，未及具题，移交到臣。

　　该臣核看得：黄平州僧人兴太戳伤黄正品身死一案，缘僧兴太籍隶黄平州，自幼在界牌寺披剃为僧，与已死黄正品素识无嫌。黄正品家祖茔，与僧兴太山地毗连。道光二十四年十一月初二日，僧兴太因故祖尸棺在家无人安埋，雇人抬至山地埋葬。适黄正品路过瞥见，因与伊家祖茔附近，虑及有伤来脉，上前拦阻。僧兴太分辩，两相争闹。黄正品拔出身带小刀向戳，僧兴太夺刀回戳，致刀尖划伤黄正品左手背。黄正品举脚向踢，僧兴太用刀吓戳，冀其退避，不期黄正品踢去势猛，刀尖锋利，致戳伤其左腿旁，穿透左胠胁，倒地。经黄达申喝散，告知尸父黄大政前往看问属实。讵黄正品移时殒命，僧兴太闻知逃逸，报经署黄平州知州刘元标验缉。旋据僧兴太赴州投首，讯供通详，批饬审解。该署州提犯审拟，由署镇远府知府朱德璈审转解司，经按察使吴振棫覆审招解。前抚臣贺长龄提犯亲讯，据供前情不讳，究诘委被阻葬，争闹吓戳，适伤致毙，并非有心欲杀。矢口不移，案无遁饰。未及具题，移交到臣。臣覆核无异。此案僧兴太戳伤黄正品身死，虽自行投首，无因可免，自应按律问拟。僧兴太合依斗殴杀人者不问手足他物金刃并绞监候律，拟绞监候，秋后处决。黄达申救阻不及，应毋庸议。僧兴太故祖安葬处所勘明，与黄正品祖茔并无伤犯，应听埋葬。无干省释。尸棺已据饬属领埋。凶刀饬令汇报变解。是否允协，臣谨具题，伏乞皇上圣鉴。敕下法司核覆施行。

再，查此案例限六个月，应以道光二十四年十一月二十二犯僧兴太投首之日起限承审，封印一个月，自州至府计程一百二十里，程限三日，由府至省四百五十五里，程限九日，共扣至二十五年七月初四日，统限届满，并未逾违，合并陈明。为此具本，谨题请旨。

道光二十五年六月二十九日，护理贵州巡抚印务布政使司布政使臣罗绕典。

朱批：三法司核拟具奏。

题为审理正安州民刘世扬因胞兄刘世伦忤逆听从父命殴跌其身死一案依律拟斩立决请旨事

道光二十五年六月二十九日

护理贵州巡抚印务布政使司布政使臣罗绕典谨题：为访闻事。

据按察使吴振棫详称，案据正安州知州寿元渭详称：道光二十五年二月二十一日，访有州民刘世扬，听从父命殴跌胞兄刘世

伦身死，私埋匿报，并刘世科回殴刘世伦成伤之事，当即差拿凶
犯，并将尸父刘名高、见证雷登溃传唤到案，随带刑仵驰诣埋尸
处所。据刘名高指明刘世伦坟冢，刨开挢土启棺。查看该处地气
阴寒，尸身尚未腐烂。饬令将尸移放平地，如法相验。据仵作郑
洸溃喝报：已死刘世伦问年五十六岁。验得仰面致命额颅一伤，
斜长一寸，宽三分。右额角一伤，斜长八分，宽三分，均淡红色，
俱系木器伤，不致命。左臁肋一伤，参差不齐，皮破血结。右臁
肋一伤，尖圆不整，皮破血污，骨损，系石磕伤。合面不致命左
胳肘一伤，横长一寸二分，宽八分，紫红色，皮破血污骨损。左
臂一伤，横长一寸一分，宽六分，紫红色，俱系木器伤。余验无
故。委系受伤身死。报毕亲验无异。凶犯在逃，无从查起凶器，
比对尸伤。当场填格取结，尸饬棺殓。

即讯据尸父刘明高供：已死刘世伦是小的长子，与四子刘世
扬、五子刘世科，均分居各爨。长子素性强横，向不孝顺。道光
二十五年正月二十日，长子来向小的借米，不允。就出言顶撞，
把小的推跌倒地。小的喊救，长子当即跑走。刘世扬与刘世科来
把小的扶起，小的气忿，叫刘世科去拉长子回家责处。随后刘世
科转回，说长子不肯转来，反向殴打，被他用柴杖回打伤额颅、
额角，跑回躲避。小的不依，顺拿木棍，喊同四子刘世扬去拿长
子送究，路遇长子走来，就叫刘世扬上前捉拿，长子不服混骂。
小的因年老无力，当把木棍递与刘世扬，喝令殴打。刘世扬跪地
求饶，小的当说如不依从，就要投岩寻死。刘世扬无奈，过去抓
扭。长子弯腰拾石，被刘世扬用棍打伤左臂。长子站起转身扑殴，
刘世扬用棍回打，致伤长子左胳肘，跌落岩下，磕伤两臁肋。当
有雷登溃赶拢喝阻走散。不料长子到二十四日就因伤身死。小的
恐儿子们到官有罪，私自买棺盛殓，雇不知姓名苗人，抬往坡上
掩埋。今蒙访闻验讯，实系小的喝令殴毙，儿子们不知逃往何处。
是实。

据见证雷登溃供：道光二十五年正月二十日，小的赶场转回，

见刘世科说他哥子刘世伦将父亲推跌。他父亲叫他来拉回责处，刘世伦不肯，转去并向刘世科斥骂揪殴，刘世科拾起地上柴杖殴伤刘世伦额颅、额角，跑走。随后他父亲刘名高拿了木棍，同刘世扬赶来，把刘世伦拦住。刘名高叫刘世扬把刘世伦捉拿送究，刘世伦混骂。刘名高把木棍递与刘世扬，喝令殴打。刘世扬跪地求饶，刘名高不依。刘世扬无奈，过去抓扭。刘世伦弯腰拾石，被刘世扬用木棍打了左臂一下。刘世伦站起转身扑殴，刘世扬又用棍回打，致伤刘世伦左胳肘，滚跌岩下，磕伤两臁肋。小的上前喝阻，当各走回，次日就出外贸易。如今回家蒙案下访闻传讯，才知刘世伦已因伤身死，刘名高私埋匿报。小的当时救阻不及。是实。各等供。

正在具文通报间，旋于三月十二、十四等日，据役先后缉获刘世扬、刘世科到案。即讯据案犯刘世科供：是正安州人，已死刘世伦是小的大胞兄，分居素睦无嫌。道光二十五年正月二十日，大哥刘世伦去向父亲刘名高借米，不允，出言顶撞，把父亲推跌倒地。父亲喊救，小的同四哥刘世扬去把父亲扶起，问明情由，父亲生气叫，小的去把大哥拉回责处。小的赶去告知，大哥不肯转来，并向小的斥骂揪殴，小的顺拾地上柴枝回打他额颅、右额角各一下，当即跑回向父亲告述前情。因怕大哥追来寻殴，出外躲避。后来父亲怎样喝令四哥把大哥殴跌落岩身死，小的并没在场。今蒙拿获，只得据实供明。树枝已经丢弃。是实。

据凶犯刘世扬供：是正安州人，已死刘世伦是小的大胞兄，分居素睦无嫌。道光二十五年正月二十日，大哥刘世伦去向父亲刘名高借米，不允，出言顶撞，把父亲推跌倒地。父亲喊救，小的同五弟刘世科去把父亲扶起，问明情由。父亲生气，叫刘世科去把大哥拉回责处，随后刘世科转回，说大哥不肯回来，反向殴打，被他用柴枝打伤额颅、额角，跑回躲避。父亲不依，拿了木棍，喊同小的去拿大哥送究，路遇大哥走来，父亲叫小的上前捉拿，大哥混骂。父亲当把木棍递交小的，喝令殴打。小的跪地求饶，父亲说如不依从就要投岩寻死。小的无奈，才过去抓扭，大哥弯腰拾石，小的用棍从后打他左臂一下，大哥站起转身扑殴。小的又用棍回打，伤着他左胳肘，跌落岩下，磕伤两臁肕。当有雷登溃赶拢喝阻，小的同父亲走回。不料大哥到二十四日就因伤身死。父亲恐怕小的们到官问罪，私自买棺盛殓，雇不识姓名苗人抬去掩埋。小的出外逃避，今蒙访闻拿获的。委因父亲被兄推跌，听从父命殴跌致毙，并不是有心要打死他的。木棍已经丢弃。是实。各等供。据此除将犯、证分别禁保，再行研讯是否因兄忤逆，听从父命殴跌致毙，私埋匿报，究明有无逞凶干犯，务得确情，按拟依限招解外，所有访闻获犯验讯缘由，理合填格录供，具文通报。等情。奉两院批司饬审去后，兹据遵义府知府陈光兰转，据正安州知州寿元渭详称，遵提犯证覆讯，除尸父刘名高、见证雷登溃各供，均与初审相同不叙外，据案犯刘世科供：年三十六岁，是正安州人。父亲刘名高，母亲李氏，现存弟兄五人，小的行五。娶妻曾氏，生有子女。已死刘世伦是小的大胞兄，分居素睦无嫌。道光二十五年正月二十日，大哥刘世伦去向父亲借米，不允，出言顶撞，把父亲推跌倒地。父亲喊救，小的同四哥刘世扬去把父亲扶起，问明情由。父亲生气，叫小的去把大哥拉回责处，小的赶去告知，大哥不肯转来，并向小的斥骂揪殴。小的顺拾地上柴枝，回打他额颅、右额角各一下，当即跑回向父亲告述前情。因怕大哥追来寻殴，出外躲避。后来父亲怎样喝令四哥把大哥殴跌落岩身死，小的并没在场。前蒙拿获，已经据实供明，树枝当时丢弃。是实。

据凶犯刘世扬供：年四十三岁，是正安州人。父亲刘名高，母亲李氏，现存弟兄五人，小的行四。娶妻韩氏，生有一子。已死刘世伦是小的大胞兄，分居素睦无嫌。道光二十五年正月二十日，大哥刘世伦去向父亲借米，不允，出言顶撞，把父亲推跌倒地。父亲喊救，小的同五弟刘世科去把父亲扶起，问明情由。父亲生气，叫刘世科去把大哥拉回责处，随后刘世科转回，说大哥不肯回来，反向殴打，被他用柴枝打伤额颅、右额角，跑回躲避。
父亲不依，拿了木棍，喊同小的去拿大哥送究，路遇大哥走来，
父亲叫小的上前捉拿，大哥混骂。父亲当把木棍递交小的，喝令
殴打。小的跪地求饶，父亲说如不依从，就要投岩寻死。小的无
奈，才过去捉扭，大哥弯腰拾石，小的用棍从后打他左臂一下，
大哥站起转身扑殴。小的又用棍回打，伤着他左胳肘，跌落岩下，
磕伤两臁肕。当有雷登溃赶拢喝阻，小的同父亲走回。不料大哥
到二十四日就因伤身死。父亲恐怕小的们到官问罪，私自买棺盛
殓，雇不识姓名苗人抬去掩埋。小的出外逃避，前蒙访闻拿获的。
委因父亲被兄推跌，听从父命殴跌致毙，并不是有心要打死他的。
木棍已经丢弃。是实。各等供，

据此，该正安州知州寿元渭审看得：州民刘世扬听从父命殴
跌胞兄刘世伦身死私埋匿报，并刘世科回殴刘世伦成伤一案，缘
已死刘世伦系刘名高之子，刘世扬、刘世科等之长兄，分居素睦
无嫌。刘世伦素性强横，向不孝顺。道光二十五年正月二十日，
刘世伦向伊父刘名高借米，不允，出言顶撞，并将其父推跌倒地。
刘名高喊救，刘世伦跑走，刘世扬、刘世科闻喊，赶往查看，将
刘名高扶起，询明情由。刘名高气忿，令刘世科前往将刘世伦拉
回责处，刘世伦不肯转回，反向斥骂揪殴。刘世科顺拾地上柴枝
回殴，伤刘世伦额颅、右额角，走回向刘名高告知。因虑刘世伦
追殴，出外躲避。刘名高不依，顺携木棍，喊同刘世扬往拿刘世
伦送究，路遇刘世伦走来，刘名高令刘世扬上前捉拿，刘世伦混
骂。刘名高因年老乏力，当将木棍递交刘世扬，喝令殴打。刘世
扬代为跪地求饶，刘名高声言如不依从，即欲投岩寻死。刘世扬
无奈，走拢抓扭，刘世伦弯腰拾石，刘世扬用木棍从后殴伤其左
臂。刘世伦站起转身扑殴，刘世扬复用棍回打，适伤刘世伦左胳
肘，跌落岩下，磕伤两臁肕。经雷登溃赶拢喝阻，刘名高等走回。
讵刘世伦延至二十四日，因伤身死。刘名高恐刘世扬等到官问罪，
私自买棺盛殓，雇不识姓名苗人抬往坡上掩埋。刘世扬等逃逸。

旋经卑职访闻，诣验获犯讯详，奉批饬审，遵提覆鞫，据供前情不讳，究诘委因其兄忤逆，听从父命殴跌致毙，并非有心欲杀。矢口不移，案无遁饰。查律载，期亲弟殴兄伤者，杖一百，徒三年。死者皆斩。又律载，期亲弟妹殴毙罪犯，应死兄姊与王仲贵案内情节未符者，仍照殴死尊长情轻之例。照律拟罪，夹签声明。各等语。此案刘世扬殴跌胞兄刘世伦身死，自应按律问拟。刘世扬合依弟殴兄死者斩律，拟斩立决。先于左面刺"凶犯"二字。惟刘世伦推跌其父，罪犯应死，该犯因伊父刘名高喝令殴打，适伤致毙，并非无故逞凶干犯，相应照例声明，听候法司核议，夹签声请。刘世科殴伤胞兄刘世伦额颡等处，先已逃避，于刘名高喝令刘世扬殴打之时，未经在场，并非同时共殴。自应仍科伤罪，刘世科合依弟殴兄伤者杖一百徒三年律，杖一百，徒三年，到配折责安置，期满详释。刘名高因被刘世伦推跌嚷骂，喝令刘世扬殴跌致毙，律得勿论。刘世伦推跌其父，罪犯应死，业已被殴跌伤致毙，应与救阻不及之雷登溃，均毋庸议。无干省释。尸棺饬属领埋。凶器木棍供弃免追。是否允协，理合具招连犯解候审转。等情。由府覆审解司。该按察使吴振棫审与该州府所审相同，按拟连犯招解前来。

臣提犯亲讯无异，除供词相同不叙外，该臣审看得：正安州民刘世扬听从父命，殴跌胞兄刘世伦身死，私埋匿报，并刘世科回殴刘世伦成伤一案，缘已死刘世伦系刘名高之子，刘世扬、刘世科等之长兄分居素睦无嫌。刘世伦素性强横，向不孝顺。道光二十五年正月二十日，刘世伦向伊父刘名高借米，不允，出言顶撞，并将其父推跌倒地。刘名高喊救，刘世伦跑走，刘世扬、刘世科闻喊赶往查看，将刘名高扶起，询明情由。刘名高气忿，令刘世科前往将刘世伦拉回责处。刘世伦不肯转回，反向斥骂揪殴。刘世科顺拾地上柴枝回殴，伤刘世伦额颡、右额角，走回向刘名高告知，因虑刘世伦追殴，出外躲避。刘名高不依，顺携木棍，喊同刘世扬往拿刘世伦送究，路遇刘世伦走来，刘名高令刘世扬上前捉拿，刘世伦混骂，刘名高因年老乏力，当将木棍递交刘世扬喝令殴打。刘世扬代为跪地求饶，刘名高声言如不依从，即欲投岩寻死。刘世扬无奈，走拢抓扭，刘世伦弯腰拾石，刘世扬用木棍从后殴伤其左臂，刘世伦站起转身扑殴。刘世扬复用棍回打，适伤刘世伦左胳肘，跌落岩下，磕伤两臁肕。经雷登溃赶拢喝阻，刘名高等走回。讵刘世伦延至二十四日因伤身死。刘名高恐刘世扬等到官问罪，私自买棺盛殓，雇不识姓名苗人抬往坡上掩埋。刘世扬等逃逸。旋经正安州知州寿元渭访闻，诣验获犯讯详，批饬审解。该州提犯审拟，由遵义府知府陈光兰审转解司，经按察使吴振械覆审，招解前来。臣提犯亲讯，据供前情不讳，究诘委因其兄忤逆，听从父命殴跌致毙，并非有心欲杀。矢口不移，案无遁饰。此案刘世扬殴跌胞兄刘世伦身死，自应按律问拟，刘世扬合依弟殴兄死者斩律，拟斩立决。先于左面刺"凶犯"二字。惟刘世伦推跌其父，罪犯应死。该犯因伊父刘名高喝令殴打，适伤致毙，并非无故逞凶干犯，相应照例声明，听候法司核议，夹签声请。刘世科殴伤胞兄刘世伦额颅等处，先已逃避，于刘名高喝令刘世扬殴打之时，未经在场，并非同时共殴，自应仍科伤罪。刘世科合依弟殴兄伤者杖一百徒三年律，杖一百，徒三年，到配折责安置，期满详释。刘名高因被刘世伦推跌嚷骂，喝令刘世扬殴跌致毙，律得勿论。刘世伦推跌其父，罪犯应死，业已被殴跌伤致毙，应与救阻不及之雷登溃，均毋庸议。无干经州省释。尸棺已据饬属领埋。凶器木棍供弃免追。是否允协，臣谨具题伏乞皇上圣鉴，敕下法司，核覆施行。

　　再，查此案例限两个月，应以道光二十五年三月十二获犯之日起限承审，自州至府计程三百二十里，程限七日，该州依限解府。因犯供游移，行提人证到府质讯，应扣提解限二十日，往返程限十四日，由府至省二百八十里，程限六日，共扣至本年六月二十九日统限届满，并未逾违，合并陈明。为此具本，谨题请旨。

　　道光二十五年六月二十九日，护理贵州巡抚印务布政使司布政使臣罗绕典。

朱批：三法司核拟具奏。

题为审理遵义县民刘金明因劝解夫妻口角被斥争殴伤毙夏正杰一案依律拟绞监候请旨事

道光二十五年六月二十九日

护理贵州巡抚印务布政使司布政使臣罗绕典谨题：为报恳验究事。

案准前抚臣贺长龄移交，据按察使吴振棫详称，案据署遵义县知县朱右贤详称：道光二十五年正月初十日据县属乡约冉玉先报，据民妇夏李氏投称，本月初八日，伊夫夏正杰与伊口角，有刘金明同刘白二路过拢劝，与伊夫争闹，共殴戳伤伊夫右腿等处身死。等语。约往看属实，理合报乞验究。等情。并据尸妻夏李氏报同前由。据此，正在诣验间，即据凶犯刘金明投首前来。随带刑件前诣尸所，饬令将尸移放平地，如法相验。据件作牟超群喝报：已死夏正杰即夏六十，问年二十九岁。验得仰面不致命右腿一伤，斜深穿过，透及左腿、右腿，进刃处斜长一寸一分，宽四分，出刃处斜长七分，宽三分，左腿进刃处斜长六分，宽三分，深六分，均皮肉卷缩血污，系刀伤。合面不致命项颈右一伤，斜长一寸二分，宽三分，紫红色，系木器伤。致命脊膂右、不致命右臀各一伤，均参差不齐，难量分寸，俱系石垫伤。余验无故。委系受伤身死。报毕亲验无异。凶刀供弃，无凭查起，比对尸伤。当场填格取结，尸饬棺殓。

即讯据乡约冉玉先供，与报词同。据尸妻夏李氏供：已死夏正杰即夏六十，是小妇人丈夫。道光二十五年正月初八日，丈夫因小妇人烧茶迟慢，斥骂口角，有刘金明、刘白二走过拢劝，丈夫骂他多管，两相争闹。刘白二用柴棒打伤丈夫项颈，丈夫用刀向砍，刘金明将刀夺获跑开，丈夫赶拢拉住他后衣喊骂，被刘金明用刀反手往后横截，致伤丈夫右腿穿过，透及左腿，倒地。有陈海椒二上前喝阻，刘金明们跑走。隔不一会丈夫就因伤身死，小妇人投约赴案报验的。求究抵。

据见证陈海椒二供：与夏正杰即夏六十邻近居住。道光二十五年正月初八日，小的听得刘白二同刘金明向夏正杰吵闹，过去查看，见刘白二用柴棒打伤夏正杰项颈，夏正杰拔刀向砍，刘金明赶拢拦阻，夏正杰斥骂扛帮，用刀砍伤刘金明凶门，刘金明将刀夺获跑开，夏正杰赶上拉住他后衣喊骂，被刘金明用刀反手往后横截，致伤夏正杰右腿穿过，透及左腿倒地。小的上前喝阻，刘金明们跑走。小的问据夏正杰说，因他妻子夏李氏烧茶迟慢口角，刘金明们路过拢劝，争闹起衅的。隔不一会，夏正杰就因伤身死。小的救阻不及。是实。

据凶犯刘金明供：是遵义县人。与已死夏正杰邻寨居住，素识无嫌。道光二十五年正月初八日，小的同刘白二路过，见夏正杰因他妻子夏李氏烧茶迟慢，两相口角。小的同刘白二拢劝，夏正杰反骂小的们多事。刘白二不依，拾起柴棒打伤夏正杰项颈，夏正杰拔刀向砍，小的赶拢拦阻。夏正杰斥骂扛帮，用刀砍伤小的凶门，小的将刀夺获跑开。夏正杰赶拢拉住小的后衣喊骂，小的用刀反手往后横截，不料伤着他右腿。因刀尖锋利，致穿过右腿，透及左腿倒地，垫伤右脊膂、右臀。他邻人陈海椒二过来喝阻，小的与刘白二跑走。后闻夏正杰因伤身死，夏李氏投约具报。小的就赴案投首的。委因拢劝争闹共殴，戳伤致毙，并不是有心要戳死他的。凶刀已经丢弃，刘白二不知逃往何处。是实。各等供。

据此，随验得刘金明凶门左有刀伤一处，皮破血结，填单附卷。除将犯证分别禁保，拨医调治刘金明伤痊，差缉刘白二到案，提同现犯，再行研讯起衅共殴，戳伤身死，究明有无谋故，务得确情，按拟依限招解外，当将据报验讯缘由填格录供，具文通报。等情。奉两院批司饬审去后，兹据遵义府知府陈光兰转，据署遵义县知县朱右贤详称，查该犯刘金明伤已平复，逸犯刘白二屡缉未获。遵提犯证覆讯，除乡约冉玉先、尸妻夏李氏、见证陈海椒二各供，均与初审相同不叙外，据凶犯刘金明供：年二十一岁，是遵义县人。父母俱存，弟兄三人，小的居长，尚未娶妻。与已死夏正杰邻寨居住，素识无嫌。道光二十五年正月初十日，小的同刘白二路过，见夏正杰因他妻子夏李氏烧茶迟慢，两相口角。小的同刘白二拢劝，夏正杰反骂小的们多事。刘白二不依，拾起柴棒打伤夏正杰项颈，夏正杰拔刀向砍，小的赶拢拦阻，夏正杰斥骂扛帮，用刀砍伤小的囟门。小的将刀夺获跑开，夏正杰赶拢拉住小的后衣喊骂，小的用刀反手往后横戳，不料伤着他右腿。因刀尖锋利致穿过右腿，透及左腿，倒地，垫伤右脊臂、右臀。他邻人陈海椒二过来喝阻，小的与刘白二跑走。后闻夏正杰因伤身死，夏李氏投约具报，小的就赴案投首的。委因拦劝争闹共殴，戳伤致毙，并不是有心要戳死他的。凶刀已经丢弃，刘白二不知逃往何处。是实。等供。

据此，该署遵义县知县朱右贤审看得：县民刘金明等共殴戳伤夏正杰身死一案，缘刘金明与已死夏正杰邻寨居住，素识无嫌。道光二十五年正月初八日，夏正杰因伊妻夏李氏烧茶迟慢，彼此口角。刘金明与刘白二路过，见而拢劝。夏正杰斥其多事，刘白二不依，顺拾柴棒殴伤夏正杰项颈，夏正杰拔取身带尖刀向砍，刘金明赶拢拦阻，夏正杰斥骂扛帮，用刀砍伤刘金明囟门，刘金明将刀夺获跑开，夏正杰赶拢拉住其后衣喊骂，刘金明用刀反手往后横戳，致伤夏正杰右腿。因刀尖锋利，穿过右腿，透及左腿，倒地，垫伤右脊臂、右臀。经邻人陈海椒二赶往喝阻，刘金明等跑走。讵夏正杰伤重，移时殒命。报经卑职验讯通详，奉批饬审，遵提犯证覆鞫，据供前情不讳，究诘委因拦劝争闹共殴，戳伤身死，并非有心欲杀。矢口不移，似无遁饰。查律载，共殴人致死下手伤重者绞监候。等语。此案刘金明与刘白二共殴戳伤夏正杰身死，查夏正杰身受各伤，惟后被刘金明刀戳右腿穿透为重，应以拟抵该犯，虽自行投首，无因可免，自应照律问拟。刘金明合依共殴人致死下手伤重者绞监候律，拟绞监候，秋后处决。夏正杰刃伤刘金明平复，罪有应得，业已被戳身死，应毋庸议。夏李氏烧茶迟慢，事属细微，应与救阻不及之陈海椒二，均毋庸议。无干省释。尸棺饬属领埋。凶刀供弃免追。逸犯刘白二缉获另结。是否允协，理合具招运犯解候审转。等情。由府覆审解司，该按察使吴振械审与该县府所审相同，按拟连犯招解。前抚臣贺长龄提犯亲讯无异，未及具题，移交到臣。

该臣核看得：遵义县民刘金明等共殴戳伤夏正杰身死一案，缘刘金明与已死夏正杰邻寨居住，素识无嫌。道光二十五年正月初八日，夏正杰因伊妻夏李氏烧茶迟慢，彼此口角。刘金明与刘白二路过见而拢劝，夏正杰斥其多事。刘白二不依，顺拾柴棒殴伤夏正杰项颈，夏正杰拔取身带尖刀向砍，刘金明赶拢拦阻，夏正杰斥骂扛帮，用刀砍伤刘金明囟门，刘金明将刀夺获跑开，夏正杰赶拢拉住其后衣喊骂，刘金明用刀反手往后横戳，致伤夏正杰右腿。因刀尖锋利，穿过右腿，透及左腿，倒地，垫伤右脊膂、右臀。经邻人陈海椒二赶往喝阻，刘金明等跑走。讵夏正杰伤重，移时殒命。报经署遵义县知县朱右贤验讯通详，批饬审解。该署县提犯审拟，由遵义府知府陈光兰审转解司，经按察使吴振械覆审招解。前抚臣贺长龄提犯亲讯，据供前情不讳，究诘委因拦劝争闹共殴，戳伤身死，并非有心欲杀。矢口不移，似无遁饰。未及具题，移交到臣。臣覆核无异，此案刘金明与刘白二共殴戳伤夏正杰身死，查夏正杰身受各伤，惟后被刘金明刀戳右腿穿透为重，应以拟抵，该犯虽自行投首，无因可免，自应照律问拟。刘金明合依共殴人致死下手伤重者绞监候律，拟绞监候，秋后处决。夏正杰刃伤刘金明平复，罪有应得，业已被戳身死，应毋庸议。

夏李氏烧茶迟慢，事属细微，应与救阻不及之陈海椒二均毋庸议。无干经县省释。尸棺已据饬属领埋。凶刀供弃免追。逸犯刘白二缉获另结。是否允协，臣谨具题，伏乞皇上圣鉴，敕下法司，核覆施行。

再，查此案例限六个月。报官系在封印期内，应以道光二十五年正月二十开印之日起限承审，该县与府同城，由府至省计程二百八十里，程限六日。共扣至本年七月二十六日统限届满，并未逾违，合并陈明。为此具本，谨题请旨。

道光二十五年六月二十九日，护理贵州巡抚印务布政使司布政使臣罗绕典。

朱批：三法司核拟具奏。

题为审理定番州民张老五戳伤斥奸之吴阿红身死一案依律拟绞监候请旨事

道光二十五年六月二十九日

（缺文）月初九日下午，小的与吴阿红赶场转回，路过虾儿井地方，见张老五与杨保的妻子杨李氏在岩洞内走出。吴阿红看出奸情，斥骂张老五不应奸人妇女。要张老五给钱二千文，免告本夫杨保送究。张老五不允，致相争闹。吴阿红拔出身带尖刀向砍，张老五闪侧将刀夺获，吴阿红扑殴，被张老五用刀戳伤左肋，倒地。小的赶拢喝阻。隔不一会，吴阿红因伤身死，张老五跑走。那时李氏先挑水走回，小的往向吴阿红的哥子吴阿烈告知，赶来看明投约具报的。委系救阻不及。是实。

据本夫杨保供：杨李氏是小的妻子，张老五与小的相好往来，妻子见面不避。妻子何时与张老五有奸，小的并不知情。道光二十四年十二月初九日下午，妻子出外挑水，怎样与张老五在虾儿井岩洞内续奸走出，被吴阿红撞见索诈争殴，张老五将吴阿红戳伤身死，小的在外佣工，也不晓得。今蒙传讯，求讯究据。

据奸妇杨李氏供：年十八岁，丈夫杨保与张老五相好往来，小妇人见面不避。道光二十四年五月内，不记日期，小妇人与张老五同在山坡牧牛，张老五就与小妇人调戏成奸，过后遇便续奸多次，丈夫并不知情。十二月初九日下午，小妇人至虾儿井挑水，张老五在那里工作，就同到岩洞内续奸。随后走出，被吴阿红路过撞见，斥骂张老五不应奸人妇女，向张老五索诈争闹。小妇人害怕，连忙挑水走回。张老五怎样将吴阿红戳伤身死，小妇人并没看见。是实。

据凶犯张老五供：年二十二岁，是定番州人。与已死吴阿红素识无嫌。小的与寨邻杨保相好往来，他妻子杨李氏见面不避。道光二十四年五月内，不记日期，小的因杨李氏同在山坡牧牛，就与杨李氏调戏成奸，过后遇便续奸多次，杨保并不知情。十二月初九日下午，小的在虾儿井地方工作，杨李氏走来挑水，就同到岩洞内续奸。随后走出，被吴阿红路过撞见，斥骂小的不应奸人妇女，要小的给钱二千文，免告本夫杨保送究。小的不允，致相争斗。吴阿红拔出身带尖刀向小的砍来，小的闪侧将刀夺获，吴阿红扑殴，小的用刀吓戳，不料伤着他左肋，倒地。是杨阿檠走来喝阻。隔不一会，吴阿红因伤身死，小的就赶案投首的。委系因奸被诈，争闹吓戳，适伤致毙，并不是有心要杀死他的。凶刀已经呈缴。是实。各等供。

据此，除将犯证分别禁保，凶刀贮库，再行研讯因奸被诈争殴戳伤致毙，究明有无谋故，务得确情，按拟依限招解外，合将验讯缘由填格取结，录供具文通报。等情。奉两院批司饬审去后，兹据贵阳府知府周作楫转据署定番州知州王畬详称，遵提覆讯，除乡约夏正学、尸兄吴阿烈、见证杨阿檠、本夫杨保、奸妇李氏各供均与初审相同不叙外，据凶犯张老五供：年二十三岁，是定番州人。父亲张全仁现年七十一岁，母亲柴氏已故，并无弟兄妻子，与已死吴阿红素识无嫌。小的与寨邻杨保相好往来，他妻子杨李氏见面不避。道光二十四年五月内，不记日期，小的因杨李氏同在山坡牧牛，就与杨李氏调戏成奸，过后遇便续奸多次，杨保并不知情。十二月初九日下午，小的在虾儿井地方工作，杨李氏走来挑水，就同到岩洞内续奸。随后走出，被吴阿红路过撞见，斥骂小的不应奸人妇女，要小的给钱二千文，免告本夫杨保送究。小的不允，致相争闹。吴阿红拔出身带尖刀向小的砍来，小的闪侧将刀夺获，吴阿红扑殴，小的用刀吓戳，不料伤着他左肋，倒地。是杨阿檗走来喝阻。隔不一会，吴阿红因伤身死，小的就赴案投首的。委系因奸被诈，争闹吓戳，适伤致毙，并不是有心要杀死他的。是实。各等供。

据此，该署定番州知州王畲看得：州民张老五戳伤吴阿红身死一案，缘张老五与已死吴阿红素识无嫌，张老五与寨邻杨保相好往来，其妻杨李氏见面不避。道光二十四年五月间，不记日期，张老五因杨李氏同在山坡牧牛，即与杨李氏调戏成奸。嗣后遇便续奸多次，杨保并不知情。十二月初九日下午，张老五在虾儿井地方工作，杨李氏赴彼挑水，即同至岩洞内叙旧，随后走出，适有吴阿红偕杨阿檗赶场转回，路过撞见。吴阿红看出奸情，斥骂张老五不应奸人妇女，令张老五给钱二千文，免告本夫杨保送究。张老五不允，致相争闹。吴阿红拔出身带尖刀向砍，张老五闪侧将刀夺获，吴阿红扑殴，张老五用刀吓戳，适伤吴阿红左肋，倒地。经杨阿檗赶拢喝阻。维时杨李氏先挑水走回，吴阿红旋即因伤殒命。杨阿檗向吴阿红之兄吴阿烈告知往看，投约具报。张老五自行投首。当经卑职验讯通详，奉批饬审，遵提覆鞫，据供前情不讳，究诘委系因奸被诈，争殴吓戳，适伤致毙，并非有心欲杀。矢口不移，似无遁饰。查律载，斗殴杀人者不问手足他物金刃并绞监候。又例载，军民相奸，奸夫奸妇各枷号一个月，杖一百。各等语。此案张老五因与杨李氏通奸，被吴阿红撞见索诈，争殴夺刀，戳伤吴阿红身死，虽自行投首，无因可免，自应按律问拟。张老五除与杨李氏通奸轻罪不议外，合依斗殴杀人者不问手足他物金刃并绞监候律，拟绞监候，秋后处决。该犯据供亲老丁单，是否属实，应俟秋审时查明取结办理。杨李氏与张老五通奸，合依军民相奸奸妇枷号一个月杖一百例，枷号一个月，杖一百，系犯奸之妇杖决枷赎，给本夫杨保领回，听其去留。杨保不知伊妻与张老五通奸情事，应与救阻不及之杨阿檠俱毋庸议。无干省释。尸棺饬署领埋。凶刀随招解验，案结汇报变解。是否允协，理合具招连犯解候审转。等情。由府覆审解司。该按察使吴振棫审与该州府所审相同，按拟连犯招解。前抚臣贺长龄提犯亲讯无异，未及具题，移交到臣。

该臣看得：定番州民张老五戳伤吴阿红身死一案，缘张老五与已死吴阿红素识无嫌。张老五与寨邻杨保相好往来，其妻杨李氏见面不避。道光二十四年五月间，不记日期，张老五因杨李氏同在山坡牧牛，即与杨李氏调戏成奸，嗣后遇便续奸多次，杨保并不知情。十二月初九日下午，张老五在虾儿井地方工作，杨李氏赴彼挑水，即同至岩洞内续旧。随后走出，适有吴阿红偕杨阿檠赶场转回，路过撞见。吴阿红看出奸情，斥骂张老五不应奸人妇女，令张老五给钱二千文，免告本夫杨保送究。张老五不允，致相争闹。吴阿红拔出身带尖刀向砍，张老五闪侧将刀夺获，吴阿红扑殴，张老五用刀吓戳，适伤吴阿红左肋，倒地。经杨阿檠赶拢喝阻。维时杨李氏先挑水走回，吴阿红旋即因伤殒命，杨阿檠向吴阿红之兄吴阿烈告知往看，投约具报。张老五自行投首。当经署定番州知州王畬验讯通详，批饬审解。该署州提犯审拟解府，由贵阳府知府周作楫审转解司，经按察使吴振棫覆审招解。前抚臣贺长龄提犯亲讯，据供前情不讳，究诘委系因奸被诈，争殴吓戳，适伤致毙，并非有心欲杀。矢口不移，似无遁饰。未及具题，移交到臣。臣覆核无异。此案张老五因与杨李氏通奸，被吴阿红撞见索诈，争殴夺刀戳伤吴阿红身死，虽自行投首，无因可免，自应按律问拟。张老五除与杨李氏通奸轻罪不议外，合依斗殴杀人者不问手足他物金刃并绞监候律，拟绞监候，秋后处决。该犯据供亲老丁单，是否属实，应俟秋审时查明取结办理。杨李氏与张老五通奸，合依军民相奸奸妇枷号一个月杖一百例，枷号一个月，杖一百，系犯奸之妇杖决枷赎，给本夫杨保领回，听其去留。杨保不知伊妻与张老五通奸情事，应与救阻不及之杨阿檠俱毋庸议。无干经州省释。尸棺已据饬署领埋。凶刀饬令汇报变解。是否允协，臣谨具题，伏乞皇上圣鉴，敕下法司核覆施行。

再，查此案例限六个月，应以道光二十四年十二月初十报案之日起限承审，封印一个月，自州至府计程一百二十里，程限三日，共扣至二十五年七月十三日统限届满，并未逾违，合并陈明。为此具本，谨题请旨。

道光二十五年六月二十九日，护理贵州巡抚印务布政使司布政使臣罗绕典。

题为审理安化县民刘正华因索欠纠纷伤毙族侄刘添禄一案依律拟绞监候请旨事

道光二十五年六月二十九日

护理贵州巡抚印务布政使司布政使臣罗绕典谨题：为报验缉究事。

案准前抚臣贺长龄移交，据按察使吴振棫详称，案据安化县知县刘玺详称：道光二十四年十一月初五日据刘添赐报称，八月初一日伊兄刘添禄因向无服族叔刘正华之父刘国全索欠争闹，被刘正华用刀砍伤左额角，至十九日因伤身死。时伊贸易外出，家止妇女，无人具报，将尸用沙掩盖。今伊闻信赶回，查刘正华业经逃逸，住处并无乡约，理合报验缉究。等情。据此，随差缉凶犯，一面带领刑仵驰诣尸所，饬令刘添赐指明掩尸处所，刨去沙土。因地气阴寒，尸身尚未腐烂，将尸移放平地，如法相验。据仵作万顺喝报：已死刘添禄问年二十六岁。验得仰面面色黄瘦，致命左额角一伤，斜长一寸二分，宽三分，深抵骨，骨损，皮肉卷缩血污，系刀伤。余俱无故。委系受伤身死。报毕亲验无异。凶犯在逃，无从查起凶刀，比对尸伤。当场填格取结，尸饬棺殓。

即讯据原报刘添赐供：已死刘添禄是哥子，刘正华是无服族叔，道光二十二年十二月内刘正华的父亲刘国全向哥子借钱六百文，屡讨没还，小的是晓得的。二十四年八月初一日，哥子去向刘国全索讨欠钱，两相争闹，被刘正华用刀砍伤左额角。经张国沅喝阻，把哥子抬回调治不愈，到十九日因伤身死。那时小的外贸未回，家止妇女，无人具报，将尸用沙掩盖，信赶小的回家，才赴案报验的。求缉究。

据应讯刘国全供：年七十五岁，道光二十二年十二月内，小的向族侄孙刘添禄借钱六百文，屡讨没还。二十四年八月初一日，刘添禄来家催索，小的央缓，刘添禄不依，斥骂骗赖，小的回骂。刘添禄拔出身带小刀戳来，小的躲避。儿子刘正华上前拦劝，将刀夺获。刘添禄扑向抓殴，被儿子用刀砍伤左额角，倒地。经张国沅喝阻。将刘添禄抬回调治不愈，到十九日因伤身死。儿子畏罪逃避，现在逃往何处不知道。是实。

据见证张国沅供：道光二十四年八月初一日小的路过刘正华家门首，刘添禄在内向刘正华的父亲刘国全索讨欠钱争闹，刘添禄拔出身带小刀向戳，刘国全躲避，刘正华上前拦阻，将刀夺获。刘添禄扑向刘正华抓殴，被刘正华用刀砍伤左额角，倒地。小的赶拢喝阻，并雇人把刘添禄抬回，调治不愈，到十九日因伤身死。委系救阻不及。是实。各等供。

正在具文通报间，旋于二月初六日据役缉获凶犯刘正华到案。

讯据凶犯刘正华供：年三十一岁，安化县人。父亲刘国全现年七十五岁，母亲张氏现年七十六岁，并没弟兄。娶妻晏氏，生有二女。已死刘添禄是无服族侄，素好无嫌。道光二十二年十二月内父亲向刘添禄借钱六百文，屡讨没还，小的是晓得的。二十四年八月初一日刘添禄来家催讨，父亲央缓，刘添禄不依，斥骂骗赖。两相争闹，刘添禄拔刀向戳，父亲躲避，小的上前拦阻，将刀夺获。刘添禄扑殴，小的用刀吓砍，想他退避，不料适伤他左额角，倒地。经张国沅喝阻，将刘添禄抬回，调治不愈，到十九日因伤身死。小的畏罪逃避，今被拿获的。委系索欠争闹，拦劝吓砍，适伤致毙，并不是有心要砍死他的。凶刀已经丢弃。是实。各等供。

据此，除将犯证分别禁保，再行研讯索欠争闹拦劝，吓砍致毙，究明有无谋故，务得确情，按拟依限招解外，合将验讯缘由填格取结，录供具文通报。等情。奉两院批司饬审去后，兹据署思南府知府福奎转，据安化县知县刘玺详称，遵提覆鞫，除原报刘添赐、应讯刘国全、见证张国沅各供均与初审相同不叙外，据凶犯刘正华供：年三十二岁，安化县人。父亲刘国全现年七十六岁，母亲张氏现年七十一岁，并没弟兄。娶妻晏氏，生有二女。已死刘添禄是无服族侄，素好无嫌。道光二十二年十二月内父亲向刘添禄借钱六百文，屡讨没还，小的是晓得的。二十四年八月初一日，刘添禄来家催讨，父亲央缓，刘添禄不依，斥骂骗赖。两相争闹，刘添禄拔刀向戳，父亲躲避，小的上前拦劝，将刀夺获。刘添禄扑殴，小的用刀吓砍，想他退避，不料适伤他左额角，倒地。经张国沅喝阻，将刘添禄抬回，调治不愈，到十九日因伤身死。小的畏罪逃避，前被拿获的。委系索欠争闹，拦劝吓砍，适伤致毙，并不是有心要砍死他的。凶刀已经丢弃。是实。等供。

据此，该安化县知县刘玺审看得：县民刘正华砍伤刘添禄越日身死一案，缘刘正华系已死刘添禄无服族叔，素好无嫌。道光二十二年十二月内刘正华之父刘国全向刘添禄借钱六百文屡讨未还，二十四年八月初一日刘添禄往向催索，刘国全央缓，刘添禄不依，斥其骗赖。刘国全回骂，刘添禄拔出身带小刀向戳，刘国全躲避，刘正华上前拦劝，将刀夺获。刘添禄扑向刘正华抓殴，刘正华用刀吓砍，冀其退避，不期适伤刘添禄左额角，倒地。经张国沅赶拢喝阻，将刘添禄抬回，调治不愈，延至十九日殒命。时尸弟刘添赐外贸，旋即闻信赶回，报经卑职诣验，获犯讯详。奉批饬审，遵提覆鞫，据供前情不讳，究诘委系索欠争殴吓砍，适伤致毙，并非有心欲杀。矢口不移，案无遁饰。查律载，同姓服尽亲属相殴致死以凡论，又斗殴杀人者不问手足他物金刃并绞监候。各等语。此案刘正华砍伤无服族侄刘添禄越日身死，按律应同凡论，刘正华合依同姓服尽亲属相殴致死以凡论、斗殴杀人者不问手足他物金刃并绞监候律，拟绞监候，秋后处决。该犯据供亲老丁单，是否属实，应俟秋审时查明取结办理。刘国全负欠酿命，照不应重律杖八十，年逾七十照律收赎。张国沅救阻不及，应毋庸议。欠钱追缴给属具领。凶刀供弃免追。无干省释。尸棺饬属领埋。是否允协，理合具招连犯解候审转。等情。由府覆审解司。该按察使吴振棫审与该县府所审相同，按拟连犯招解。前抚臣贺长龄提犯亲讯无异，未及具题，移交到臣。

　　该臣核看得：安化县民刘正华砍伤刘添禄越日身死一案，缘刘正华系已死刘添禄无服族叔，素好无嫌。道光二十二年十二月内刘正华之父刘国全向刘添禄借钱六百文，屡讨未还，二十四年八月初一日刘添禄往向催索，刘国全央缓，刘添禄不依，斥其骗赖。刘国全回骂，刘添禄拔出身带小刀向戳，刘国全躲避，刘正华上前拦劝，将刀夺获。刘添禄扑向刘正华抓殴，刘正华用刀吓砍，冀其退避，不期适伤刘添禄左额角，倒地。经张国沅赶拢喝阻，将刘添禄抬回，调治不愈，延至十九日殒命。时尸弟刘添赐外贸，旋即闻信赶回，报经安化县知县刘玺诣验，获犯讯详，批饬审解。该县提犯审拟，由署思南府知府福奎审转解司，经按察使吴振棫覆审招解，抚臣贺长龄提犯亲讯，据供前情不讳，究诘

委系索欠争殴吓砍，适伤致毙，并非有心欲杀。矢口不移，案无
遁饰。未及具题，移交到臣，臣覆核无异。此案刘正华砍伤无服
族侄刘添禄越日身死，按律应同凡论，刘正华合依同姓服尽亲属
相殴致死以凡论、斗殴杀人者不问手足他物金刃并绞斩监候律，
拟绞监候，秋后处决。该犯据供亲老丁单，是否属实，应俟秋审
时查明取结办理。刘国全负欠酿命，照不应重律杖八十，年逾七
十照律收赎。张国沅救阻不及，应毋庸议。欠钱追缴给属具领。
凶刀供弃免追。无干经县省释。尸棺已据饬属领埋。是否允协，
臣谨具题，伏乞皇上圣鉴，敕下法司核覆施行。

再，查此案例限六个月，应以道光二十四年十二月初六获犯
之日起限承审，封印一个月，县府同城，由府至省计程六百六十
里，程限十四日，共扣至二十五年七月二十日统限届满，并未逾
违，合并陈明。为此具本，谨题请旨。

道光二十五年六月二十九日，护理贵州巡抚印务布政使司布
政使臣罗绕典。

题请以胡霖澍补授贵定县知县事

道光二十五年六月二十九日

护理贵州巡抚印务布政使司布政使臣罗绕典谨题：为拣员请
补县令事。

据兼署布政使事按察使吴振棫详称：窃照贵定县知县刘嘉嗣
告请终养遗缺，前经声明留黔请补在案。嗣奉行知刘嘉嗣告请终
养之案，于道光二十五年五月二十九日具题，自应以具题之日作
为开缺日期，拣员请补。查定例，改教并终养所出之缺，准将军
务出力候补人员，并各项候补人员扣留题补；又新进士奉旨分发

各省，即用知县，遇有应选缺出，于现到省人员内，按甲第名次挨补。各等因。遵奉在案。今贵定县系告养所遗选缺，应将进士即用知县挨顺甲第名次请补。

该司查有进士即用知县胡霖澍，年三十一岁，系顺天宛平县人，祖籍湖北黄冈县。由廪膳生中式，道光己亥科举人，甲辰科会试中式，二甲第五十八进士。引见奉旨，以知县即用签掣贵州。二十五年正月初十日到黔。该司查得：该员年壮才明，持躬谨饬，请以题补贵定县知县，与例相符，系即用知县，请补知县，衔缺相当，毋庸送部引见。理合备造该员年岁履历清册，详后会核具题。等情。到臣。

据此，该臣看得：贵定县知县刘嘉嗣告请终养遗缺，前经声明留黔请补在案。查定例，考教并终养所出之缺，准将军务出力候补人员，并各项候补人员扣留题补；又新进士奉旨分发各省，即用知县，遇有应选缺出，于现到省人员内，按甲第名次挨补。各等因。遵奉在案。今贵定县系告养所遗选缺，应将进士即用知县挨顺甲第名次请补。据兼署布政使事按察使吴振棫详称：查有进士即用知县胡霖澍，年三十一岁，系顺天宛平县人，祖籍湖北黄冈县。由廪膳生中式，道光己亥科举人，甲辰科会试中式，二甲第五十八名进士。引见奉旨，以知县即用，签掣贵州。二十五年正月初十日到黔。该员年壮才明，持躬谨饬，请以题补贵定县知县，与例相符。等情。详请具题前来。

臣覆查该员胡霖澍，精明稳练，勤奋有为。相应请旨，将胡霖澍补授贵定县知县，与例相符，系即用知县，请补知县，衔缺相当，毋庸送部引见。除册分送部科外，臣谨会兼署云贵总督臣吴其濬合词具题，伏乞皇上圣鉴，敕部核覆施行。

再，该员并无参罚案件，合并陈明。为此具本，谨会题请旨。

道光二十五年六月二十九日，护理贵州巡抚印务布政使司布政使臣罗绕典。

朱批：该部议奏。

题请曹廷勋承袭恩骑尉世职事

道光二十五年七月二十三日

护理贵州巡抚印务布政使司布政使臣罗绕典谨题：为请袭世职事。

据兼署布政使吴振棫详称：案奉行知道光二十五年六月二十九日准兵部咨开武选司案呈先经兵科抄出贵州巡抚贺长龄疏称，原任平越营把总曹文明于雍正十年出师台拱征苗阵亡，补给恩骑尉，世袭罔替。今阵亡把总曹文明有五世孙监生曹登相，左臂素患疯湿，不时举发，兼之体弱，幼习儒业，不能骑射，以嫡长子曹廷勋承袭世职。等因。当经本部以曹文明是否阵亡抑系伤亡行查国史馆去后，兹据覆称，雍正十年古州等处生苗勾结为乱，贵州巡抚元展成檄大定协副将杨馥赴援，进攻鸡讲、昂叱等寨，左营外委千总曹文明力战死，平越人咨覆前来。查定例，承袭世职令嫡长子承袭，如嫡长子有故及患病残废者，令嫡长孙承袭，如无嫡长孙，则令次子次孙承袭，如无次子次孙，方许庶出子孙承袭。又定例，补给恩骑尉人员，如本系文武生员及捐贡捐监兼袭者，均给与全俸。各等语。查原任平越营把总曹文明，既据该抚疏称于雍正十年出师台拱征苗阵亡，请补给恩骑尉世职，查有五世孙曹登相系监生，左臂素患疯湿，体弱不能骑射，是否已成残废，该抚疏内未经声叙。曹登相如果已成残废，即以曹廷勋承袭，以符定制。惟查宗图内开曹廷勋系都匀县人，有嫡母曾氏，生母何氏，相应行文该抚，饬令地方官查明曹登相是否已成残废，曹廷勋是否曹登相嫡长子，抑系庶子，并查明曹文明是否左营外委千总，平越人逐一分晰取具地方官印结详细宗图声覆到日，再行核办可也。等因。咨院行司。奉此，当经转行查照办理。

去后，兹据署都匀府知府马映辰详，据代理都匀县知县高其墉申称，遵即差传查讯，据请袭世职恩骑尉曹廷勋之父曹登相供称，生左臂素患疯湿，不时举发，兼因体弱，左臂难以转动，已成残废，不能兼袭。生先娶妻曾氏，无出，娶妾何氏，生长子曹廷勋，此外并无有嫡长子孙。曹廷勋委系妾何氏所生。至生祖曹文明，原籍都匀，寄籍平越，因征苗阵亡，子孙仍回都匀居住等，讯据族邻曹荣邦等供亦相符，取造宗图并亲供族邻甘结加具印结，详请转详到司。该署司卷查乾隆六十年军机处行查单开，曹文明，平越人，把总，雍正十年征苗阵亡。等因。查定例，承袭世职，令嫡长子承袭。如嫡长子有故及患病残废者，令嫡长孙承袭，如无嫡长孙，则令次子次孙承袭，如无次子次孙，方许庶出子孙承袭。又定例，承袭世职人员年已十八岁者，由督抚验看具题请袭，俟题准后发就近标营学习，准食全俸。各等语。今出师台拱征苗阵亡外委把总曹文明嫡属曹登相，行据都匀府县讯明，监生曹登相左臂因患疯湿，已成残废，不能兼袭。原娶妻曾氏，无出，娶妾何氏，生长子曹廷勋，现年十八岁，查阅宗图，实系阵亡外委曹文明七世孙，因父曹登相患疯湿残废，曹廷勋系庶出长子，应得承袭。至伊祖曹文明原籍都匀，寄籍平越，因征苗阵亡，子孙仍回都匀居住。取造宗图并亲供族邻甘结，加具印结，详请承袭前来，与例相符。合将送到宗图册结连人详候查核验看具题。等情。到臣。

据此，该臣看得：乾隆六十年军机处行查单开，曹文明，平越人，把总，雍正十年征苗阵亡。等因。查定例，承袭世职，令嫡长子承袭，如嫡长子有故及患病残废者，令嫡长孙承袭，如无嫡长孙，则令次子次孙承袭，如无次子次孙，方许庶出子孙承袭。又定例，承袭世职人员年已十八岁者，由督抚验看具题请袭，俟题准后就近发标营学习，准食全俸。各等语。今据兼署布政使吴振棫详称，出师台拱征苗阵亡外委把总曹文明嫡属曹登相，行据都匀府县讯明，监生曹登相左臂因患疯湿，已成残废，不能兼袭。

原娶妻曾氏，无出，娶妾何氏，生长子曹廷勋，现年十八岁，查阅宗图，实系阵亡外委曹文明七世孙。因父曹登相患疯湿残废，曹廷勋系庶出长子，应得承袭。至伊祖曹文明原籍都匀，寄籍平越，因征苗阵亡，子孙仍回都匀居住。取造宗图册结请袭，由司查与定例相符，详候查核验看具题。等情。前来。臣查验无异。除宗图册结分送部科外，臣谨恭疏具题，伏乞皇上圣鉴，敕部议覆施行。为此具本，谨题请旨。

道光二十五年七月二十三日，护理贵州巡抚印务布政使司布政使臣罗绕典。

朱批：该部议奏。

题报道光二十二年黔省坡坳坂阶二厂抽获课砂课磺变价银数请销事

道光二十五年七月二十三日

护理贵州巡抚印务布政使司布政使臣罗绕典谨题：为开采砂磺等事。

据兼署布政使吴振棫详称：窃查兴义府册亨州同所属坡坳、坂阶二厂出产朱砂、雄磺，每百斤抽课二十斤，售卖充公，余听厂民自售，以资工本所需。厂内办事官役养廉、工食及灯油、纸笔等项，俱于抽收课价银内支给，按年分晰造册报销在案。

该兼署司查得：坡坳厂自道光二十二年正月初一日起，至十二月底止，计一十二个月，共抽获豆课砂三百零四斤，每斤照市价八钱二分发卖，共变卖价银二百四十九两二钱八分；抽获米课砂三百四十一斤，每斤照市价四钱八分发卖，共变卖价银一百六十三两六钱八分。总共抽获豆米课砂六百四十五斤，共变获价银四百一十二两九钱六分。又坂阶厂抽获腰课磺二千零七十八斤八两，每百斤照市价九两发卖，共变卖价银一百八十七两零六分五厘；抽获豆课磺四千三百七十九斤，十五两零四分，每百斤照市价四两五钱发卖，共变卖价银一百九十七两零九分七厘三毫。总共抽获腰豆课磺六千四百五十八斤七两零四分，共变获价银三百八十四两一钱六分二厘三毫。通计坡坳、坂阶二厂，共变获砂磺课价银七百九十七两一钱二分一厘三毫。内除开销官役养廉、灯油、纸笔、工食等项银二百零四两，实存课价银五百九十三两一钱二分二厘三毫，俟入于道光二十五年公费册内送部查核外，再，查该厂道光二十一年底存贮课价银六百三十三两零一分五厘三毫四丝三忽七微五尘，已入道光二十三年分公费册内呈送咨部。相应造具册结，详候查核题销。等情。到臣。

据此，该臣看得：兴义府册亨州同地方坡坳、坂阶二厂开采朱砂雄磺，抽获课砂课磺变价以及开销人役工食等项，例应按年造册报销。今据兼署布政使吴振棫详称：坡坳、坂阶二厂道光二十二年正月初一日起至十二月底止，计一十二个月，坡坳厂共抽获豆米砂课六百四十五斤，共变卖价银四百一十二两九钱六分。又坂阶厂共抽获腰豆课磺六千四百五十八斤七两零四分，共变卖价银三百八十四两一钱六分一厘三毫。内除开销官役养廉、灯油、纸笔、工食等项银二百零四两，实存课价银五百九十三两一钱二分二厘三毫，俟入道光二十五年公费册内送部查核外，至该厂道光二十一年底存贮课价银六百三十三两零一分五厘三毫四丝三忽七微五尘，已入道光二十三年分公费册内报部。等情。造具册结，详请题销前来。臣覆核无异。除册结送部外，相应恭疏具题，伏乞皇上圣鉴，敕部核销施行。为此具本，谨题请旨。

道光二十五年七月二十三日，护理贵州巡抚印务布政使司布政使臣罗绕典。

朱批：该部察核具奏。

题报道光二十四年黔省羊伍加河水银厂抽收折解及支销饭食等项请销事

道光二十五年七月二十三日

护理贵州巡抚印务布政使司布政使臣罗绕典谨题：为报销厂课事。

据兼署布政使吴振棫详称：窃照黔省八寨厅属羊伍加河水银厂，经前任巡抚宫兆麟题请开采，每出水银百斤，抽课三十斤，按季解司变价。其一且应支饭食等项，即于水银变价银内支给，按年造册报销。嗣因市价平减，乾隆三十九年经前任巡抚图思德咨明：照湖北省咨报汉口水银时价，以上季三个月之价牵平折算变价解司。等因。经部奏明覆准遵办在案。兹据署八寨同知册报：羊伍加河厂自道光二十四年正月起，至十二月底止，计一十二个月，各炉户共烧出水银九百一十八斤，每百斤抽课三十斤，共抽课水银二百七十五斤六两四钱。照湖北咨报各季市价折解银一百八十八两八钱九分三厘内，除开销解部及书吏饭食等银一百三十六两外，实存课价银五十二两八钱九分三厘，应请留作本省公费，入于公费册内另行造报。理合将抽收、折解、开销厂费等项造册呈送，查核题销。等情。到臣。

据此，该臣看得：黔省八寨厅属羊伍加河水银厂每年抽收、折解及支销饭食等项，例应按年造册报销。今据兼署布政使吴振棫详称：八寨同知册报，自道光二十四年正月起，至十二月底止，计一十二个月，各炉户共烧出水银九百一十八斤，每百斤抽课三十斤，共抽课水银二百七十五斤六两四钱。照湖北咨报各季市价折解银一百八十八两八钱九分三厘，内除开销解部及书吏饭食等银一百三十六两外，实存课价银五十二两八钱九分三厘，照例留为充公之用，入于公费册内另行造报。兹将抽收、折解、开销厂费等项，由司核明，分晰造册，详请具题前来。臣覆核无异，除册送部外，臣谨恭疏具题，伏乞皇上圣鉴，敕部核覆施行。为此具本，谨题请旨。

道光二十五年七月二十三日，护理贵州巡抚印务布政使司布政使臣罗绕典。

朱批：该部察核具奏。

为承袭恩骑尉世职胡允清年已及岁题请验看事

道光二十五年七月二十三日

护理贵州巡抚印务布政使司布政使臣罗绕典谨题：为验看世职事。

据兼署布政使吴振棫详称，案据署大定府知府鹿丕宗详：据毕节县知县陈简详，准署毕赤营游击王朝臣移，据世职恩骑尉胡允清呈称，窃世职于道光十年蒙取造宗图册结详袭，时年三岁，扣至二十五年，年已十八岁，理合呈请验看，发营学习。等情。由府详送验看到司。署司查定例，世职恩骑尉，年已及岁，免其送部，令督抚验看具题。俟题准后，就近发标学习，准食全俸。扣至五年期满，给咨送部引见。等语。原任大定协外委胡宗贤出师金川阵亡，奉部议准，补给恩骑尉，世袭罔替。前因该亡弁无子，以胞弟胡有贤之子胡玉珍过继与胡宗贤为嗣承袭。后因跌马残废斥革，无子，以玉珍胞弟胡玉琳立继与阵亡外委胡宗贤为嗣承袭。后病故于道光十年，以病故恩骑尉胡玉琳嫡长子胡允清承袭，现年三岁，奉部覆准，支食半俸在案。扣至道光二十五年，年已十八岁。经毕赤营移送毕节县，转呈大定府详送验看前来。

署司覆查无异，相应连人详候查核验看具题。等情。到臣。

据此，该臣查得定例：世职恩骑尉年已及岁，免其送部，令督抚验看具题。俟题准后，就近发标学习，准食全俸。扣至五年期满，出具考语，给咨送部引见。等语。今据兼署布政使吴振棫详称：原任大定协外委胡宗贤出师金川阵亡，蒙补给恩骑尉，世袭罔替。前因该亡弁无子，以胞弟胡有贤之子胡玉珍过继与胡宗贤为嗣承袭。后因跌马残废斥革，无子，以玉珍胞弟胡玉琳立继与阵亡外委胡宗贤为嗣承袭。后病故于道光十年，以病故恩骑尉胡玉琳嫡长子胡允清现年三岁，呈请承袭，奉部覆准，支食半俸在案。扣至二十五年，年已十八岁。据毕赤营移送转详验看，由司查与定例相符，请查核验看具题。等情。前来。臣查验无异，相应恭疏具题，伏乞皇上圣鉴，敕部议覆施行。为此具本，谨题请旨。

道光二十五年七月二十三日，护理贵州巡抚印务布政使司布政使臣罗绕典。

朱批：该部议奏。

题为黎平府知府朱德璲报满请加衔留任事

道光二十五年七月二十三日

护理贵州巡抚印务布政使司布政使臣罗绕典谨题：为苗疆知府历俸已满五年循例报满事。

据兼署布政使事按察使吴振棫详称：窃照黔省苗疆要缺，奉准部议，照湖南之例，于俸满时查明，如果才守兼优，政绩卓著者，保题以升衔留任注册。俟再满三年，遇有附近应升之缺，即行题请升用。等因。遵奉在案。今准贵东道陆元烺移，据黎平府知府朱德璲申称：窃卑府现年五十三岁，系广西博白县进士，以知县即用，分发贵州。题补永从县，运钤无误，入于即升班内升用，调补桐梓县，题升普安直隶同知，奏升黎平府，道光十二年九月初十日到任，保举引见。奉旨："朱德璲着回任。钦此。"十四年二月初六日闻讣，丁父忧，连闰计在任一年零五个月二十六日，服满起复，引见。奉旨："朱德璲着发往原省照例用。钦此。"奏署今职。二十一年十二月二十二日到任，详请实授。今自十二年九月初十到任之日起，前后接算，连闰扣至二十五年五月二十六日，历俸苗疆已满五年。任内并无降革展参案件，与报满加衔之例相符，理合申请查核，加考转移。等情。到道。该道查得：该府精明练达，抚辑得宜，实系为守兼优，政绩卓著。到任以来，每逢朔望，率领署员宣讲《圣谕广训》，化导民苗，咸知礼法，经管钱粮，实贮无亏，审理词讼，随到随结，稽查奸匪，不敢稍存怠忽。日用薪蔬，照市平买，并无赊欠。其该府政绩，久任苗疆，除暴安良，抚绥得宜，士民爱戴。任内并无展参案件，与报满加衔留任之例相符相应，移请转报。等因。该兼署司查得：黎平府知府朱德璲年五十三岁，系广西博白县进士，以知县即用，分发贵州。题补永从县，运钤无误，入于即升班内升用，调补桐梓县，题升普安直隶同知，奏升黎平府。道光十二年九月初十日到任，保举引见。奉旨："朱德璲着回任。钦此。"十四年二月初六日闻讣，丁父忧，连闰计在任一年零五个月二十六日，服满起复，引见。奉旨："朱德璲着发往原省照例用。钦此。"奏署今职。二十一年十二月二十二日到任，旋请实授。今自十二年九月初十到任之日起，前后接算，连闰扣至二十五年五月二十六日，历俸苗疆已满五年。由该道查明，出考声叙事实政绩，移请转报。前来。该兼署司查得：黎平府知府朱德璲守洁才长，老成稳练，实系循声久著，抚辑有方，与报满加衔留任之例相符，详候会核具题。等请。到臣。

据此，该臣看得：黔省苗疆人员五年俸满，如果才守兼优，政绩卓著，例应保题以升衔留任。兹黎平府知府朱德璲年五十三岁，系广西博白县进士，以知县即用，分发贵州。题补永从县，运铨无误，入于即升班内升用，调补桐梓县，题升普安直隶同知，奏升黎平府。道光十二年九月初十日到任，保举引见。奉旨："朱德璲着回任。钦此。"十四年二月初六日闻讣，丁父忧，连闰计在任一年零五个月二十六日，服满起复，引见。奉旨："朱德璲着发往原省照例用。钦此。"奏署今职。二十一年十二月二十二日到任，旋请实授。今自十二年九月初十到任之日起，前后接算，连闰扣至二十五年五月二十六日，历俸苗疆已满五年。据该管贵东道出具考语，由兼署布政使事按察使吴振棫查明：该府朱德璲守洁才长，老成稳练，实系循声久著，抚辑有方，与报满加衔留任之例相符，详请具题。前来。臣覆查：该府朱德璲，精明稳练，勤干有为，戢暴安良，循声卓著，与报满加衔留任之例相符。臣谨会同兼署云贵总督臣吴其濬合词具题，伏乞皇上圣鉴，敕部议覆施行。

再，该府参罚各件：前署镇远府任内，因清江厅客民徐连科被贼抢夺银物拒伤一案，罚俸一年，完结。又因军犯郭二在配脱逃一案，疏脱军犯一名，罚俸一年，完结。又因厅民杨秉立家被贼偷窃拒伤一案，督缉不力，罚俸一年，完结。又因天柱县监生胡兴德具报被盗劫去银物一案，疏防不同城，罚俸一年，完结。又因台拱厅苗人荡唐被贼抢夺拒伤身死一案，罚俸一年，完结。又因黄平州详，陈玉和被贼入船窃取银物拒伤船户石老岩身死一案，罚俸一年，完结。又护贵西道任内因水城厅民何帼章家被贼窃去银物拒伤伊妻杨氏身死一案，罚俸一年，完结。又因安平县详报，黔西州民吴吉炘被贼一人上前抢去银两逾贯一案，罚俸一年，完结。前署镇远府任内，因苗民万胜富被盗劫去衣物拒伤一案，二参承缉不力，罚俸一年，完结。又因详周必清家被盗劫去钱物一案，二参承缉不力，罚俸一年，完结。署贵阳府任内，因广顺州详，朱顺春具报被贼三人抢去银两并被拒伤一案，罚俸六个月。前在普安县厅任内，因云贵总督拜发奏折过站，填报时刻错误一案，罚俸一年。署贵阳府任内，因贵定县接递军犯邓三中途脱逃一案，罚俸一个月。护粮储道任内，因瓮安县民傅兴国被贼抢去银两并被拒伤一案，罚俸一年，完结。署贵阳府任内，因龙里县递解军犯赵时甫在配脱逃被获一案，罚俸一个月。署兴义府任内，因详杨苗子、杨满各自买食鸦片一案，罚俸三个月。又因南安县民戴洪在途被贼抢夺银物拒伤身死一案，罚俸六个月。又因接收存杰任内，交代造册舛错一案，罚俸三个月。又因普安县民陈立潮被贼行窃拒伤一案，罚俸一年，完结。前署安顺府任内，因永宁州民任应顾被贼拒伤身死一案，罚俸一年。又因普安县接递军犯周老五在途脱逃，限内被邻境拿获一案，罚俸一个月。又因开泰县民闵士正具报被盗劫去银物并被拒伤一案，照例停升，罚俸六个月。又此案二参督缉不力，罚俸一年，销去纪录一次，抵罚俸六个月，仍罚俸六个月。又因详客民六合盛具报被贼抢去船内货物一案，初参接缉不力，罚俸一年。署思州府任内，因接收前署府廖惟勋任内交代造册舛错一案，罚俸三个月。又因天柱县详，客民杨明林被贼殴抢银物一案，罚俸六个月，又此案二参督缉不力，罚俸一年。署思州府任内，因详杨锦陇被唐大五等殴伤身死一案，初参承缉不力，照例住俸。又因署施秉县郗松龄到任交代一案，据册率转，罚俸一个月。又因永从县详，牛文光被劫一案，二参督缉不力，罚俸一年。又因清江厅押解流犯杨秀清中途脱逃一案，罚俸一个月。又因台拱厅苗人阿荡九被贼撬门入室行窃拒伤伊兄阿包九身死一案，罚俸六个月。兼署思州府任内，因青溪县接递徒犯李帽五中途脱逃一案，罚俸一个月。又因镇远县详：接递军犯刘岩松在途脱逃一案，职名开参。署思州府任内，因详杨锦陇被唐大五殴伤身死一案，二参承缉不力，职名开参。又因黄平州详，接递军犯张万银在途脱逃一案，职名开参。署镇远府任内，因详盘获逃军王位泰流、王长生，并王长生在监病故一案，职名开参。又因清江厅详，罗老二被劫银物一案，职名开参。又因台拱厅详，阿荡九被贼撬门入室行窃拒毙阿包九一案，二参兼辖，职名开参。又因开泰县详，姜言中等听从行窃临时行强一案，职名开参。又因详杨承基被贼翻墙进院撬门入室行窃拒伤伊父杨秀煐一案，职名开参。未准部覆。此外并无参罚案件，合并陈明。为此具本，谨会题请旨。

道光二十五年七月二十三日，护理贵州巡抚印务布政使司布政使臣罗绕典。

朱批：该部议奏。

题为审理威宁州民普尔海因索还小刀未遂口角伤毙劝解人陈式泰一案依律拟绞监候请旨事

道光二十五年七月二十三日

（缺文）二月十六日，据缉役将凶犯普尔海拿获，并传乡约吴绍周、尸父陈得明、见证赵小玉、应讯汪受六到案。

即讯据乡约吴绍周供：小的住处离陈式泰家有八里多路。道光二十四年十二月初九日，陈式泰因普尔海向汪受六索讨借用小刀，口角拢劝争闹，被普尔海用镖刀戳伤身死，小的先不知道。今蒙传讯，委系失于查察，并没知情徇隐的事。是实。

据尸父陈得明供：已死陈式泰是儿子。道光二十四年十月初九日，儿子出外赶场，随后有赵小玉来说儿子因普尔海向汪受六索讨借用小刀，口角拢劝争闹，被普尔海用镖刀戳伤右乳身死。那时小的正在患病，就雇人把儿子尸身抬回，用沙土掩盖。如今病愈，正要投约报验，已蒙访闻获犯传讯，小的赴案投审的。求究抵。

据案证赵小玉供：道光二十四年十月初九日，小的邻人普尔海向汪受六索讨借用小刀，两相口角。陈式泰拢劝争闹，被普尔海用镖刀戳伤右乳，倒地。小的赶拢喝阻，隔不一会陈式泰就因伤身死。小的去和他父亲陈得明告知，那时陈得明正在患病，雇人把陈式泰尸身抬回，用沙土掩盖。说等病愈，再赴案具报，小的就各自走回。今蒙访闻传讯，当时救阻不及。是实。

据应讯汪受六供：道光二十四年十月初九日，小的与陈式泰路过普尔海家门首，进去闲坐。普尔海向小的索讨借用小刀，小的说等找获送还，普尔海不依，两相口角争闹。陈式泰拢劝，普尔海斥骂扛帮，陈式泰回骂扑殴，被普尔海用镖刀戳伤右乳身死。余与赵小玉供同。

据凶犯普尔海供：是威宁州人。与已死陈式泰素识无嫌。道光二十四年十月初九日，有寨邻汪受六同陈式泰来小的家闲坐，小的向汪受六索讨借用小刀，汪受六说等他找获送还。小的不依，两相口角争闹。陈式泰拢劝，小的斥骂扛帮，陈式泰回骂扑殴。小的顺拿防夜镖刀吓戳，不料伤着他右乳，倒地。邻人赵小玉赶来喝阻。隔不一会，陈式泰就因伤身死。小的害怕，逃出躲避，今被拿获的。委系争闹吓戳，适伤致毙，并不是有心要杀死他的。凶刀已经丢弃。是实。各等供。

据此，随带刑仵驰抵尸所，饬令刨去浮土查看。因时值隆冬，尸身尚未腐烂，当令将尸移放平地，如法相验。据仵作张发溃喝报：已死陈式泰问年二十七岁。验得仰面致命右乳一伤，斜长一寸六分，宽五分，深透内，皮肉卷缩血污，系镖刀戳伤。余验无故。委系受伤身死。报毕亲验无异。凶器镖刀据供撩弃，无凭查起，比对尸伤。当场填格取结，尸饬棺殓。除将犯证带回分别禁保，再行研讯起衅争殴，戳伤身死，究明有无谋故，务得确情，按拟依限招解外，当将访闻获犯验讯缘由，填格录供，具文通报。等情。奉两院批司饬审去后，兹据署大定府知府鹿丕宗转，据署威宁州知州许大纶详称，遵提犯证覆鞫，除乡约吴绍周、尸父陈得明、见证赵小玉、应讯汪受六各供均与前审相同不叙外，据凶犯普尔海供：年四十二岁，是威宁州人。父母俱故，弟兄三人，小的行二。娶妻汪氏，生有二女。与已死陈式泰素识无嫌。道光二十四年十月初九日，有寨邻汪受六同陈式泰来小的家闲坐，小的向汪受六索讨借用小刀，汪受六说等找获送还。小的不依，两相口角争闹。陈式泰拢劝，小的斥骂扛帮，陈式泰回骂扑殴。小的顺拿防夜镖刀吓戳，不料伤着他右乳，倒地。邻人赵小玉赶来喝阻。隔不一会，陈式泰就因伤身死。小的害怕，逃出躲避，前被拿获的。委系争闹吓戳，适伤致毙，并不是有心要杀死他的。凶镖已经丢弃。是实。等供。

据此，该署威宁州知州许大纶审看得：州民普尔海戳伤陈式泰身死一案，缘普尔海与已死陈式泰素识无嫌。道光二十四年十月初九日，有汪受六与陈式泰走过普尔海家门首，进内闲坐。普尔海向汪受六索讨借用小刀，汪受六许俟寻获送还。普尔海不依，彼此口角争闹。陈式泰拢劝，普尔海斥骂扛帮，陈式泰回詈扑殴。普尔海顺携防夜镖刀吓戳，适伤陈式泰右乳，倒地。当经邻人赵小玉赶拢喝阻，讵陈式泰伤重，移时殒命。赵小玉往向其父陈得明告知，陈得明因值患病，雇人将陈式泰尸身抬回，用沙土掩盖，欲俟病痊具报。旋经卑职访闻获犯验讯通详，奉批饬审，遵提覆鞫，据供前情不讳，究诘委因争闹吓戳，适伤致毙，并非有心欲杀。矢口不移，似无遁饰。查律载，斗殴杀人者不问手足他物金刃并绞监候。等语。此案普尔海戳伤陈式泰身死，自应按律问拟。普尔海合依斗殴杀人者不问手足他物金刃并绞监候律，拟绞监候，秋后处决。汪受六肇衅酿命，乡约吴绍周失于查察，均照不应重律，杖八十，各折责发落，乡约革役。尸父陈得明因病未报，应与救阻不及之赵小玉均毋庸议。汪受六借普尔海小刀，追缴给领。无干省释。尸棺饬属领理。凶刀供弃免追。是否允协，理合连犯解候审转。等情。由府覆审解司。该按察使吴振棫审与该州府所审相同，按拟连犯招解前来。

臣提犯亲讯无异，除供词相同不叙外，该臣审看得：威宁州民普尔海戳伤陈式泰身死一案，缘普尔海与已死陈式泰素识无嫌。道光二十四年十月初九日，有汪受六与陈式泰走过普尔海家门首，进内闲坐。普尔海向汪受六索讨借用小刀，汪受六许俟寻获送还。普尔海不依，彼此口角争闹。陈式泰拢劝，普尔海斥骂扛帮。陈式泰回詈扑殴，普尔海顺携防夜镖刀吓戳，适伤陈式泰右乳，倒地。当经邻人赵小玉赶拢喝阻。讵陈式泰伤重，移时殒命。赵小玉往向其父陈得明告知，陈得明因值患病，雇人将陈式泰尸身抬回，用沙土掩盖，欲俟病痊具报。旋经署威宁州知州许大纶访闻获犯验讯通详，批饬审解。该州提犯审拟，由府审转解司，经按察使吴振棫覆审招解前来。臣提犯亲讯，据供前情不讳，究诘委因争闹吓戳，适伤致毙，并非有心欲杀。矢口不移，似无遁饰。此案普尔海戳伤陈式泰身死，自应按律问拟。普尔海合依斗殴杀人者不问手足他物金刃并绞监候律，拟绞监候，秋后处决。汪受六肇衅酿命，乡约吴绍周失于查察，均照不应重律，杖八十，各折责发落，乡约革役。尸父陈得明因病未报，应与救阻不及之赵小玉均毋庸议。汪受六借普尔海小刀，追缴给领。无干经州省释。尸棺已据饬属领埋。凶刀供弃免追。是否允协，臣谨具题，伏乞皇上圣鉴，敕下法司核覆施行。

再，查此案例限六个月，应以道光二十四年十二月十六获犯之日起限承审，封印一个月，自州至府计程四百五十里，程限九日，由府至省三百八十里，程限八日，共扣至二十五年八月初三日统限届满，并未逾违，合并陈明。为此具本，谨题请旨。

道光二十五年七月二十三日，护理贵州巡抚印务布政使司布政使臣罗绕典。

题为审理遵义县民曹连兄弟因拒借贷被骂争殴伤毙胞叔曹文华一案依律均拟斩立决请旨事

道光二十五年七月二十三日

护理贵州巡抚印务布政使司布政使臣罗绕典谨题：为访闻事。

据按察使吴振棫详称，案据署遵义县知县朱右贤详称：准前县甘雨施移交，道光二十四年十二月二十四日，访得本月初九日有县民曹连同弟曹四卯并韩宗保共殴胞叔曹文华身死，弃尸杉木林煤洞之事。正在诣验间，旋据尸弟曹文荣报同前由。据此，随差缉凶犯，并带刑仵驰往。勘得杉木林地方系偏僻荒山，附近并无居民，半坡有煤洞一口，量宽三尺，余深二丈许，该尸仰卧洞内。勘毕，饬令将尸移放平地，如法相验。据仵作牟超群喝报：已死曹文华问年四十八岁。验得仰面致命凶门一伤，斜长一寸，宽二分，深抵骨。不致命左耳轮接连。合面致命耳根一伤，斜长一寸四分，宽二分，深一分，均皮肉卷缩血污，俱系刀伤。不致命左肩甲一伤，斜长一寸三分，宽六分。右肩甲接连二伤，各斜长一寸四分，宽五分，均紫青色，俱系铁器伤。左胳膊有旧火炙疤痕一片。致命左乳二伤。上一伤，斜长一寸，宽四分，骨微损，紫赤色，系木器伤；下一伤，围圆三寸五分。右乳一伤，围圆三寸五分，均紫红色，俱系拳伤。肚腹一伤，弯长六分，宽二分，紫红色，系脚踢伤。右胁一伤，斜长八分，宽三分，深二分。肾囊一伤，直长六分，宽深均不及分。不致命右臁肋一伤，直长一寸二分，宽三分，深一分，均皮肉卷缩血污，俱系刀伤。合面不致命左臂膊一伤，斜长二寸一分。左手腕一伤，斜长一寸一分。右手腕一伤，斜长一寸，各宽四分，均紫红色，俱系木器伤。右手背一伤，斜长一寸，宽六分。左后肋一伤，斜长一寸一分，宽六分，骨俱微损。右后肋一伤，斜长一寸七分，宽六分，骨断均紫青色，俱系铁器伤。右腿一伤，直长六分，宽深均不及分，皮破血污，系刀尖划伤。左臀一伤，斜长一寸二分，宽六分，紫青色，系铁器伤。余验无故。委系受伤身死。报毕亲验无异。凶犯在逃，无从查起凶器，比对尸伤。当场填格取结，尸饬棺殓。

即讯据尸弟曹文荣供：已死曹文华是小的胞兄，曹连、曹四卯是小的胞侄。道光二十四年十二月初九日，哥子出外赶场到晚没回，小的四处找寻无踪。二十三日，路遇何苌林说，那日他见哥子向侄子曹连借银，不允争闹。被曹连同曹四卯、韩宗保殴伤身死，弃尸杉木林煤洞内。小的寻获尸身，赴案具报。已蒙访闻，求缉究。等供。当将访拿验讯缘由填格录供，具文通报。甘雨施旋即卸事，卑职到任，接准移交，选差勒限严拿，并详请通缉在案。兹于四月二十二日，据缉役协同委员陆映淮拿获曹连、曹四卯、韩宗保到案，传同见证何苌林，逐一即讯。

据见证何苌林供：道光二十四年十二月初九日，小的在杉木林坡上割草，见素识的曹文华与他胞侄曹连、曹四卯并韩宗保路遇，曹文华向曹连借贷银两，曹连无银回复。曹文华不依辱骂，曹连分辩。曹文华举拳向殴，曹连拔取身带尖刀戳伤曹文华右肋。曹文华弯身拾石，曹连又用刀从后戳伤曹文华肾囊，并划伤右腿后。曹文华拾起石块向掷，曹连闪避，又用刀戳伤曹文华囟门。曹文华夺刀，韩宗保与曹四卯赶拢拉劝，曹文华斥骂帮护，韩宗保用拳殴伤曹文华左右乳，并用脚踢伤他肚腹，曹四卯也拔身带尖刀，用背连殴伤曹文华右肩甲，曹文华转身举脚向曹四卯踢去，又被曹四卯用刀砍伤右臁肕，韩宗保拾起地上木棒殴伤曹文华左臂膊两手腕、左乳上。曹文华接住木棒拉夺，曹四卯又用刀砍伤曹文华左耳轮接连耳根。曹连用刀背殴伤曹文华左肩甲、左后肋、左臀、右手背，曹文华松手转向曹连殴打，曹连又从旁用刀背殴伤曹文华右后肋，倒地。小的上前喝阻，韩宗保跑走。隔不一会，曹文华就因伤身死。曹连起意弃尸灭迹，嘱咐小的不许声张。他同曹四卯把尸抬到煤洞内丢弃，小的走回。到二十三日，小的与曹文华的兄弟曹文荣会遇，向他告知，曹文荣赴案具报的。委系救阻不及。是实。

据共殴人韩宗保供：年二十一岁，是遵义县人。道光二十四年十二月初九日，小的同姐夫曹连，并他兄弟曹四卯出外赶场，与他胞叔曹文华路遇。曹文华向曹连借贷银两，曹连无银回复。曹文华不依辱骂，曹连分辩。曹文华举拳向殴，曹连拔取身带尖刀戳伤曹文华右胁。曹文华弯身拾石，曹连又用刀从后戳伤曹文华肾囊，并划伤右腿后。曹文华拾起石块向掷，曹连闪避，又用刀戳伤他囟门。曹文华夺刀，小的与曹四卯走拢拉劝，曹文华斥骂帮护，小的气忿，用拳殴伤曹文华左右乳，并用脚踢伤他肚腹。曹四卯也拔身带尖刀，用刀背连殴伤曹文华右肩甲，曹文华转身向曹四卯踢去，又被曹四卯用刀砍伤右臁肕。小的拾起地上木棒，殴伤曹文华左臂膊、两手腕、左乳上，曹文华接住木棒拉夺。曹四卯又用刀砍伤他左耳轮接连耳根。曹连也用刀背殴伤他左肩甲、左后肋、左臀、右手背。曹文华松手转向曹连殴打，曹连又从旁用刀背殴伤曹文华右后肋，倒地。当经何茋林赶来喝阻，小的随即跑走。后闻曹文华因伤身死，逃出躲避，今被拿获的。委正在场帮殴，至曹连们怎样弃尸灭迹，小的并不晓得。是实。

据案犯曹四卯供：是遵义县人。二哥曹连同案犯事，已死曹文华是小的胞叔，分居素睦无嫌。道光二十四年十二月初九日，二哥同小的并他妻弟韩宗保出外赶场，与叔子路遇，叔子向二哥借贷银两，二哥无银回复。叔子不依辱骂，二哥分辩。叔子举拳向殴，二哥拔取身带尖刀戳伤叔子右胁。叔子弯身拾石，二哥又用刀从后戳伤他肾囊，并划伤右腿后。叔子拾起石块向掷，二哥闪避，又用刀戳伤叔子囟门。叔子夺刀，韩宗保同小的赶拢拉劝，叔子斥骂帮护，韩宗保用拳殴伤叔子左右乳，并用脚踢伤他肚腹。小的也拔身带尖刀，用刀背连殴伤叔子右肩甲。叔子转身举脚向踢，小的用刀砍伤他右臁肕。韩宗保拾起地上木棒，殴伤叔子左臂膊、两手腕、左乳上。叔子接住木棒拉夺，小的又用刀砍伤叔子左耳轮接连耳根。二哥用刀背殴伤叔子左肩甲、左后肋、左臀、右手背，叔子松手转向二哥殴打，二哥又从旁用刀背殴伤叔子右后肋，倒地。当经何苌林赶来喝阻。韩宗保跑走。隔不一会，叔子就身死了。二哥起意弃尸灭迹，嘱咐何苌林不许声张，同小的把尸抬到杉木林煤洞内丢弃，各自逃避，今被拿获的。委系口角争闹，共殴胞叔身死，弃尸灭迹，并不是有心要打死他的，也没预谋纠殴的事。凶刀已经撩弃。是实。

据凶犯曹连即曹正连供：是遵义县人。兄弟曹四卯同案犯事，已死曹文华是胞叔，分居素睦无嫌。道光二十四年十二月初九日，小的与兄弟并妻弟韩宗保出外赶场，与叔子路遇。叔子向小的借贷银两，小的无银回复。叔子不依辱骂，小的分辩。叔子举拳向殴，小的顺拔身带尖刀戳伤叔子右胁。叔子弯身拾石，小的有用刀从后戳伤他肾囊，并划伤右腿后。叔子拾起石块掷打，小的闪避，又用刀戳伤他囟门。叔子夺刀，韩宗保与兄弟赶拢拉劝，叔子斥骂帮护，韩宗保用拳殴伤叔子左右乳，并用脚踢伤他肚腹。兄弟也拔身带尖刀，用刀背连殴伤叔子右肩甲。叔子举脚向踢，又被兄弟用刀砍伤右臁肕。韩宗保拾起地上木棒，殴伤叔子左臂膊、两手腕、左乳上，叔子接住木棒拉夺，兄弟用刀砍伤他左耳轮接连耳根。小的又用刀背殴伤叔子左肩甲、左后肋、左臀、右手背，叔子松手转向小的殴打，小的又用刀背从旁吓殴，适伤叔子右后肋，倒地。当经何苌林赶来喝阻。韩宗保跑走。隔不一会，叔子就因伤身死。小的起意弃尸灭迹，嘱咐何苌林不许声张，就同兄弟把尸抬到杉木林煤洞内丢弃，各自逃避，今被拿获的。委系口角争闹，共殴胞叔身死，弃尸灭迹，并不是有心要打死他的，也没预谋纠殴的事。凶刀已经撩弃。是实。各等供。

据此，除将犯证分别禁保，再行研讯口角争闹，共殴胞叔致毙，弃尸灭迹，究明有无谋故，务得确情，按拟依限招解外，合将获犯审讯缘由，录供具文通报。等情。奉两院批司饬审去后，嗣据署遵义县知县朱右贤提犯审拟，由遵义府知府陈光兰审转解司，因犯供游移，饬委贵阳府知府周作楫审办。兹据详称，遵提研讯，除尸弟曹文荣、见证何丧林、共殴人韩宗保各供均与原审相同不叙外，据案犯曹四卯供：年二十六岁，是遵义县人。父故母存，弟兄四人，小的行四，尚未娶妻，二哥曹连，同案犯事。已死曹文华是小的胞叔，分居素睦无嫌。道光二十四年十二月初九日，二哥同小的并他妻弟韩宗保出外赶场，与叔子路遇。叔子向二哥借贷银两，二哥无银回复。叔子不依辱骂，二哥分辩。叔子举拳向殴，二哥拔取身带尖刀戳伤叔子右胁。叔子弯身拾石，二哥又用刀从后戳伤他肾囊，并划伤右腿后。叔子拾起石块向掷，二哥闪避，又用刀戳伤叔子囟门。叔子夺刀，韩宗保同小的赶拢拉劝，叔子斥骂帮护，韩宗保用拳殴伤叔子左右乳，并用脚踢伤他肚腹。小的也拔身带尖刀，用刀背连殴伤叔子右肩甲。叔子转身举脚向踢，小的用刀砍伤他右臁肕。韩宗保拾起地上木棒，殴伤叔子左臂膊、两手腕、左乳上。叔子接住木棒拉夺，小的又用刀砍伤叔子左耳轮接连耳根。二哥用刀背殴伤叔子左肩甲、左后肋、左臀、右手背，叔子松手转向二哥殴打，二哥又从旁用刀背殴伤叔子右后肋，倒地。当经何丧林赶来喝阻。韩宗保跑走。隔不一会，叔子就身死了。二哥起意弃尸灭迹，嘱咐何丧林不许声张，同小的把尸抬到杉木林煤洞内丢弃，各自逃躲，前被拿获的。委系口角争闹，共殴胞叔身死，弃尸灭迹，并不是有心要打死他的，也没预谋纠殴的事。凶刀已经撩弃。是实。

据凶犯曹连即曹正连供：年二十九岁，是遵义县人。父故母存，弟兄四人，小的行二。娶妻韩氏，已故，生有一子。兄弟曹四卯同案犯事。已死曹文华是胞叔，分居素睦无嫌。道光二十四年十二月初九日，小的与兄弟并妻弟韩宗保出外赶场，与叔子路遇。叔子向小的借贷银两，小的无银回复。叔子不依辱骂，小的分辩。叔子举拳向殴，小的顺拔身带尖刀戳伤叔子右胁。叔子弯身拾石，小的又用刀从后戳伤他肾囊，并划伤他右腿后。叔子拾起石块掷打，小的闪避，又用刀戳伤他囟门。叔子夺刀，韩宗保与兄弟赶拢拉劝，叔子斥骂帮护，韩宗保用拳殴伤叔子左右乳，并用脚踢伤他肚腹。兄弟也拔身带尖刀，用刀背连殴伤叔子右肩甲。叔子举脚回踢，又被兄弟用刀砍伤右臁肕，韩宗保拾起地上木棒，殴伤叔子左臂膊、两手腕、左乳上。叔子接住木棒拉夺，兄弟用刀砍伤他左耳轮接连耳根。小的又用刀背殴伤叔子左肩甲、左后肋、左臀、右手背，叔子松手转向小的殴打，小的又用刀背从旁吓殴，适伤叔子右后肋，倒地。当经何茛林赶来喝阻，韩宗保跑走。隔不一会，叔子就身死了。小的起意弃尸灭迹，嘱咐何茛林不许声张，就同兄弟把尸抬到杉木林煤洞内丢弃，各自逃避，前被拿获的。委系口角争闹，共殴胞叔身死，弃尸灭迹，并不是有心要打死他的，也没预谋纠殴的事。凶刀已经撩弃。是实。各等供。

据此，该贵阳府知府周作楫审看得：遵义县民曹连、曹四卯等殴伤胞叔曹文华身死弃尸不失一案，缘曹连、曹四卯均系已死曹文华胞侄，分居素睦无嫌。道光二十四年十二月初九日，曹连偕曹四卯并其妻弟韩宗保出外赶场，与曹文华路遇，曹文华向曹连借贷银两，曹连无银回复。曹文华不依辱骂，曹连分辩，曹文华举拳向殴。曹连顺拔身带尖刀，戳伤其右胁。曹文华弯身拾石，曹连又用刀从后戳伤其肾囊，并划伤右腿后。曹文华拾起石块向掷，曹连闪避，又用刀戳伤曹文华囟门。曹文华夺刀，韩宗保与曹四卯走拢拉劝，曹文华斥骂帮护，韩宗保气忿，用拳殴伤曹文华两乳，并用脚踢伤其肚腹。曹四卯亦拔身带尖刀，用刀背连殴伤曹文华右肩甲。曹文华转身举脚向踢，曹四卯用刀砍伤曹文华右臁肕，韩宗保拾起地上木棒殴伤曹文华左臂膊、两手腕、左乳。曹文华接住木棒拉夺，曹四卯又用刀砍伤曹文华左耳轮接连耳根，曹连亦用刀背殴伤曹文华左肩甲、左后肋、左臀、右手背。曹文华松手转向曹连殴打，曹连又从旁用刀背吓殴，适伤曹文华右后肋，倒地。经在山割草之何茛林瞥见喝阻，韩宗保跑走。曹文华移时殒命。曹连起意弃尸灭迹，嘱咐何芄林不许声张，当与曹四卯将尸抬至杉木林煤洞内丢弃，各自逃躲。曹文华之弟曹文荣出外找寻，遇见何芄林问知前情，寻获尸身。正欲具报，旋经遵义县知县甘雨施访闻，诣验详报，未及获犯，卸事，移交接署县朱右贤详请通缉，并选差勒限严拿。嗣据缉役协同委员陆映淮将曹连、曹四卯、韩宗保拿获，解县讯供，通详奉批饬审。该署县朱右贤提犯审拟，由遵义府知府陈光兰审转解司，因犯供游移，饬委卑府审办，遵提研鞫，据供前情不讳，究诘委因口角争闹，共殴胞叔致毙，弃尸不失，并非有心欲杀，亦无预谋纠殴情事。矢口不移，似无遁饰。查律载，侄殴叔死者皆斩，又共殴余人杖一百。各等语。此案曹连、曹四卯共殴曹文华身死，查曹文华身受各伤，惟后被曹连殴伤右后肋骨断为重，该犯等均系曹文华胞侄，其将曹文华共殴致毙，实属有心干犯，自应照律问拟。曹连、曹四卯除弃尸不失轻罪不议外，合依侄殴叔死者皆斩律，拟斩立决，各于左面刺"凶犯"二字。韩宗保殴伤曹文华左右乳等处，合依共殴余人杖一百律，杖一百，折责发落。何芄林救阻不及，应毋庸议。尸棺饬属领埋。凶刀供弃免追。所有接缉一年限内，首先拿获斩决人犯二名，应叙职名系署遵义县事威宁州知州朱右贤，协同拿获职名系遵义府委员婺川县典史陆映淮，相应开报。是否允协，理合具招连犯解候审转。等情。到司。该按察使吴振械审与该县府及委员所审相同，按拟连犯招解前来。

臣提犯亲讯无异，除供词相同不叙外，该臣审看得：遵义县民曹连、曹四卯等殴伤胞叔曹文华身死弃尸不失一案，缘曹连、曹四卯均系已死曹文华胞侄，分居素睦无嫌。道光二十四年十二月初九日，曹连偕曹四卯并其妻弟韩宗保出外赶场，与曹文华路遇。曹文华向曹连借贷银两，曹连无银回复。曹文华不依辱骂，曹连分辩。曹文华举拳向殴，曹连顺拔身带尖刀戳伤其右肋。曹文华弯身拾石，曹连又用刀从后戳伤其肾囊，并划伤右腿后。曹文华拾起石块向掷，曹连闪避，又用刀戳伤曹文华囟门。曹文华夺刀，韩宗保与曹四卯走拢拉劝，曹文华斥骂帮护，韩宗保气忿，用拳殴伤曹文华两乳，并用脚踢伤其肚腹，曹四卯亦拔身带尖刀，用刀背连殴伤曹文华右肩甲。曹文华转身举脚向踢，曹四卯用刀砍伤曹文华右臁肕，韩宗保拾起地上木棒，殴伤曹文华左臂膊、两手腕、左乳。曹文华接住木棒拉夺，曹四卯又用刀砍伤曹文华左耳轮接连耳根，曹连亦用刀背殴伤曹文华左肩甲、左后肋、左臀、右手背。曹文华松手转向曹连殴打，曹连又从旁用刀背吓殴，适伤曹文华右后肋，倒地。经在山割草之何芪林瞥见喝阻。韩宗保跑走。曹文华移时殒命。曹连起意弃尸灭迹，嘱咐何芪林不许声张，当与曹四卯将尸抬至杉木林煤洞内丢弃，各自逃躲。曹文华之弟曹文荣出外找寻，遇见何芪林，问知前情，寻获尸身。正欲具报，旋经遵义县知县甘雨施访闻，诣验详报，未及获犯，卸事，移交接署县朱右贤详请通缉，并选差勒限严拿。嗣据缉役协同委员陆映淮将曹连、曹四卯、韩宗保拿获解县讯供通详，批饬审解。该署县朱右贤提犯审拟，由遵义府知府陈光兰审转解司，因犯供游移，饬委贵阳府知府周作楫审办。该委员审明解司，经按察使吴振棫覆审招解前来。臣提犯亲讯，据供前情不讳，究诘委因口角争闹，共殴胞叔致毙，弃尸不失，并非有心欲杀，亦无预谋纠殴情事。矢口不移，似无遁饰。此案曹连、曹四卯共殴曹文华身死，查曹文华身受各伤，惟后被曹连殴伤、右后肋骨断为重，该犯等均系曹文华胞侄，其将曹文华共殴致毙，实属有心干犯，自应照律问拟。曹连、曹四卯除弃尸不失轻罪不议外，合依侄殴叔死者皆斩律，拟斩立决，各于左面刺"凶犯"二字。韩宗保殴伤曹文华左右乳等处，合依共殴余人杖一百律，杖一百，折责发落。何芪林救阻不及，应毋庸议。尸棺饬属领埋。凶刀供弃免追。所有接缉一年限内首先拿获斩决人犯二名，应叙职名系署遵义县事威宁州知州朱右贤，协同拿获职名系遵义府委员婺川县典史陆映淮，相应开报。是否允协，臣谨具题，伏乞皇上圣鉴，敕下法司核覆施行。

再，查此案例限两个月，应以道光二十五年四月二十二获犯之日起限承审，该县与府同城，由府至省计程二百八十里，程限六日。因犯供游移，饬委贵阳府审办，应扣委审限一个月，共扣全本年七月二十八日，统限届满，并未逾违，合并陈明。为此具本，谨题请旨。

道光二十五年七月二十三日，护理贵州巡抚印务布政使司布政使臣罗绕典。

朱批：三法司核拟具奏。

题为审理镇远府民欧阳先日因索欠伤毙黄沅珠一案依律拟绞监候请旨事

道光二十五年七月二十三日

（缺文）应按律问拟。欧阳先日合依斗殴杀人者不问手足他物金刃并绞监候律，拟绞监候，秋后处决。黄沅珠刃伤欧阳先日右手腕等处，本干律拟，业已被砍身死，应与救阻不及之王帼兴均毋庸议。黄沅珠所欠欧阳先日钱文，身死勿征。无干经府省释。尸棺已据饬属领埋。凶刀饬令汇报变解。是否允协，臣谨具题，伏乞皇上圣鉴，敕下法司核覆施行。

再，查此系府属命案，例限五个月，应以道光二十五年三月初九报官之日起限承审，自府至省计程四百五十五里，程限九日，共扣至本年八月十八日统限届满，并未逾违，合并陈明。为此具本，谨题请旨。（缺文）

题为审理遵义县民王老六因查找烟袋争闹伤毙贾仕文一案依律拟绞监候请旨事

道光二十五年八月二十二日

护理贵州巡抚印务布政使司布政使臣罗绕典谨题：为报乞验究事。

据按察使吴振棫详称，案据署遵义县知县朱右贤详称：道光二十五年三月初五日据县属乡约贾祥伦报，据民人贾光先投称，本月初四日有王老六在场上向伊子贾仕文查问遗失烟袋争闹，被王老六用刀戳伤伊子左胯等处身死。等语。约往看属实，当将凶犯王老六拿获，理合解报验究。等情。并据尸父贾光先报同前由。据此，随带刑仵前诣尸所，饬令将尸移放平地，如法相验。据仵作牟超群喝报：已死贾仕文问年三十四岁。验得仰面不致命左胯一伤，斜长四分，宽二分，斜深透内。合面不致命左脚胐腴一伤，斜长三分，宽二分，深三分，均皮肉卷缩血污，俱系刀伤。余验无故。委系受伤身死。报毕亲验无异，饬取凶刀，比对尸伤相符，当场填格取结，尸饬棺殓。

即讯据乡约贾祥伦供，与报词同。据尸父贾光先供：已死贾仕文是小的儿子。道光二十五年三月初四日，儿子出外赶场，随后有向铁货们去说寨邻王老六在场上遗失烟袋，向儿子查问争闹，被王老六用刀戳伤儿子左胯等处。小的赶来查看，向儿子问明情由，不料儿子左胯伤处血流不止，隔不一会就因伤身死。小的投明乡约，将王老六拿住解案报验的。求究抵。

据见证向铁货、王以明同供：道光二十五年三月初四日，有素识的王老六与贾仕文都来这里赶场，王老六因烟袋遗失，去向贾仕文查问，贾仕文斥骂不应诬窃。王老六回骂，贾仕文弯腰拾石，王老六用小刀戳伤贾仕文左脚胐腉，贾仕文转身扭住王老六发辫揪殴，又被王老六用刀戳伤左胯，倒地。小的们赶拢喝阻，王老六跑走。小的们去向贾仕文的父亲贾光先告知，赶来查看问明情由，不料贾仕文左胯伤处血流不止，隔不一会就因伤身死。小的们救阻不及。是实。

据凶犯王老六供：是遵义县人。与已死贾仕文先不认识，并无嫌隙。道光二十五年三月初四日，小的在场上用银换钱，贾仕文也来铁货摊上买钉。小的因烟袋失落，恐贾仕文看见，向他查问。贾仕文就斥骂不应诬窃，小的回骂。贾仕文弯腰拾石，小的怕他拾起掷打，顺拔身带小刀戳他左脚胐腉一下。贾仕文站起转身扭住小的发辫往下揪殴，小的挣不脱身，一时情急用刀吓戳，伤着他左胯，倒地。有向铁货同王以明上前喝阻。小的跑走。不料贾仕文就因伤身死，被乡约拿获解案的。委系口角争殴吓戳，适伤致毙，并不是有心要戳死他的。是实。各等供。

据此，除将犯证分别禁保，凶刀贮库，再行研讯起衅争殴，戳伤身死，究明有无谋故，务得确情，按拟依限招解外，当将据报验讯缘由填格录供，具文通报。等情。奉两院批司饬审去后，兹据遵义府知府陈光兰转，据署遵义县知县朱右贤详称，遵提犯证覆鞫，除乡约贾祥伦、尸父贾光先、见证向铁货、王以明各供，均与初审相同不叙外，据凶犯王老六供：年三十五岁，是遵义县人。父母俱故，弟兄六人，小的行六。娶妻周氏，生有子女。与已死贾仕文先不认识，并无嫌隙。道光二十五年三月初四日，小的在场上用银换钱，贾仕文也来铁货摊上买钉。小的因烟袋失落，恐贾仕文看见，向他查问。贾仕文就斥骂不应诬窃，小的回骂。贾仕文弯腰拾石，小的怕他拾起掷打，顺拔身带小刀戳他左脚胐腉一下。贾仕文站起转身扭住小的发辫往下揪殴，小的挣不脱身，一时情急用刀吓戳，伤着他左胯，倒地。有向铁货同王以明上前喝阻，小的跑走。不料贾仕文就因伤身死，被乡约拿获解案的。委系口角争殴吓戳，适伤致毙，并不是有心要戳死他的。是实。

等供。

据此，该署遵义县知县朱右贤审看得：县民王老六戳伤贾仕文身死一案，缘王老六与已死贾仕文先不相识，并无嫌隙。道光二十五年三月初四日，王老六在场上用银换钱，贾仕文亦往铁货摊上买钉。王老六因烟袋失落，恐贾仕文看见，向其查问。贾仕文斥骂不应诬窃，王老六回詈。贾仕文弯腰拾石，王老六恐其拾起掷打，顺拔身带小刀戳伤贾仕文左脚胁胨。贾仕文站起转身扭住王老六发辫往下揪殴，王老六挣不脱身，一时情急用刀吓戳，适伤贾仕文左胯，倒地。有向铁货与王以明上前喝阻，王老六跑走。向铁货等向贾仕文之父贾光先告知往看，询明情由，讵贾仕文左胯伤处血流不止，移时殒命。报经卑职验讯通详，奉批饬审，遵提犯证覆鞫，据供前情不讳，究诘委因口角争殴吓戳，适伤致毙，并非有心欲杀。矢口不移，似无遁饰。查律载，斗殴杀人者不问手足他物金刃并绞监候。等语。此案王老六戳伤贾仕文身死，自应按律问拟。王老六合依斗殴杀人者不问手足他物金刃并绞监候律，拟绞监候，秋后处决。向铁货等救阻不及，应毋庸议。王老六失落烟袋，查获给领。无干省释。尸棺饬属领埋。凶刀随招解验，案结汇报变解。是否允协，理合具招连犯解候审转。等情。由府覆审解司，该按察使吴振棫审与该县府所审相同，按拟连犯招解前来。

臣提犯亲讯无异，除供词相同不叙外，该臣审看得：遵义县民王老六戳伤贾仕文身死一案，缘王老六与已死贾仕文先不相识，并无嫌隙。道光二十五年三月初四日，王老六在场上用银换钱，贾仕文亦往铁货摊上买钉。王老六因烟袋失落，恐贾仕文看见，向其查问。贾仕文斥骂不应诬窃，王老六回詈。贾仕文弯腰拾石，王老六恐其拾起掷打，顺拔身带小刀戳伤贾仕文左脚胁胨。贾仕文站起转身，扭住王老六发辫往下揪殴，王老六挣不脱身，一时情急用刀吓戳，适伤贾仕文左胯，倒地。有向铁货与王以明上前喝阻，王老六跑走。向铁货等向贾仕文之父贾光先告知往看，询明情由，讵贾仕文左胯伤处血流不止，移时殒命。报经遵义县知县朱右贤验讯通详，批饬审解，该署县提犯审拟，由遵义府知府陈光兰审转解司，经按察使吴振械覆审招解前来。臣提犯亲讯，据供前情不讳，究诘委因口角争殴吓戳，适伤致毙，并非有心欲杀。矢口不移，似无遁饰。此案王老六戳伤贾仕文身死，自应按律问拟。王老六合依斗殴杀人者不问手足他物金刃并绞监候律，拟绞监候，秋后处决。向铁货等救阻不及，应毋庸议。王老六失落烟袋，查获给领。无干经县省释。尸棺已据饬属领埋。凶刀饬令汇报变解。是否允协，臣谨具题，伏乞皇上圣鉴，敕下法司核覆施行。

再，查此案例限六个月，应以道光二十五年三月初五报官之日起限承审，县府同城，自府至省计程二百八十里，程限六日，共扣至本年九月十一日统限届满，并未逾违，合并陈明。为此具本，谨题请旨。

道光二十五年八月二十二日，护理贵州巡抚印务布政使司布政使臣罗绕典。

朱批：三法司核拟具奏。

题为审理册亨州民邓泳溃踢伤伊妻李氏身死私埋匿报一案依律拟绞监候请旨事

道光二十五年八月二十二日

护理贵州巡抚印务布政使司布政使臣罗绕典谨题：为访闻事。

据按察使吴振械详称，案据册亨州同周湜详称：道光二十五年二月初六日访闻卑属乐晚寨民人邓泳溃于二十四年十二月三十日踢伤伊妻李氏身死私埋匿报之事，随差缉凶犯，并查传约证尸属去后，旋于十二日据役查获凶犯邓泳溃，并传寨头骆顺德、尸亲李成名，案证石老二，抬埋人樊老三、骆潮举到案。讯据邓泳溃供认踢伤伊妻李氏身死私埋匿报属实，随带刑仵犯证驰诣埋尸处所，据证邓泳溃指明李氏坟冢，刨去浮土，揭开棺盖查看。因该处地气湿寒，尸身尚未腐烂，令尸亲李成名指明实系李氏尸身。饬令将尸移出平地，如法相验。据仵作黄东喝报：已死邓李氏问年三十四岁。验得仰面致命右肋一伤，围圆二寸八分，紫赤色，系鞋头踢伤。余验无故。委系受伤身死。报毕亲验无异。凶鞋据供丢弃，无凭查起，比对尸伤，当场填格取结，尸饬棺殓。

即讯据寨头骆顺德供：年三十二岁，小的住处离邓泳溃家约有五里多路。道光二十四年十二月三十日，邓泳溃怎样将他妻子李氏踢伤身死私埋匿报，小的因住隔路远，并不知道。今蒙访闻传讯，委系失于查察，并没知情徇隐的事。是实。

据尸亲李成名供：已死李氏是小的胞姊，他因前夫彭正纲身故，改嫁与邓泳溃为妻。姊子素性悍泼，与邓泳溃向不和睦。道光二十四年十二月三十日姊子因何被邓泳溃踢伤身死，那时小的在外生理，并不知道。如今外归，蒙案下访闻传讯，才知姊子因与邓泳溃口角，致被踢伤身死私埋匿报，小的赴案候验的。求究抵。

据案证石老二供：道光二十四年十二月三十日早上，小的路过邓泳溃门首，见邓泳溃将棍夺下丢弃，用脚踢伤李氏右肋，倒地，小的赶拢喝阻，问据邓泳溃说他叫李氏煮饭不理，两相吵□□□的。小的当即出外探亲。后来李氏几时因伤身死，邓泳溃怎样私埋匿报，小的并不知道。当时救阻不及。是实。

据抬埋人樊老三供，年二十八岁；骆潮举供，年三十岁。又据同供：与邓泳溃平日认识，道光二十四年十二月三十日晌午时候，邓泳溃来说他妻子李氏病故，已经装殓，雇小的们帮同抬埋，各许给工钱一百文。小的们信是真话，当各应允，就同邓泳溃去把李氏尸棺抬往寨外坡上掩埋，邓泳溃将工钱付给，走散。今蒙传讯，才知邓李氏是被邓泳溃踢伤死的。小的们实只受雇抬埋，并不知情。是实。

据凶犯邓泳溃供：是册亨州同人。已死李氏是小的妻子，没生子女。妻子素性泼悍，与小的向不和睦。道光二十四年十二月三十日早上，小的叫妻子煮饭，妻子不理。小的斥骂懒惰，妻子不依，就撒泼哭骂，拾取柴棍向小的殴打。小的将棍夺下丢弃，举脚吓踢，不料伤着右肋，倒地。当有邻人石老二路过，上前喝阻，问明情由，石老二当就去了。隔不一会，妻子因伤身死，小的害怕问罪，起意私埋匿报。打听石老二已探亲外出，妻弟李成名外贸未归，就去买棺盛殓，捏称妻子病故，雇樊老三、骆潮举抬往寨外坡上掩埋，今蒙访闻拿获的。委因与妻子口角争闹吓踢，适伤致毙，并不是有心要踢死他的。是实。等供。

据此，除将犯证分别禁保，再行研审，起衅争殴踢伤伊妻身死私埋匿报，究明有无谋故，务得确情，按拟依限招解外，合将访闻获犯验讯缘由填格录供，具文通报。等情。奉两院批司饬审去后，兹据兴义府知府朱鬷转据贞丰州知州吴师之详称，准册亨州同周湜将犯证牒解到州，遵提覆讯，除寨头骆顺德、尸亲李成名，案证石老二，抬埋人樊老三、骆潮举各供均与初审相同不叙外，据凶犯邓泳溃供：年三十九岁，是册亨州同人。父母俱故，并无弟兄。已死李氏是小的妻子，未生子女。妻子素性泼悍，与小的向不和睦。道光二十四年十二月三十日早上，小的叫妻子煮饭，妻子不理。小的斥骂懒惰，妻子不依，就撒泼哭骂，拾取柴棍向小的殴打。小的将棍夺下丢弃，举脚吓踢，不料伤着他右肋，倒地。当有邻人石老二路过，上前喝阻，问明情由，石老二当就去了。隔不一会，妻子因伤身死，小的害怕问罪，起意私埋匿报。打听石老二已探亲外出，妻弟李成名外贸未归，就去买棺盛殓，捏称妻子病故，雇樊老三、骆潮举抬往寨外坡上掩埋，前蒙访闻拿获的。委因与妻口角争闹吓踢，适伤致毙，并不是有心要踢死他的。是实。等供。

据此，该贞丰州知州吴师之审看得：册亨州同民人邓泳溃踢伤伊妻李氏身死私埋匿报一案，缘已死李氏系邓泳溃之妻，该氏素性泼悍，与邓泳溃向不和睦，道光二十四年十二月三十日早，邓泳溃令李氏煮饭不理，斥骂懒惰，李氏不依，即撒泼哭骂，并拾取柴棍向殴，邓泳溃将棍夺下丢弃，举脚吓踢，适伤李氏右肋，倒地。有石老二路过，见而喝阻，询悉情由，当即走回。讵李氏伤重，移时殒命。邓泳溃畏罪，起意私埋匿报。探知石老二业已外出，妻弟李成名亦外贸未归，潜往买棺盛殓，捏称伊妻病故，雇素识之樊老三、骆潮举抬往寨外坡上掩埋而散。旋经册亨州同周湜访闻获犯验讯通详，奉批饬审，该州同将犯证牒解到州，卑职提犯覆鞫，据供前情不讳，究诘委因与妻口角争闹吓踢，适伤身死，畏罪私埋匿报，并无谋故情事。矢口不移，似无遁饰。查律载，夫殴妻致死者，绞监候。又例载，殴故杀人案内，凶犯起意埋尸灭迹，受雇抬埋并不知情者，仍照地界内有死人不报官司而辄移藏律，杖八十。各等语。此案邓泳溃踢伤伊妻李氏身死，自应照律问拟。邓泳溃除私埋匿报轻罪不议外，合依夫殴妻致死者绞监候律，拟绞监候，秋后处决。该犯父母俱故，并无兄弟子女，核与承祀之例相符，俟秋审时再行取结核办。樊老三、骆潮举听从抬埋，讯不知情，均合依受雇抬埋并不知情，照地界有死人不报官司而辄移藏律，杖八十。寨头骆顺德失于觉察，照不应重律，杖八十。各折责发落。石老二救阻不及，应毋庸议。无干省释。尸棺饬属领埋。凶鞋供弃免追。是否允协，理合具招连犯解候审转。等情。由府覆审解司。该按察使吴振棫审与该州府所审相同，按拟连犯招解前来。

臣提犯亲讯无异，除供词相同不叙外，该臣审看得：册亨州同民人邓泳溃踢伤伊妻李氏身死私埋匿报一案，缘已死李氏系邓泳溃之妻，该氏素性泼悍，与邓泳溃向不和睦，道光二十四年十二月三十日早邓泳溃令李氏煮饭不理，斥骂懒惰，李氏不依，即撒泼哭骂，并拾取柴棍向殴，邓泳溃将棍夺下丢弃，举脚吓踢，适伤李氏右肋，倒地。有石老二路过，见而喝阻，询悉情由，当即走回。讵李氏伤重，移时殒命。邓泳溃畏罪，起意私埋匿报。探知石老二业已外出，妻弟李成名亦外贸未归，潜往买棺盛殓，捏称伊妻病故。雇素识之樊老三、骆潮举抬往寨外坡上掩埋而散，旋经册亨州同周湜访闻获犯验讯通详，批饬审解。周湜将犯证牒解到州。该贞丰州知州吴师之提犯审拟，由兴义府知府朱雘审转解司，经按察使吴振械覆审招解前来。臣提犯亲讯，据供前情不讳，究诘委因与妻口角争闹吓踢，适伤身死，畏罪私埋匿报，并无谋故情事。矢口不移，似无遁饰。此案邓泳溃踢伤伊妻李氏身死，自应照律问拟。邓泳溃除私埋匿报轻罪不议外，合依夫殴妻致死者绞监候律，拟绞监候，秋后处决。该犯父母俱故，并无兄弟子女，核与承祀之例相符，俟秋审时再行取结核办。樊老三、骆潮举听从抬埋，讯不知情，均合依受雇抬埋并不知情，照地界有死人不报官司而辄移藏律，杖八十。寨头骆顺德失于觉察，照不应重律，杖八十。各折责发落。石老二救阻不及，应毋庸议。无干经州省释。尸棺已据饬属领埋。凶鞋供弃免追。是否允协，臣谨具题，伏乞皇上圣鉴，敕下法司核覆施行。

再，查此案例限六个月，应以道光二十五年二月十二获犯之日起限承审，自州至府计程二百四十里，程限五日，由府至省六百一十九里，程限十三日，共扣至本年九月初一日统限届满，并未逾违，合并陈明。为此具本，谨题请旨。

道光二十五年八月二十二日，护理贵州巡抚印务布政使司布政使臣罗绕典。

朱批：三法司核拟具奏。

题为审理永宁州民黄狗因少出酬神钱文起衅伤毙袁发甲一案依律拟绞监候请旨事

道光二十五年八月二十二日

护理贵州巡抚印务布政使司布政使臣罗绕典谨题：为报验缉究事。

据按察使吴振棫详称，案据永宁州知州周献廷详称：道光二十五年二月十五日据州属乡约陈洪发报，据民人袁发祥投称，本年正月二十二日，伊堂兄袁发甲因派黄狗出钱演戏酬神，口角争闹，被黄狗殴伤额颅，延至本月十四日因伤身死。等语。往看属实。查凶犯黄狗业已逃逸，理合报验缉究。等情。并据尸弟袁发祥报同前由。据此，随差拿凶犯，并带刑仵前诣尸所，饬令将尸移放平地，如法相验。据仵作万全喝报：已死袁发甲问年三十岁。验得仰面致命额颅一伤，围圆一寸五分，伤口溃烂脓污，骨未损，系铁器伤。余无别故。委系受伤身死。报毕亲验无异。凶犯在逃，无凭查起凶器，比对尸伤。当场填格取结，尸饬棺殓。

即讯据乡约陈洪发供，与报词同。据尸弟袁发祥供：已死袁发甲是小的堂兄。道光二十五年正月二十二日堂兄因派寨邻黄狗出钱演戏酬神，两相争闹，被黄狗用铁烟袋头殴伤额颅。当经严中和劝息，把堂兄扶回。小的问明情由，用药敷治，不料堂兄伤口溃烂，到二月十四日就因伤身死。小的投约报验的。求缉究。

据见证严中和供：道光二十五年正月二十二日，小的路过黄狗门首，见袁发甲派黄狗出钱一百文演戏酬神，黄狗只肯出钱三十文，袁发甲嫌少不依，两相争闹。袁发甲赶拢扑殴，黄狗顺用手拿铁烟袋头殴伤袁发甲额颅，倒地。小的上前喝阻，黄狗当即跑走。小的把袁发甲扶回。不料袁发甲伤口溃烂，到二月十四日就因伤身死。小的救阻不及。是实。各等供。

正在具文通报间，旋于二月二十七日据缉役将黄狗拿获，并起获凶器铁烟袋头到案，核与原验尸伤相符。即讯据凶犯黄狗供：是永宁州人。与已死袁发甲同寨居住，素好无嫌。道光二十五年正月二十二日，袁发甲因阖寨平安，要演戏酬神，派小的与寨众每户出钱一百文，小的因家里穷苦，只肯给钱三十文。袁发甲嫌少不依混骂，小的回骂。袁发甲赶拢扑殴，小的顺用手拿铁烟袋头吓打，不料伤着他额颅，倒地。有严中和路过上前喝阻。小的跑走后，闻袁发甲伤口溃烂，到二月十四日就因伤身死，小的害怕逃出躲避，今被拿获的。委因口角争殴，适伤致毙，并不是有心要打死他的。是实。等供。

据此，除将犯证分别禁保，凶器铁烟袋头贮库，再行研讯起衅争殴，适伤身死，究明有无谋故，务得确情，按拟依限招解外，合将据报验讯缘由填格录供，具文通报。等情。奉两院批司饬审去后，兹据安顺府知府多龄转，据永宁州知州周献廷详称，遵提覆鞫，除乡约陈洪发、尸弟袁发祥、见证严中和各供均与初审相同不叙外，据凶犯黄狗供：年四十岁，是永宁州人。父母俱故，并没弟兄。娶妻张氏，未生子女。与已死袁发甲同寨居住，素好无嫌。道光二十五年正月二十二日，袁发甲因阖寨平安要演戏酬神，派小的与寨众每户出钱一百文。小的因家里穷苦，只肯给钱三十文。袁发甲嫌少不依混骂，小的回骂。袁发甲赶拢扑殴，小的顺用手拿铁烟袋头吓打，不料伤着他额颅，倒地。有严中和路过上前喝阻。小的跑走后，闻袁发甲伤口溃烂，到二月十四日就因伤身死，小的害怕逃出躲避，前被拿获的。委因口角争殴，适伤致毙，并不是有心要打死他的。是实。等供。

据此，该永宁州知州周献廷审看得：州民黄狗殴伤袁发甲越二十二日身死一案，缘黄狗与已死袁发甲同寨居住，素识无嫌。道光二十五年正月二十二日，袁发甲因阖寨平安欲演戏酬神，派黄狗与寨众每户出钱一百文。黄狗因家中贫难，仅允给钱三十文。

袁发甲嫌少不依混骂，黄狗回骂。袁发甲赶拢扑殴，黄狗顺用手执铁烟袋头吓殴，适伤袁发甲额颅，倒地。有严中和路过上前喝阻，黄狗跑走。严中和将袁发甲扶回，其堂弟袁发祥询明情由，用药敷治。讵袁发甲因伤口溃烂延至二月十四日殒命，报经卑职诣验，获犯讯详，奉批饬审，遵提覆鞫，据供前情不讳，究诘委因口角争殴，适伤致毙，并非有心欲杀。矢口不移，案无遁饰。查律载，斗殴杀人者不问手足他物金刃并绞监候，又例载，斗殴伤人若他物伤限外十日之内果因本伤身死情正事实者，方拟死罪，奏请定夺。各等语。此案黄狗于正月二十二日用铁烟袋头殴伤袁发甲额颅，至二月十四日因伤口溃烂身死，计越二十二日，系在他物保辜正限二十日外余限十日之内，自应照律问拟。黄狗合依斗殴杀人者不问手足他物金刃并绞监候律，拟绞监候，仍听法司核议，奏请定夺。严中和救阻不及，应毋庸议。无干省释。尸棺饬属领埋。凶器铁烟袋头随招解验，案结汇报变解。是否允协，理合具招连犯解候审转。等情。由府覆审解司，该按察使吴振棫审与该州府所审相同，按拟连犯招解来。

臣提犯亲讯无异，除供词相同不叙外，该臣审看得：永宁州民黄狗殴伤袁发甲越二十二日身死一案，缘黄狗与已死袁发甲同寨居住，素识无嫌。道光二十五年正月二十二日，袁发甲因阖寨平安欲演戏酬神，派黄狗与寨众每户出钱一百文，黄狗因家中贫难，仅允给钱三十文。袁发甲嫌少不依混骂，黄狗回骂。袁发甲赶拢扑殴黄狗，顺用手执铁烟袋头吓殴，适伤袁发甲额颅，倒地。有严中和路过上前喝阻，黄狗跑走。严中和将袁发甲扶回，其堂弟袁发祥询明情由，用药敷治。讵袁发甲因伤口溃烂，延至二月十四日殒命，报经永宁州知州周献廷诣验。获犯奉批饬审解，该州提犯拟由府审转解司，经按察使吴振棫覆审招解前来。臣提犯亲讯，据供前情不讳，究诘委因口角争殴，适伤致毙，并非有心欲杀。矢口不移，案无遁饰。此案黄狗于正月二十二日用铁烟袋头殴伤袁发甲额颅，至二月十四日因伤口溃烂身死，计越二十二日，系在他物伤保辜正限十日外余限十日之内，自应照律问拟。黄狗合依斗殴杀人者不问手足他物金刃并绞监候律，拟绞监候，仍听法司核议，奏请定夺。严中和救阻不及，应毋庸议。无干经州省释。尸棺已据饬属领埋。凶器铁烟袋头饬令汇报变解。是否允协，臣谨具题，伏乞皇上圣鉴，敕下法司核覆施行。

再，查此案例限六个月，应以道光二十五年二月二十七获犯之日起限承审，自州至府计程一百五十里，程限三日，由府至省一百九十五里，程限四日，共扣至本年九月初四日统限届满，并未逾违，合并陈明。为此具本，谨题请旨。

道光二十五年八月二十二日，护理贵州巡抚印务布政使司布政使臣罗绕典。

题为审理桐梓县民令狐明帼因索欠钱起衅伤毙李明贤一案依律拟绞监候请旨事

道光二十五年八月二十二日

护理贵州巡抚印务布政使司布政使臣罗绕典谨题：为报验缉究事。

据按察使吴振棫详称，案据桐梓县知县霍宗光详称：道光二十五年二月十五日据县属乡约李溃先报，据民人李明远投称，本月十二日伊兄李明贤因与令狐明帼口角争闹，被令狐明帼用棍殴伤顶心身死。等语。约往看属实。查令狐明帼业已逃逸，理合报验缉究。等情。并据尸弟李明远报同前由。据此，随差拿凶犯，并带刑仵驰诣尸所，饬令将尸移放平地，如法相验。据仵作刘作仁喝报：已死李明贤问年四十岁。验得仰面致命顶心一伤，斜长一寸一分，宽二分，皮破血污，骨损，紫红色，系木器伤。余验无故。委系受伤身死。报毕亲验无异。凶犯在逃，无凭查起凶器，比对尸伤。当场填格取结，尸饬棺殓。

即讯据乡约李溃先供，与报词同。据尸弟李明远供：已死李明贤是小的胞兄，曾雇成六在家帮工，后来工满辞去。道光二十五年二月十一日有令狐明帼来向成六索讨欠钱，哥子告知成六已经辞去。令狐明帼心疑成六躲藏在内，要进屋搜寻，哥子不依，两相争闹，被令狐明帼用木棍打伤哥子顶心，倒地。当经杨能庆赶拢喝阻。令狐明帼跑走。不料哥子次早就因伤身死，小的投约报验的。求缉究。

据见证杨能庆供：道光二十五年二月十二日晌午，小的路过李明贤门首，见令狐明帼来寻李明贤家工人成六，索讨欠钱。李明贤说成六已经工满辞去，令狐明帼心疑成六藏躲在内，要进屋搜寻，李明贤不依，两相争闹。李明贤用木棍殴伤令狐明帼右腿肚偏左，令狐明帼将棍夺获回打，伤李明贤顶心，倒地。小的赶拢喝阻，令狐明帼跑走。小的同他兄弟李明远将李明贤扶卧床上，用药敷治。不料李明贤伤重，到次早就因伤身死。小的救阻不及。是实。各等供。

正在具文通报间，旋于二月二十五日据役拿获令狐明帼到案。即讯凶犯令狐明帼供：是桐梓县人。与已死李明贤邻寨居住，素识无嫌。道光二十五年二月十二日晌午，小的路过李明贤门首，因他家工人成六该欠小的铜钱八十文，日久没还，往向索讨。李明贤说成六已经工满辞去，小的心疑成六藏躲在内，要进屋搜寻，李明贤不依，两相争闹，被李明贤拿木棍从旁打了右腿肚一下。小的扑向夺棍，又被他打伤偏左。小的将棍夺获，趁势回打，不料伤着他顶心，倒地。有杨能庆赶拢喝阻。小的跑走后，闻李明贤因伤身死，逃出躲避，今被拿获的。委因口角争闹，夺棍回殴，适伤致毙，并不是有心要打死他的。凶器木棍已经丢弃。是实。各等供。

据此，随验得令狐明帼偏左、右腿肚各有木器伤一处，紫红色，填单附卷。除将犯证分别禁保，饬医调治令狐明帼，伤痊再行研讯起衅争殴，致伤身死，究明有无谋故，务得确情，按拟依限招解外，合将报验获犯审讯缘由填格录供，具文通报。等情。

奉两院批司饬审去后，兹据遵义府知府陈光兰转，据桐梓县知县霍宗光详称，查该犯令狐明帼伤已平复，随提犯证覆讯。除乡约李溃先、尸弟李明远、见证杨能庆各供均与初审相同不叙外，据凶犯令狐明帼供：年四十五岁，是桐梓县人。父母妻子俱故，弟兄五人，小的行二，生有子女。与已死李明贤邻寨居住，素识无嫌。道光二十五年二月十二日晌午，小的路过李明贤门首。因他家工人成六该欠小的铜钱八十文，日久没还，往向索讨。李明贤说成六已经工满辞去，小的心疑成六藏躲在内，要进屋搜寻，李明贤不依，两相争闹，被李明贤拿木棍从旁打了右腿肚一下。小的扑向夺棍，又被他打伤偏左。小的将棍夺获，趁势回打，不料伤着他顶心，倒地。有杨能庆赶拢喝阻。小的跑走后，闻李明贤因伤身死，逃出躲避，今被拿获的。委因口角争闹，夺棍回殴，适伤致毙，并不是有心要打死他的。凶器木棍已经丢弃。是实。等供。

据此，该桐梓县知县霍宗光审看得：县民令狐明帼殴伤李明贤身死一案，缘令狐明帼与已死李明贤邻寨居住，素识无嫌。道光二十五年二月十二日晌午，伊路过李明贤门首，因他家工人成六曾欠伊铜钱八十文，日久没还，往向索讨。李明贤说成六已经工满辞去，令狐明帼心疑成六藏躲在内，欲进屋搜寻，李明贤不依，彼此争闹。李明贤拿木棍殴伤其右腿肚，令狐明帼扑向夺棍，复被李明贤殴伤偏左。令狐明帼将棍夺获回殴，适伤李明贤顶心，倒地。经杨能庆赶拢喝阻，令狐明帼跑走。杨能庆与其弟李明远将李明贤扶卧床上，用药敷治。讵李明贤伤重，延至次早殒命。报经卑职验讯通详，奉批饬审，遵提覆鞫，据供前情不讳，究诘委因口角争闹，夺棍回殴致毙，并非有心欲杀。矢口不移，似无遁饰。查律载，斗殴杀人者不问手足他物金刃并绞监候。等语。

此案令狐明帼殴伤李明贤身死，自应按律问拟。令狐明帼合依斗殴杀人者不问手足他物金刃并绞监候律，拟绞监候，秋后处决。杨能庆救阻不及，应毋庸议。成六欠钱，俟查传到案，追缴给领。无干者省释。尸棺饬属领埋。凶器木棍供弃免追。是否允协，理合具招连犯解候审转。等情。由府覆审解司。该按察使吴振棫审与该县府所审相同，按拟连犯招解前来。

臣提犯亲讯无异，除供词相同不叙外，该臣审看得：桐梓县民令狐明帼殴伤李明贤身死一案，缘令狐明帼与已死李明贤邻寨居住，素识无嫌。道光二十五年二月十二日晌午，令狐明帼路过李明贤门首。因李明贤家工人成六曾欠伊铜钱八十文，日久没还，往向索讨。李明贤告知成六已经工满辞去，令狐明帼疑其藏躲在内，欲进屋搜寻，李明贤不依，彼此争闹。李明贤拿木棍殴伤其右腿肚，令狐明帼扑向夺棍，复被李明贤殴伤偏左。令狐明帼将棍夺获回殴，适伤李明贤顶心，倒地。经杨能庆赶拢喝阻，令狐明帼跑走。杨能庆与其弟李明远将李明贤扶卧床上，用药敷治。讵李明贤伤重，延至次早殒命。报经桐梓县知县霍宗光验讯通详，批饬审解。该县提犯审拟，由遵义府知府陈光兰审转解司，经按察使吴振棫覆审招解前来。臣提犯亲讯，据供前情不讳，究诘委因口角争闹，夺棍回殴致毙，并非有心欲杀。矢口不移，似无遁饰。此案令狐明帼殴伤李明贤身死，自应按律问拟。令狐明帼合依斗殴杀人不问手足他物金刃并绞监候律，拟绞监候，秋后处决。杨能庆救阻不及，因毋庸议。成六欠钱，俟查传到案，追缴给领。无干经县省释。尸棺已据饬属领埋。凶器木棍供弃免追。是否允协，臣谨具题，伏乞皇上圣鉴，敕下法司核覆施行。

再，查此案限六个月，应以道光二十五年二月二十五日获犯起限承审，自县至府计程一百四十里，程限三日，由府至省二百八十里，程限六日，共扣至本年九月初十日统限届满，并未逾违，合并陈明。为此具本，谨题请旨。

道光二十五年八月二十二日，护理贵州巡抚印务布政使司布政使臣罗绕典。

题为审理清镇县民余苗子因牛只践食包谷索赔纠纷故杀族弟余老二一案依律拟斩监候请旨事

道光二十五年八月二十二日

护理贵州巡抚印务布政使司布政使臣罗绕典谨题：为报验事。

据按察使吴振棫详称，案据署清镇县知县周溶详称：道光二十五年二月二十三日据县属乡约王大宽报，据民人余帼用投称，本月二十一日伊子余老二往向族侄余苗子索讨认赔包谷争殴，被余苗子用刀戳伤伊子胸膛等处身死。等语。约往看属实，理合报验缉究。等情。并据尸父余帼用报同前由。据此，随带刑仵前诣尸所，饬令将尸移放平地，如法相验。据仵作王安喝报：已死余老二问年三十五岁。验得仰面致命偏右一伤，斜长六分。不致命右眉一伤，直长四分，宽二分，深一分，皮肉卷缩血污，俱系刀伤。右眼胞一伤，围圆二寸五分，紫红色，系拳伤。右腮颊一伤，斜长六分。左耳轮一伤，斜长四分。下唇吻一伤，斜长三分。致命咽喉下一伤，斜长三分，均宽二分，深一分。咽喉左一伤，斜长六分，宽二分，深透内。咽喉右接连二伤，均斜长三分，宽一分，皮肉卷缩血污，俱系刀伤。不致命右肩甲一伤，尖圆不整，难量分寸，红色，系石垫伤。左手腕接连二伤，右手心一伤，俱斜长三分宽深，均不及分，皮破血结，俱系刀尖划伤。致命胸膛上一伤，斜长八分，宽三分，深透内。合面不致命发际左接连三伤，均斜长四分，宽二分，深一分。左臂膀接连二伤，上一伤斜长三分，下一伤斜长五分，均宽二分，深一分。胳肘一伤，斜长五分,致命脊背一伤,斜长四分,俱宽二分,深一分,均皮肉卷缩血污,俱系刀伤。余验无故。委系受伤身死。报毕亲验无异。凶刀据供撩弃,无凭查起,比对尸伤。当场填格取结,尸饬棺殓。

即讯据乡约王大宽供,与报词同。据尸父余幅用供:已死余老二是小的儿子,余苗子是无服族侄。道光二十四年七月内,余苗子家牛只践食小的地内包谷,儿子投明寨邻理处,余苗子认赔包谷一斗,屡讨没给。二十五年二月二十一日晌午,有族人余得先的妻子余孟氏去说儿子路遇余苗子,向他索讨包谷争殴,被余苗子戳伤胸膛等处身死。小的赶来看明,投约赴案报验的。求究抵。

据见证余孟氏供:道光二十五年二月二十一日晌午,小妇人在坡上工作,望见丈夫余得先的族人余老二路遇余苗子,催索认赔包谷,两相争闹。余苗子用拳打伤余老二右眼胞,余老二拔取身带尖刀向戳,被余苗子将刀夺获,戳伤偏右、右腮颊。余老二举手夺刀,被刀尖划伤左手腕、右手心。余老二弯腰拾石,余苗子又用刀戳伤他左臂膊、胳肘。余老二站起赶拢扑殴,又被余苗子戳伤咽喉下侧,跌倒地。余老二卧地辱骂,余苗子又用刀连戳他右眉、下唇、左耳轮各一下。余老二侧卧地上,更加辱骂,余苗子又用刀戳伤他脊背、发际。余老二翻身喊救,又被余苗子戳伤胸膛、咽喉。小妇人因隔着山沟,不能下去劝阻,随后绕路赶往查看,余老二已因伤身死,余苗子业经跑走。当去向他父亲余幅用告知,同来看明,投约报验的。小妇人救阻不及。是实。

据凶犯余苗子供:是清镇县人。已死余老二是小的无服族弟,素睦无嫌。道光二十四年七月内,小的家牛只践食余老二地内包谷,余老二投明寨邻理处,小的认赔包谷一斗,屡讨没给。二十五年二月十一日,小的出外赶场,路遇余老二走过,又向小的催索包谷。小的斥他不应拦路逼索混骂,余老二回骂,小的用拳打伤他右眼胞。余老二拔取身带尖刀向戳,小的将刀夺获,回戳他偏右、右腮颊各一下。余老二举手夺刀,被刀尖划伤左手腕、右手心。余老二弯腰拾石，小的用刀戳伤他左臂膊、胳肘。余老二站起赶拢扑殴，小的又用刀戳伤他咽喉下侧，跌倒地，被石块垫伤右肩甲。余老二卧地辱骂，小的生气，又用刀连戳他右眉、下唇吻、左耳轮各一下。余老二侧卧地上更加辱骂，小的气忿不过，起意把他杀死泄忿，就用刀戳伤他脊背、发际。余老二翻身喊救，小的又连戳他胸膛一下，咽喉三下，当时身死。小的跑走。委因索欠争殴，被骂气忿，一时起意戳死泄忿，并非蓄意谋害，也没帮殴的人。凶刀业已丢弃。是实。各等供。

据此，除将犯证分别禁保，再行研讯起衅争殴临时起意故杀，究明是否蓄意谋害、有无帮殴之人，务得确情，按拟依限招解外，合将据报验讯缘由填格录供，具文通报。等情。奉两院批司饬审去后，兹据安顺府知府多龄转，据署清镇县知县周溶详称，随提犯证覆讯，除乡约王大宽、尸父余帼用、见证余孟氏各供均与初审相同不叙外，据凶犯余苗子供：年五十岁，是清镇县人。父母俱故，并无弟兄。娶妻燕氏，生有子女已死。余老二是小的无服族弟，素睦无嫌。道光二十四年七月内小的家牛只践食余老二地内包谷，余老二投明寨邻理处，小的认赔包谷一斗，屡讨没给。二十五年二月二十一日小的出外赶场，路遇余老二走过，又向小的催索包谷。小的斥他不应拦路逼索混骂，余老二回骂，小的用拳打伤他右眼胞。余老二拔取身带尖刀向戳，小的将刀夺获回戳他偏右、右腮颊各一下。余老二举手夺刀，被刀尖划伤左手腕、右手心。余老二弯腰拾石，小的用刀戳伤他左臂膊、胳肘。余老二站起赶拢扑殴，小的又用刀戳伤他咽喉下侧，跌倒地，被石块垫伤右肩甲。余老二卧地辱骂，小的生气，又用刀连戳他右眉、下唇、左耳轮各一下。余老二侧卧地上，更加辱骂，小的气忿不过，起意把他杀死泄忿，就用刀戳伤他脊背、发际。余老二翻身喊救，小的又连戳他胸膛一下，咽喉三下，当时身死。小的跑走。委因索欠争殴，被骂气忿，一时起意戳死泄忿，并非蓄意谋害，也没帮殴的人。凶刀业已丢弃。是实。等供。

据此，该署清镇县知县周溶审看得：县民余苗子故杀余老二身死一案，缘已死余老二系余苗子无服族弟，素睦无嫌。道光二十四年七月间，余苗子家牛只践食余老二地内包谷，余老二投明寨邻理处，余苗子认赔包谷一斗，屡讨不给。二十五年二月二十一日，余苗子出外赶场，途遇余老二，复向催索包谷。余苗子斥其不应拦路逼索混骂，余老二回骂。余苗子用拳殴伤其右眼胞，余老二顺拔身带小刀向戳，余苗子将刀夺获回戳伤余老二偏右、右腮颊。余老二举手夺刀，被刀尖划伤左手腕、右手心。余老二弯腰拾石，余苗子用刀戳伤其左臂膊、胳肘。余老二站起赶拢扑殴，余苗子又用刀戳伤其咽喉下侧，跌倒地，被石块垫伤右肩甲。余老二卧地辱骂，余苗子生气，又用刀连戳伤其右眉、下唇吻、左耳轮。余老二侧卧地上更肆辱骂，余苗子被骂忿极，起意将其杀死泄忿，复用刀戳伤余老二脊背、发际。余老二翻身喊救，余苗子又连戳伤其胸膛、咽喉，登时身死。时有余孟氏在坡工作望见，因相隔山沟，不能趋救。随后赶往查看，余老二已因伤殒命。当向余老二之父余帼用告知往看，报经卑职验讯通详，奉批饬审，遵提覆鞫，据供前情不讳，究诘委因索欠争殴，一时逞忿故杀，并非蓄意谋害，亦无帮殴之人。矢口不移，似无遁饰。查律载，同姓服尽亲属相殴致死者以凡论，又故杀者斩监候。各等语。此案余苗子因被无服族弟余老二催索包谷争殴，逞忿将余老二叠戳致毙，自应照律问拟。余苗子合依同姓服尽亲属相殴致死以凡论、故杀者斩监候律，拟斩监候，秋后处决，先于左面刺"凶犯"二字。余孟氏救阻不及，应毋庸议。认赔包谷追给尸属具领。无干省释。尸棺饬属领理。凶刀供弃免追。是否允协，理合具招连犯解候审转。等情。由府覆审解司。兹按察使吴振棫审与该县府所审相同，按拟连犯招解前来。

臣提犯亲讯无异，除供词相同不叙外，该臣审看得：清镇县民故杀余老二身死一案，缘已死余老二系余苗子无服族弟，素睦无嫌。道光二十四年七月间余苗子家牛只践食余老二地内包谷，余老二投明寨邻理处，余苗子认赔包谷一斗，屡讨不给。二十五年二月二十一日余苗子出外赶场，途遇余老二，复向催索包谷，余苗子斥其不应拦路逼索混骂，余老二回骂。余苗子用拳殴伤其右眼胞，余老二顺拔身带小刀向戳，余苗子将刀夺获回戳，伤余老二偏右、右腮颊。余老二举手夺刀，被刀尖划伤左手腕、右手心。余老二弯腰拾石，余苗子用刀戳伤其左臂膊、胳肘。余老二站起赶拢扑殴，余苗子又用刀戳伤其咽喉下侧，跌倒地，被石块垫伤右肩甲。余老二卧地辱骂，余苗子生气，又用刀连戳伤其右眉、下唇吻、左耳轮。余老二侧卧地上更肆辱骂，余苗子被骂忿极，起意将其杀死泄忿，复用刀戳伤余老二脊背、发际。余老二翻身喊救，余苗子又连戳伤其胸膛、咽喉，登时身死。有余孟氏在坡工作望见，因相隔山沟，不能趋救。随后赶往查看，余老二已因伤殒命。当向余老二之父余幅用告知往看，报经署清镇县知县周溶验讯通详，批饬审解。该县提犯审拟，由府审转解司，经按察使吴振棫覆审招解前来。臣提犯亲讯，据供前情不讳，究诘委因索欠争殴，一时逞忿故杀，并非蓄意谋害，亦无帮殴之人。矢口不移，似无遁饰。此案余苗子因被余老二叠戳致毙，自应照律问拟。余苗子合依同姓服尽亲属相殴致死以凡论、故杀者斩监候律，拟斩监候，秋后处决，先于左面刺"凶犯"二字。余孟氏救阻不及，应毋庸议。认赔包谷追给尸属具领。无干经县省释。尸棺已据饬属领埋。凶刀供弃免追。是否允协，臣谨具题，伏乞皇上圣鉴，敕下法司核覆施行。

再，查此案例限六个月，应以道光二十五年二月二十三报官之日起限承审，自县至府计程一百四十五里，程限三日，由府至省一百九十五里，程限四日，共扣至本年九月初一日统限届满，并未逾违，合并陈明。为此具本，谨题请旨。

道光二十五年八月二十二日，护理贵州巡抚印务布政使司布政使臣罗绕典。

题报交卸贵州抚篆回任日期事

道光二十五年八月二十七日

护理贵州巡抚印务布政使司布政使臣罗绕典谨题：为恭报微臣交卸抚篆日期仰祈圣鉴事。

窃照道光二十五年五月初五日接准吏部咨，内阁抄出道光二十五年四月十三日奉上谕："云贵总督着贺长龄补授，即赴新任，毋庸来京请训。钦此。"又于四月十四日奉上谕："乔用迁着补授贵州巡抚，山西布政使着潘铎补授，所遗四川按察使员缺着刘喜海补授。钦此。"钦遵咨行到黔。前抚臣贺长龄于本年五月二十九日将贵州巡抚印务交臣接受护理，经臣恭疏题报在案。兹新任抚臣乔用迁业已到黔，臣谨将钦颁道字三十号、贵州巡抚银关防一颗，于八月二十七日委令贵阳府知府周作楫、署抚标中军参将孙应照赍交新任抚臣乔用迁接受，并将王命旗牌八面杆、圣谕、上谕、书籍及文卷等项一并移交。臣即于是日回布政使本任。所有微臣交卸抚篆日期，理合恭疏题报，伏乞皇上圣鉴，敕部查照施行。为此具本，谨具题闻。

道光二十五年八月二十七日，护理贵州巡抚印务布政使司布政使臣罗绕典。

朱批：该部知道。

题为普安直隶同知张瀚中苗疆俸满请旨加衔留任事

道光二十五年八月二十七日

护理贵州巡抚印务布政使司布政使臣罗绕典谨题：为苗疆同知历俸已满五年循例报满事。

据兼署布政使事按察使吴振棫详称：窃照黔省苗疆要缺，奉准部议，照湖南之例，于俸满时查明，如果才守兼优，政绩卓著者，保题以升衔留任注册。俟再满三年，遇有附近应升之缺，即行题请升用。等因。遵奉在案。今准贵西道郑世任移：据普安直隶同知张瀚中详称：窃卑职现年四十八岁，系陕西潼关厅拔贡，朝考一等，以知县用，分发贵州，题署绥阳县，委运楚铅。实授后调补普定县，题升今职。道光十六年四月初十日到任，十七年正月十五日告病卸事，计在任九个月零五日，病痊引见。奉旨："着照例坐补原缺。钦此。"坐补今职。二十一年六月初九日到任，今自道光十六年四月初十到任之日起，前后接算，连闰扣至二十五年八月初四日，历俸苗疆已满五年，任内并无降革展参案件，与报满加衔之例相符。详请查核，加考转移。等情。到道。该道查得：该厅才识练达，办事勤敏。到任以来，每逢朔望，率同教杂等官宣讲《圣谕广训》，化导民苗，经征钱粮，实贮无亏，审理词讼，随到随结，管理驿站，夫马膘壮足额，力行保甲，地方安静，抚绥得宜，民苗爱戴。日用薪蔬，现银平买，并无赊欠。其该厅政绩，久任苗疆，除暴安良，民苗安堵，随时抚绥，舆情翕服。任内并无展参案件，与报满加衔之例相符。相应移请转报。等因。该兼署司查得：普安直隶同知张瀚中年四十八岁，系陕西潼关厅拔贡，朝考一等，以知县用，分发贵州，题署绥阳县，委运楚铅。实授后调补普定县，题升今职。道光十六年四月初十日到任，十七年正月十五日告病卸事，计在任九个月零五日。病痊引见。奉旨："着照例坐补原缺。钦此。"坐补今职。二十一年六月初九日到任。今自道光十六年四月初十到任之日起，前后接算连闰扣至二十五年八月初四日，历俸苗疆已满五年。由道查明，出考声叙事实政绩，移请转报。前来。该司查得：普安直隶同知张瀚中老成明练，才守兼优，久著循声，民苗翕服，与报满加衔留任之例相符。详候会核具题。等情。到臣。

据此，该臣看得：黔省苗疆人员五年俸满，如果才守兼优，政绩卓著，例应保题以升衔留任。兹普安直隶同知张瀚中年四十八岁，系陕西潼关厅拔贡，朝考一等，以知县用，分发贵州，题署绥阳县，委运楚铅。实授后调补普定县，题升今职。道光十六年四月初十日到任，十七年正月十五日告病卸事，计在任九个月零五日。病痊引见。奉旨："着照例坐补原缺。钦此。"坐补今职。二十一年六月初九日到任。今自道光十六年四月初十到任之日起，前后接算，连闰扣至二十五年八月初四日，历俸苗疆已满五年。据该管贵西道出具考语，由兼署布政使事按察使吴振棫查明：该同知老成明练，才守兼优，久著循声，民苗翕服，与报满加衔留任之例相符，详请具题。前来。臣覆查：该同知张瀚中练达老成，舆情爱戴，实心办事，素著循声，与报满加衔留任之例相符。臣谨会同云贵总督臣贺长龄合词具题，伏乞皇上圣鉴，敕部议覆施行。

再，该员参罚各件：普定县任内，因解役姜俸详等押解军犯顾小保中途脱逃私将另案托寄收管添改销差一案，于差役姜俸详将托寄另案印收添改朦混犯该杖枷，失于觉察，降一级留任。又本任内，因耿三具报无名男子不知被何人殴伤身死并无失物情形一案，二参承缉凶犯不力，罚俸一年。又董明亮具报伊弟董小老被李小四等砍伤身死一案，初参承缉凶犯不力，照例住俸。又骆朝远不知被何人殴伤身死一案，二参承缉凶犯不力，罚俸一年。又刘石义具报伊弟刘石弟被不知姓名人用竹铳打伤身死一案，二参承缉不力，罚俸一年。又吴小狗将伊嫂吴瞿氏殴伤身死一案，初参承缉凶犯不力，照例住俸。又接递军犯杨小老中途脱逃一案，金差不慎，罚俸一个月。又董应芳具报伊弟董管芳被陇三泡等砍伤，越日身死一案，初参承缉不力，照例住俸。又厅民王沅槐举报被贼行窃拒伤伊父王泳舜身死一案疏防，照例住俸。又张明义具报伊媳张马氏不知被何人搯伤身死并无失物情形一案，初参承缉凶犯不力，照例住俸。又吕潮柱被封二平等殴伤身死一案，初参承缉凶犯不力，照例住俸。又杜得明等殴伤王奇身死一案，初参承缉凶犯不力，照例住俸。又彭念祖等被萧世礼等殴伤身死一案，初参承缉凶犯不力，照例住俸。又王廷尧不知被何人殴伤身死一案，三参承缉凶犯不力，罚俸二年，销去纪录二次，抵罚俸一年，仍罚俸一年。又冯永和被抢银两、衣服一案，二参承缉不力，罚俸一年。又民妇柳殷氏具报伊夫柳玉溃不知被何人殴伤身死一案，二参承缉凶犯不力，罚俸一年。又民妇普李氏具报伊夫普凤仪被普应宗等殴伤身死一案，二参承缉凶犯不力，罚俸一年。又谭光绳等具报无名男子受伤身死一案，三参承缉凶犯不力，罚俸二年。又董明亮具报伊弟董小老被李小四等砍伤身死一案，二参承缉不力，职名开参。又骆朝远不知被何人殴伤身死一案，三参承缉不力，职名开参。又厅民王良得具报韦庭禄等将伊母岑氏殴伤身死凶犯在逃一案，初参承缉不力，职名开参。又刘石义具报伊弟刘石弟被不知姓名人用竹铳打伤身死一案，三参承缉不力，职名开参。又吴小狗将伊嫂吴瞿氏殴伤身死凶犯脱逃一案，二参承缉不力，职名开参。又李如尧被董玉溃等殴毙一案，三参承缉不力，职名开参。又董应芳具报伊弟董管芳被陇三泡等砍伤身死凶犯脱逃一案，二参承缉不力，职名开参。又张明义具报伊媳张马氏不知被何人搯伤身死一案，二参承缉不力，职名开参。又巫原臣具报伊徒吴老三不知被何人殴伤身死凶犯在逃一案，初参承缉不力，职名开参。又彭念祖等被萧世礼等殴伤身死一案，二参承缉不力，职名开参。又吕潮柱被封二平等殴死一案，二参承缉不力，职名开参。又杜得明等殴死王奇一案，二参承缉不力，职名开参。又冯永和被抢银物一案，二参承缉不力，职名开参。以上各案均未接准部覆，此外并无参罚案件，合并陈明。为此具本，谨会题请旨。

道光二十五年八月二十七日，护理贵州巡抚印务布政使司布政使臣罗绕典。

朱批：该部议奏。

题为审理黔西州民张应租等图财伤毙
杨金台等情一案依律分别定拟请旨事

道光二十五年八月二十七日

护理贵州巡抚印务布政使司布政使臣罗绕典谨题：为报恳验究事。

据按察使吴振棫详称，案据黔西州知州达衡详称：道光二十四年八月初五日据州属乡约刘尚溃报，据江西客民杨庭栋投称，伊侄杨金台向在州民朱子玉家帮工，本年六月内，被朱子玉邀同张应租、刘老幺殴伤身死，私埋匿报。等语。约往查属实。张应租等均已逃逸，理合报验缉究。等情。并据杨庭栋报同前由。据此，随差缉凶犯，并传人证到案。

查讯除原报杨庭栋供，与报呈大略相同不叙外，据乡约刘尚溃供：年四十岁。道光二十四年六月十二日朱子玉因何纠同张应租们将杨金台共殴身死，私埋匿报，小的先不晓得，如今杨庭栋来向小的投说，才赴案具报的。委系失于查察，并没知情徇隐的事。是实。

据见证游冬供：道光二十四年六月十二日，小的路过朱子玉门首，见张应租同刘老幺向杨金台嚷闹，张应租用刀背打伤杨金台右肋，杨金台揪住张应租发辫往下揿殴，又被张应租用刀戳伤右腿、右膝。杨金台放手向张应租夺刀，刘老幺上前拦住，也用刀戳伤他左腿。杨金台弯腰拾石，张应租又用刀背打伤他脊背，倒地，磕伤左额角。小的赶去喝阻。问据张应租们说，因杨金台向朱子玉索加工银，不允，屡次寻闹，他们听从朱子玉纠殴泄忿。隔不一会，杨金台就因伤身死。小的畏累走回。后来朱子玉怎样私埋匿报，小的不知道。委系救阻不及。是实。各等供。

正在具文通报间，旋于十二月初八、十三等日，据缉役将朱子玉、刘老幺、张应租拿获到案。即讯据原谋朱子玉供：年五十九岁，是黔西州人。父母俱故，弟兄二人，娶妻生有子女。已死杨金台向在小的家帮工，与小的平等称呼，并无主仆名分。道光二十四年六月初间，杨金台因帮放山蚕辛苦，要小的加增工银，不允，屡向寻事嚷闹。小的生气，起意纠殴泄忿，当向工人张应租、刘老幺告知，叫他们去把杨金台殴打一顿，使他不敢再向寻闹，张应租们允从。十二日早饭后，杨金台又来吵嚷，被张应租同刘老幺殴伤，倒地。有游冬走拢喝阻。隔不一会杨金台就因伤身死。张应租们跑走。小的害怕问罪，起意私埋匿报。因一人难以抬埋，就雇不知姓名苗人将尸抬到屋后坡上埋葬。他族叔杨庭栋查知，赴案具报的。实因索加工银不允，屡被寻闹，起意纠殴泄忿，并非预谋殴毙。是实。

据共殴人刘老幺供：年二十二岁，是仁怀县人。父亲已故，母亲王氏现年六十八岁，并无弟兄妻子。与已死杨金台并张应租，都在朱子玉家帮工。道光二十四年六月初间，杨金台因帮放山蚕辛苦，要朱子玉加增工银，不允，屡向寻闹。朱子玉生气，叫小的同张应租把他殴打一顿泄忿，小的与张应租允从。十二日早饭后，小的同张应租砍柴转回，见杨金台又在院内嚷闹，张应租上前斥阻，杨金台回说多管混骂，张应租拔取砍柴尖刀，用刀背打伤他右肋。杨金台揪住张应租发辫往下揿殴，又被张应租用刀戳伤右腿、右膝。杨金台扑拢夺刀，小的赶去拦住，也用身带柴刀戳他左腿一下。杨金台弯腰拾石，张应租又用刀背打伤他脊背，倒地，磕伤左额角。当有游冬走来喝阻，问明情由。隔不一会，杨金台就因伤身死。小的同张应租跑走。后来朱子玉怎样私埋匿报，小的与张应租都没在场。委系听从谋殴，小的只用刀戳伤杨金台左腿一下，其余的伤都是张应租殴戳的。凶刀已经丢弃。是实。

据凶犯张应租供：是仁怀县人。与已死杨金台并刘老幺都在朱子玉家帮工，素好无嫌。道光二十四年六月初间，杨金台因帮放山蚕辛苦，要朱子玉加增工银，不允，屡向寻闹。朱子玉生气，叫小的同刘老幺把他殴打一顿泄忿。小的与刘老幺允从。十二日早饭后，小的同刘老幺砍柴转回，见杨金台又在院内嚷闹，小的上前斥阻，杨金台回说多管混骂。小的顺拔身带柴刀，用刀背打伤他右肋，杨金台揪住小的发辫往下揿殴，小的挣不脱身，用刀连戳他右腿三下，右膝一下。杨金台放手向小的夺刀，刘老幺赶拢拦住，也用砍柴尖刀戳伤他左腿。杨金台弯腰拾石，小的恐被拾起掷打，又用刀背连打他脊背两下，侧跌倒地，磕伤左额角。当有寨邻游冬赶拢喝阻，问明情由。隔不一会，杨金台就因伤身死。小的同刘老幺跑走。后来朱子玉如何雇人将尸私埋匿报，小的并没在场。委系听从谋殴，适伤致毙，并不是有心要打死他的。凶刀已经丢弃。是实。各等供。

据此，随带刑仵、犯证驰抵埋尸处所，令朱子玉指明杨金台坟冢，刨开浮土。该尸业已腐烂，骸骨显露。饬令将尸骨如法洗刷蒸罨，排列人形。用明油雨伞，隔日对照检验。据件作谭溃喝报：已死杨金台髑髅骨一具，问生年五十一岁。验得仰面致命左额角骨一伤，尖圆不整，难量分寸，微红色，系磕伤。不致命左腿骨一伤，斜长三分，宽不及分。右腿骨接连三伤，均斜长二分，宽不及分。右膝盖骨一伤，斜长二分，宽二分，均伤口齐有血癍，系刀戳伤。合面不致命脊背骨第三、四节接连两伤，均斜长二分，宽一分，青紫色，骨微损，系铁器伤。不致命右肋骨第三条一伤，斜长二分，宽一分，青紫色，系铁器伤。余无别故。委系生前受伤身死。报毕亲验无异。凶刀供弃，无凭查起，比对尸伤。当场填格取结，尸骨点明标记，用木桶封贮。除将犯证带回分别禁保，再行研讯起衅谋殴，致伤身死，究明有无谋故，务得确情，按拟依限招解外，当将据报检验缘由填格录供，通报在案。

嗣据杨庭栋赴臬辕控称，伊侄杨金台系被朱子玉、朱子美、朱正扬等图财谋害，贿买张应租等顶凶。等情。是否属实，蒙委卸遵义县甘雨施会同卑职提讯详办。随讯据被告朱正扬供：朱子玉是小的父亲，朱子美是分居胞叔，已死杨金台向在小的家帮工。道光二十四年六月初间，杨金台因帮放蚕辛苦，要父亲加增工银，不允，屡向寻闹。父亲生气，叫工人张应租们帮殴泄忿。十二日早饭后，杨金台又来院内吵嚷，适张应租与刘老幺砍柴转回，当向斥阻争闹，将杨金台殴伤，倒地。有寨邻游冬赶来喝阻，问明情由。隔不一会，杨金台就因伤身死。张应租们跑走，父亲畏罪，雇不知姓名苗人将尸抬往屋后坡上掩埋。前被尸亲杨庭栋查知报蒙案下，将父同张应租们拿获验讯详报，不料杨庭栋又捏砌小的、父亲同叔子朱子美将杨金台图财谋害，贿买张应租们顶凶。等情。去上控，只求质讯。就是叔子现往四川贸易，不能到案。是实。

据原告杨庭栋供：是江西抚州府人，先年来贵州仁怀县地方贸易。已死杨金台是远房族侄，向在黔西州属朱子玉家佣工。道光二十四年六月内，被朱子玉纠同张应租、刘老幺将侄子殴伤身死，私埋匿报。小的闻信赴案具报，已蒙获犯验讯详报，尚未覆审。小的因朱子玉同他兄弟朱子美家道殷实，起意捏告，可以诈银使用，就捏侄子被朱子玉与朱子美并他儿子朱正扬图财谋毙，贿买张应租、刘老幺顶凶。等情。自作呈词赴臬辕诬告。今蒙提讯，侄子委因索加工银不允，屡向寻闹，被朱子玉商同张应租们谋殴致毙。现蒙传到见证游冬质讯，小的不能狡辩。实系图诈诬告，并没另有唆讼的人。是实。各等供。

据此，除将杨庭栋收禁，再行研讯图诈诬告，究明有无唆讼之人，归案拟议详办外，合将审讯缘由录供，具文通报。等情。奉两院批司饬审去后，兹据署大定府知府鹿丕宗转，据黔西州知州达衡详称，查朱子玉于二十四年十二月二十三日在监病故，当经验讯详报，奉饬归案议详，遵提覆讯。除乡约刘尚溃、见证游冬、共殴人刘老幺、被告朱正扬、刑书胡恩培、禁卒陈潮连、医生杨兆棠各供均与初报相同不叙外，据案犯杨庭栋供：年五十六岁，是江西抚州府人，先年来贵州仁怀县地方贸易。父母俱故，弟兄二人。娶妻陈氏，生有三子。已死杨金台是远房族侄，向在黔西州属朱子玉家佣工。道光二十四年六月内，被朱子玉纠同张应租、刘老幺将侄子殴伤身死，私埋匿报。小的闻信，赴案具报，已蒙获犯验讯详报，尚未覆审。小的因朱子玉同他兄弟朱子美家道殷实，起意捏告，可以诈银使用，就捏侄子被朱子玉与朱子美并他儿子朱正扬图财谋毙，贿买张应租、刘老幺顶凶。等情。自作呈词，赴臬辕诬告。前蒙提讯，侄子委因索加工银不允，屡向寻闹，被朱子玉商同张应租们谋殴致毙，已蒙传到见证游冬质讯，小的不能狡辩。实系图诈诬告，并没另有唆讼的人。是实。

据凶犯张应租供：年二十三岁，是仁怀县人。父母俱故，并无弟兄妻子。与已死杨金台并刘老幺都在朱子玉家帮工，素好无嫌。道光二十四年六月初间，杨金台因帮放山蚕辛苦，要朱子玉加增工银，不允，屡向寻闹。朱子玉生气，叫小的同刘老幺把他殴打一顿泄忿，小的与刘老幺允从。十二日早饭后，小的同刘老幺砍柴转回，见杨金台又在院内嚷闹，小的上前斥阻，杨金台回说多管混骂，小的顺拔身带柴刀，用刀背打伤他右肋。杨金台就往小的发辫往下揪殴，小的挣不脱身，用刀连戳他右腿三下，右膝一下。杨金台放手向小的夺刀，刘老幺赶拢拦住，也用砍柴尖刀戳伤他左腿。杨金台弯腰拾石，小的恐被拾起掷打，又用刀背连打他脊背两下，侧跌倒地，磕伤左额角。当有寨邻游冬赶拢喝阻，问明情由。隔不一会，杨金台就因伤身死，小的同刘老幺跑走。后来朱子玉如何雇人将尸私埋匿报，小的并没在场。委系听从谋殴，适伤致毙，并不是有心要打死他的。凶刀已经丢弃。是实。各等供。

据此，该黔西州知州达衡审看得：张应租等听从朱子玉纠约共殴杨金台身死，并杨庭栋诬告朱子美等将杨金台图财谋毙贿买顶凶，及朱子玉在监病故一案，缘张应租、刘老幺均籍隶仁怀县，朱子玉籍隶黔西州，杨庭栋系江西抚州府人，先年来仁怀县地方贸易，其族侄杨金台向在朱子玉家佣工，与同主工人张应租、刘老幺素好无嫌，与朱子玉并无主仆名分。道光二十四年六月初间，杨金台因帮放山蚕辛苦，欲朱子玉如增工银，不允，屡向寻闹。朱子玉生气，起意谋殴泄忿，随向工人张应租、刘老幺告知，令伊等将杨金台殴打一顿，以免再向寻闹，张应租等允从。十二日早饭后，杨金台复往朱子玉院内嚷闹，适张应租与刘老幺砍柴转回，张应租上前斥阻，杨金台斥其多管混骂。张应租顺拔身带柴刀，用刀背殴伤其右肋，杨金台揪住张应租发辫往下揿殴，张应租挣不脱身，用刀连戳伤其右腿、右膝。杨金台放手向其夺刀，刘老幺赶拢拦住，亦用砍柴尖刀戳伤其左腿。杨金台弯腰拾石，张应租恐其拾起掷打，复用刀背连殴，适伤其脊背，倒地，磕伤左额角。当有寨邻游冬见而喝阻，询明情由。张应租等跑走。讵杨金台伤重，移时殒命。朱子玉畏罪，起意私埋匿报，因一人不能抬埋，随雇不知姓名苗人将尸抬至屋后坡上掩埋，其族叔杨庭栋查知，报经卑职获犯检验讯详。杨庭栋因稔知朱子玉与伊弟朱子美家道殷实，起意捏告，冀图诈银使用，即捏杨金台系被朱子玉、朱子美弟兄并伊子朱正扬图财谋毙，贿买张应租等顶凶，自作呈词，赴臬辕诬告。奉委卸遵义县甘雨施会同卑职提讯录供通详，嗣朱子玉在监病毙，又经验讯详报，奉饬归案议详。遵即提犯覆加研讯，据将听从谋殴、适伤致毙及图诈诬告各情，供认不讳，诘非有心欲杀，亦无唆讼之人。矢口不移，似无遁饰。查律载，同谋共殴人致死下手伤重者绞监候，原谋杖一百，流三千里，又刀伤人者，杖八十，徒二年。又例载，共殴案内下手应拟绞抵人犯，遇有原谋到官以后未结之前监毙，在狱者准其抵命，将下手应绞之人减等拟流。又诬告人死罪未决者，杖一百，流三千里，加徒役三年。各等语。此案张应租等听从朱子玉共殴杨金台身死，查杨金台身受各伤惟后被张应租用刀背殴伤，脊背骨损为重，应以拟抵。惟原谋朱子玉于到官以后未结之前在监病故，自应照例减等问拟。张应租合依共殴案内应拟绞抵人犯遇有原谋到官以后未结之前监毙在狱，准其抵命，将下手应绞之人减等拟流例，杖一百，流三千里。该犯事犯到官在道光二十五年五月二十四日清刑恩旨以前，应减为杖一百，徒三年，到配折责安置，期满详释。刘老幺戳伤杨金台左腿，合依刀伤人杖八十、徒二年律，杖八十，徒二年。应减为杖一百，折责发落。朱子玉起意谋殴，罪应拟流，业已在监病故，应毋庸议。杨庭栋诬告无干之朱子美、朱正扬图财害命，贿买顶凶，如所告属实，朱子美等罪应拟斩，今审属全虚，自应照律坐诬。杨廷栋合依诬告人死罪未决杖一百流三千里加徒役三年律，杖一百，流三千里，加徒役三年，到配折责安置。该犯虽事犯在道光二十五年五月二十四日清刑恩旨以前，系图贿诬告，应不准其援减。失察乡约刘尚溃照不应重律，杖八十，应准援免，仍革役。朱子玉在监病故，刑禁医生讯无陵虐及误用方药情事，应与救阻不及之游冬，均毋庸议。抬埋之不识姓名苗人，免其提质。无干省释。尸骨、尸棺分别给属领理。凶刀供弃免追。所有监毙流犯一名，管狱官职名系黔西州吏目刘庭栋，相应开报。是否允协，理合填具合式格结，具招连犯解候审转。等情。由府覆审解司。

该司正在提犯审讯间，旋据贵阳府知府周作楫详报，该犯张应租于道光二十五年七月初二日，在监患病，当经验报医治，于二十日病痊。该按察使吴振棫审，与该州府所审相同，按拟连犯招解前来。臣提犯亲讯无异，除供词相同不叙外，该臣审看得：黔西州详，张应租等听从朱子玉纠约共殴杨金台身死，并杨庭栋诬告朱子美等，将杨金台图财谋毙贿买顶凶，及朱子玉在监病故一案，缘张应租、刘老幺均籍隶仁怀县，朱子玉籍隶黔西州，杨庭栋系江西抚州府人，先年来仁怀县地方贸易，其族侄杨金台向在朱子玉家佣工，与同主工人张应租、刘老幺素好无嫌，与朱子玉并无主仆名分。道光二十四年六月初间，杨金台因帮放山蚕辛苦，欲朱子玉加增工银，不允，屡向寻闹。朱子玉生气，起意谋殴泄忿，随向工人张应租、刘老幺告知，令伊等将杨金台殴打一顿，以免再向寻闹，张应租等允从。十二日早饭后，杨金台复往朱子玉院内嚷闹，适张应租与刘老幺砍柴转回，张应租上前斥阻，杨金台斥其多管混骂，张应租顺拔身带柴刀，用刀背殴伤其右肋。杨金台揪住张应租发辫往下揪殴，张应租挣不脱身，用刀连戳伤其右腿、右膝。杨金台放手向其夺刀，刘老幺赶拢拦住，亦用砍柴尖刀戳伤其左腿。杨金台弯腰拾石，张应租恐其拾起掷打，复用刀背连殴，适伤其脊背，倒地，磕伤左额角。当有寨邻游冬见而喝阻，询明情由。张应租等跑走。讵杨金台伤重，移时殒命。朱子玉畏罪，起意私埋匿报，因一人不能抬埋，随雇不知姓名苗人，将尸抬至屋后坡上掩埋。其族叔杨庭栋查知，报经黔西州知州达衡，获犯检验讯详。杨庭栋因稔知朱子玉与伊弟朱子美家道殷实，起意捏告，冀图诈银使用，即捏杨金台系被朱子玉、朱子美弟兄并伊子朱正扬图财谋毙，贿买张应租等顶凶，自作呈词，赴司诬告。当经该司檄委卸遵义县甘雨施会同黔西州达衡提讯录供通详。嗣朱子玉在监病毙，又经验讯详报，批饬归案议详。该州提犯审拟，由府审转解司，经按察使吴振棫覆审招解前来。臣提犯亲讯，据将听从谋殴、适伤致毙及图诈诬告各情，供认不讳，诘非有心欲杀，亦无唆讼之人。矢口不移，似无遁饰。此案张应租等听从朱子玉共殴杨金台身死，查杨金台深受各伤，惟后被张应租用刀背殴伤脊背骨损为重，应以拟抵。惟原谋朱子玉于到官以后未结之前，在监病故，自应照例减等问拟。张应租合依共殴案内应拟绞抵人犯遇有原谋到官以后未结之前监毙在狱，准其抵命，将下手应绞之人减等拟流例，杖一百，流三千里。该犯事犯到官在道光二十五年五月二十四日清刑恩旨以前，应减为杖一百，徒三年，到配折责安置，期满详释。刘老幺戳伤杨金台左腿，合依刃伤人杖八十徒二年律，杖八十，徒二年，应减为杖一百，折责发落。朱子玉起意谋殴，罪应拟流，已在监病故，应毋庸议。杨庭栋诬告无干之朱子美、朱正扬图财害命，贿买顶凶，如所告属实，朱子美等罪应拟斩，今审属全虚，自应照律坐诬。杨庭栋合依诬告人死罪未决杖一百流三千里加徒役三年律，杖一百，流三千里，加徒役三年，到配折责安置。该犯虽事犯在道光二十五年五月二十四日清刑恩旨以前，系图贿诬告，应不准其援减。失察乡约刘尚溃照不应重律杖八十，应准援免，仍革役。朱子玉在监病故，刑禁、医生讯无陵虐及误用方药情事，应与救阻不及之游冬均毋庸议。抬埋之不识姓名苗人，免其提质。无干经州省释。尸骨、尸棺已据分别给属领埋。凶刀供弃免追。所有监毙流犯一名，管狱官职名系黔西州吏目刘庭栋，相应开报。是否允协，臣谨具题，伏乞皇上圣鉴，敕下法司核覆施行。

再，查此案例限六个月，应以道光二十四年十二月十三获犯之日起限承审，封印一个月，自州至府计程一百三十里，程限三日。该州依限解府，因犯供游移，行提人证解府质讯，应扣提解限二十日，往返程限六日。由府至省三百八十里，程限八日，犯病十八日，共扣至二十五年九月初九日统限届满，并未逾违，合并陈明。为此具本，谨题请旨。

道光二十五年八月二十七日，护理贵州巡抚印务布政使司布政使臣罗绕典。

朱批：该部核拟具奏。

题为审理石阡府民王时顺因索欠谷起衅
伤毙王泳才一案依律拟绞监候请旨事

道光二十五年八月二十七日

护理贵州巡抚印务布政使司布政使臣罗绕典谨题：为报验缉究事。

据按察使吴振棫详称，案据署石阡府知府仇效忠详称：道光二十四年十月十八日据府民王时溃报称，九月二十九日伊侄王泳才因族兄王时顺向索欠谷，两相争闹，被王时顺用斧背殴伤偏右等处，延至十月初五日身死。时伊出外贸易，经族侄王正礼将伊赶回看明，住处并无乡约，王时顺业已逃逸，理合报验缉究。等情。据此，随差缉凶犯，一面带领刑仵驰诣尸所。饬令将尸移放平地，如法相验。据仵作杜泳青喝报：已死王泳才问年二十九岁。验得仰面致命偏右一伤，斜长三寸五分，宽四分，紫青色，骨微损。不致命左臁肕一伤，右臁肕接连二伤，均斜长六分，宽三分，紫红色，俱系铁器伤。余俱无故。委系受伤身死。报毕亲验无异。凶犯在逃，无从查起凶器，比对尸伤。当场填格取结，尸饬棺殓。讯据原报王时溃供，与报词大略相同，当将验讯缘由填格具文通报。

兹于道光二十五年三月二十二日据役将王时顺缉获，随传见证王正礼等到案。讯据原报王溃供：已死王泳才是小的胞侄，王时顺是族兄。道光二十四年七月间，王泳才向王时顺借谷一石，原约秋收归还，九月间小的出外贸易，到十月十一日有族侄王正礼来说王泳才因王时顺向索欠谷，两相争闹，被王时顺用斧背殴伤偏右等处，延至十月初五日因伤身死。小的就赶回看明，赴案具报的。求究抵。

据见证王正礼供：已死王泳才是小的族弟，贴邻居住。道光二十四年九月二十九日午后，王泳才在门首用斧劈柴，有族叔王时顺走来向他索讨欠谷，王泳才约缓，王时顺斥他骗赖，王泳才回骂，两相争闹。王泳才就用柴斧向砍，王时顺闪侧将斧夺获，用斧背殴伤王泳才左臁肕。王泳才举脚向踢，又被王时顺用斧背连殴伤右臁肕。王泳才撞头拼命，王时顺用斧背殴伤他偏右，倒地。小的赶拢劝阻。王时顺逃跑。小的把王泳才扶回，寻药医治不愈，延至十月初五日因伤致死。那时他胞叔王时顺出外贸易，小的就去把他赶回，赴案报验的。当时委系救阻不及。是实。

据凶犯王时顺供：年四十八岁，石阡府人。已死王泳才是无服族侄，同寨居住，素好无嫌。道光二十四年七月间，王泳才向小的借谷一石，原约秋收归还。九月二十九日午后，小的路过王泳才门首，王泳才正在用斧劈柴，小的向索欠谷，王泳才央缓，小的斥他骗赖，王泳才回骂，两相争闹。王泳才用斧砍来，小的闪侧将斧夺获，用斧背殴伤他左臁肕。王泳才举脚乱踢，又被小的用斧背殴伤右臁肕。王泳才向小的撞头拼命，小的恐被撞伤，用斧背吓殴，想他退避，不料伤着他偏右，倒地。经族侄王正礼劝阻。小的当就跑回。后闻王泳才到十月初五日因伤身死，逃出躲避，今被拿获的。委因索欠争闹吓殴，适伤致毙，并不是有心要打死他的。柴斧现藏家内，求查起。是实。各等供。

据此，随饬差任于该犯家内起出凶斧一把，核与原验尸伤相符。除将该犯收禁，凶斧贮库，再行研讯索欠起衅，殴伤致毙，究明有无谋故，务得确情，按拟依限招解外，合将获犯审讯缘由录供具文通报。等情。奉两院批司移道饬审去后，兹准粮储道陶士霖移，据署石阡府知府仇效忠详称，遵提覆鞫，除原报王时溃、见证王正礼各供均与前审相同不叙外，据凶犯王时顺供：年四十八岁，石阡府人。父母俱故，弟兄三人，小的行大。娶妻已故，生有一子已死。王泳才是小的无服族侄，同寨居住，素好无嫌。道光二十四年七月间，王泳才向小的借谷一石，原约秋收归还。

九月二十九日午后，小的路过王泳才门首，王泳才正在用斧劈柴，小的向索欠谷，王泳才央缓，小的斥他骗赖，王泳才回骂，两相争闹。王泳才用斧砍来，小的闪侧将斧夺获，用斧背殴伤他左臁肕。王泳才举脚乱踢，又被小的用斧背殴伤右臁肕。王泳才向小的撞头拼命，小的恐被撞伤，用斧背吓殴，想他退避，不料伤着他偏右，倒地。经族侄王正礼劝阻。小的当就跑回。后闻王泳才到十月初五日因伤身死，逃出躲避，前被拿获的。委因索欠争闹吓殴，适伤致毙，并不是有心要打死他的。柴斧已蒙起获。是实。等供。

据此，该署石阡府事候补知府仇效忠审看得：府民王时顺殴伤王泳才越日身死一案，缘已死王泳才系王时顺无服族侄，同寨居住，素好无嫌。道光二十四年七月间，王泳才向王时顺借谷一石，原约秋收归偿。九月二十九日午后王时顺路过王泳才门首，王泳才正在用斧劈柴，王时顺向索欠谷，王泳才央缓，王时顺斥其骗赖，王泳才回骂，两相争闹。王泳才即用柴斧向砍，王时顺闪侧将斧夺获，用斧背殴伤王泳才左臁肕。王泳才举脚乱踢，又被王时顺用斧背连殴伤右臁肕。王泳才向王时顺撞头拼命，王时顺虑被撞伤，用斧背吓殴，冀其退避，不期适伤王泳才偏右，倒地。经王正礼赶拢劝阻，王时顺跑走。王正礼将王泳才扶回寻药医治不愈，延至十月初五日因伤殒命。时王泳才之叔王时溃在外贸易，王正礼将其赶回，报经卑署府验讯详缉，获犯讯详，奉批饬审，遵提覆鞫，据供前情不讳，究诘委因索欠争闹吓殴，适伤致毙，并非有心欲杀。矢口不移，案无遁饰。查律载，同姓服尽亲属相殴致死以凡论、又斗殴杀人者不问手足他物金刃并绞监候。等语。此案王时顺用斧背殴伤无服族侄王泳才越日身死，合依同姓服尽亲属相殴致死以凡论、斗殴杀人者不问手足他物金刃并绞监候律，拟绞监候，秋后处决。王泳才所欠谷石身死勿征。王正礼救阻不及，应毋庸议。无干省释。尸棺饬属领埋。凶器柴斧随招解候审转。等情。由道覆审，移解到司。该按察使吴振棫审与该府道所审相同，按拟连犯招解前来。

臣提犯亲讯无异，除供词相同不叙外，该臣审看得：石阡府民王时顺殴伤王泳才越日身死一案，缘已死王泳才系王时顺无服族侄，同寨居住，素好无嫌。道光二十四年七月间，王泳才向王时顺借谷一石，原约秋收归偿。九月二十九日午后，王时顺路过王泳才门首，王泳才正在用斧劈柴，王时顺向索欠谷，王泳才央缓，王时顺斥其骗赖，王泳才回骂，两相争闹。王泳才即用柴斧向砍，王时顺闪侧将斧夺获，用斧背殴伤其左臁肕。王泳才举脚乱踢，又被王时顺用斧背连殴伤右臁肕。王泳才向王时顺撞头拼命，王时顺虑被撞伤用斧背吓殴，冀其退避，不期适伤王泳才偏右，倒地。经王正礼赶拢劝阻，王时顺跑走。王正礼将王泳才扶回，寻药医治不愈，延至十月初五日因伤殒命。时王泳才之叔王时溃在外贸易，王正礼将其赶回，报经署石阡府仇效忠验讯详缉，获犯讯详，批饬审解。该署府提犯审拟，由道审转解司。经按察使吴振械覆审招解前来。臣提犯亲讯，据供前情不讳，究诘委因索欠争闹吓殴，适伤致毙，并非有心欲杀。矢口不移，案无遁饰。此案王时顺用斧背殴伤无服族侄王泳才越日身死，合依同姓服尽亲属相殴致死以凡论、斗殴杀人者不问手足他物金刃并绞监候律，拟绞监候，秋后处决。王泳才所欠谷石身死勿征。王正礼救阻不及，应毋庸议。无干经府省释。尸棺已据饬属领埋。凶器柴斧饬令汇报变解。是否允协，臣谨具题，伏乞皇上圣鉴，敕下法司核覆施行。

再，查此案例限六个月，应以道光二十五年三月二十二获犯之日起限承审，自府至省计程五百六十里，程限十一日，共扣至本年十月初三日统限届满，并未逾违，合并陈明。为此具本，谨题请旨。

道光二十五年八月二十七日，护理贵州巡抚印务布政使司布政使臣罗绕典。

题为审理遵义县民妇彭穆氏因找补田价起衅勒毙夫嫂彭邹氏图赖一案依律拟斩监候请旨事

道光二十五年八月二十七日

护理贵州巡抚印务布政使司布政使臣罗绕典谨题：为报恳验究事。

据按察使吴振棫详称，案据署遵义县知县朱右贤详称：道光二十五年正月二十五日据县属乡约张洪报，据民人王帼珑投称，本月二十二日有彭穆氏同其夫嫂彭邹氏至邻人蒋维明家索找田价吵闹，经伊劝散。彭穆氏等借伊空房住宿。讵彭穆氏欲和蒋维明图赖，是夜将彭邹氏勒毙。等语。往看属实，理合报恳验究。等情。并据王帼珑报同前由。据此，随带刑仵驰诣尸所，饬令将尸移放平地，如法相验。据仵作牟超群喝报：已死彭邹氏问年五十三岁。验得仰面面色紫，两眼开，口舌抵齿。致命咽喉上有勒痕一道，由合面项颈后平绕交匝周围，量长八寸三分，宽三分探二分，紫赤色，系布带勒痕。咽喉下有抓伤一处，皮破血污。余验无故。委系被勒身死。报毕亲验无异。饬取勒带，量长五尺四寸，比对尸伤相符，当场填格取结，尸饬棺殓。

即讯据乡约张洪供，与报词同。据原报王帼珑供：道光二十五年正月二十二日，小的听得彭穆氏同他夫嫂彭邹氏在邻人蒋维明家索找田价，蒋维明不允，彭穆氏吵闹，蒋维明斥骂骗赖，说要告官究治。小的走去劝散，彭穆氏们因天色已晚，借小的家空房歇宿。次早彭穆氏喊说彭邹氏被蒋维明吓逼自缢，蒋维明走来与小的同去查看，见彭邹氏咽喉有勒痕一道，料是彭穆氏致死图赖，就赴案报验的。是实。

据应讯蒋维明供：小的曾买彭志坤家田土，价足契明，已经营业多年。道光二十五年正月二十二日，彭志坤的妻子彭穆氏同他夫嫂彭邹氏来家说小的前买他家田土价值过少，要我补银十两，小的不允，彭穆氏就撒泼吵闹。小的斥骂骗赖，说要告官究治，经邻人王帼珑劝散。彭穆氏们因天色已晚，借王帼珑家空房住宿。次早彭穆氏喊说彭邹氏被小的吓逼自缢，小的过去与王帼珑查看，见彭邹氏咽喉有勒痕一道，料是彭穆氏致死图赖。王帼珑就赴案报验的。是实。

据犯夫彭志坤供：彭穆氏是小的妻子，已死彭邹氏是小的同居嫂子，哥子已故。从前小的将田土卖与蒋维明耕种，已经多年。道光二十五年正月二十日，小的挑脚外出。二十二日妻子怎样邀同嫂子到蒋维明家索我田价不允，把嫂子勒死图赖，小的先不晓得。今外归查知，赴案投讯的。是实。

据犯妇彭穆氏供：是遵义县人，彭志坤是丈夫，生有子女。已死彭邹氏是夫嫂，同居共爨，素睦无嫌。道光二十五年正月二十日丈夫挑脚外出，二十二日小妇人因彭邹氏患病无钱医治，想起蒋维明曾买过小妇人家田土，去和他索找田价使用。当与彭邹氏商允，把他扶到蒋维明家说从前卖给田土价值过少，要他找补银十两。蒋维明不允，小妇人生气吵闹，蒋维明斥骂骗赖，说要告官究治。经他邻人王帼珑劝散。小妇人因天色已晚，就借王帼珑家空房住宿。小妇人因蒋维明不找田价，又见彭邹氏病重，料不能好，起意把彭邹氏致死，和蒋维明图赖，使他害怕，出钱和息。等到三更时，乘彭邹氏仰卧睡熟，小妇人解下系腰布带，从他项后绕过挽成活套，骑压他身上，两手分执带头，用力拉勒。彭邹氏惊醒挣扎，用手在头上乱抓，致指甲抓伤咽喉，登时气绝身死。次早小妇人喊说彭邹氏被蒋维明吓逼自缢，蒋维明同王帼珑走来看出被勒伤痕，赴案报验的。委因索补田价不遂，起意勒毙夫嫂图赖，并没同谋加功的人。是实。各等供。

据此，除将犯证分别禁保，勒带贮库，再行研讯索找田价不遂勒毙夫嫂图赖，究明有无同谋加功之人，务得确情，按拟依限招解外，合将据报验讯缘由填格录供，具文通报。等情。奉两院批司饬审去后，嗣据署遵义县知县朱右贤提犯审拟，由遵义府知府陈光兰审转解司，因犯供游移，行提人证来省，饬委贵阳府知府周作楫审办。兹据详称，遵提研讯，除乡约张洪、原报王帼珑、应讯蒋维明、犯夫彭志坤各供均与原审相同不叙外，据犯妇彭穆氏供：年二十七岁，是遵义县人。彭志坤是丈夫，生有子女已死。彭邹氏是夫嫂，同居共爨，素睦无嫌。道光二十五年正月二十日丈夫挑脚外出，二十二日小妇人因彭邹氏患病无钱医治，想起蒋维明曾买过小妇人家田土，要去向他索找田价使用。当与彭邹氏商允，把他扶到蒋维明家，说从前卖给田土价值过少，要他找补银十两。蒋维明不允，小妇人生气吵闹，蒋维明斥骂骗赖，说要告官究治。经他邻人王帼珑劝散。小妇人因天色已晚，就借王帼珑家空房住宿。小妇人因蒋维明不找田价，又见彭邹氏病重，料不能好，起意把彭邹氏致死，向蒋维明图赖，使他害怕，出钱和息。等到三更时，乘彭邹氏仰卧睡熟，小妇人解下系腰布带，由他项后绕过，挽成活套，骑压他身上，两手分执带头，用力拉勒。彭邹氏警醒挣扎，用手在颈上乱抓，致指甲抓伤咽喉，登时气绝身死。次早小妇人喊说彭邹氏被蒋维明吓逼自缢，蒋维明同王帼珑走来，看出被勒伤痕，赴案报验的。委系索补田价不遂，起意勒毙夫嫂图赖，并没同谋加功的人。是实。等供。

据此，该贵阳府知府周作楫审看得：遵义县民妇彭穆氏勒毙夫嫂彭邹氏，向蒋维明图赖一案，缘彭穆氏彭志坤之妻与已死夫嫂彭邹氏是夫嫂，同居素睦无嫌。道光二十五年正月二十二日，彭穆氏因伊夫挑脚外出，彭邹氏患病乏钱医治，忆及伊夫曾将田土卖与蒋维明耕种，欲向索找田价应用。当与彭邹氏商允，将其扶至蒋维明家，声言前卖田土价值过少，欲令找补银十两。蒋维明不允，彭穆氏生气吵闹，蒋维明斥其骗赖，称欲告官究治。经邻人王帼珑劝散。彭穆氏等因时已天晚，借王帼珑空房住宿。彭穆氏因蒋维明不找田价，又见彭邹氏病重，料难痊愈，起意将彭邹氏致死，向蒋维明图赖，使其畏惧，出钱和息。待至三更时，乘彭邹氏仰卧睡熟，即解下系腰布带，由彭邹氏项后绕过，挽成活套，骑压其身上，两手分执带头，用力拉勒。彭邹氏惊醒挣扎，用手在头上乱抓，致指甲抓伤咽喉，登时气绝殒命。次早彭穆氏喊称彭邹氏被蒋维明吓逼自缢，蒋维明同王帼珑走至，看出被勒伤痕，报经署遵义县知县朱右贤验讯通详，奉批审解。该县提犯审拟，由遵义府知府陈光兰审转解司。因犯供游移，行提人证至省，饬委卑府审办遵提研鞫，据供前情不讳，究诘委因索找田价不遂，勒毙夫嫂图赖，并无同谋加功之人。矢口不移，似无遁饰。查律载，谋杀人造意者斩监候。等语。此案已死彭邹氏系彭穆氏夫嫂，并无服制。彭穆氏因欲向蒋维明图赖将其勒毙，实属谋杀，自应照律问拟。彭穆氏合依谋杀人造意者斩监候律，拟斩监候，秋后处决。蒋维明前买彭志坤田土，契明价足，其不允找价并无不合，应毋庸议。无干省释。尸棺饬属领埋。勒带随招解验，案结销毁。是否允协，理合具招连犯解候审转。等情。到司。该按察使吴振棫审与该委员所审相同，按拟连犯招解前来。

臣提犯亲讯无异，除供词相同不叙外，该臣审看得：遵义县民妇彭穆氏勒毙夫嫂彭邹氏，向蒋维明图赖一案，缘彭穆氏系彭志坤之妻与已死夫嫂彭邹氏同居，素睦无嫌。道光二十五年正月二十二日彭穆氏因伊夫挑脚外出，彭邹氏患病乏钱医治，忆及伊夫曾将田土卖与蒋维明耕种，欲向索找田价应用。当与彭邹氏商允，将其扶至蒋维明家，声言前卖田土价值过少，欲令找补银十两。蒋维明不允，彭穆氏生气吵闹，蒋维明斥其骗赖，称欲告官究治。经邻人王帼珑劝散。彭穆氏等因时已天晚，借王帼珑空房住宿。彭穆氏因蒋维明不找田价，又见彭邹氏病重，料难痊愈，起意将彭邹氏致死，向蒋维明图赖，使其畏惧，出钱和息。待至三更时，乘彭邹氏仰卧睡熟，即解下系腰布带，由彭邹氏项后绕过，挽成活套，骑压其身上，两手分执带头，用力拉勒。彭邹氏惊醒挣扎，用手在颈上乱抓，致指甲抓伤咽喉，登时气绝殒命。

次早彭穆氏喊称彭邹氏被蒋维明吓逼自缢，蒋维明同王帼珑走至，看出被勒伤痕。经署遵义县知县朱右贤验讯通详，批饬审解。该署县提犯审拟，由遵义府知府陈光兰覆审解司。因犯供游移，行提人证至省，饬委贵阳府知府周作楫审办。该委员审明解司，经按察使吴振棫覆审招解前来。臣提犯亲讯，据供前情不讳，究诘委因找田价不遂，勒毙夫嫂图赖，并无同谋加功之人。矢口不移，似无遁饰。此案已死彭邹氏系彭穆氏夫嫂，并无服制。彭穆氏因欲向蒋维明图赖，将其勒毙，实属谋杀，自应照律问拟。彭穆氏合依谋杀人造意者斩监候律，拟斩监候，秋后处决。蒋维明前买彭志坤田土，契明价足，其不允找价并无不合，应毋庸议。无干省释。尸棺已据饬属领埋。勒带饬令销毁。是否允协，臣谨具题，伏乞皇上圣鉴，敕下法司核覆施行。

再，查此案例限六个月，应以道光二十五年正月二十五报案之日起限承审，县府同城，由府至省计程二百八十里，程限六日，该县府依限审解。因犯供游移，行提人证至省，饬委贵阳府审办，应扣提解限二十日，往返程限十二日，委审限一个月，共扣至本年十月初三日统限届满，并未逾违，合并陈明。为此具本，谨题请旨。

道光二十五年八月二十七日，护理贵州巡抚印务布政使司布政使臣罗绕典。

题为奉旨署理贵州巡抚谢恩事

道光二十八年十二月初十日

署理贵州巡抚印务布政使司布政使臣罗绕典谨题：为恭谢天恩事。

窃照抚臣乔用迁于道光二十八年十一月二十九日准吏部咨开道光二十八年九月二十三日内阁奉上谕："乔用迁奏请陛见一折，乔用迁着准其来京陛见，贵州巡抚着罗绕典署理。钦此。"兹抚臣乔用迁将贵州巡抚印务交臣署理，臣当即恭设香案，望阙叩头谢恩，祗领任事。伏念黔省为苗疆重地，巡抚有统辖文武、绥靖地方之责，臣以庸愚，膺兹巨任，抚躬循省，实切悚惶。惟有随时随事矢勤矢慎，勉励妥办，以冀仰报高厚鸿慈于万一。除接印署理日期另疏题报外，所有微臣感激下忱，理合恭疏题谢，伏乞皇上圣鉴施行。为此具本，谨具题闻。

道光二十八年十二月初十日，署理贵州巡抚印务布政使司布政使臣罗绕典。

朱批：该部知道。

题为审理独山州民莫小应等撞奸共殴陆阿受身死一案依律分别定拟请旨事

道光二十九年正月二十二日

署理贵州巡抚印务布政使司布政使臣罗绕典谨题：为报验缉究事。

案准抚臣乔用迁移交，据兼署按察使事粮巡道孙起端详称，案据代理独山州知州韩超详称：道光二十八年四月初八日据寨头陆灿报，据民人陆保投称，本月初六日伊子陆阿受因与王莫氏在山行奸，被王莫氏族人莫小应、莫阿争撞遇捉拿，致相争闹，伊子被莫小应等共殴伤偏左等处身死。等语。往看属实。查莫小应业已逃逸，理合报验缉究。等情。并据陆保报同前由。据此，随差拿凶犯，一面带领刑仵驰诣尸所。饬令将尸移放平地，如法相验。据件作毛发喝报：已死陆阿受问年二十五岁。验得仰面致命偏左一伤，斜长一寸四分，宽八分，紫赤色，皮破骨损。右太阳一伤，斜长八分，宽四分，不致命。左胳膊一伤，斜长一寸，宽八分。合面致命脑后一伤，斜长七分，宽四分。不致命发际一伤，斜长九分，宽四分。右后肋一伤，斜长九分，宽四分，俱紫红色，均系木器伤。余验无故。委系受伤身死。报毕亲验无异，饬取凶器木扁担，比对尸伤相符，当场填格取结，尸饬棺殓。

即讯据寨头陆灿供，与报词同。据尸父陆保供：已死陆阿受是小的儿子，与莫小应们邻寨居住，素无嫌隙。道光二十八年四月初六日，儿子赴山工作，过后有陆阿二来说儿子在浪磨坡与王莫氏行奸，被王莫氏族人莫小应、莫阿争捉拿，致相争闹，儿子被莫小应们殴伤偏左等处，倒地。小的赶去查看，向儿子问明前情。隔不一会儿子因伤身死，小的赴案报验的。求缉究。

据见证陆阿二供：道光二十八年四月初六日，小的到浪磨坡牧牛，见莫阿争把陆阿受拦住，陆阿受举拳向打，莫阿争用木扁担打伤陆阿受左胳膊、右太阳，陆阿受接住扁担拉夺，莫小应拢护，也用木扁担打伤陆阿受发际、脑后。陆阿受把扁担松放，转向莫小应殴打，莫小应闪侧，用扁担打伤陆阿受右后肋。陆阿受弯身拾石，莫小应又用扁担打伤他偏左，倒地。小的赶拢喝阻，莫小应与莫阿争跑走，小的向陆阿受查问，据说他与王莫氏在山洞内通奸，被莫小应们撞见喊拿。他出洞跑走，莫阿争把他拦住，致相争殴的。小的去向他父亲陆保告知，前来看明。隔不一会，陆阿受就因伤身死，陆保赴案报验的。委系救阻不及。是实。

据奸妇王莫氏供：年二十三岁，莫小应是小妇人无服族弟，莫阿争是无服族侄。丈夫王老长出外贸易未回，陆阿受与丈夫素好往来，小妇人见面不避。道光二十八年二月间，不记日子，陆阿受来小妇人家闲坐，那时丈夫没有在家，陆阿受就与小妇人调戏成奸，以后遇便续奸多次，丈夫并不知情。四月初六日，小妇人去浪磨坡捡柴，陆阿受也在那里工作，彼此会遇，同到洞内续旧。正在行奸，不料莫小应、莫阿争走来撞见喊拿，陆阿受起身出洞逃跑，莫阿争把他拦住，小妇人就乘空走回。后来莫小应们怎样把陆阿受打伤身死，小妇人没有看见。是实。

据余人莫阿争供：年二十一岁，独山州人。与已死陆阿受素识无嫌。王莫氏是小的无服族姑母，嫁与王老长为妻，他几时与陆阿受有奸，小的先不知道。道光二十八年四月初六日，小的同族叔莫小应携带木扁担往浪磨坡割草，撞见陆阿受与王莫氏在洞内行奸，小的与莫小应喊拿，陆阿受出洞逃跑，小的把他拦住。陆阿受举拳打来，小的顺用木扁担打伤陆阿受左胳膊、右太阳，陆阿受接住扁担拉夺，莫小应拢护，也用木扁担打伤陆阿受发际、脑后，陆阿受把扁担放松，转向莫小应殴打，莫小应闪侧，又用扁担打伤陆阿受右后肋。陆阿受弯身拾石，莫小应又用扁担打伤他偏左，倒地，有陆阿二走来喝阻，那时王莫氏先已跑走，小的与莫小应各自走回。不料陆阿受因伤身死，小的实止殴伤他右太阳、左胳膊，其余的伤是莫小应打的。是实。各等供。复加差严缉去后，旋于四月二十四日据役将莫小应拿获到案。讯据凶犯莫小应供：年十八岁，独山州人。与已死陆阿受邻寨居住，素识无嫌。王莫氏是小的无服族姊，嫁与王老长为妻。他几时与陆阿受有奸，小的先不知情。道光二十八年四月初六日，小的同族侄莫阿争携带木扁担往浪磨坡割草，撞见王莫氏与陆阿受在洞内行奸，小的与莫阿争喊拿，陆阿受出洞逃跑，莫阿争把他拦住，陆阿受举拳向打，莫阿争用木扁担打伤陆阿受左胳膊、右太阳，陆阿受接住扁担拉夺，小的拢护，也用木扁担打伤陆阿受发际、脑后。陆阿受把扁担松放，转向小的殴打，小的闪侧，又用扁担从旁打伤他右后肋。陆阿受弯身拾石，小的恐被拾起行凶，用扁担吓打致伤他偏左，倒地。有陆阿二赶来喝阻，那时王莫氏先已跑走，小的将扁担丢弃，与莫阿争各自走回。后闻陆阿受因伤身死，报案差拿，逃出躲避，被差拿获的。委因捉奸争闹共殴，致伤身死，并不是有心要打死他的。凶器木扁担已蒙起获。是实。等供。

据此，除将犯证分别禁保，凶器木扁担贮库，再行研讯是否因捉奸争闹共殴，致伤身死，究明有无谋故，务得确情，究明正凶，按拟依限招解外，合将报验获犯审讯缘由填格取结，录供具文通报。等情。奉两院批饬审解去后，嗣据署独山州知州明麟以前代理州韩超未及审解，于六月二十二日卸事，该署州到任，接准移交提犯覆审成招，由都匀府知府鹿丕宗审转解司，因犯供游移，行提人证至省，饬委贵阳府知府朱德璂审办。兹据该委员详称，遵提研讯，除寨头陆灿、尸父陆保、见证陆阿二、奸妇王莫氏，余人莫阿争各供均与原审相同不叙外，据凶犯莫小应供：年十八岁，独山州人。父母俱存，弟兄三人，小的行三。娶妻韦氏，

未生子女。与已死陆阿受邻寨居住，素识无嫌。王莫氏是小的无服族姊，嫁与王老长为妻。他几时与陆阿受有奸，小的先不知情。道光二十八年四月初六日，小的同族侄莫阿争携带木扁担往浪磨坡割草，撞见王莫氏与陆阿受在洞内行奸，小的与莫阿争喊拿，陆阿受出洞逃跑，莫阿争把他拦住，陆阿受举拳向打，莫阿争用木扁担打伤陆阿受左胳膊，右太阳，陆阿受接住扁担拉夺，小的拢护，也用木扁担打伤陆阿受发际、脑后。陆阿受把扁担松放，转向小的殴打，小的闪侧，又用扁担从旁打伤他右后肋。陆阿受弯身拾石，小的恐被拾起行凶，用扁担吓打致伤他偏左，倒地。有陆阿二赶来喝阻，那时王莫氏先已跑走，小的将扁担丢弃，与莫阿争各自走回，后闻陆阿受因伤身死，报案差拿，逃出躲避，前被拿获的。委因捉奸争闹共殴，致伤身死，并不是有心要打死他的。凶器木扁担已蒙起获。是实。等供。

据此，该贵阳府知府朱德璂审看得：独山州民莫小应等共殴陆阿受身死一案，缘莫小应、莫阿争均与已死陆阿受邻寨居住，素识无嫌，莫小应系王莫氏无服族弟，莫阿争系王莫氏无服族侄。王莫氏嫁与王老长为妻，陆阿受与王老长素好往来，王莫氏见面不避。道光二十八年二月间，不记日期，陆阿受至王老长家闲坐，适王老长出外，陆阿受即与王莫氏调戏成奸，以后遇便续奸多次，

王老长与莫小应等均不知情。四月初六日，王莫氏赴浪磨坡捡柴，时陆阿受亦在坡工作，彼此会遇，即偕至山洞内续旧。适莫小应与族侄莫阿争各携木扁担往坡割草，撞见喊拿。陆阿受出洞逃跑，莫阿争将其拦住，陆阿受举拳向殴，莫阿争顺用木扁担殴伤陆阿受左胳膊右太阳，陆阿受接住扁担拉夺，莫小应拢护，亦用木扁担殴伤陆阿受发际、脑后。陆阿受将扁担松放，转向莫小应殴打，莫小应闪侧，复用扁担从旁殴伤其右后肋。陆阿受弯身拾石，莫小应虑被拾获行凶，用扁担吓殴，致伤陆阿受偏左，倒地。经在坡牧牛之陆阿二赶拢喝阻。维时王莫氏先已跑走，莫小应等各自走回，陆阿二向陆阿受询明情由，向陆阿受之父陆保告知，前往看明，讵陆阿受移时因伤殒命。报经代理独山州知州韩超诣验，获犯讯详，奉批饬审。韩超未及审解，卸事，移交接署州明麟提犯覆审成招，由都匀府知府鹿丕宗审转解司。因犯供游移，行提人证至省，饬委卑府审办，遵提研讯，据供前情不讳，究诘委因捉奸争闹共殴，致伤身死，并非有心欲杀。矢口不移，案无遁饰。查例载非应许捉奸之人有杀伤者各依谋故斗杀论，又律载共殴人致死，以致命伤为重下手致命伤重者绞监候，余人杖一百。又例载，军民相奸，奸夫奸妇各枷号一个月，杖一百。各等语。此案莫小应等因撞遇陆阿受与王莫氏通奸，当向捉拿争闹共殴伤陆阿受身死。查莫小应等系王莫氏无服弟侄，均非例许捉奸之人，自应仍照共殴本律问拟。陆阿受身受各伤，惟后被莫小应殴伤偏左骨损当即倒地为重，应以莫小应拟抵。莫小应合依共殴伤人致死下手致命伤重者绞监候律，拟绞监候，秋后处决。莫阿争用木扁担殴伤陆阿受右太阳、左胳膊，合依余人杖一百律，杖一百，折责发落。王莫氏与陆阿受通奸，合依军民相奸奸妇枷号一个月杖一百例，枷号一个月，杖一百，系犯奸之妇，杖决枷赎，给属具领，听其去留。陆阿受与王莫氏通奸，罪有应得，业已被殴身死，应与救阻不及之陆阿二均毋庸议。王老长出外未归，免其传讯。无干省释。尸棺饬属领埋。凶器木扁担随招解验，案结销毁。是否允协，理合具招连犯解候审转。等情。到司。该兼署按察使事粮巡道孙起端，审与该委员所审相同，按拟连犯招解，抚臣乔用迁提犯亲讯无异，未及具题，移交到臣。

该臣看得：独山州民莫小应等共殴陆阿受身死一案，缘莫小应、莫阿争均与已死陆阿受邻寨居住，素识无嫌，莫小应系王莫氏无服族弟，莫阿争系王莫氏无服族侄。王莫氏嫁与王老长为妻，陆阿受与王老长素好往来，王莫氏见面不避。道光二十八年二月间，不记日期，陆阿受至王老长家闲坐，适王老长出外，陆阿受即与王莫氏调戏成奸，以后遇便续奸多次，王老长与莫小应等均不知情。四月初六日，王莫氏赴浪磨坡捡柴，时陆阿受亦在坡工作，彼此会遇，即偕至山洞内续旧。适莫小应与族侄莫阿争各携木扁担往坡割草，撞见喊拿。陆阿受出洞逃跑，莫阿争将其拦住，陆阿受举拳向殴，莫阿争顺用木扁担殴伤陆阿受左胳膊、右太阳，陆阿受接住扁担拉夺，莫小应拢护，亦用木扁担殴伤陆阿受发际、脑后。陆阿受将扁担松放，转向莫小应殴打，莫小应闪侧，复用扁担从旁殴伤其右后肋，陆阿受弯身拾石，莫小应虑被拾获行凶，用扁担吓殴，致伤陆阿受偏左，倒地。经在坡牧牛之陆阿二赶拢喝阻。维时王莫氏先已跑走，莫小应等各自走回，陆阿二向陆阿受询明情由，向陆阿受之父陆保告知，前往看明，讵陆阿受移时因伤殒命。报经代理独山州知州韩超诣验，获犯讯详，批饬审解，韩超未及审解，卸事，移交接署州明麟提犯覆审成招，由都匀府知府鹿丕宗审转解司。因犯供游移，行提人证至省，饬委贵阳府知府朱德璜审明解司，经兼署按察使事粮巡道孙起端覆审招解，抚臣乔用迁提犯亲讯，据供前情不讳，究诘委因捉奸争闹共殴，致伤身死，并非有心欲杀。矢口不移，案无遁饰。未及具题，移交到臣。臣覆核无异。此案莫小应等因撞遇陆阿受与王莫氏通奸，当向捉拿，争闹共殴伤陆阿受身死。查莫小应等系王莫氏无服弟侄，均非例许捉奸之人，自应仍照共殴本律问拟。陆阿受身受各伤，惟后被莫小应殴伤偏左骨损当即倒地为重，应以莫小应拟抵。

莫小应合依共殴伤人致死下手致命伤重者绞监候律，拟绞监候，秋后处决。莫阿争合依余人杖一百律，杖一百，折责发落。王莫氏合依军民相奸奸妇枷号一个月杖一百例，枷号一个月，杖一百，系犯奸之妇，杖决枷赎，给属领回，听其去留。陆阿受与王莫氏通奸，罪有应得，业已被殴身死，应与救阻不及之陆阿二均毋庸议。王老长出外未归，免其传讯。无干经州省释。尸棺已据饬属领埋。凶器木扁担饬令销毁。是否允协，臣谨具题，伏乞皇上圣鉴，敕下法司，核覆施行。

再，查此案例限六个月，应以道光二十八年四月初八报官之日起限承审，前代理州韩超未及审解，于六月二十二日卸事，该署州明麟即于是日到任，前官承审例限一个月以上，例得加展一个月，自州至府计程一百二十里，程限三日，由府至省二百四十里，程限五日，该府依限审解。因犯供游移，行提人证至省，饬委贵阳府审办，应扣往返程限十六日，委审限一个月，封印一个月，共扣至二十九年二月初二日统限届满，并未逾违，合并陈明。为此具本，谨题请旨。

道光二十九年正月二十二日，署理贵州巡抚印务布政使司布政使臣罗绕典。

朱批：三法司核拟具奏。

题为审理思州府民何三因索欠纠纷伤毙王沮赐一案依律拟绞监候请旨事

道光二十九年正月二十二日

署理贵州巡抚印务布政使司布政使臣罗绕典谨题：为报验事。

案准抚臣乔用迁移交，据兼署按察使事粮巡道孙起端详称，案据思州府知府祝祜详称：道光二十八年六月二十三日据府民王有生报称，本月十九日伊堂弟王沮赐因何三向索欠钱无偿，致相口角争殴，伊堂弟被何三用刀戳伤脊背等处身死，该处并无乡约，理合报验。等情。并据何三赴案投首前来。随带刑仵驰诣尸所，饬令将尸移放平地，如法相验。据仵作陶升喝报：已死王沮赐问年二十三岁。验得合面致命脊背一伤，斜长九分，宽三分，深抵骨左。腰眼一伤，斜长九分，宽一分，深二分，均皮肉卷缩血污。余俱无故。委系受伤身死。报毕亲验无异。饬取凶刀，比对尸伤相符，当场填格取结，尸饬棺殓。

即讯据原报王有生供：已死王沮赐是堂弟。道光二十七年七月间，堂弟借欠何三钱两千两百文，屡讨无还，小的是晓得的。二十八年六月十九日，有刘双林来说他路过张家溪地方，见何三向堂弟索讨欠钱，口角争殴，堂弟被何三用刀戳伤脊背、左腰眼。小的赶去查看，堂弟已不能言语，隔不一会因伤身死，小的赴案报验的。求究抵。

据见证刘双林供：道光二十八年六月十九日，小的路遇张家溪地方，见何三向王沮赐索讨欠钱，王沮赐央缓，何三不依，王沮赐斥骂何三不应拦路逼讨，何三回骂。王沮赐拔取身带尖刀向何三戳去，何三闪侧将刀夺获，戳伤王沮赐左腰眼。王沮赐弯腰拾石，何三又用刀戳伤他脊背，倒地。小的赶拢喝阻，去向王沮赐堂兄王有生告知，不料王沮赐因伤身死。委系救阻不及。是实。

据凶犯何三供：年二十五岁，思州府人。父故母存，弟兄二人，并无妻子。与王沮赐素识无嫌。道光二十七年七月间，王沮赐向小的借钱二千二百文，过后屡讨无还。二十八年六月十九日小的出外赶场，走到张家溪地方与王沮赐会遇，向索前欠。王沮赐央缓，小的不依，王沮赐斥骂小的不应拦路逼讨，小的回骂。王沮赐拔取身带尖刀向小的戳来，小的闪侧将刀夺获，戳伤王沮赐左腰眼。王沮赐弯身拾石，小的恐被拾起掷打，又用刀吓戳，致伤他脊背，倒地。经刘双林赶拢喝阻，小的跑回。后闻王沮赐因伤身死，小的就赴案投首的。委因索欠争殴吓戳，致伤身死，并不是有心要杀死他的。凶刀已经呈缴。是实。各等供。

据此，除将犯证分别禁保，凶刀贮库，再行研讯索欠争殴，戳伤身死，究明有无谋故，务得确情，按拟依限招解外，合将验讯缘由填格录供，具文通报。等情。奉两院批饬审解去后，嗣据思州府知府祝祜提犯审拟解司，犯供游移，饬委贵阳府知府朱德璬审办。兹据该委员详称，遵提研讯，除原报王有生、见证刘双林供均与原审相同不叙外，据凶犯何三供：年二十五岁，思州府

134

人。父故母存，弟兄二人，并无妻子。与已死王沮赐素识无嫌。道光二十七年七月间，王沮赐向小的借钱二千二百文，过后屡讨无还。二十八年六月十九日小的出外赶场，走到张家溪地方，与王沮赐会遇，向索前欠。王沮赐央缓，小的不依，王沮赐斥骂小的不应拦路逼讨，小的回骂。王沮赐拔取身带尖刀向小的戳来，小的闪侧将刀夺获，戳伤王沮赐左腰眼。王沮赐弯身拾石，小的恐被拾起掷打，又用刀吓戳，致伤他脊背，倒地。经刘双林赶拢喝阻，小的跑回。后闻王沮赐因伤身死，小的就赴案投首的。委因口角争殴吓戳，致伤身死，并不是有心要杀死他的。凶刀前已呈缴。是实。等供。

据此，该贵阳府知府朱德璬审看得：思州府民何三戳伤王沮赐身死一案，缘何三与已死王沮赐素识无嫌。道光二十七年七月间，王沮赐向何三借钱二千二百文，迨后屡讨无偿。二十八年六月十九日何三出外赶场，行至张家溪地方与王沮赐会遇，向索前欠，王沮赐央缓，何三不依。王沮赐斥骂何三，不应拦路逼讨，何三回骂。王沮赐拔取身带尖刀向戳，何三闪侧将刀夺获，戳伤王沮赐左腰眼。王沮赐弯身拾石，何三虑被拾起掷打，又用刀吓戳，致伤王沮赐脊背，倒地。经路过之刘双林赶拢喝阻，向王沮赐堂兄王有生告知，前往看明。讵王沮赐移时因伤殒命。王有生赴案报验，并据何三自行投首。经思州府知府祝祜诣验讯详，奉

批饬审，提犯审拟解司。因犯供游移，饬委卑府审办，遵提研鞫，据供前情不讳，究诘委因索欠争殴，戳伤身死，并非有心欲杀。矢口不移，案无遁饰。查律载，斗殴杀人者不问手足他物金刃并绞监候。等语。此案何三戳伤王沮赐身死，虽自行投首，无因可免，仍应按律问拟。何三合依斗殴杀人者不问手足他物金刃并绞监候律，拟较监候，秋后处决。刘双林救阻不及，应毋庸议。王沮赐所欠钱文，照例身死勿征。尸棺饬属领埋。凶刀随招解验，案结汇报变解。是否允协，理合具招连犯解候审转。等情。到司。该兼署按察使事粮巡道孙起端审与该府所审相同，按拟连犯招解，抚臣乔用迁提犯亲讯无异，未及具题，移交到臣。

该臣核看得：思州府民何三戳伤王沮赐身死一案，缘何三与已死王沮赐素识无嫌。道光二十七年七月间，王沮赐向何三借钱二千二百文，迨后屡讨无偿。二十八年六月十九日何三出外赶场，行至张家溪地方与王沮赐会遇，向索前欠。王沮赐央缓，何三不依，王沮赐斥骂何三不应拦路逼讨，何三回骂。王沮赐拔取身带尖刀向戳，何三闪侧将刀夺获，戳伤王沮赐左腰眼。王沮赐弯身拾石，何三虑被拾起掷打，又用刀吓戳，致伤王沮赐脊背，倒地。经路过之刘双林赶拢喝阻，向王沮赐堂兄王有生告知，前往看明。讵王沮赐移时因伤殒命。王有生赴案报验，并据何三自行投首。经思州府知府祝祜诣验讯详，批饬审解，提犯审拟解司。因犯供游移，饬委贵阳府知府朱德璲审解。该委员审明解司，经兼署按察使孙起端覆审招解，抚臣乔用迁提讯，据供前情不讳，究诘委因索欠争殴，戳伤身死，并非有心欲杀。矢口不移，案无遁饰。未及具题，移交到臣，臣覆核无异。此案何三戳伤王沮赐身死，虽自行投首，无因可免，仍应按律问拟。何三合依斗殴杀人者不问手足他物金刃并绞监候律，拟绞监候，秋后处决。刘双林救阻不及，应毋庸议。王沮赐所欠钱文，照例身死勿征。尸棺已据饬属领埋。凶刀饬令汇报变解。是否允协，臣谨具题，伏乞皇上圣鉴，敕下法司核覆施行。

再，查此系府属命案，例限五个月，应以道光二十八年六月二十三报官之日起限承审，由府至省计程五百七十里，程限十二日，该府依限解司。因犯供游移，饬委贵阳府审办，应扣委审限一个月，封印一个月，共扣至二十九年二月初五日统限届满，并未逾违，合并陈明。为此具本，谨题请旨。

道光二十九年正月二十二日，署理贵州巡抚印务布政使司布政使臣罗绕典。

题为审理正安州民韦三等因拉劝索欠伤毙张安一案依律分别定拟请旨事

道光二十九年正月二十二日

署理贵州巡抚印务布政使司布政使臣罗绕典谨题：为报验缉究事。

案准抚臣乔用迁移交，据兼署按察使事粮巡道孙起端详称，案据署正安州知州周守正详称：道光二十八年六月二十八日据州属民妇张冯氏报称，本月二十三日氏子张安出外赶场，途遇彭寿向索欠钱争闹，被彭寿与韦三共殴踢伤氏子小腹等处，延至次日身死，住处并无乡约，韦三等现已逃逸，理合报验缉究。等情。据此，随差缉凶犯，并带刑仵驰诣尸所。饬令将尸移放平地，如法相验。据仵作郑洸溃喝报：已死张安问年三十三岁。验得仰面致命两乳、不致命右肋各一伤，均围圆三寸，淡红色，俱系拳伤。致命小腹一伤，尖圆三寸一分，紫赤色，有血瘀，系鞋头踢伤。余无别故。委系受伤身死。报毕亲验无异。凶犯在逃，无凭查起凶鞋，比对尸伤。当场填格取结，尸饬棺殓。

即讯据尸母张冯氏供：已死张安是小妇人儿子。道光二十七年儿子向彭寿借钱一百文，屡讨没还。二十八年六月二十三日儿子与邻人何溃出外赶场，过后何溃来说儿子路遇彭寿向索前欠争闹，被彭寿与韦三等共殴踢伤小腹等处。小妇人前往查看，向儿子问明情由，雇人背回，寻药敷治不效，到次日就因伤身死。小妇人赴案报验的。求缉究。

据见证何溃供：道光二十八年六月二十三日小的与邻人张安出外赶场，撞遇彭寿与韦三走过，彭寿向张安索讨欠钱，张安央缓，彭寿不依，两相争闹。张安扑向揪殴，被彭寿用拳殴伤两乳、右肋。韦三拢劝，张安斥骂扛帮，韦三回骂。张安赶拢揪住韦三胸衣，举拳乱殴，韦三用脚踢伤他小腹，倒地。小的上前喝阻。彭寿们当各跑走。小的去向张安的母亲张冯氏告知，前往看明，雇人抬回，到次日就因伤身死。张冯氏赴案报验的。小的救阻不及。是实。各等供。

正在具文通报间，旋于七月二十五日据役缉获凶犯韦三、共殴人彭寿到案。即讯据共殴人彭寿供：年三十四岁，是桐梓县人，住处与正安州属连界。道光二十七年有素识的张安向小的借钱一百文，屡讨没还，二十八年六月二十三日，小的与韦三赶场转回，路遇张安，扑向揪扭。小的用拳打他两乳、右肋各一下，韦三拢劝，张安斥骂扛帮，韦三回骂。张安赶拢揪住韦三胸衣，举拳乱殴，被韦三用脚踢伤小腹，倒地。有何溃上前喝阻。小的与韦三跑走。后闻张安因伤身死，逃出躲避，今被拿获的。小的委止拳殴张安两乳右肋，那小腹的伤是韦三随后踢的。是实。

据凶犯韦三供：是正安州人，道光二十八年六月二十三日小的同彭寿赶场转回，路遇张安与何溃走来。彭寿向索欠钱，张安央缓，彭寿不依，两相争闹。张安扑向揪殴，被彭寿用拳殴伤两乳、右肋。小的拢劝，张安斥骂扛帮，小的回骂，张安赶拢揪住小的胸衣举拳乱殴。小的挣不脱身，举脚吓踢，不料伤着他小腹，倒地。经何溃上前喝阻，小的与彭寿跑走。后闻张安因伤身死，逃出躲避，今被拿获的。委因拢劝争闹共殴，踢伤致毙，并不是有心要踢死他的。凶鞋业已丢弃。是实。各等供。

据此，除将犯证分别禁保，再行研讯起衅争闹共殴，踢伤致毙，究明有无谋故，务得确情，按拟依限招解外，当将报验获犯审讯缘由填格录供，具文归报。等情。奉两院批饬审解去后，兹据遵义府知府陈光兰转，据署正安州知州周守正详称，遵提覆讯，除原报尸母张冯氏、见证何溃、共殴人彭寿各供均与初审相同不叙外，据凶犯韦三供：年二十三岁，是正安州人。父母俱存，弟兄五人，小的行三。娶妻已故，生有一子。与已死张安素识无嫌。道光二十八年六月二十三日小的同彭寿赶场转回，路遇张安与何溃走来，彭寿向索欠钱，张安央缓彭寿不依，两相争闹。张安扑向揪殴，被彭寿用拳殴伤两乳、右肋。小的拢劝，张安斥骂扛帮，小的回骂。张安赶拢揪住小的胸衣，举拳乱殴，小的挣不脱身，举脚吓踢，不料伤着他小腹，倒地。经何溃上前喝阻，小的与彭寿跑走。闻张安因伤身死，逃出躲避，前被拿获的。委因拢劝争闹共殴，踢伤致毙，并不是有心要踢死他的。凶鞋已丢弃。是实。等供。

据此，该署正安州知州周守正审看得：州民韦三等共殴踢伤张安身死一案，缘韦三与已死张安素识无嫌。道光二十七年张安向彭寿借钱一百文，屡索无偿。二十八年六月二十三日，彭寿同韦三赶场转回，撞遇张安与何溃走至，彭寿向索前欠，张安央缓，彭寿不依，致相争闹。张安扑向揪殴，被彭寿用拳殴伤两乳、右肋。韦三拢劝，张安斥骂扛帮，韦三回骂。张安赶拢揪住韦三胸衣，举拳乱殴，韦三挣不脱身，用脚吓踢，适伤张安小腹，倒地。经何溃上前喝阻，韦三等跑走。何溃向张安之母张冯氏告知，前往看明，雇人背回。讵张安伤重，延至次日殒命。报经卑职诣验获犯讯详，奉批饬审，遵提覆鞫，据供前情不讳，究诘委因拢劝争闹共殴踢伤身死，并非有心欲杀。矢口不移，案无遁饰。查律载，共殴人致死下手致命伤重者绞监候，余人杖一百。等语。此案韦三等共殴张安身死，查张安身受各伤惟后被韦三踢伤致命小腹当即倒地为重，应以拟抵。韦三合依共殴人致死下手致命伤重者绞监候律，拟绞监候，秋后处决。彭寿用拳殴伤张安两乳等处，合依余人杖一百律，杖一百，折责发落。何溃救阻不及，应毋庸议。张安欠钱，身死勿征。尸棺饬属领埋。凶鞋供弃免追。是否允协，理合具招连犯解候审转。等情。由府覆审解司。该兼署按察使事粮巡道孙起端审与该州府所审相同，按拟连犯招解。抚臣乔用迁提犯亲讯无异，未及具题，移交到臣。

该臣核看得：正安州民韦三等共殴踢伤张安身死一案，缘韦三与已死张安素识无嫌。道光二十七年张安向彭寿借钱一百文，屡索无偿。二十八年六月二十三日彭寿同韦三赶场转回，撞遇张安与何溃走至，彭寿向索前欠，张安央缓，彭寿不依，致相争闹。张安扑向揪殴，被彭寿用拳殴伤两乳、右肋。韦三拢劝，张安斥骂扛帮，韦三回骂。张安赶拢揪住韦三胸衣，举拳乱殴，韦三挣不脱身，用脚吓踢，适伤张安小腹，倒地。经何溃上前喝阻，韦三等跑走。何溃向张安之母张冯氏告知，前往看明，雇人背回。讵张安伤重，延至次日殒命。报经署正安州知州周守正诣验获犯讯详，批饬审解。该州提犯审拟，由遵义府知府陈光兰审转解司，经兼署按察使孙起端覆审招解。抚臣乔用迁提犯亲讯，据供前情不讳，究诘委因拢劝争闹共殴，致伤身死，并非有心欲杀。矢口不移，案无遁饰。未及具题，移交到臣。臣覆核无异。此案韦三等共殴张安身死，查张安身受各伤惟后被韦三踢伤致命小腹当即倒地为重，应以拟抵。韦三合依共殴人致死下手致命伤重者绞监候律，拟绞监候，秋后处决。彭寿用拳殴伤张安两乳等处，合依余人杖一百律，杖一百折责发落。何溃救阻不及，应毋庸议。张安欠钱，身死勿征。尸棺已据饬属领埋。凶鞋供弃免追。是否允协，臣谨具题，伏乞皇上圣鉴，敕下法司核覆施行。

再，查此案例限六个月，应以道光二十八年七月二十五获犯之日起限承审，自州至府计程三百二十里，程限七日，由府至省二百八十里，程限六日，封印一个月，共扣至二十九年三月初八日统限届满，并未逾违，合并陈明。为此具本，谨题请旨。

道光二十九年正月二十二日，署理贵州巡抚印务布政使司布政使臣罗绕典。

题为署遵义县事兴义县知县杨兆奎患病难以供职请开缺回籍调理事

道光二十九年二月十七日

署理贵州巡抚印务布政使司布政使臣罗绕典谨题：为知县病难供职，详请开缺回籍调理事。

据署布政使孙起端、署按察使福连会详称，道光二十九年正月十九日据署遵义县事兴义县知县杨兆奎详称：窃卑职现年五十四岁，山东宁海州副榜考取教习，就直隶州州判加捐知县。投效万年吉地，议叙以本班先用。中式道光戊子科举人，选授浙江分水县，调补萧山县。丁父母忧。因在分水县任内仓谷霉变，未经买补，革职。旋请开复回籍。服满拣发贵州，题补龙里县。二十二年九月二十五日到任，署古州同知。任内拿获要犯，请咨引见。奉旨："杨兆奎着以同知用。钦此。"调补今职。奉准部覆，尚未到任，委署遵义县事。二十六年十二月十二日到任。缘素患肝疾，自二十八年因劳疾发，疼痛不止。始复力疾办公，兹陡患怔忡，益形疲惫，延医服药，总未能痊。不敢恋栈，贻误地方，详请解任回籍调理。等情。到司。

署司查，道光十一年六月内山西巡抚具奏：告病之员，将来病痊是否尚堪起用，应论其现在年力如何，平日办事如何。藩臬两司专司查差，岂无真知灼见？若于初报到司之日，即由两司公同出考，详请具题出咨，旬日之中，即可题达。咨报其道府及委员同堂官并医生等各项供结，尽可随后咨部备核。如此分为两起办理，则告病、告休与病故三项开缺，均可按照具报之先后详题，不致搀错。奏奉谕旨：敕部议准，应如所奏办理。惟委员反该管上司加结转详，虽系咨部备核，亦不可不定以限期，应请仍照定例，除去程限之外，各予限十日。如有迟延，即将职名附参。至告病人员，原以上司之考语定病痊之起用与否。向例由督抚出考，应请于具题出咨时仍由督抚出考，以符定例。等因。奏准通行在案。并据该员杨兆奎详报患病前来，除札饬遵义府委员查验该员患病是否属实，将来病痊是否尚堪起用，取结至日，申请补咨，并委员接署，查明仓库有无未清另办外，署司等查得：兴义县知县杨兆奎办事认真，才能素著，合将告病缘由先行具文会详请题。再，所遗兴义县系烟瘴苗疆要缺，例应在外调补，请俟部覆至日，再行拣员请补。合并声明。等情。到臣。

据此，该臣看得：州县等官患病，例应题请回籍调理。今据署布政使孙起端、署按察使福连会详称：署遵义县事兴义县知县杨兆奎，现年五十四岁，山东宁海州副榜考取教习，就直隶州州判加捐知县。投效万年吉地，议叙以本班先用。中式道光戊子科举人，选授浙江分水县，调补萧山县。丁父母忧。因在分水县任内仓谷霉变，未经买补，革职。旋请开复回籍。服满拣发贵州，题补龙里县。二十二年九月二十五日到任，署古州同知。任内拿获要犯，请咨引见。奉旨："杨兆奎着以同知用。钦此。"调补今职。接准部覆，尚未到任，委署遵义县事。二十六年十二月二十二日到任。缘素患肝疾，自二十八年因劳疾发，疼痛不止。始复力疾办公，兹陡患怔忡，益形疲惫，延医服药，总未能痊。不敢恋栈，贻误地方，详请解任回籍调理。等情。到司。该署司等会查得：该员杨兆奎办事认真，才能素著。除札饬遵义府委员查验该员患病是否属实，将来病痊是否尚堪起用，取结加结，申送至日，另文详咨外，现将告病缘由详请具题前来。臣覆查：兴义县知县杨兆奎老成干练，办事认真，病痊尚堪起用，应准其回籍调理。除委员接署，查明仓库有无未清，并饬查验明确取具验医各结另行咨部外，臣谨会同云贵总督臣林则徐合词具题，伏乞皇上圣鉴，敕部议覆施行。再，所遗兴义县系烟瘴苗疆要缺，例应在外调补，请俟部覆至日，再行拣员请补，合并陈明。为此具本，谨会题请旨。

道光二十九年二月十七日，署理贵州巡抚印务布政使司布政使臣罗绕典。

朱批：吏部议奏。

题为审理威宁州民陈上沅因索要工钱伤毙刘顺一案依律拟绞监候请旨事

道光二十九年二月十七日

署理贵州巡抚印务布政使司布政使臣罗绕典谨题：为报恩验究事。

据署按察使孙起端详称，案据署威宁州知州徐丰玉详称：道光二十八年七月初九日据州属乡约柯维文报，据民人刘喜投称，本月初五日有陈上沅向伊兄刘顺索讨工钱争闹，被陈上沅用刀戳伤伊兄左血盆身死。等语。约往看属实，理合报乞验究。等情。并据尸弟刘喜报同前由。据此，随带刑仵前诣尸所，饬令将尸移放平地，如法相验。据仵作孔成喝报：已死刘顺问年二十二岁。验得仰面不致命左血盆一伤，斜长一寸四分，宽二分，深抵骨，骨损，皮肉卷缩血污，系刀伤。余无别故。委系受伤身死。报毕亲验无异。凶刀据供丢弃，无从查起，比对尸伤。当场填格取结，尸饬棺殓。

即讯据乡约柯维文供，与报词同。据尸弟刘喜供：已死刘顺是小的胞兄。道光二十八年六月二十一日哥子央寨邻陈上沅帮割荞子，议定每日工价钱五十文，共该钱二百文，陈上沅屡讨不给，小的是晓得的。七月初五日小的同哥子赶场转回，走到况小丙门首，遇见陈上沅，又向哥子催索前欠，哥子斥他不应拦路逼索，出言混骂。陈上沅回骂，哥子顺拔身带尖刀向戳。陈上沅将刀夺获，哥子扑向揪殴，被陈上沅用刀戳伤左血盆，倒地。小的同况小丙上前喊阻，陈上沅跑走。隔不一会哥子就因伤身死，小的投约报验的。求究抵。

据见证况小丙供：道光二十八年七月初五日午后，见素识的陈上沅在门外向刘顺索讨欠钱争闹。刘顺拔取身带尖刀向戳，陈上沅将刀夺获。刘顺扑向揪殴，被陈上沅用刀戳伤左血盆，倒地。小的同刘顺的兄弟刘喜上前喝阻，陈上沅跑走。隔不一会刘顺就因伤身死，小的救阻不及。是实。

据凶犯陈上沅供：是威宁州人。与已死刘顺素识无嫌。道光二十八年六月二十一日刘顺央小的帮割荞子，议定每日工钱五十文，割了四日，共该钱二百文，屡讨不给。七月初五日小的路过况小丙门首，撞遇刘顺同他兄弟刘喜走过，小的又向催索前欠，刘顺斥说小的不应拦路逼索，出言混骂。小的回骂，刘顺拔取身带尖刀向戳。小的将刀夺获，刘顺扑向揪殴，小的用刀吓戳，伤他左血盆，倒地。当经刘喜同况小丙上前喝阻，小的跑走。不料刘顺就是那日因伤身死。委系索欠争闹，夺刀吓戳，适伤致毙，并不是有心要戳死他的。凶刀已经丢弃。是实。各等供。

据此，除将犯证分别禁保，再行研讯起衅争闹，戳伤身死，究明有无谋故，务得确情，按拟依限招解外，当将据报验讯缘由填格录供，具文通报。等情。奉两院批饬审解去后，兹据大定府知府黄宅中转，据署威宁州知州徐丰玉详称，遵提覆鞫，除乡约柯维文、尸弟刘喜、见证况小丙各供均与初审相同不叙外，据凶犯陈上沅供：年二十三岁，是威宁州人。父故母存，弟兄二人，小的居长，尚未娶妻。十一日刘顺央小的帮割荞子，议定每日工钱五十文，割了四日，共该钱二百文，屡讨不给。七月初五日小的路过况小丙门首，撞遇刘顺同他兄弟刘喜走过，小的又向催索前欠，刘顺斥说小的不应拦路逼索，出言混骂。小的回骂，刘顺拔取身带尖刀向戳，小的将刀夺获。刘顺扑向揪殴，小的用刀吓戳，伤着他左血盆，倒地。当经刘喜同况小丙上前喝阻，小的跑走。不料刘顺就是那日因伤身死。委系索欠争闹，夺刀吓戳，适伤致毙，并不是有心要戳死他的。凶刀已经丢弃。是实。等供。

据此，该署威宁州知州徐丰玉审看得：州民陈上沅戳伤刘顺身死一案，缘陈上沅与已死刘顺素识无嫌。道光二十八年六月二十一日，刘顺央陈上沅帮割荞子，议定每日工钱五十文，计帮割四日，共该钱二百文，陈上沅屡讨未给。七月初五日刘顺偕伊弟刘喜赶场转回，路遇况小丙门首，撞遇陈上沅，复向催索前欠，刘顺斥其不应拦路逼索，出言混骂。陈上沅回骂，刘顺拔取身带尖刀向戳。陈上沅将刀夺获，刘顺扑向揪殴，陈上沅用刀吓戳，适伤刘顺左血盆，倒地。况小丙与刘喜赶拢喝阻，陈上沅跑走。讵刘顺伤重，移时殒命。报经卑职验讯周详，奉批饬审，遵提覆鞫，据供前欠不讳，究诘委系索欠争闹，戳伤身死，并非有心欲杀。矢口不移，似无遁饰。查律载，斗殴杀人者不问手足他物金刃并绞监候。等语。此案陈上沅戳伤刘顺身死，自应照律问拟。陈上沅合依斗殴杀人者不问手足他物金刃并绞监候律，拟绞监候，秋后处决。况小丙等救阻不及，应毋庸议。刘顺欠钱，身死勿征。无干省释。尸棺饬属领埋。凶刀供弃免追。是否允协，理合具招连犯解候审转。等情。由府覆审解司。该署按察使孙起端审与该州府所审相同，按拟连犯招解前来。

臣提犯亲讯无异，除供词相同不叙外，该臣审看得：威宁州民陈上沅戳伤刘顺身死一案，缘陈上沅与已死刘顺素识无嫌，道光二十八年六月二十一日刘顺央陈上沅帮割荞子，议定每日工钱五十文，计帮刘四日共该钱二百文，陈上沅屡讨未给。七月初五日刘顺偕伊弟刘喜赶场转回，路遇况小丙门首，撞遇陈上沅，复向催索前欠。刘顺斥其不应拦路逼索，出言混骂。陈上沆回骂，刘顺拔取身带尖刀向戳，陈上沆将刀夺获。刘顺扑向揪殴，陈上沆用刀吓戳，适伤刘顺左血盆，倒地。况小丙与刘喜赶拢喝阻，陈上沆跑走。讵刘顺伤重移时殒命。报经署威宁州知州徐丰玉验讯通详，批饬审解。该署州提犯审拟，由大定府知府黄宅中审转解司，经署按察使孙起端覆审招解前来。臣提犯亲讯，据供前情不讳，究诘委系索欠争闹，戳伤身死，并非有心欲杀。矢口不移，似无遁饰。此案陈上沆戳伤刘顺身死，自应照律问拟。陈上沆合依斗殴杀人者不问手足他物金刃并绞监候律，拟绞监候，秋后处决。况小丙等救阻不及，应勿庸议。刘顺欠钱，身死勿征。无干经州省释。尸棺已据饬属领埋。凶刀供弃免追。是否允协，臣谨具题，伏乞皇上圣鉴，敕下法司核覆施行。

再，查此案例限六个月，应以道光二十八年七月初九报官之日起限承审，自州至府计程四百五十里，程限九日，由府至省三百八十里，程限八日，封印一个月，共扣至二十九年二月二十六日统限届满，并未逾违，合并陈明。为此具本，谨题请旨。

道光二十九年二月十七日，署理贵州巡抚印务布政使司布政使臣罗绕典。

题为审理龙泉县民李七因债务纠纷
伤毙刘朱氏一案依律拟绞监候请旨事

道光二十九年二月十七日

署理贵州巡抚印务布政使司布政使臣罗绕典谨题：为报验事。

据署按察使孙起端详称，案据代理龙泉县知县王近光详称：道光二十八年七月十八日据乡约朱汶华报，据刘长溃投称，本月初五日伊妻朱氏因李七索还牛只口角争闹，被李七用刀砍伤耳根等处，延至十四日因伤身死。等语。往看属实，理合报验。等情。并据刘长溃报同前由。据此，随带刑仵驰诣尸所，饬令将尸移放平地，如法相验。据仵作甘汝喝报：已死刘朱氏问年三十二岁。验得仰面不致命右腮颊一伤，斜长一寸，宽一分，深抵骨，皮肉卷缩血污，系刀戳伤。右手腕一伤，斜长二寸五分，左手心一伤，斜长一寸五分，均宽一分，深一分，皮破血污，俱系刀划伤。致命胸膛一伤，斜长四分，宽一分，深三分，皮肉卷缩血污，系刀戳伤。合面致命脑后接连发际一伤，斜长一寸八分，宽三分，深抵骨，骨微损。右耳根接连右耳一伤，斜长二寸，宽四分，深抵骨，骨损，均皮肉卷缩血污，俱系刀砍伤。不致命右臂膊接连三伤，均斜长二寸，宽二分，青色，俱系铁器伤。余无别故。委系受伤身死。报毕亲验无异。饬起凶器尖刀，比对尸伤相符。当场填格取结，尸饬棺殓。

即讯据乡约朱汶华供，与报词同。据尸夫刘长溃供：已死刘朱氏是小的妻子。道光二十七年十二月内，小的因借欠李七钱三千文无偿，将牛抵还，因生有小牛一只，一并交与李七带去喂养，说明长大归还。二十八年七月初五日李七来家说小牛已经倒毙，卖钱五百文，小的斥说李七并不用心喂养，要他赔还，李七不肯。小的去把李七家黄牛牵回作抵，李七随后赶来索讨，妻子不依混骂，李七回骂。妻子就拿砍柴尖刀戳去，李七夺刀过手，用刀背连殴伤妻子右臂膊，妻子夺刀，致被刀尖划伤右手腕并左手心。妻子扑殴，李七又用刀戳伤妻子胸膛并右腮颊。妻子弯身拾石，李七又用刀砍伤妻子脑后接连发际。妻子抓住李七衣襟拼命，李七又用刀砍伤妻子右耳根接连右耳，松手倒地。小的当与邻人冯石林赶拢喝阻，李七跑走。小的把妻子扶进屋内寻药调治，不料妻子伤重，到十四日身死，小的赴案报验的。求究抵。

据见证冯石林供：道光二十八年七月初五日，小的路过刘长溃门首，见刘长溃的妻子刘朱氏拿尖刀向李七戳去，李七夺刀过手，用刀背连打伤刘朱氏右臂膊。刘朱氏夺刀，致被刀尖划伤右手腕并左手心。刘朱氏扑殴，李七又用刀戳伤刘朱氏胸膛并右腮颊。刘朱氏弯身拾石，李七又用刀砍伤刘朱氏脑后，接连发际。刘朱氏抓住李七衣襟，撞头拼命，李七又用刀砍伤刘朱氏右耳根接连右耳，松手倒地。小的与刘长溃赶拢喝阻，李七跑走。小的向刘长溃查问，说因李七将他寄养小牛倒毙，他把李七家牛只牵回作抵，李七赶来索讨致相争殴的。刘长溃把刘朱氏扶进屋内，小的各自走回。不料刘朱氏伤重，到十四日身死。当时委系救阻不及。是实。

据凶犯李七即李兴举供：是龙泉县人。与已死刘朱氏素识无嫌。道光二十七年十二月内刘朱氏的丈夫刘长溃借欠小的钱三千文无偿，把牛抵还，因生有小牛一只，一并交与小的带回喂养，说明长大归还。二十八年七月初三日小牛因病倒毙，小的卖得钱五百文。初五日往向刘长溃告知，刘长溃斥说小的并不用心喂养，要小的赔还，小的不肯。刘长溃去把小的家黄牛牵回作抵，小的随后赶去索讨。刘朱氏不依混骂，小的回骂，刘朱氏就拿砍柴尖刀戳来，小的夺刀过手，顺用刀背从旁连打伤他右臂膊。刘朱氏夺刀，致被刀尖划伤右手腕并左手心。刘朱氏扑殴，小的又用刀戳伤他胸膛并右腮颊。刘朱氏弯身拾石，小的又用刀砍伤她脑后接连发际。刘朱氏抓住小的衣襟，撞头拼命，小的挣不脱身，一时情急，又用刀吓砍，不料伤着刘朱氏右耳根接连右耳，松手倒地。当有邻人冯石林同刘长溃赶拢喝阻，小的跑走。那知刘朱氏伤重，到十四日身死。委因索牛争闹吓砍，适伤致死，并不是有心要杀死他的。凶刀已蒙起获。是实。各等供。

据此，除将犯证分别禁保再行研讯起衅争闹砍伤致毙，究明有无谋故，务得确情，按拟依限招解外，合将据报验讯缘由填格取结，录供具文通报。等情。奉两院批饬审解去后，兹据石阡府知府福奎转，据代理龙泉县知县王近光详称，遵提覆讯，除乡约朱汶华、尸夫刘长溃、见证冯石林各供均与初审相同不叙外，据凶犯李七即李兴举供：年四十七岁，是龙泉县人。父母俱故，并没弟兄，娶妻已故，生有子女。与已死刘朱氏素识无嫌。道光二十七年十二月刘朱氏的丈夫刘长溃因借欠小的钱三千文无偿，把牛只抵还，因生有小牛一只，一并交与小的带回喂养，说明长大归还。二十八年七月初三日小牛因病倒毙，小的卖得钱五百文。初五日往向刘长溃告知。刘长溃斥说小的并不用心喂养，要小的赔还，小的不肯。刘长溃去把小的家黄牛牵回作抵，小的随后赶去索讨，刘朱氏不依混骂，小的回骂。刘朱氏就拿砍柴尖刀戳来，小的夺刀过手，顺用刀背从旁连打伤他右臂膊。刘朱氏夺刀，致被刀尖划伤右手腕并左手心。刘朱氏扑殴，小的又用刀戳伤他胸膛并右腮颊。刘朱氏弯身拾石，小的又用刀砍伤他脑后接连发际。刘朱氏抓住小的衣襟，撞头拼命，小的挣不脱身，一时情急，又用刀吓砍，不料伤着刘朱氏右耳根接连右耳，松手倒地。当有邻人冯石林同刘长溃赶拢喝阻，小的跑走。那知刘朱氏伤重，延至十四日身死。委因索牛争闹吓砍，适伤致死，并不是有心要杀死他的。凶刀已蒙起获。是实。等供。

据此，该代理龙泉县知县王近光审看得：县民李七砍伤刘朱氏越九日身死一案，缘李七与已死刘朱氏素识无嫌。道光二十七年十二月间，刘朱氏之夫刘长溃因欠李七钱三千文无偿，将牛抵还，因生有小牛一只，一并交与李七带回喂养，言明长大归还。二十八年七月初三日李七因小牛病毙卖得钱五百文，于初五日往向刘长溃告知，刘长溃斥说李七不为用心喂养，令其赔还。李七不允，刘长溃即至李七家将其黄牛牵回作抵。李七随后赶向索讨，刘长溃之妻刘朱氏不依混骂，李七回骂。刘朱氏即拿砍柴尖刀向戳，李七夺刀过手，顺用刀背从旁连殴伤刘朱氏右臂膊。刘朱氏夺刀，致被刀尖划伤右手腕并左手心。刘朱氏扑殴，李七又用刀戳伤其胸膛并右腮颊。刘朱氏弯身拾石，李七又用刀砍伤其脑后接连发际。刘朱氏抓住李七衣襟，撞头拼命，李七挣不脱身，一时情急，用刀吓砍，适伤刘朱氏右耳根接连右耳，松手倒地。当经刘长溃与冯石林赶拢喝阻，李七跑走。刘长溃将刘朱氏扶进屋内，寻药调治，讵刘朱氏伤重，延至十四日殒命。报经卑职验讯通详，奉批饬审，遵提覆鞫，据供前情不讳，究诘委因索牛争闹吓砍，适伤身死，并非有心欲杀。矢口不移，案无遁饰。查律载，斗殴杀人者不问手足他物金刃并绞监候。等语。此案李七砍伤刘朱氏越九日身死，自应按律问拟。李七合依斗殴杀人者不问手足他物金刃并绞监候律，拟绞监候，秋后处决。刘长溃肇衅酿命，照不应重律，杖八十，折责发落，其所牵牛只与李七变卖倒毙小牛价值饬令分别给还。冯石林救助不及，应毋庸议。尸棺饬属领埋。凶刀随招解验，案结汇报变解。无干省释。是否允协，理合具招连犯解候审转。等情。由府覆审解司。该兼署按察使事粮巡道孙起端审与该县府所审相同，按拟连犯招解前来。

臣提犯亲讯无异，除供词相同不叙外，该臣审看得：龙泉县民李七砍伤刘朱氏越九日身死一案，缘李七与已死刘朱氏素识无嫌。道光二十七年十二月间，刘朱氏之夫刘长溃因借欠李七钱三千文无偿，将牛抵还，因生有小牛一只，一并交与李七带回喂养，言明长大归还。二十八年七月初三日，李七因小牛病毙，卖钱五百文，于初五日往向刘长溃告知。刘长溃斥说李七不为用心喂养，令其赔还，李七不允。刘长溃即至李七家将其黄牛牵回作抵，李七随后赶向索讨，刘长溃之妻刘朱氏不依混骂，李七回骂。刘朱氏即拿砍柴尖刀向戳，李七夺刀过手，顺用刀背从旁连殴伤刘朱氏右臂膊。刘朱氏夺刀，致被刀尖划伤右手腕并左手心。刘朱氏扑殴，李七又用刀戳伤其胸膛并右腮颊。刘朱氏弯身拾石，李七又用刀砍伤其脑后接连发际。刘朱氏抓住李七衣襟，撞头拼命，李七挣不脱身，一时情急，用刀吓砍，适伤刘朱氏右耳根接连右耳，松手倒地。当经刘长溃与冯石林赶拢喝阻，李七跑走。刘长溃将刘朱氏扶进屋内，寻药调治，讵刘朱氏伤重，延至十四日殒命。报经代理龙泉县知县王近光验讯通详，批饬审解。该县提犯审拟，由石阡府知府福奎审转解司，经兼署按察使孙起端覆审招解前来。臣提犯亲讯，据供前情不讳，究诘委因牵牛争闹吓砍，适伤身死，并非有心欲杀。矢口不移，案无遁饰。此案李七砍伤刘朱氏越九日身死，自应按律问拟。李七合依斗殴杀人者不问手足他物金刃并绞监候律，拟绞监候，秋后处决。刘长溃肇衅酿命，照不应重律，杖八十，折责发落，其所牵牛只与李七变卖倒毙小牛价值，饬令分别给还。冯石林救阻不及，应毋庸议。尸棺已据饬属领埋。凶刀饬令汇报变解。无干经县省释。是否允协，臣谨具题，伏乞皇上圣鉴，敕下法司核覆施行。

再，查此案例限六个月，应以道光二十八年七月十八报官之日起限承审，自县至府计程二百四十里，程限五日，由府至省五百六十里，程限十一日，封印一个月，共扣至二十九年三月初四日统限届满，并未逾违，合并陈明。为此具本，谨题请旨。

道光二十九年二月十七日，署理贵州巡抚印务布政使司布政使臣罗绕典。

题为审理威宁州民陈连受因被疑窃争闹伤毙周正伦一案依律拟绞监候请旨事

道光二十九年三月初七日

署理贵州巡抚印务布政使司布政使臣罗绕典谨题：为报验缉究事。

据署按察使孙起端详称，案据署威宁州知州徐丰玉详称：道光二十二年九月初三日，前署州周溶任内据州属民人周正纲报称，本月初一日早，伊弟周正伦因地内栽种包谷被窃，往向陈连受查问争闹，被陈连受戳伤左胯等处身死。查陈连受业已逃逸，理合报验缉究。等情。据此，随差缉凶犯，并带刑仵驰诣尸所，饬令将尸移放平地，如法相验。据仵作张发溃喝报：已死周正伦问年二十八岁。验得仰面不致命左胯一伤，斜长一寸五分，宽五分，深一寸九分，左腿一伤，斜长一寸三分，宽四分，深七分，均皮肉卷缩血污，均系刀伤。余验无故。委系受伤身死，报毕亲验无异。当场填格取结，尸饬棺殓。

复诣勘得周正伦地内包谷被窃十余枚，即讯据尸兄周正纲供：已死周正伦是小的胞弟。道光二十二年九月初一日早，兄弟见地内栽种包谷被贼窃去十多个，因那里离陈连受家相近，疑他偷窃，往向查问，不见转回。小的随后赶去查看，兄弟已被陈连受戳伤左胯等处身死，小的就赴案具报的。求缉究。等供。

据此，当将验讯缘由填格录供，具文通报。历任因参限届满，犯未弋获，将承、接缉不力各职名详参在案。卑职到任，接准移交，照案缉拿，于道光二十八年七月二十八日，据缉役将陈连受拿获，并传同见证陈沅亮到案。

即讯据陈沅亮供：道光二十二年九月初一日早，小的路过陈连受门首，见周正伦向他查问被窃包谷，两相争闹，周正伦拔取身带尖刀向戳，陈连受将刀夺获，戳伤周正伦左腿，周正伦揪住陈连受发辫，往下揿殴，陈连受又用刀戳伤他左胯，倒地。小的赶拢喝阻，陈连受当即跑走。小的也各自走回，次日就出外生理，如今回家才知周正伦已因伤身死，赴案投讯的。当时救阻不及。是实。

据凶犯陈连受供：是威宁州人。与已死周正伦素识无嫌。道光二十二年九月初一日早，周正伦来说他地内包谷被贼窃去十余个，因小的住处离他包谷地相近，定知窃情，再三追问，小的斥他不应混向查问。两相争闹，周正伦拔取身带尖刀向戳，小的将刀夺获，戳伤他左腿。周正伦揪住小的发辫，往下揿殴，小的挣不脱身，一时情急，又用刀吓戳，不料伤着他左胯，倒地。有陈沅亮路过，赶拢喝阻。隔不一会，周正伦就因伤身死。小的害怕，逃往各处躲避。如今日久事冷，回家探望，被差拿获的。委被疑窃查问，争闹吓戳，适伤致毙，并不是有心要戳死他的。凶刀已经丢弃。是实。各等供。

据此，除将犯证分别禁保，再行研讯起衅争闹，戳伤身死，究明有无谋故，务得确情，按拟定依限招解外，当将获犯审讯缘由录供具文通报。等情。奉两院批饬审解去后，兹据大定府知府黄宅中转据署威宁州知州徐丰玉详称，遵题覆鞫，除尸兄周正纲、见证陈沅亮各供均与初审相同不叙外，据凶犯陈连受供：年三十岁，是威宁州人。父母俱存，弟兄二人，小的居长，尚未娶妻。与已死周正伦素识无嫌。道光二十二年九月初一日早，周正伦来说他地内包谷被贼窃去十余个，因小的住处离他包谷地相近，定知窃情，再三追问，小的斥他不应混向查问。两相争闹，周正伦拔取身带尖刀向戳，小的将刀夺获，戳伤他左腿。周正伦揪住小的发辫，往下揿殴，小的挣不脱身，一时情急，又用刀吓戳，不料伤着他左胯，倒地。有陈沅亮路过，赶拢喝阻。隔不一会，周正伦就因伤身死。小的害怕，逃往各处躲避。如今日久事冷，回家探望，被差拿获的。委被疑窃，查问，争闹吓戳，适伤致毙，并不是有心要戳死他的。凶刀已经丢弃。是实。等供。

据此，该署威宁州知州徐丰玉审看得：州民陈连受戳伤周正伦身死一案，缘陈连受与已死周正伦素识无嫌。道光二十二年九月初一日早，周正伦见伊地内栽种包谷被贼窃去十余枚，因陈连受住处离伊包谷地相近，疑系陈连受偷窃，往向追问窃情。陈连受斥其不应混向查问，致相争闹。周正伦拔取身带尖刀向戳，陈连受将刀夺获，戳伤其左腿。周正伦揪住陈连受发辫，往下揿殴，陈连受挣不脱身，一时情急，复用刀吓戳，致伤周正伦左胯，倒地。有过路之陈沅亮见而喝阻。讵周正伦伤重，移时殒命。陈连受畏罪逃逸，周正伦之兄周正纲查见尸身，报经前署知州周溶验讯详缉，历任因参限届满，犯未弋获，将承缉、接缉不力各职名开参。卑职到任，接准移交，照案缉拿，于道光二十八年七月二十八日，据缉役将陈连受拿获，传同见证，陈沅亮讯供通详，奉批饬审，遵提覆鞫，据供前情不讳，究诘委因疑窃查问，争闹吓戳，致伤身死，并非有心欲杀。矢口不移，似无遁饰。查律载，斗殴杀人者不问手足他物金刃并绞监候。等语。此案陈连受戳伤周正伦身死，自应照律问拟。陈连受合依斗殴杀人者不问手足他物金刃并绞监候律，拟绞监候，秋后处决。陈沅亮救阻不及，应毋庸议。无干省释。尸棺饬属领埋。行窃包谷正贼缉获另结。凶刀供弃免追。此案已获犯究办，前参限缉之案，应请咨销。是否允协，理合具招连犯解候审转。等情。由府覆审解司。该署按察使孙起端审与州府所审相同，按拟定连犯招解前来。

臣提犯亲讯无异，除供词相同不叙外，该臣审看得：威宁州民陈连受戳伤周正伦身死一案，缘陈连受与已死周正伦素识无嫌。道光二十二年九月初一日早，周正伦见伊地内栽种包谷被贼窃去十余枚，因陈连受住处离伊包谷地相近，疑系陈连受偷窃。往向追问窃情，陈连受斥其不应混向查问，致相争闹。周正伦拔取身带尖刀向戳，陈连受将刀夺获，戳伤其左腿。周正伦揪住陈连受发辫，往下揪殴，陈连受挣不脱身，一时情急，复用刀吓戳，致伤周正伦左胯，倒地。有过路之陈沅亮见而喝阻，讵周正伦伤重，移时殒命。陈连受畏罪逃逸，周正伦之兄周正纲查见尸身，报经前署威宁州知州周溶验讯详缉，历任因参限届满，犯未弋获，将承缉、接缉不力各职名开参。移交接署州徐丰玉照案缉拿，于道光二十八年七月二十八日，据缉役将陈连受拿获，传同见证，陈沅亮讯供通详，批饬审解。该署州提犯审拟，由大定府知府黄宅中审转解司，经署按察使孙起端覆审招解前来。臣提犯亲讯，据供前情不讳，究诘委因疑窃查问，争闹吓戳，致伤身死，并非有心欲杀。矢口不移，似无遁饰。此案陈连受戳伤周正伦身死，自应照律问拟，陈连受合依斗殴杀人者不问手足他物金刃并绞监候律，拟绞监候，秋后处决。陈沅亮救阻不及，应毋庸议，无干经州省释。尸棺已据饬属领埋。行窃包谷正贼缉获另结。凶刀供弃免追。此案已获犯究办，前参限缉之案，应听吏部查销。是否允协，臣谨具题，伏乞皇上圣鉴，饬下法司核覆施行。

再，查此案例限六个月，应以道光二十八年七月二十八获犯之日起限承审，自州至府计程四百五十里，程限九日。由府至省三百八十里，程限八日，封印一个月，共扣至二十九年三月十五日，统限届满，并未逾违，合并陈明。为此具本，谨题请旨。

道光二十九年三月初七日，署理贵州巡抚印务布政使司布政使臣罗绕典。

朱批：三法司核拟具奏。

题报归化厅斩犯陈应高在监病故日期事

道光二十九年三月初七日

署理贵州巡抚印务布政使司布政使臣罗绕典谨题：为报明监犯病故事。

据署按察使福连详称，案奉行准刑部咨开贵州司案呈刑科抄出贵州巡抚题前事。等因。道光二十七年十月十七日题，二十八年二月初一日奉旨："三法司核议具奏。钦此。"本部会同院司看得：归化厅民陈应高商同陈卡瓢诱拐陈大妹，后因翻悔不肯同逃，陈应高将陈大妹殴搕身死弃尸不失一案，据贵州巡抚乔用迁疏称，缘陈应高、陈卡瓢均与陈应祥同姓不宗，素识往来。陈应高与陈应祥出嫁胞妹陈大妹见面不避。道光二十七年正月初六日，陈大妹回母家拜年，陈应祥将其留住。初八日，陈应高至陈应祥家闲坐，适陈应祥夫妇出外，仅止陈大妹在家。陈应高四顾无人，与陈大妹调戏成奸，陈应祥并不知情。十一日夜，陈应高前往续旧，陈大妹道及伊夫岑阿毛相待刻薄，陈应高因贫难度，起意诱拐嫁卖，当向诱称与其在家受苦，不如同伊逃往远方，另寻好处安身，陈大妹应允，约定十四日夜同逃，陈应高复邀允陈卡瓢伴送，许俟嫁卖得银分用，并令其先至相距二十里之红观岩地方等候。是夜二更时，陈应高乘有月色，潜至陈应祥家屋后，带领陈大妹逃走，行至红观岩，与陈卡瓢会遇。陈大妹以脚痛难行，坐地歇气，陈应高因天色将明，恐人追赶，令其快走。陈大妹不理。陈应高再三催逼，陈大妹声言行走不动，欲陈应高将伊背回。陈应高生气，斥其不应翻悔，彼此争闹。陈应高即拾石殴伤其左乳、心坎，陈大妹大声哭骂，并称回家告知伊兄，陈卡瓢畏惧跑走。陈应高恐事败露到官难免问罪，起意将陈大妹致死灭口。当将陈大妹仰面按倒骑压身上，用右手大二两指搭住其咽喉，陈大妹被搭挣扎，当即气闭身死，陈应高弃尸山后土坑内逃避。次早陈应祥不见伊妹，告知岑阿毛同往寻找无踪，报厅获犯，验讯通详。饬审招解，提犯亲讯，据供前情不讳，究诘委系奸拐同逃，嗣因翻悔不走，被骂气忿，致死灭口，从犯仅止听纠拐逃，并无同谋加功情事。将陈应高依律拟斩监候，先行刺字。等因。具题前来。查律载，故杀者斩监候。等语。此案陈应高奸拐陈大妹同逃后因翻悔不走，被骂气忿，将陈大妹殴搭身死，实属故杀，自应照律问拟，应如该抚所题。陈应高除和诱知情为首拟军并弃尸不失各轻罪不议外，合依故杀者斩监候律，拟斩监候，秋后处决。该抚疏称陈卡瓢仅止听从诱拐，于陈应高搭毙陈大妹之时，并未在场，合依和诱知情为从满徒例，杖一百，徒三年，到配折责安置。陈大妹被诱同逃，罪有应得，业已被搭身死，应勿庸议。无干省释。尸棺饬属领埋。石块供弃免追。等语。均应如该抚所题完解。等因。道光二十八年五月初五日题，初七日奉旨："陈应高依拟应斩，着监候，秋后处决，余依议。钦此。"查例载，斩绞人犯在监病故，如系新事情实人犯该督抚接到详文之日先行题报，总不得过十日之限。其派员相验及研讯禁卒人等有无陵虐情弊等项，除去程限日期，总以一月为限，具文报部。等因。遵奉在案。今于道光二十九年二月十九日据归化通判吴广生详据禁卒曹顺具报，监犯陈应高于正月二十九日在监患病，当经验明，拨医调治不效，延至二月初七日因病身死。等情。到司。出批饬安顺府委员前往验报外，署司查该犯陈应高系故杀陈大妹身死，案内拟斩监候，列入本年新事秋审情实。兹据报病故前来，除俟委员验明该犯陈应高是否实系病毙，有无别故，并研讯禁医人等有无陵虐及误用方药情弊，填取合式格结另文详咨外，理合先行详候核题。等情。到臣。

据此，该臣查得：归化厅斩犯陈应高商同陈卡瓢诱拐陈大妹后因翻悔不肯同逃，陈应高将陈大妹殴搕身死，拟斩监候，列入本年秋审情实，今据署按察使福连详称，据归化通判吴广生详报，监犯陈应高于道光二十九年正月二十九日在监患病，当经验明，拨医调治不效，延至二月初七日因病身死，由司札饬安顺府委员前往归化厅查验，该犯陈应高是否实系病毙，有无别故，并研讯禁医人等有无陵虐及误用方药情弊，填取合式，格结另文详咨外，所有秋审情实、人犯病故缘由，先行详请具题。等情。前来。臣覆查无异，相应恭疏具题，伏乞皇上圣鉴，敕部查照施行。为此具本，谨题请旨。

道光二十九年三月初七日，署理贵州巡抚印务布政使司布政使臣罗绕典。

朱批：三法司知道。

题为审理安平县民曾思潘因索欠纠纷伤毙熊世字一案依律拟绞监候请旨事

道光二十九年三月初七日

署理贵州巡抚印务布政使司布政使臣罗绕典谨题：为报验缉究事。

据署按察使福连详称，案据署安平县知县陈炘煜详称，准前署县程枚移交：道光二十八年二月二十八日据乡约周绍贤报，据平远州民妇熊陈氏投称，本月二十四日，伊夫熊世字赶场转回，在县属螺蛳塘地方与曾思潘路遇，向伊夫索欠争殴，伊夫被曾思潘殴伤左胳肘等处身死，等语。往看属实。查曾思潘业已逃逸，理合报验缉究。等情。并据尸妻熊陈氏报同前由。据此，随带刑仵前往尸所，饬令将尸移放平地，如法相验。据仵作刘潮树喝报：已死熊世字问年四十六岁。验得仰面致命左太阳一伤，围圆一寸五分。不致命左臁肕一伤，斜长六分，宽二分。合面不致命左臂膊一伤，斜长六分，宽二分，均紫红色，俱系木器伤。左胳肘一伤，斜长七分，宽二分，骨损，紫赤色，系铁器伤。余验无故。委系受伤身死。报毕亲验无异。凶犯在逃，无从查起凶器，比对尸伤，当场填格取结，尸饬棺殓。

即讯据乡约周绍贤供，与报词同。据尸妻熊陈氏供：是平远州人。已死熊世字是丈夫。早年同丈夫搬来案下地方居住。道光十四年，丈夫借过曾思潘的父亲曾联生银十两未还，只付过利银二两五钱，小妇人是知道的。二十八年二月二十四日，丈夫出外赶场，随后有邻人罗老八来说，丈夫在县属螺蛳塘地方与曾思潘路遇，向丈夫索欠争闹，被曾思潘殴伤丈夫左胳肘等处身死。小妇人前往看明，就投约报验的。求缉究。等供。

当经前署县程枚将验讯缘由填格取结，录供具文通报在案。卑职到任，复加差严缉，兹于八月初十日，据该犯赴案投首，并传见证罗老八到案即讯。据见证罗老八供：道光二十八年二月二十四日，小的与熊世字出外赶场，走到案下螺蛳塘地方，见曾思潘向熊世字索讨欠他父亲曾联生银两，熊世字央缓，曾思潘斥骂骗赖，熊世字回骂。曾思潘顺用木棍头戳伤熊世字左太阳，熊世字夺棍，曾思潘又殴伤他左臂膊。熊世字举脚向踢，曾思潘又殴伤他左臁肕。熊世字将棍格落，弯身拾取，曾思潘随拔佩刀，用刀背殴伤他左胳肘，倒地。小的上前喝阻，曾思潘跑走。小的向他妻子熊陈氏告知，前往看明熊世字已经身死，熊陈氏赴案报验的。委系救阻不及。是实。

据凶犯曾思潘即曾先保供：年二十七岁，水城厅人。父亲曾联生现年六十二岁，母亲王氏现年六十岁，并无弟兄。娶妻熊氏未生子女。与已死熊世字素识无嫌。小的向在案下地方贸易。道光十四年间，熊世字借欠小的父亲曾联生银十两，没有归还，只得过利银二两五钱，迨后屡讨未给。二十八年二月二十四日，小的出外赶场，走到螺蛳塘地方，与熊世字路遇，向他索讨，熊世字仍复央缓，小的斥骂骗赖，熊世字回骂。小的顺用挂路木棍戳伤他左太阳，熊世字夺棍，小的又殴伤他左臂膊。熊世字举脚踢来，小的又殴伤他左臁肕。熊世字将棍格落，弯身拾取，小的怕被拾起殴打，顺拔佩刀从旁用刀背吓殴，不料适伤他左胳肘，倒地。经罗老八喝阻，小的当时跑走。听得熊世字因伤身死，逃出躲避。今闻差拿严紧，赴案投首的。实因索欠争殴，致伤身死，并不是有心要打死他的。凶刀并木棍早已丢弃。是实。各等供。

据此，除将犯证分别禁保，再行研讯索欠争殴，适伤身死，究明有无谋故，务得确情，按拟依限招解外，当将获犯审讯缘由录供具文通报。等情。奉两院批饬审解去后，兹据署安顺府知府胡林翼转，据署安平县知县陈炘煜详称，遵提覆鞠。除乡约周绍贤、尸妻熊陈氏、见证罗老八各供均与初审相同不叙外，据凶犯曾思潘即曾先保供：年二十七岁，水城厅人。父亲曾联生现年六十二岁，母亲王氏现年六十岁，并无弟兄。娶妻熊氏，未生子女。与已死熊世字素识无嫌。小的向在案下地方贸易。道光十四年间，熊世字借欠小的父亲曾联生银十两，没有归还，只得利银二两五钱，过后屡讨未给。二十八年二月二十四日小的出外赶场，走到螺蛳塘地方，与熊世字路遇，向他索讨。熊世字仍复央缓，小的斥骂骗赖，熊世字回骂。小的顺用挂路木棍头戳伤他左太阳，熊世字夺棍，小的又殴伤他左臂膊。熊世字举脚踢来，小的又殴伤他左臁肕，熊世字将棍格落，弯身拾取。小的怕被拾起殴打，顺拔佩刀从旁用刀背吓殴，不料适伤他左胳肘，倒地。经罗老八喝阻，小的当时跑走。听得熊世字因伤身死，逃出躲避。后闻差拿严紧，赴案投首的。实因索欠争殴，致伤身死，并不是有心要打死他的。凶刀并木棍早已丢弃。是实。等供。

据此，该署安平县知县陈炘煜审看得：曾思潘殴伤熊世字身死一案，缘曾思潘籍隶水城厅，向在安平县地方贸易。已死熊世字系平远州人，早年偕伊妻熊陈氏搬至安平县属居住。曾思潘与熊世字素识无嫌。道光十四年间，熊世字向曾思潘之父曾联生借银十两未还，仅得过利银二两五钱，迨后屡讨未给。二十八年二月二十四日，曾思潘出外赶场，行至螺蛳塘地方，与熊世字路遇，向索前欠。熊世字仍复央缓，曾思潘斥骂骗赖，熊世字回詈。曾思潘顺用拄路木棍头戳，伤熊世字左太阳，熊世字夺棍。曾思潘又殴伤其左臂膊，熊世字举脚向踢。曾思潘又殴伤其左臁肕，熊世字将棍格落，弯身拾取。曾思潘虑被拾获向殴，顺拔佩刀从旁用刀背吓殴，适伤熊世字左胳肘，倒地。经罗老八喝阻，熊世字旋即因伤殒命。曾思潘逃逸，罗老八告知尸妻熊陈氏前往看明。报经前署县程枚验详，差缉尚未获犯卸事，卑职到任，接准移交，复加差严缉。该犯闻拿投首，讯供通详，奉批饬审，遵提覆鞫，据供前情不讳，究诘委系索欠争殴，适伤身死，并非有心欲杀。矢口不移，案无遁饰。查律载，斗殴杀人者不问手足他物金刃并绞监候。等语。此案曾思潘殴伤熊世字身死，虽自行投首，无因可免，自应照律问拟。曾思潘合依斗殴杀人者不问手足他物金刃并绞监候律，拟绞监候，秋后处决。罗老八救阻不及，应毋庸议。尸棺饬属领埋。凶刀、木棍供弃免追。熊世字欠银，身死勿征。是否允协，理合具招将犯解候审转。等情。由府覆审解司。该署按察使福连审与该县府所审相同，按拟连犯招解前来。

臣提犯亲讯无异，除供词相同不叙外，该臣审看得：安平县详曾思潘殴伤熊世字身死一案，缘曾思潘籍隶水城厅，向在安平县地方贸易。已死熊世字系平远州人，早年偕伊妻熊陈氏搬至安平县属居住。曾思潘与熊世字素识无嫌。道光十四年间，熊世字向曾思潘之父曾联生借银十两未还，仅得过利银二两五钱，迨后屡讨未给。二十八年二月二十四日，曾思潘出外赶场，行至螺蛳塘地方，与熊世字路遇，向索前欠。熊世字仍复央缓，曾思潘斥骂骗赖，熊世字回詈。曾思潘顺用挂路木棍头戳伤熊世字左太阳，熊世字夺棍。曾思潘又殴伤其左臂膊，熊世字举脚向踢。曾思潘又殴伤其左臁肕，熊世字将棍格落，弯身拾取。曾思潘虑被拾获向殴，顺拔佩刀从旁用刀背吓殴，适伤熊世字左胳肘，倒地。经罗老八喝阻，熊世字旋即因伤殒命。曾思潘逃逸，罗老八告知尸妻熊陈氏前往看明，报经前署安平县知县程枚验详差缉，尚未获犯，卸事，移交接署县陈炘煜复加差严缉。该犯闻拿投首，讯供

通详，批饬审解。该县提犯审拟，由署安顺府知府胡林翼审转解司，经署按察使福连覆审招解前来。臣提犯亲讯，据供前情不讳，究诘委系索欠争殴，适伤身死，并非有心欲杀。矢口不移，案无遁饰。此案曾思潘殴伤熊世字身死，虽自行投首，无因可免，自应照律问拟。曾思潘合依斗殴杀人者不问手足他物金刃并绞监候律，拟绞监候，秋后处决。罗老八救阻不及，应毋庸议。尸棺已据饬属领埋。凶刀、木棍供弃免追。熊世字欠银，身死勿征。是否允协，臣谨具题，伏乞皇上圣鉴，敕下法司核覆施行。

再，查此案例限六个月，应以道光二十八年八月初十获犯之日起限承审，自县至府计程九十里，程限二日，由府至省一百九十里，程限四日，共扣至二十九年三月十六日统限届满，并未逾讳，合并陈明。为此具本，谨题请旨。

道光二十九年三月初七日，署理贵州巡抚印务布政使司布政使臣罗绕典。

朱批：三法司核拟具奏。

题为审理天柱县民杨嬉全等因债务纠纷共殴伤毙宋开益一案依律分别定拟请旨事

道光二十九年三月二十八日

署理贵州巡抚印务布政使司布政使臣罗绕典谨题：为报验缉究事。

据署按察使福连详称，案据署天柱县知县石均详称：道光二十八年八月初六日据保长宋学林报，据宋含坤投称，本年七月初七日伊子宋开益因杨新照向索欠钱争闹，被杨新照与杨嬉全殴伤右胳肘等处，延至本月初四日因伤身死。等语。往看属实。查杨嬉全等均已逃逸，理合报验缉究。等情。并据宋含坤报同前由。据此，随差缉凶犯，一面带领刑仵驰诣尸所，饬令将尸移放平地，如法相验。据仵作张信喝报：已死宋开益问年二十七岁。验得仰面致命右额角有木器伤一处，业已平复。合面不致命右胳肘一伤，斜长一寸三分，宽三分，深抵骨，骨损，系刀伤，伤口溃烂，有脓血流出。右手腕有刀划伤一处，业已结痂。余俱无故。委系受伤身死。报毕亲验无异。凶犯在逃，无从查起凶刀，比对尸伤。当场填格取结，尸饬棺殓。

即讯据保长宋学林供，与报词同。据尸父宋含坤供：已死宋开益是儿子。道光二十八年五月内儿子向杨新照借钱三百文，屡讨没还。七月初七日儿子出外赶场，午后有宋爱凝来说儿子因杨新照向索欠钱，口角争闹，被杨新照用扁担殴伤右额角，杨嬉全拢劝，儿子斥骂帮护，并用刀戳伤杨嬉全左腿，杨嬉全将刀夺获，砍伤儿子右胳肘，倒地。小的赶去问明，把儿子扶回，用药敷治。不料儿子右胳肘伤口溃烂流血不止，到八月初四日因伤身死。投保赴案报验的。求究抵。

据见证宋爱凝供：道光二十八年七月初七日小的出外赶场，见杨新照与宋开益路遇，杨新照向宋开益索讨欠钱，宋开益央缓，杨新照不依，两相争闹。杨新照用木扁担殴伤宋开益右额角，宋开益拔出身带小刀向戳。杨嬉全拢劝，宋开益斥骂帮护，杨嬉全回骂，宋开益用刀戳伤杨嬉全左腿，杨嬉全将刀夺获，致刀尖划伤宋开益右手腕。宋开益扑殴，杨嬉全用刀砍伤宋开益右胳肘，倒地。小的赶拢喝阻，杨嬉全们跑走。小的向宋开益的父亲宋含坤告知，前往问明，把宋开益扶回医治。不料宋开益伤口溃烂流血不止，到八月初四日因伤身死。当时委系救阻不及。是实。各等供。

正在具文通报间，旋于八月二十九日据役缉获凶犯杨嬉全、余人杨新照。案讯据余人杨新照供：年二十七岁。道光二十八年五月内宋开益向小的借钱三百文，屡讨没还。七月初七日小的携带扁担同杨嬉全出外赶场，与宋开益路遇。小的向宋开益催索前欠，宋开益央缓，小的不依，两相争闹。小的顺用扁担打伤他右额角，宋开益拔出身带小刀向戳。杨嬉全拢劝，宋开益斥骂帮护，杨嬉全回骂。宋开益用刀戳伤杨嬉全左腿，杨嬉全将刀夺获，致刀尖划伤宋开益右手腕。宋开益扑殴，杨嬉全用刀砍伤宋开益右胳肘，倒地。经宋爱凝喝阻，小的同杨嬉全跑回。后闻宋开益伤口溃烂，到八月初四日因伤身死，逃出躲避，今被拿获的。委止用扁担殴伤宋开益右额角，其余的伤是杨嬉全砍伤的。扁担已经丢弃。是实。

据凶犯杨嬉全供：年十八岁，天柱县人。与已死宋开益素识无嫌。道光二十八年七月初七日小的同杨新照出外赶场，与宋开益路遇。杨新照向宋开益索讨欠钱，宋开益央缓，杨新照不依，两相争闹。杨新照用扁担打伤宋开益右额角，宋开益拔出身带小刀向戳。小的拢劝，宋开益斥骂帮护，小的回骂。宋开益用刀戳伤小的左腿，小的将刀夺获，致刀尖划伤他右手腕。宋开益扑殴，小的用刀吓砍，想他退避，不料伤着他右胳肘，倒地。经宋爱凝喝阻，小的同杨新照跑回。后闻宋开益伤口溃烂，到八月初四日因伤身死，逃出躲避，被差拿获的。凶刀已经丢弃。是实。各等供。

据此，查验杨嬉全左腿有刀伤一处，将次平复。除将犯证分别禁保，再行研讯口角争闹，共殴砍伤身死，究明有无谋故，务得确情，究明正凶，按拟依限招解外，合将诣验获犯审讯缘由填格取结，录供具文通报。等情。奉两院批饬审解去后，兹据镇远府知府廖惟勋转，据署天柱县知县石均详称，查杨嬉全伤已平复，遵提覆鞫，除保长宋学林、尸父宋含坤、见证宋爱凝、余人杨新照各供均与初审相同不叙外，据凶犯杨嬉全供：年十八岁，天柱县人。父母俱存，弟兄二人，小的行二。娶妻李氏，未生子女。与已死宋开益素识无嫌。道光二十八年七月初七日，小的同杨新照出外赶场，与宋开益路遇。杨新照向宋开益索讨欠钱，宋开益央缓，杨新照不依，两相争闹。杨新照用扁担打伤宋开益右额角，宋开益拔出身带小刀向戳。小的拢劝，宋开益斥骂帮护，小的回骂。宋开益用刀戳伤小的左腿，小的将刀夺获，致刀尖划伤他右手腕。宋开益扑殴，小的用刀吓砍，想他退避，不料伤着他右胳肘，倒地。经宋爱凝喝阻，小的同杨新照跑回。后闻宋开益伤口溃烂，到八月初四日因伤身死。逃出躲避，被差拿获的。委因口角争闹共殴，适伤身死，并不是有心要砍死他的，也没预谋纠殴的事。凶刀当时丢弃。是实。等供。

据此，该署天柱县知县石均审看得：县民杨嬉全等共殴砍伤宋开益越二十七日身死一案，缘杨嬉全与已死宋开益素识无嫌。道光二十八年五月间宋开益向杨新照借钱三百文，屡索未偿，七月初七日杨新照携带扁担偕杨嬉全出外赶场，与宋开益路遇。杨新照向宋开益催索前欠，宋开益央缓，杨新照不依，两相争闹。杨新照顺用扁担殴伤宋开益右额角，宋开益拔出身带小刀向戳。杨嬉全拢劝，宋开益斥骂帮护，杨嬉全回骂。宋开益用刀戳伤杨嬉全左腿，杨嬉全将刀夺获，致刀尖划伤宋开益右手腕。宋开益扑殴，杨嬉全用刀吓砍，冀其退避，不期适伤宋开益右胳肘，倒地。经宋爱凝喝阻，杨嬉全等跑回。宋爱凝向宋开益之父宋含坤告知，前往问明，将宋开益扶回，用药敷治。讵宋开益伤口溃烂流血不止，延至八月初四日殒命。报经卑职诣验获犯讯详，奉批饬审。查杨嬉全伤已平复，遵提覆鞫，据供前情不讳，究诘委因口角争闹共殴，适伤身死，并非有心欲杀，亦无预谋纠殴情事。矢口不移，案无遁饰。查律载，共殴人致死下手致命伤重者绞监候，余人杖一百。等语。此案杨嬉全等共殴伤宋开益身死，查宋开益身受各伤惟后被杨嬉全用刀砍伤右胳肘骨损当即倒地为重。越二十七日身死，系在破骨伤保辜正限五十日之内，应以该犯拟抵。杨嬉全合依共殴人致死下手伤重者绞监候律，拟绞监候，秋后处决。杨新照用扁担殴伤宋开益右额角，合依余人杖一百律，杖一百，折责发落。宋爱凝救阻不及，应毋庸议。宋开益用刀戳伤杨嬉全左腿，罪有应得，业已被砍身死，亦勿庸议，欠钱身死勿征。无干省释。尸棺饬属领埋。凶刀、扁担供弃免追。是否允协，理合具招连犯解候审转。等情。由府覆审解司。该署按察使福连审与该县府所审相同，按拟连犯招解前来。

臣提犯亲讯无异，除供词相同不叙外，该臣审看得：天柱县民杨嬉全等共殴砍伤宋开益越二十七日身死一案，缘杨嬉全与已死宋开益素识无嫌。道光二十八年五月间宋开益向杨新照借钱三百文，屡索未偿。七月初七日杨新照携带扁担偕杨嬉全出外赶场，与宋开益路遇。杨新照向宋开益催索前欠，宋开益央缓，杨新照不依，两相争闹。杨新照顺用扁担殴伤宋开益右额角，宋开益拔出身带小刀向戳。杨嬉全拢劝，宋开益斥骂帮护，杨嬉全回骂。宋开益用刀戳伤杨嬉全左腿，杨嬉全将刀夺获，致刀尖划伤宋开益右手腕。宋开益扑殴，杨嬉全用刀吓砍，冀其退避，不期适伤宋开益右胳肘，倒地。经宋爱凝喝阻，杨嬉全等跑回。宋爱凝向宋开益之父宋含坤告知，前往问明，将宋开益扶回，用药敷治。讵宋开益伤口溃烂流血不止，延至八月初四日殒命。报经署天柱县知县石均获犯讯详，批饬审解。该署县以杨嬉全伤已平复，提犯审解，由镇远府知府廖惟勋审转解司，经署按察使福连覆审招解前来。臣提犯亲讯，据供前情不讳，究诘委因口角争闹共殴，适伤身死，并非有心欲杀，亦无预谋纠殴情事。矢口不移，案无遁饰。此案杨嬉全等共殴伤宋开益身死，查宋开益身受各伤，惟后被杨嬉全用刀砍伤右胳肘骨损当即倒地为重。越二十七日身死，系在破骨伤保辜正限五十日之内，应以该犯拟抵。杨嬉全合依共殴人致死下手伤重者绞监候律，拟绞监候，秋后处决。杨新照用扁担殴伤宋开益右额角，合依余人杖一百律，杖一百，折责发落。宋爱凝救阻不及，应毋庸议。宋开益用刀戳伤杨嬉全左腿，罪有应得，业已被砍身死，毋庸议，欠钱身死勿征。无干经县省释。尸棺已据饬属领埋。凶刀、扁担供弃免追。是否允协，臣谨具题，伏乞皇上圣鉴，敕下法司核覆施行。

再，查此案例限六个月，应以道光二十八年八月二十九获犯之日起限承审，自县至府计程二百五十里，程限五日，封印一个月，由府至省四百五十里，程限九日，共扣至二十九年四月十三日统限届满，并未逾违，合并陈明。为此具本，谨题请旨。

（缺文）

题为奏销黔省道光二十八年驿站钱粮事

道光二十九年四月二十日

署理贵州巡抚印务布政使司布政使臣罗绕典谨题：为报销道光二十八年分驿站钱粮事。

据署按察使兼管驿传事福连会同署布政使孙启端详称：案照收支驿站钱粮，例应按年造册题销。该署司等遵将自道光二十八年正月初一日起，至十二月底止，计一十二个月，贵阳、黄华、龙里等二十三驿、二十一站收支，驿站经费，并有驿之贵筑等厅州县坐支地丁及藩司补发等项银两数目，逐一分晰造报。查旧管项下，道光二十七年底一存各驿解缴毙马皮张变价银三百六十二两五钱，存剩差员廪给口粮银一百四十七两七钱四分三厘，建旷银一千六百五十八两四钱三分四毫，三共存银二千一百六十八两六钱七分三厘四毫，移解藩库，年底报销新收项下。遵奉定例，驿站夫马工料径赴藩司请领，毋庸由臬司移领转发。兹准布政司移开，道光二十八年分陆续给发各驿站经费银七万四千六百九十三两八钱一分三厘，又添臬司经收黄华、龙里等二十三驿解缴道光二十八年分毙马皮张变价银三百六十二两五钱。以上连藩司给发驿费，并臬司经收毙马皮张变价，二共银七万五千五十六两三钱一分三厘。开除项下，一黄华、龙里等二十三驿修葺马棚银八十二两八钱，一制鞍辔银二百九十六两九钱六分，一制马屉银一百八十五两六钱，一制镢刀银三十六两八钱，一马夫公食银七千九百八十五两三钱，一马匹脚涩银六百四十九两九钱六分，一马匹药饵银六百四十九两九钱六分，一马匹草料银一万九千九百六十三两二钱五分，一各驿应付过差员口粮银七十九两四钱五分，一各驿买补马七百二十五匹银一万三千五十两，一各站长夫公食银二万九千七百三十六两，以上修葺棚鞍屉镢、支给马夫公食、脚涩、药饵、草料、差员口粮、买补马匹价值、站夫公食等项，共动用过银七万二千七百一十六两八分。实存项下，一存各驿解缴毙马皮张变价银三百六十二两五钱，又存剩差员口粮银一百五十三两八钱八分三厘，建旷银一千八百二十三两八钱五分，三共存银二千三百四十两二钱三分三厘，移解藩库，年底报销，相应逐一分晰备造清册，详请查核题销。等情。到臣。

据此，该臣看得：黔省驿站收支钱粮，例应按年造册题销。今据署按察使兼管驿传事福连等将道光二十八年分收支经费驿站钱粮分别管、收、除、在数目造册报销前来。臣覆核无异，除册分送部科外，臣谨恭疏具题，伏乞皇上圣鉴，敕部核覆施行。

再，黔省驿站钱粮历系动拨司库条丁、杂税、牙帖等银支给，并无未完民欠，合并陈明。为此具本，谨题请旨。

道光二十九年四月二十日，署理贵州巡抚印务布政使司布政使臣罗绕典。

朱批：该部察核具奏。

题为审理大塘州民妇熊金氏因被斥骂伤毙伊夫熊菖伦一案依律拟斩立决请旨事

道光二十九年四月二十三日

署理贵州巡抚印务布政使司布政使臣罗绕典谨题：为访闻事。

据署按察使福连详称，案据署大塘州判蒋国缪详称：道光二十八年十二月十四日，访有民妇熊金氏殴伤其夫熊菖伦身死匿报之事，随饬差查拿去后，旋于十八日据役将犯妇熊金氏拿获，传同尸继子熊苗、见证金王氏、应讯蒲老卯到案。

即讯据尸继子熊苗供：已死熊菖伦是小的继父。小的本宗王姓，自幼随母范氏再醮熊菖伦家，改从熊姓。熊菖伦将小的抚养长成，娶有妻子余氏。熊菖伦将小的分出另居，隔有半里多路。后来母亲身故，继父续娶金氏为室。道光二十八年十一月二十一日，小的出外转回，妻子熊余氏说有素识的蒲老卯路过门首，进内取火吃烟，适熊金氏走来看见，心疑蒲老卯与他有奸，把蒲老卯斥骂，两相争闹走散。二十八日熊金氏兄嫂金王氏来说继父出外路遇蒲老卯，说起熊金氏不应诬奸，缓日定要邀人理论。继父回家向熊金氏斥骂，致相争殴。熊金氏用剪刀将继父肚腹右戳伤，倒地。小的赶去查看，向继父问明情由，找药敷治。不料继父伤处血流不止，到晚身死。小的旋因患病，住处又无乡约，致未具报。如今病痊，正要报验，就蒙访闻提讯的。求验究。

据见证金王氏供：已死熊菖伦是夫妹熊金氏的丈夫。道光二十八年十一月二十一日，熊金氏因见蒲老卯在熊菖伦的分居继子熊苗家取火吃烟，熊金氏心疑蒲老卯与熊苗的妻子熊余氏有奸，将蒲老卯斥骂，两相争闹走散，小妇人是知道的。二十八日小妇人往熊菖伦家闲坐，见熊菖伦外归，说他与蒲老卯路遇，蒲老卯说起熊金氏不应诬奸，缓日定要邀人前来理论的话，熊菖伦当斥骂熊金氏多言惹事，熊金氏不服回骂，熊菖伦走拢抓住熊金氏头发揪殴。那时熊金氏正在裁衣，用手中剪刀连戳伤熊菖伦肚腹右。熊菖伦仍不放手，并用拳在熊金氏脊背乱殴，熊金氏又用剪刀戳伤熊菖伦肚腹右，松手倒地。小妇人赶拢拉劝，去向熊苗告知赶来查看，向熊菖伦问明情由，小妇人当就走回。后闻熊菖伦因伤身死，小妇人因怕人命牵连，没有声张。今蒙访闻提讯，委系救阻不及。是实。

据应讯蒲老卯供：与已死熊菖伦邻寨居住，素相认识。道光二十八年十一月二十一日，小的出外，路过熊菖伦的分居继子熊苗家门首，进内取火吃烟。那时熊苗外出，只他妻子熊余氏在家，适熊菖伦的妻子熊金氏走来，心疑小的与熊余氏有奸，向小的斥骂。小的分辩，争闹走散。二十八日，小的与熊菖伦路遇，向他说起熊金氏不应诬奸，缓日定要邀人理论的话，各自走回。过后熊菖伦回家如何向熊金氏斥骂争殴，被熊金氏戳伤身死，小的并不知道。今蒙访闻提讯的。是实。

据犯妇熊金氏供：年四十一岁，是大塘州判人。已死熊菖伦是丈夫，未生子女，平素和睦。熊苗是丈夫前妻随带的儿子，分出另居，隔有半里多路。道光二十八年十一月二十一日，小妇人到熊苗家看望，熊苗外出，只他妻子熊余氏在家，有素识的蒲老卯在那里取火吃烟。小妇人心疑蒲老卯与熊余氏有奸，当把蒲老卯斥骂。蒲老卯分辩争闹走去。二十八日丈夫外出回家，说他与蒲老卯路遇，蒲老卯说起小妇人不应诬奸，缓日定要邀人前来理论的话。丈夫当斥骂小妇人多言惹事，小妇人不服回骂。丈夫走拢抓住小妇人头发揪殴。那时小妇人正在裁衣，顺用手中剪刀连戳伤丈夫肚腹右。丈夫仍不放手，并用拳在小妇人脊背乱殴。小妇人被殴情急，复用剪刀戳去，不料伤着他肚腹右，松手倒地。当有小妇人兄嫂金王氏在家闲坐，赶拢喝阻，往向熊苗告知，前来查看，向丈夫问明情由，找药敷治。那知丈夫伤处血流不止，到晚身死。小妇人恐怕报官问罪，当把尸身棺殓，今蒙访闻提讯的。委因口角争殴戳伤致死，并非有心要杀死他的。剪刀藏放家内。是实。各等供。

据此，随带刑件、尸亲、犯证人等前诣尸所，饬令启棺，将尸移放平地，如法相验。据件作赵升喝报：已死熊菖伦问年五十九岁。验得仰面面色发变，两眼开口微开，两手微握，两腿伸。致命肚腹右连接三伤，一伤斜长五分，宽三分，深透膜，二伤俱斜长三分，宽二分，深一分，均皮肉卷缩血污，系刀戳伤，余俱无故。委系受伤身死。报毕亲验无异。饬起凶器剪刀，比对尸伤相符，当场填格取结，尸饬棺殓。除将犯证带回，分别禁保，剪刀贮库，牒解定番州，再行研讯是否因口角争殴吓戳，适伤致毙，究明有无谋故，务得确情，按拟定依限招解外，合将访闻获犯讯验缘由，填格取结，录供具文通报。等情。奉两院批饬审解去后，兹据贵阳府知府朱德璪转据署定番州知州戴鹿芝详称，准署大塘州判蒋国镠将犯证牒解到州，随提覆讯。除尸继子熊苗、见证金王氏、应讯蒲老卯各供均与初审相同不叙外，据犯妇熊金氏供：年四十二岁，是大塘州判人。已死熊菖伦是丈夫，未生子女，平素和睦。熊苗是丈夫前妻随带的儿子，分出另居，隔有半里多路。道光二十八年十一月二十一日，小妇人到熊苗家看望，熊苗外出，只他妻子熊余氏在家，有素识的蒲老卯在那里取火吃烟。小妇人心疑蒲老卯与熊余氏有奸，当把蒲老卯斥骂。蒲老卯分辩，争闹走去。二十八日丈夫外出回家，说他与蒲老卯路遇，蒲老卯说起小妇人不应诬奸，缓日定要邀人前来理论的话。丈夫当斥骂小妇人多言惹事，小妇人不服回骂。丈夫走拢抓住小妇人头发揪殴。那时小妇人正在裁衣，顺用手中剪刀连戳伤丈夫肚腹右。丈夫仍不放手，并用拳在小妇人脊背乱殴。小妇人被殴情急，又用剪刀戳去，不料伤着他肚腹右，松手倒地。当有小妇人兄嫂金王氏在家闲坐，赶拢喝阻，往向熊苗告知，前来查看，向丈夫问明情由，找药敷治。那知丈夫伤处血流不止，到晚身死。小妇人恐怕到官问罪，当把尸身棺殓，前蒙访闻提讯的。委因口角争殴情急，戳伤致死，并非有心要杀死他的。是实。等供。

据此，该署定番州知州戴鹿芝审看得：大塘州判民妇熊金氏戳伤其夫熊菖伦身死一案，缘熊金氏系已死熊菖伦继妻，素睦无嫌。熊苗系熊菖伦前妻随带之子，分出另居，相隔半里。道光二十八年十一月二十一日，熊金氏至熊苗家看望，熊苗外出，其妻熊余氏在家独处。有素识之蒲老卯在彼取火吃烟，熊金氏疑蒲老卯与熊余氏有奸，当将蒲老卯斥骂。蒲老卯分辩，致相争闹，走散。二十八日，熊菖伦出外，与蒲老卯路遇，蒲老卯声言熊金氏不应诬奸，缓日定要邀人理论，各自走回。熊菖伦回家斥骂熊金氏多言惹事，熊金氏不服回詈，熊菖伦走拢抓住熊金氏头发揪殴。维时熊金氏正在裁衣，顺用手中剪刀连戳伤其肚腹右。熊菖伦仍不放手，并用拳在熊金氏脊背乱殴。熊金氏被殴情急，复用剪刀吓戳，不期伤着熊菖伦肚腹右，松手倒地。经熊金氏之兄嫂金王氏在彼闲坐，赶拢喝阻，往向熊苗告知，赶至查看，向熊菖伦问明情由，寻药敷治，讵熊菖伦伤处血流不止，至晚殒命。熊金氏虑恐报官受罪，当将尸身棺殓，熊苗因值患病，住处又无乡约，致未报案。嗣病痊正要具报，业经署大塘州判蒋国镠访闻获犯讯验通详，奉批饬审。移准该署州判将犯证牒解到州，随提覆鞫，据供前情不讳，究诘委因口角争殴吓戳，适伤致毙，并非有心欲杀。矢口不移，案无遁饰。查律载，妻殴夫致死者斩。等语。此案熊金氏戳伤其夫熊菖伦身死，自应照律问拟。熊金氏合依妻殴夫致死者斩律，拟斩立决，系妇人，免其刺字。蒲老卯因被熊金氏诬奸，称欲邀人理论，并无不合，应与因病未报之熊苗及救阻不及之金王氏均毋庸议。无干省释。尸棺饬属领埋。凶器剪刀随招解验，案结汇报变解。是否允协，理合具招连犯解候审转。等情。到府。该犯妇熊金氏于道光二十九年二月二十二日在监患病，验报医调，三月二十一日据报病瘁，由府覆审解司。该署按察使审与该州府所审相同，按拟连犯招解前来。

臣提犯亲讯无异，除供词相同不叙外，该臣审看得：大塘州判民妇熊金氏戳伤其夫熊菖伦身死一案，缘熊金氏系已死熊菖伦继妻，素睦无嫌。熊苗系熊菖伦前妻随带之子，分出另居，相隔半里。道光二十八年十一月二十一日，熊金氏至熊苗家看望，熊苗外出，其妻熊余氏在家独处。有素识之蒲老卯在彼取火吃烟，熊金氏心疑蒲老卯与熊余氏有奸，当将蒲老卯斥骂。蒲老卯分辩，致相争闹，走散。二十八日，熊菖伦出外，与蒲老卯路遇，蒲老卯声言熊金氏不应诬奸，缓日定要邀人理论，各自走回。熊菖伦回家斥骂熊金氏多言惹事，熊金氏不服回詈，熊菖伦走拢抓住熊金氏头发揪殴。维时熊金氏正在裁衣，顺用手中剪刀连戳伤其肚腹右。熊菖伦仍不放手，并用拳在熊金氏脊背乱殴。熊金氏被殴情急，复用剪刀吓戳，不期伤着熊菖伦肚腹右，松手倒地。经熊金氏之兄嫂金王氏在彼闲坐，赶拢喝阻，往向熊苗告知，赶至查看，向熊菖伦问明情由，寻药敷治，讵熊菖伦伤处血流不止，至晚殒命。熊金氏虑恐报官受罪，当将尸身棺殓，熊苗因值患病，住处又无乡约，致未报案。嗣病瘁正要具报，业经署大塘州判蒋国缪访闻获犯讯验通详，批饬审解。据署定番州知州戴鹿芝移准该署州判将犯证牒解至州，提犯审拟解府。该犯妇熊金氏在监犯病，验报医瘁，由署贵阳府知府朱德璜审转解司，经署按察使福连覆审招解前来。臣提犯亲讯，据供前情不讳，究诘委因口角争殴吓戳，适伤致毙，并非有心欲杀。矢口不移，案无遁饰。此案熊金氏戳伤其夫熊菖伦身死，自应照律问拟。熊金氏合依妻殴夫致死者斩律，拟斩立决。系妇人，免其刺字。蒲老卯因被熊金氏诬奸，称欲邀人理论，并无不合，应与因病未报之熊苗及救阻不及之金王氏均毋庸议。无干经州省释。尸棺已据饬属领埋。凶器剪刀饬令汇报变解。是否允协，臣谨具题，伏乞皇上圣鉴，敕下法司核覆施行。

再，查此案例限两个月，应以道光二十八年十二月十八获犯之日起限承审，封印一个月，自州至府计程一百二十里，程限三日。犯病一个月，共扣至二十九年四月二十一日统限届满，并未逾违，合并陈明。为此具本，谨题请旨。

道光二十九年四月二十三日，署理贵州巡抚印务布政使司布政使臣罗绕典。

朱批：三法司核拟具奏。

题为审理安化县民萧登学等因阻越界砍柴争殴伤毙许馨溃一案依律分别定拟请旨事

道光二十九年四月二十三日

署理贵州巡抚印务布政使司布政使臣罗绕典谨题：为访闻事。

据署按察使福连详称，案据署安化县知县吴化彦详称：道光二十八年六月二十一日访闻本年四月间有县民萧登学等共殴许馨溃身死弃尸灭迹之事，当即饬差查拿去后，旋于六月二十三日据役将听从弃尸余人萧登榜、萧登道拿获，传同尸妻许黎氏、应讯陈萧氏、见证萧细老四到案。

即讯据尸妻许黎氏供：已死许馨溃是丈夫。公公许才发，早故，婆婆萧氏再醮与陈莼才为妻，丈夫并未随往。道光二十八年四月初八日，丈夫出外砍柴，到晚未回，小妇人四处查访无迹，六月间路遇萧细老四，向小妇人告知四月初八日他见丈夫在陈莼才山内砍柴，被陈莼才家管山的萧登榜看见，拦阻争闹，丈夫被萧登学们共殴伤腰眼等处身死。小妇人找寻尸身无获，正要具报，已蒙访闻将萧登榜们拿获传讯，求追起丈夫尸身相验究抵。

据应讯陈萧氏供：已死许馨溃是小妇人前夫许才发的儿子。小妇人因许才发病故，再醮与陈莼才为妻，许馨溃并没随带同居。陈莼才有铜锣坝柴山一座，因离家遥远，托小妇人族弟萧登榜就近看管。道光二十八年四月初八日，许馨溃怎样到陈莼才山内砍柴，被萧登榜、萧登道、萧登学们看见拦阻争闹，许馨溃被萧登学们共殴，致伤身死，小妇人先不知晓。今蒙传讯，才知道的。陈莼才现在外贸未回。是实。

据见证萧细老四供：与陈莼才素识，他有铜锣坝柴山一座，因离家弯远，托萧登榜就近看管，小的是晓得的。道光二十八年四月初八日，小的赴川生理，路过铜锣坝地方，见许馨溃在陈莼才山内砍柴。适萧登榜与萧登道、萧登学走来看见，萧登榜上前拦阻，许馨溃斥他多管混骂，萧登榜回骂，许馨溃举拳扑殴，萧登榜用手内锄柄殴伤许馨溃偏右、右肋，许馨溃用柴刀向砍，萧登榜闪开，萧登道拢护，也用锄柄殴伤许馨溃右胳肘。许馨溃转向萧登道扑砍，萧登道又用锄柄殴伤许馨溃左肋。萧登学上前拉劝，许馨溃斥骂帮护，用刀向砍，萧登学接过萧登道铁锄，把许馨溃柴刀格落，用锄背连殴伤他右臂膊。许馨溃弯身拾刀，萧登学又用锄背从旁殴伤许馨溃腰身，倒地。小的赶拢喝阻。不料许馨溃伤重，隔不一会就身死了。小的因生意紧急，当即走散。过后回家，路遇许馨溃的妻子许黎氏，告知前情，正要具报，已蒙访闻传讯。至萧登学们如何弃尸灭迹，小的不知道。当时委系救阻不及。是实。

据听从弃尸余人萧登榜供：年四十二岁。父故母存，弟兄二人，小的居长。娶妻张氏，生有一子。萧登道供：年三十八岁。父母俱故，并无兄弟。娶妻李氏，生有子女。又据同供：都是安化县人，小的们是共祖堂兄弟，已死许馨溃是小的们族姊萧氏前夫许才发的儿子，素好无嫌。萧氏因许才发病故，再醮与陈莼才为妻，许馨溃没有随往。陈莼才有地名铜锣坝柴山一座，因离家窎远，托小的萧登榜就近看管。道光二十八年四月初八日，小的们并堂弟萧登学各拿铁锄赴山工作，经过铜锣坝地方，见许馨溃在陈莼才山内砍柴，小的萧登榜上前拦阻，许馨溃斥说多管混骂。小的萧登榜回骂，许馨溃举拳扑殴，小的萧登榜顺用锄柄殴伤他偏右、右肋。许馨溃用柴刀砍来，小的萧登榜闪开，小的萧登道拢护，也用锄柄殴伤他右胳肘。许馨溃转向小的萧登道扑砍，小的萧登道又用锄柄殴伤许馨溃左肋。萧登学上前拉劝，许馨溃斥骂帮护，用刀向砍。萧登学接过小的萧登道铁锄，把许馨溃柴刀格落，用锄背连殴伤他右臂膊。许馨溃弯身拾刀，萧登学又用锄背从旁殴伤许馨溃腰眼，倒地。经萧细老四喝阻。许馨溃隔不一会因伤身死，萧细老四当即走去。萧登学畏罪，起意弃尸灭迹，央小的们帮抬，小的们应允。就一同把尸身抬往大岩坡丢弃石峡内各散。后蒙访闻差拿，各自逃出躲避，被差拿获的。委因口角争闹共殴毙，听从弃尸灭迹，并非预谋纠殴。小的萧登榜实止用锄柄殴伤许馨溃偏右、右肋，小的萧登道用锄柄殴伤右胳肘、左肋，其余的伤都是萧登学打的。小的萧登榜铁锄已经丢弃，萧登学逃往何处不知道。是实。各等供。

据此，随带刑仵、尸亲、犯证人等驰诣弃尸处所。勘得大岩坡地方系荒僻山区，坡下有石峡一道，峡外茂草丛杂。许馨溃尸身仰卧峡内，因该处地气阴寒，尸身尚未腐烂。勘毕，饬令将尸移出平地，令尸妻许黎氏认明，实系伊夫许馨溃尸身，如法相验。据仵作邓升喝报：已死许馨溃问年二十五岁。验得仰面面色发变，致命偏右一伤，斜长一寸五分，宽六分。不致命右肋一伤，斜长一寸一分，宽四分，右肋一伤，斜长一寸三分，宽五分，均紫红色，俱系木器伤。合面不致命右臂膊接连二伤，均方圆不整，难量分寸，紫黑色，系铁器伤。右胳肘一伤，斜长一寸一分，宽三分，紫红色，系木器伤。致命腰眼一伤，方圆不整，难量分寸，紫黑色，骨损，系铁器伤。余俱无故。委系受伤身死。报毕亲验无异。凶器铁锄据供丢弃，无从查起，比对尸身。当场填格取结，尸饬棺殓。当将犯证带回，分别禁保。

正在具文通报间，旋于七月初三日据役将凶犯萧登学拿获到案，即讯凶犯萧登学供：年三十二岁，安化县人。已死许馨溃是小的族姊萧氏前夫许才发的儿子，素好无嫌。萧氏因许才发病故，再醮与陈纯才为妻，许馨溃并未随往。陈纯才有地名铜锣坝柴山一座，因离家窎远，托堂兄萧登榜就近看管。道光二十八年四月初八日，小的与萧登榜并堂兄萧登道各拿铁锄赴山工作，路过铜锣坝地方，见许馨溃在陈纯才山内砍柴，萧登榜上前拦阻，许馨溃斥他多管混骂，萧登榜回骂。许馨溃举拳扑殴，萧登榜顺用锄柄殴伤他偏右、右肋。许馨溃用柴刀向砍，萧登榜闪开。萧登道拢护，也用锄柄殴伤他右胳肘。许馨溃转向萧登道扑砍，萧登道又用锄柄殴伤许馨溃左肋。小的上前拉劝，许馨溃斥骂小的帮护，用刀向小的砍来。小的接过萧登道铁锄，把许馨溃柴刀格落，用锄背连殴伤他右臂膊。许馨溃弯身拾刀，小的怕他拾起行凶，又用锄背从旁吓殴，不料伤着许馨溃腰眼，倒地。经萧细老四喝阻。那知许馨溃隔不一会因伤身死，萧细老四当即走去。小的畏罪，起意弃尸灭迹，央允萧登榜、萧登道一同把尸身抬往大岩坡，丢弃石峡内各散。后蒙访闻差拿，逃出躲避，被差拿获的。委因口角争闹共殴，适伤致毙，起意弃尸灭迹，并非预谋纠殴，也不是有心要打死他的。凶器铁锄已经丢弃。是实。等供。

据此，除将该犯收禁，再行研讯口角争闹，共殴致毙，起意弃尸灭迹，有无预谋纠殴，务得确情，究明正凶按拟定依限招解外，合将访闻获犯验讯缘由填格取结，录供具文通报。等情。奉两院批饬审解去后，嗣据署安化县知县吴化彦提犯审拟，由思南府知府左逊审转解司。因犯供游移，行提人证质讯。旋据该署县吴化彦以案犯萧登榜于二十八年十二月二十七日在监患病，提禁医调罔效，于二十九年正月初二日病故。验讯保医人等，并无陵虐及误用方药情弊，填格录供通报，并将人证提齐申解到省，饬委署贵阳府知府朱德瑹审办。

兹据详称，遵提研讯，除尸妻许黎氏、应讯陈萧氏、见证萧细老四各供均与原审相同不叙外，据听从弃尸余人萧登道供：年三十九岁，安化县人。父母俱故，并无弟兄。娶妻李氏，生有子女。小的与萧登榜们是共祖堂弟兄。已死许馨溃是小的族姊萧氏前夫许才发的儿子，素好无嫌。萧氏因许才发病故，再醮与陈莼才为妻，许馨溃没有随往。陈莼才有地名铜锣坝柴山一座，因离家窵远，托萧登榜就近看管。道光二十八年四月初八日，小的与萧登榜并堂弟萧登学各拿铁锄赴山工作。经过铜锣坝地方，见许馨溃在陈莼才山内砍柴，萧登榜上前拦阻，许馨溃斥说多管混骂，萧登榜回骂。许馨溃举拳扑殴，萧登榜顺用锄柄殴伤他偏右、右肋，许馨溃用柴刀砍来，萧登榜闪开，小的拢护，也用锄柄殴伤他右胳肘。许馨溃转向小的扑砍。小的又用锄柄殴伤许馨溃左肋。萧登学上前拉劝，许馨溃斥骂帮护，用刀向砍。萧登学接过小的铁锄，把许馨溃柴刀格落，用锄背连殴伤他右臂膊。许馨溃弯身拾刀，萧登学又用锄背从旁殴伤许馨溃腰眼，倒地。经萧细老四喝阻。许馨溃隔不一会因伤身死。萧细老四当即走去。萧登学畏罪，起意弃尸灭迹，央小的与萧登榜帮抬。小的与萧登榜应允，就一同把尸身抬往大岩坡，丢弃石峡内各散。后蒙访闻差拿，各自逃出躲避，被差拿获的。委因口角争闹，共殴致毙，听从弃尸灭迹，并非预谋纠殴。萧登榜实止用锄柄殴伤许馨溃偏右、右肋，小的用锄柄殴伤右胳肘、左肋，其余的伤都是萧登学打的。是实。

据凶犯萧登学供：年三十三岁，安化县人。父故母存，弟兄三人，小的行三，尚未娶妻。已死许馨溃是小的族姊萧氏前夫许才发的儿子，素好无嫌。萧氏因许才发病故，再醮与陈莼才为妻，许馨溃并未随往。陈莼才有地名铜锣坝柴山一座，因离家窵远，托堂兄萧登榜就近看管。道光二十八年四月初八日，小的与萧登榜并堂兄萧登道各拿铁锄赴山工作，路过铜锣坝地方，见许馨溃在陈莼才山内砍柴，萧登榜上前拦阻，许馨溃斥他多管混骂，萧登榜回骂。许馨溃举拳扑殴，萧登榜顺用锄柄殴伤他偏右、右肋。许馨溃用柴刀向砍，萧登榜闪开。萧登道拢护，也用锄柄殴伤他右胳肘。许馨溃转向萧登道扑砍，萧登道又用锄柄殴伤许馨溃左肋。小的上前拉劝，许馨溃斥骂小的帮护，用刀向小的砍来。小的接过萧登道铁锄，把许馨溃柴刀格落，用锄背连殴伤他右臂膊。许馨溃弯身拾刀，小的怕他拾起行凶，又用锄背从旁吓殴，不料伤着许馨溃腰眼，倒地。经萧细老四喝阻。那知许馨溃隔不一会因伤身死，萧细老四当即走去。小的畏罪，起意弃尸灭迹，央允萧登榜、萧登道一同把尸身抬往大岩坡，丢弃石峡内各散。前蒙访闻差拿，逃出躲避，被差拿获的。委因口角争闹共殴，适伤致毙，起意弃尸灭迹，并非预谋纠殴，也不是有心要打死他的。凶器铁锄已经丢弃。是实。各等供。

据此，该署贵阳府知府朱德璲审看得：安化县民萧登学等共殴许馨溃身死弃尸不失并余人萧登榜在保病故一案，缘萧登学、萧登道与病故之萧登榜系同堂兄弟，已死许馨溃系该犯等族姊萧氏前夫许才发之子，素好无嫌。萧氏因许才发病故，再醮与陈莼才为室，许馨溃并未随往同居。陈莼才有铜锣坝柴山一座，因距家窎远，托萧登榜就近看管。道光二十八年四月初八日，萧登学偕萧登榜、萧登道各携铁锄赴山工作，路过铜锣坝地方，见许馨溃在陈莼才山内砍柴。萧登榜上前拦阻，许馨溃斥其多管混骂，萧登榜回骂，许馨溃举拳扑殴，萧登榜顺用锄柄殴伤许馨溃偏右、右肋。许馨溃用柴刀向砍，萧登榜闪开，萧登道拢护，亦用锄柄殴伤其右胳肘。许馨溃转向萧登道扑砍，萧登道又用锄柄殴伤许馨溃左肋。萧登学上前拉劝，许馨溃斥骂帮护，用刀向砍。萧登学接过萧登道铁锄，将许馨溃柴刀格落，用锄背连殴伤其左臂膊。许馨溃弯身拾刀，萧登学虑被拾起行凶，用锄背从旁吓殴，不期致伤许馨溃腰眼，倒地。适萧细老四赴川贸易，路经该处，见而喝阻。讵许謦溃伤重，移时殒命。萧细老四因生意紧急，亦即走去。萧登学畏罪，起意弃尸灭迹，央允萧登榜、萧登道一同将尸身抬至山后大岩坡，丢弃石峡内各散。嗣萧细老四外归，向尸妻许黎氏告知。正欲具报，经署安化县知县吴化彦访闻获犯验讯通详，奉批饬审。吴化彦提犯审拟，由思南府知府左逊审转解司。因犯供游移，行提人证质讯。旋据吴化彦以案犯萧登榜在监患病，提禁医调罔效，在保病故。验讯保医人等，并无陵虐及误用方药情弊。填格录供通报，并将人证申解到省，饬委卑署府审办遵提研讯，据供前情不讳，究诘委因口角争闹共殴，适伤致毙，起意弃尸灭迹，并非预谋纠殴，亦非有心欲杀。矢口不移，案无遁饰。查律载，共殴人致死，下手致命伤重者绞监候，余人杖一百。又例载，殴杀人案内，凶犯起意弃尸灭迹，其听从抬埋之人审系在场帮殴有伤律，应满杖者杖一百，徒三年，不失尸者减一等。各等语。此案萧登学等共殴许謦溃身死，查许謦溃身受各伤，惟后被萧登学用锄背殴伤腰眼骨损当即倒地为重，应以萧登学拟抵。查余人萧登榜虽于到官后未结以前在保病故，惟所殴许謦溃偏右、右肋各伤，原验色仅紫红，并非重伤，未便将正凶减等，仍应按例问拟。萧登学除弃尸不失轻罪不议外，合依共殴人致死下手致命伤重者绞监候律，拟绞监候，秋后处决。萧登榜、萧登道各在场帮殴有伤，律应满杖，复听从帮抬弃尸不失，亦应按例问拟，萧登榜、萧登道均合依殴杀人案内凶犯起意弃尸灭迹，其听从抬埋之人审系在场帮殴有伤律，应满杖者杖一百，徒三年，不失尸者减一等例，于满徒罪上减一等，各杖九十，徒二年半。萧登榜已在保病故，应毋庸议。萧登道到配折责充徒，期满详释。见证萧细老四救阻不及，尸妻许黎氏未报有因，均毋庸议。无干省释。尸棺饬属领埋。凶锄供弃免追。萧登榜在保病故，已经该县讯明保医人等，并无陵虐及误用方药情弊，亦毋庸议。是否允协，理合具招连犯解候审转。等情。到司。该署按察使福连审与该委员所审相同，按拟定连犯招解前来。

臣提犯亲讯无异，除供词相同不叙外，该臣审看得：安化县民萧登学等共殴许馨溃身死弃尸不失并余人萧登榜在保病故一案，缘萧登学、萧登道与病故之萧登榜系同堂兄弟，已死许馨溃系该犯等族姊萧氏前夫许才发之子，素好无嫌。萧氏因许才发病故，再醮与陈莼才为室，许馨溃并未随往同居。陈莼才有铜锣坝柴山一座。因距家窵远，托萧登榜就近看管。道光二十八年四月初八日，萧登学偕萧登榜、萧登道各携铁锄赴山工作。路过铜锣坝地方，见许馨溃在陈莼才山内砍柴。萧登榜上前拦阻，许馨溃斥其多管混骂，萧登榜回骂，许馨溃举拳扑殴，萧登榜顺用锄柄殴伤许馨溃偏右、右肋。许馨溃用柴刀向砍，萧登榜闪开，萧登道拢护，亦用锄柄殴伤其右胳肘。许馨溃转向萧登道扑砍，萧登道又用锄柄殴伤许馨溃左肋。萧登学上前拉劝，许馨溃斥骂帮护，用刀向砍。萧登学接过萧登道铁锄，将许馨溃柴刀格落，用锄背连殴伤其左臂膊。许馨溃弯身拾刀，萧登学虑被拾起行凶，用锄背从旁吓殴，不期致伤许馨溃腰眼，倒地。适萧细老四赴川贸易，路经该处，见而喝阻。讵许馨溃伤重，移时殒命。萧细老四因生意紧急，亦即走去。萧登学畏罪，起意弃尸灭迹，央允萧登榜、萧登道一同将尸身抬至山后大岩坡，丢弃石峡内各散。嗣萧细老四外归，向尸妻许黎氏告知。正欲具报，经署安化县知县吴化彦访闻获犯验讯通详，批饬审解，吴化彦提犯审拟，由思南府知府左逊审转解司。因犯供游移，行提人证质讯。旋据吴化彦以案犯萧登榜在监患病，提禁医调罔效，在保病故。验讯保医人等，并无陵虐及误用方药情弊。填格录供通报，并将人证申解到省，饬委署贵阳府知府朱德璂审明解司，经署按察使福连覆审招解前来。臣提犯亲讯，据供前情不讳，究诘委因口角争闹共殴，适伤致毙，起意弃尸灭迹，并非预谋纠殴，亦非有心欲杀。矢口不移，案无遁饰。此案萧登学等共殴许馨溃身死，查许馨溃身受各伤，惟后被萧登学用锄背殴伤腰眼骨损当即倒地为重，应以萧登学拟抵。查余人萧登榜虽于到官后未结以前在保病故，惟所殴许馨溃偏右、右肋各伤，原验色仅紫红，并非重伤，未便将正凶减等，仍应按例问拟。萧登学除弃尸不失轻罪不议外，合依共殴人致死下手致命伤重者绞监候律，拟绞监候，秋后处决。萧登榜、萧登道各在场帮殴有伤，律应满杖，复听从帮抬，弃尸不失，亦应按例问拟，萧登榜、萧登道均合依殴杀人案内凶犯起意弃尸灭迹，其听从抬埋之人审系在场帮殴有伤律，应满杖者杖一百，徒三年，不失尸者减一等例，于满徒罪上减一等，各杖九十，徒二年半。萧登榜已在保病故，应毋庸议。萧登道到配折责充徒，期满详释。见证萧细老四救阻不及，尸妻许黎氏未报有因，均毋庸议。无干经县省释。尸棺已据饬属领埋。凶锄供弃免追。萧登榜在保病故，已经该县讯明保医人等，并无陵虐及误用方药情弊，亦毋庸议。是否允协，臣谨具题，伏乞皇上圣鉴，敕下法司核覆施行。

再，查此案例限六个月，应以道光二十八年六月二十三获犯之日起限承审，县府同城，由府至省计程六百六十里，程限十四日。该县府于限内审转解司。因犯供游移，行提人证至省，饬委贵阳府审办，应扣提解限二十日，往返程限二十八日，封印一个月，委审限一个月，共扣至二十九年四月二十五日统限届满，并未逾违，合并陈明。为此具本，谨题请旨。

道光二十九年四月二十三日，署理贵州巡抚印务布政使司布政使臣罗绕典。

朱批：三法司核拟具奏。

题为审理荔波县民吴阿沦因吴阿闲坐歇碍路争闹将其伤毙一案依律拟绞监候请旨事

道光二十九年四月二十三日

署理贵州巡抚印务布政使司布政使臣罗绕典谨题：为报恳验

究事。

据署按察使福连详称，案据署荔波县知县吉尔通阿详称：道光二十八年八月二十五日据寨头吴阿景报，据苗民吴阿方投称，本月二十二日伊子吴阿闲赴及寨村乞取野菜，在路口坐地歇气，有吴阿沦路过，斥其拦路。口角争殴，伊子被吴阿沦用刀戳伤左肋，延至二十四日，因伤身死。等语。往看属实。理合报验。等情。并据吴阿方报同前情。据此，随带刑仵驰诣尸所，饬令将尸移放平地，如法相验。据仵作蒋顺喝报：已死吴阿闲问年二十四岁。验得仰面不致命左肋一伤，斜长七分，宽三分，深透膜，皮肉卷缩血污，系刀伤。余俱无故。委系受伤身死。报毕亲验无异。饬取凶刀，比对尸伤相符，当场填格取结，尸饬棺殓。

即讯据寨头吴阿景供，与报词同。据尸父吴阿方供：已死吴阿闲是儿子。道光二十八年八月二十二日儿子到及寨村乞取野菜，过后有寨邻吴阿做说儿子因在路口坐地歇气，吴阿沦路过斥说儿子不应拦住走路，儿子分辩，两相争闹，儿子用乞菜小刀向吴阿沦戳去，吴阿沦夺刀戳伤儿子左肋，倒地。小的赶去查看，向儿子问明情由，扶回寻药敷治不效到二十四日，因伤身死。小的赴案报验的。求究抵。

据见证吴阿做供：道光二十八年八月二十二日，小的在及寨村工作，见吴阿闲在彼乞菜，后在路口坐地歇气，吴阿沦路过有碍行走，斥说吴阿闲不应拦住走路，吴阿闲分辩，两相争闹，吴阿闲用乞菜小刀向吴阿沦戳去，吴阿沦闪避，将刀夺过，吴阿闲扑殴，吴阿沦用刀戳伤吴阿闲左肋，倒地。小的上前喝阻，往向吴阿闲的父亲吴阿方告知，赶来看明，将吴阿闲扶回调治不效。到二十四日，因伤身死。当时委系救阻不及。是实。

据凶犯吴阿沦供：年二十五岁，荔波县人。与已死吴阿闲同姓不宗，素识无嫌。道光二十八年八月二十二日，小的赶场转回，路过及寨村地方，见吴阿闲坐在路口歇气，有碍行走，小的斥他不应拦住走路。吴阿闲站起分辩，两相争闹。吴阿闲用手中小刀戳来，小的闪避，将刀夺过，吴阿闲扑殴，小的用刀吓戳，想他退避，不料伤着他左肋，倒地。经吴阿做赶拢喝阻，小的走回，那知吴阿闲到二十四日因伤身死，委因口角争殴吓戳，适伤致死，并不是有心要戳死他的。凶刀已蒙起获。是实。各等供。

据此，除将犯证分别禁保，凶刀贮库，再行研讯口角争殴，戳伤致毙，究明有无谋故，务得确情，按拟定依限招解外，合将验讯缘由填格取结，录供具文通报。等情。奉两院批饬审解去后，兹据都匀府知府鹿丕宗转据署荔波县知县吉尔通阿详称，查该犯吴阿沦于道光二十八年十一月初十日在监患病，当经验报医调，嗣于十二月十一日据报病痊，随提犯证覆鞫。除寨头吴阿景、尸父吴阿方、见证吴阿做各供均与初审相同不叙外，据凶犯吴阿沦供：年二十六岁，荔波县人。父故母存，弟兄四人，小的行二，尚未娶妻。与已死吴阿闲同姓不宗，素识无嫌。道光二十八年八月二十二日，小的赶场转回，路过及寮村地方，见吴阿闲坐在路口歇气，有碍行走，小的斥他不应拦住走路。吴阿闲站起分辩，两相争闹。吴阿闲用手中小刀戳来，小的闪避，将刀夺过，吴阿闲扑殴，小的用刀吓戳，想他退避，不料伤着他左肋，倒地。经吴阿做赶拢喝阻，小的走回，那知吴阿闲到二十四日因伤身死，委因口角争殴吓戳，适伤致死，并不是有心要戳死他的。凶刀已蒙起获。是实。等供。

据此，该署荔波县知县吉尔通阿审看得：县民吴阿沦戳伤吴阿闲身死一案，缘吴阿沦与已死吴阿闲同姓不宗，素识无嫌。道光二十八年八月二十二日吴阿闲赴及寮村乞取野菜，后在路口坐地歇气，适吴阿沦赶场回归，道经该处。因吴阿闲坐在路口，有碍行走，斥其不应拦住走路。吴阿闲起身分辩，两相争闹，吴阿闲用乞菜小刀向吴阿沦戳去。吴阿沦闪避，将刀夺获，吴阿闲扑殴，吴阿沦用刀吓戳，冀其退避，不期适伤吴阿闲左肋，倒地。经吴阿做赶拢喝阻。吴阿做往向吴阿闲之父吴阿方告知，赶至问明情由，将吴阿闲扶回，寻药敷治不效。延至二十四日，因伤殒命。报经卑职验讯通详，奉批饬审，遵题覆鞫，据供前情不讳，究诘委因口角争殴吓戳，适伤致毙，并非有心欲杀。矢口不移，案无遁饰。查律载，斗殴杀人者不问手足他物金刃并绞监候。等语。此案吴阿沦戳伤吴阿闲身死，自应照律问拟。吴阿沦合依斗殴杀人者不问手足他物金刃并绞监候律，拟绞监候，秋后处决。吴阿做救阻不及，应毋庸议。无干省释。尸棺饬属领埋。凶刀随招解验，案结汇报变解。是否允协，理合具招将犯解候审转。等情。由府覆审解司。该署按察使福连审与该县府所审相同，按拟定连犯招解前来。

臣提犯亲讯无异，除供词相同不叙外，该臣审看得：荔波县民吴阿沦戳伤吴阿闲身死一案，缘吴阿沦与已死吴阿闲同姓不宗，素识无嫌。道光二十八年八月二十二日吴阿闲赴及寮村乞取野菜，后在路口坐地歇气，适吴阿沦赶场回归，道经该处。因吴阿闲坐在路口，有碍行走，斥其不应拦住走路。吴阿闲起身分辩，两相争闹，吴阿闲用乞菜小刀向吴阿沦戳去。吴阿沦闪避，将刀夺获，吴阿闲扑殴，吴阿沦用刀吓戳，冀其退避，不期适伤吴阿闲左肋，倒地。经吴阿做赶拢喝阻。吴阿做往向吴阿闲之父吴阿方告知，赶至问明情由，将吴阿闲扶回，寻药敷治不效。延至二十四日，因伤殒命。报经署荔波县知县吉尔通阿验讯通详，批饬审解，该署县提犯审拟，由都匀府知府鹿丕宗审转解司，经署按察使福连覆审招解前来。臣提覆亲讯，据供前情不讳，究诘委因口角争殴吓戳，适伤致毙，并非有心欲杀。矢口不移，案无遁饰。此案吴阿沦戳伤吴阿闲身死，自应照律问拟。吴阿沦合依斗殴杀人者不问手足他物金刃并绞监候律，拟绞监候，秋后处决。吴阿做救阻不及，应毋庸议。无干经县省释。尸棺已据饬属领埋。凶刀令汇报变解。是否允协，臣谨具题，伏乞皇上圣鉴，敕下法司，核覆施行。

再，查此案例限六个月，应以道光二十八年八月二十五报案之日起限承审，犯病一个月，封印一个月，自县至府计程二百六十里，程限五日，由府至省二百四十里，程限五日。共扣至二十九年闰四月初五日统限届满，并未逾违，合并陈明。为此具本，谨题请旨。

道光二十九年四月二十三日，署理贵州巡抚印务布政使司布政使臣罗绕典。

朱批：三法司核拟具奏。

题为审理大定府民陈老二因卖马换银争闹伤毙胡小幺一案依律拟绞监候请旨事

道光二十九年四月二十三日

署理贵州巡抚印务布政使司布政使臣罗绕典谨题：为报验事。

据署按察使福连详称，案据代理大定府知府存杰详称：道光二十八年七月十三日据乡约谢顺魁报，据水城厅民胡受祥投称，本月初四日伊弟胡小幺在府属地方向陈老二买马，口角争闹，伊弟用刀戳伤陈老二左额角等处，被陈老二夺刀戳伤伊弟右肋，至初九日身死。等语。往看属实。理合报验。等情。并据胡受祥报同前由。据此，随饬差将陈老二拿获，一面带领刑件前诣尸所，饬令将尸移放平地，如法相验。据件作文玉溃喝报：已死胡小幺问年二十六岁。验得仰面不致命右肋一伤，斜长八分，宽三分，深透内，皮肉卷缩血污，系刀伤。余无别故。委系受伤身死。报毕亲验无异。凶刀据供丢弃。当场填格取结，尸饬棺殓。又验得陈老二左额角、左手背、左脚跟各有刀伤一处，用药敷盖，未便揭视，填单饬医。

即讯据乡约谢顺魁供，与报词同。据尸兄胡受祥供：水城厅人，住处与大定府连界，已死胡小幺是小的兄弟，同邻人吴沅沅出外赶场。过后，吴沉沉转回，说兄弟在府属地方向陈老二买马一匹，议定价银四两二钱，陈老二因银色低潮，要兄弟另换，兄弟不肯，口角争闹。兄弟用刀戳伤陈老二左额角等处，陈老二夺刀戳伤兄弟右肋，倒地，弃刀跑走。他拾刀赶上，砍伤陈老二左脚跟，经赵二法、一麻子喝散的话。小的赶去查看，向兄弟问明情由，当把兄弟背到路旁草棚内睡卧，找药敷治。不料兄弟伤重，到初九日身死，小的投约报验的。求究抵。

据见证赵二法、一麻子同供：道光二十八年七月初四日，小的们出外赶场，走到半路，见胡小幺向陈老二买马一匹，议定价银四两二钱。陈老二因银色低潮，要胡小幺另换，不肯。彼此口角争闹，胡小幺拔出身带尖刀，戳伤陈老二左额角，陈老二夺刀，又被戳伤左手背，陈老二把刀夺获，胡小幺揪住陈老二发辫揪殴，陈老二用刀戳伤胡小幺右肋，松手倒地，弃刀跑走。吴沉沉拾刀赶上，陈老二弯身拾石，吴沉沉用刀砍伤陈老二左脚跟，跌倒。小的们上前喝阻，不料胡小幺到初九日因伤身死，当时救阻不及。是实。

据凶犯陈老二供：年二十七岁，大定府人。与已死胡小幺素识无嫌。道光二十八年七月初四日，小的牵马一匹赴场市售卖。走到半路，与胡小幺并他邻人吴沉沉会遇。胡小幺要买马匹，议定价银四两二钱，小的因胡小幺银色低潮，叫他另换，不肯，彼此口角争闹，胡小幺拔出身带尖刀，戳伤小的左额角。小的夺刀，又被戳伤左手背。小的把刀夺获，胡小幺揪住小的发辫揪殴。小的用刀吓戳，致伤他右肋，松手倒地。小的弃刀跑走，吴沉沉拾刀赶来，小的弯身拾石，吴沉沉用刀砍伤小的左脚跟，跌倒。经赵二法、一麻子走来喝阻，不料胡小幺到初九日因伤身死。委因口角争闹，被戳受伤，夺刀吓戳致毙，并不是有心要杀死他的。马价已经退还，马匹牵回，凶刀丢弃。是实。各等供。

据此，除将犯证分别禁保，差拿吴沉沉务获，拨医调治该犯陈老二，伤痕就痊，再行研讯是否因口角争闹，被戳受伤，夺刀吓戳致毙，究明有无谋故，务得确情，按拟定依限招解外，当将据报验讯缘由填格取结，录供具文通报。等情。奉两院批饬审解去后，嗣据大定府知府黄宅中以前代理府存杰未及审解卸事，该府回任接准移交。查吴沇沇弋获无期，该犯陈老二左额角、左手背伤已平复，惟左脚跟骨损，行走颠跛，已成废疾。提犯审拟，解司提讯。犯供游移，行提人证至省，饬委署贵阳府知府朱德璲审办。兹据详称，遵提研讯，除乡约谢顺魁、尸兄胡受祥、见证赵二法、一麻子各供均与原审相同不叙外，据凶犯陈老二供：年二十八岁，大定府人。父故母存，弟兄三人，小的行二，娶妻生有一子。与已死胡小幺素识无嫌。道光二十八年七月初四日，小的牵马一匹赴场市售卖。走到半路，与胡小幺并他邻人吴沇沇会遇。胡小幺要买马匹，议定价银四两二钱，小的因胡小幺银色低潮，叫他另换，不肯，彼此口角争闹，胡小幺拔出身带尖刀，戳伤小的左额角。小的夺刀，又被戳伤左手背。小的把刀夺获，胡小幺揪住小的发辫揪殴。小的用刀吓戳，致伤他右肋，松手倒地。小的弃刀跑走，吴沇沇拾刀赶来，小的弯身拾石，吴沇沇用刀砍伤小的左脚跟，跌倒。经赵二法、一麻子走来喝阻，不料胡小幺到初九日因伤身死，委因口角争闹，被戳受伤，夺刀吓戳致毙，并不是有心要杀死他的。马价已经退还，马匹牵回，凶刀丢弃。是实。等供。

据此，该署贵阳府知府朱德璲审看得：大定府民陈老二戳伤胡小幺越日身死一案，缘陈老二与已死胡小幺素识无嫌，道光二十八年七月初四日，陈老二牵马一匹赴场市售卖，行至中途，与胡小幺并其邻人吴沇沇会遇。胡小幺向买马匹，议定价银四两二钱，陈老二因胡小幺银色低潮，令其另换，不允。彼此口角争闹，胡小幺拔取身带尖刀戳伤陈老二左额角，陈老二夺刀，又被戳伤左手背。陈老二将刀夺获，胡小幺揪住陈老二发辫揪殴，陈老二用刀吓戳，适伤胡小幺右肋，松手倒地，弃刀跑走。吴沇沇拾刀赶上，陈老二弯身拾石，吴沇沇用刀砍伤陈老二左脚跟，跌倒。

经赵二法、一麻子喝阻，吴沅沅回向胡小幺之兄胡受祥告知，前往查看，向胡小幺问明情由，胡受祥将胡小幺背至路边草棚内睡卧，找药敷治。讵胡小幺伤重，延至初九日殒命，报经代理大定府知府存杰验讯通详，奉批饬审。存杰未及审解，卸事，移交该府黄宅中。查吴沅沅弋获无期，陈老二左额角、左手背伤俱平复，惟左脚跟骨损，行走颠跛，已成废疾。提犯审拟解司，因犯供游移，行提人证至省，饬委卑府审办。遵提研鞫，据供前情不讳，究诘委因口角争闹，被戳受伤，夺刀吓戳致毙，并非有心欲杀。矢口不移，似无遁饰。查律载，斗殴杀人者不问手足他物金刃并绞监候。等语。此案陈老二因与胡小幺口角争闹，夺刀戳伤胡小幺，越五日身死，自应照律问拟。陈老二合依斗殴杀人者不问手足他物金刃并绞监候律，拟绞监候，秋后处决。胡小幺用刀戳伤陈老二左额角等处，本干律拟，业已被戳身死，应毋庸议。赵二法、一麻子救阻不及，均免置议。无干省释。尸棺饬属领埋。逸犯吴沅沅缉获另结。是否允协，理合具招将犯解候审转。等情。到司。该署按察使福连审与该委员所审相同，按拟定连犯招解前来。

臣提犯亲讯无异，除供词相同不叙外，该臣审看得：大定府民陈老二戳伤胡小幺越日身死一案，缘陈老二与已死胡小幺素识无嫌，道光二十八年七月初四日，陈老二牵马一匹赴场市售卖，行至中途，与胡小幺并其邻人吴沅沅会遇。胡小幺向买马匹，议定价银四两二钱，陈老二因胡小幺银色低潮，令其另换，不允。彼此口角争闹，胡小幺拔取身带尖刀戳伤陈老二左额角，陈老二夺刀，又被戳伤左手背。陈老二将刀夺获，胡小幺揪住陈老二发辫揪殴，陈老二用刀吓戳，适伤胡小幺右肋，松手倒地，弃刀跑走。吴沅沅拾刀赶上，陈老二弯身拾石，吴沅沅用刀砍伤陈老二左脚跟，跌倒。经赵二法、一麻子喝阻，吴沅沅回向胡小幺之兄胡受祥告知，前往查看，向胡小幺问明情由，胡受祥将胡小幺背至路边草棚内睡卧，找药敷治。讵胡小幺伤重，延至初九日殒命，报经代理大定府知府存杰验讯通详，批饬审解。存杰未及审解，卸事，移交该府黄宅中。查吴沉沉弋获无期，陈老二左额角、左手背伤俱平复，惟左脚跟骨损，行走颠跛，已成废疾。提犯审拟解司，因犯供游移，行提人证至省，饬委署贵阳府知府朱德璨审明解司，经署按察使福连覆审招解前来。臣提犯亲讯，据供前情不讳，究诘委因口角争闹，被戳受伤，夺刀吓戳致毙，并非有心欲杀。矢口不移，似无遁饰。此案胡老二因与胡小幺口角争闹，夺刀戳伤胡小幺，越五日身死，自应照律问拟。陈老二合依斗殴杀人者不问手足他物金刃并绞监候律，拟绞监候，秋后处决。胡小幺用刀戳伤陈老二左额角等处，本干律拟，业已被戳身死，应毋庸议。赵二法、一麻子救阻不及，均免置议。无干省释。尸棺已据饬属领埋。逸犯吴沉沉缉获另结。是否允协，臣谨具题，伏乞皇上圣鉴，敕下法司，核覆施行。

再，查此系府属命案，例限五个月，应以道光二十八年七月十三报案之日起限承审，前代理府存杰于八月二十八日卸事，历限一月以上，该府黄宅中即于是日回任接审，例得加展一个月。自府至省计程三百八十里，程限八日，该府依限审解。因犯供游移，行提人证至省，饬委贵阳府审办，应扣提解限二十日，往返程限十六日，委审限一个月，封印一个月，共扣至二十九年四月二十七日统限届满，并未逾违，合并陈明。为此具本，谨题请旨。

道光二十九年四月二十三日，署理贵州巡抚印务布政使司布政使臣罗绕典。

题为审理水城厅民俞秋坝因被索欠钱起衅伤毙蒋小四一案依律拟绞监候请旨事

道光二十九年九月二十二日

署理贵州巡抚印务布政使司布政使臣罗绕典谨题：为报验缉

究事。

案准抚臣乔用迁移交，据兼署按察使事粮巡道孙起端详称，案据前署水城通判倪应谦详称：道光二十八年四月初三日据厅属乡约禄宣报，据民人蒋成芝投称，本年三月二十九日伊与蒋小四因禄万选向俞秋坝索讨欠银争殴拢护，被俞秋坝用刀戳伤伊子右乳身死。等语。约往看属实。查俞秋坝业已逃逸，理合报验缉究。等情。并据尸父蒋成芝报同前由。据此，随差缉凶犯，并带刑仵前诣尸所，饬令将尸移放平地，如法相验。据仵作陈升喝报：已死蒋小四问年十八岁。验得仰面致命右乳一伤，斜长七分，宽三分，深透内，皮肉卷缩血污，系刀伤。余无别故。委系受伤身死。报毕亲验无异。凶犯在逃，无凭查起凶刀，比对尸伤。当场填格取结，尸饬官殓。

即讯据乡约禄宣供，与报词同。据尸父蒋成芝供：已死蒋小四是小的儿子。道光二十八年三月二十九日儿子与寨邻禄万选、杨裕达出外赶场，傍晚时杨裕达去说禄万选因向俞秋坝索讨欠银争殴，儿子走拢帮护，被俞秋坝用刀戳伤右乳身死。小的赶来看明，投约具报的。求缉究。

据见证杨裕达供：禄万选向他索讨欠银，俞秋坝央缓，禄万选不依，说要剥衣作抵，两相争闹。俞秋坝将禄万选推跌在地，蒋小四拢护，扑向揪殴，被俞秋坝拔取身带小刀戳伤右乳，倒地。小的上前喝阻，俞秋坝跑走。隔不一会，蒋小四就因伤身死。小的去向蒋小四的父亲蒋成芝告知，赶来看明，投约具报的。当时救阻不及。是实。各等供。

正在具文通报间，旋于四月二十日据役缉获俞秋坝到案。即讯据凶犯俞秋坝供：是水城厅人。与已死蒋小四素识无嫌。道光二十八年二月初间，有寨邻禄万选将他契买婢女杨妹卖与小的为妾，议定身价银六两，当交银一两二钱，下欠约缓措交。三月二十九日傍晚，小的站在门首，适禄万选、蒋小四、杨裕达走过，禄万选向索前欠，小的无银央缓，禄万选不依，说要剥衣作抵，两相争闹。小的把他推跌在地，蒋小四拢护，扑向揪殴，小的顺拔身带小刀吓戳，不料他扑来势猛，收手不及，致伤他右乳，倒地。杨裕达上前喝阻，小的跑走。后闻蒋小四因伤身死，逃出躲避，今被拿获的。委因拢护争殴吓戳，适伤致毙，并不是有心要戳死他的。凶刀已经丢弃。是实。各等供。

据此，除将犯证分别禁保，差缉禄万选务获，提同现犯，再行研讯起衅争殴，戳伤身死，究明有无谋故，务得确情，按拟依限招解外，当将报验获犯审讯缘由填格录供，具文通报。等情。奉两院批饬审解去后，兹据大定府知府黄宅中转，准署水城通判

陈然青详称，该犯俞秋坝于七月初七日在监患病，经前署厅倪应谦验报医治，倪应谦未反审解，卸事，移交署厅。查俞秋坝于八月初八日病瘗，禄万选弋获无期。遵提覆讯，除乡约禄宣、尸父蒋成芝、见证杨裕达各供均与前审相同不叙外，据凶犯俞秋坝供：年三十三岁，是水城厅人。父亡母存，弟兄三人，小的行二。娶妻已故，未生子女。与已死蒋小四素识无嫌。道光二十八年二月初间，有寨邻禄万选将他契买婢女杨妹卖与小的为妾，议定身价六两，当交银一两二钱，下欠约缓措交。三月二十九日傍晚，小的站在门首，适禄万选、蒋小四、杨裕达走过，禄万选向索前欠，小的无银央缓，禄万选不依，说要剥衣作抵，两相争闹。小的把他推跌在地，蒋小四拢护，扑向揪殴，小的顺拔身带小刀吓戳，不料他扑来势猛，收手不及，致伤他右乳，倒地。杨裕达上前喝阻，小的跑走。后闻蒋小四因伤身死，逃出躲避，今被拿获的。委因拢护争殴吓戳，适伤致毙，并不是有心要戳死他的。凶刀已经丢弃。是实。等供。

据此，该署水城通判陈然青审看得：厅民俞秋坝戳伤蒋小四身死一案，缘俞秋坝与已死蒋小四素识无嫌。道光二十八年二月初间，禄万选将契买婢女杨妹卖与俞秋坝为妾，议定身价银六两，当交银一两二钱，下欠约缓措交。三月二十九日傍晚，俞秋坝站在门首，适禄万选蒋小四、杨裕达走过，禄万选向索前欠，

俞秋坝无银央缓，禄万选不依，说要剥衣作抵，两相争闹。俞秋坝把禄万选推跌在地，蒋小四拢护，扑向揪殴，俞秋坝顺拔身带小刀吓戳，不料他扑来势猛，收手不及，致伤他右乳，倒地。杨裕达上前喝阻，俞秋坝跑走。讵蒋小四伤重，移时殒命。杨裕达向蒋小四之父蒋成芝告知，前往看明，报经前署倪应谦诣验获犯讯详，奉批饬审。倪应谦未及审解卸事，该到任接准移交，遵提覆鞫，据供前情不讳，究诘委因拢护争殴吓戳，致伤身死，并非有心欲杀。矢口不移，似无遁饰。查律载，斗殴杀人者不问手足他物金刃并绞监候。等语。此案俞秋坝用刀戳伤蒋小四身死，自应照律问拟。俞秋坝合依斗殴杀人者不问手足他物金刃并绞监候律，拟绞监候，秋后处决。杨裕达救阻不及，应毋庸议。禄万选获日另结。俞秋坝欠银照追给领。无干省释。尸棺饬属领埋。凶刀供弃免追。是否允协，理合具招连犯解候审转。等情。由府覆审解司。该兼署按察使事粮巡道孙起端审与该厅府所审相同，按拟连犯招解。抚臣乔用迁提犯亲讯无异，未及具题，移交到臣。

该臣核看得：水城厅民俞秋坝戳伤蒋小四身死一案，缘俞秋坝与已死蒋小四素识无嫌。道光二十八年二月初间，禄万选将契买婢女杨妹卖与俞秋坝为妾，议定身价银六两，当交银一两二钱，下欠约缓措交。三月二十九日傍晚，俞秋坝站在门首，适禄万选、蒋小四、杨裕达走过。禄万选向索前欠，俞秋坝无银央缓，禄万选不依，说要剥衣作抵，致相争闹。俞秋坝将禄万选推跌在地，蒋小四拢护，扑向揪殴，俞秋坝顺拔身带小刀吓戳，因蒋小四拢护势猛，收手不及，致伤蒋小四右乳，倒地。杨裕达上前喝阻，俞秋坝跑走。讵蒋小四伤重，移时殒命。杨裕达向蒋小四之父蒋成芝告知，前往看明。报经前署水城通判倪应谦诣验获犯讯详，批饬审解。倪应谦未及审解卸事，移交接署厅陈然青提犯审解，由大定府知府黄宅中审转解司。经兼署按察使孙起端覆审招解，抚臣乔用迁提犯亲讯，据供前情不讳，究诘委因拢护争殴吓戳，致伤身死，并非有心欲杀。矢口不移，似无遁饰。未及具题，移交到臣。臣覆核无异。此案俞秋坝用刀戳伤蒋小四身死，自应照律问拟。俞秋坝合依斗殴杀人者不问手足他物金刃并绞监候律，拟绞监候，秋后处决。杨裕达救阻不及，应毋庸议。禄万选缉获另结。俞秋坝欠银照追给领。无干经厅省释。尸棺已据饬属领埋。凶刀供弃免追。是否允协，臣谨具题，伏乞皇上圣鉴，敕下法司核覆施行。

再，此案例限六个月，应以道光二十八年四月二十获犯之日起限承审，犯病一个月，自厅至府计程二百四十里，程限五日，前署厅倪应谦于七月二十九日卸事，接署厅陈然青即于是日到任，例得展限一个月，由府至省三百八十里，程限八日，封印一个月，共扣至二十九年二月初三日统限届满，并未逾违，合并陈明。为此具本，谨题请旨。（缺文）

题参湖北随州祝林总州同刘鈝等员疏防
限满赃贼未获事

道光二十九年十月二十一日

兵部侍郎兼都察院右副都御史巡抚湖北武昌等处地方提督军务臣罗绕典谨题：为报明事。

据湖北按察使椿寿详称，案据随州知州金云门详称：道光二十九年闰四月初八日据监生左国兴具报：伊家于四月二十九日夜被贼撬门进内，窃去钱文、首饰、衣物，伊妻惊起出捕，被贼用言吓拒而逸。理合开单报请勘验缉究。等情。据此，估计各赃共值银一百六两零。查失事地方离州城二百里，并未安设兵丁墩铺。随会营诣勘，情形讯据事主供，与报词相同。除差关勒拿赃贼务获究报外，合先通报。等情。详奉批饬，缉究详参去后，兹据德安府知府易容之转据随州知州金云门详称：遵即差关勒拿，迄今历限届满，赃贼未获。等情。开列职名，由府加开职名详参。到司。并准汉黄德道暨德安营咨送道衔武职前来。

该湖北按察使椿寿查得：随州通详监生左国兴家于道光二十九年四月二十九日夜被贼窃去钱文、首饰、衣物，伊妻出捕被贼用言吓拒一案，先经该州会营诣勘通详，奉批饬缉详参。兹例限届满，赃贼未获，移行开报疏防各职名详参前来。除仍饬勒缉赃贼务获究报，并武职疏防各职名另详呈请督院题参外，所有承缉文职疏防限满无获：捕官系随州祝林总州同刘鉁，印官系随州知州金云门，督缉知府系德安府知府易容之，兼辖道员系汉黄德道赵镛。相应详据开报，伏候查核题参。

再，失事地方离州城二百里，并未安设兵丁墩铺，道府不同城，在百里以外。此案应以道光二十九年四月二十九日失事计限起，连闰扣至七月二十九日，满四个月疏防例限，合并声明。等情。呈详到臣。

该臣看得：随州通详监生左国兴家于道光二十九年四月二十九日夜被贼窃去钱文、首饰、衣物，伊妻出捕被贼用言吓拒一案，先经该州会营诣勘通详，批司饬缉详参去后，兹据湖北按察使椿寿详称：此案例限届满，赃贼未获，移行开报疏防各职名请参前来。除仍饬勒缉赃贼，务获究报，暨武职疏防各职名由督臣衙门题参外，所有承缉文职疏防限满无获：捕官系随州祝林总州同刘鉁，印官系随州知州金云门，督缉知府系德安府知府易容之，兼辖道员系汉黄德道赵镛。相应据详指参。臣谨会同湖广总督臣裕泰合词恭疏具题，伏乞皇上圣鉴，敕部核议施行。

再，失事地方离州城二百里，并无安设兵丁墩铺。道府不同城，在百里以外。此案应以道光二十九年四月二十九日失事计限起，连闰扣至七月二十九日，满四个月疏防例限，合并陈明。臣谨会题请旨。

道光二十九年十月二十一日，兵部侍郎兼都察院右副都御史巡抚湖北武昌等处地方提督军务臣罗绕典。

朱批：该部议奏。

题为审理归州民向青河殴伤伊妻谭氏身死一案依律拟绞监候请旨事

道光二十九年十一月初三日

194

兵部侍郎兼都察院右副都御史巡抚湖北武昌等处地方提督军务臣罗绕典谨题：为报明事。

据湖北按察使椿寿详称，案据署归州知州刘鸿庚详称：道光二十九年三月三十日据保正谭学泮报，据民人谭维高投称，伊妹谭氏嫁向青河为妻，三月二十四日晚伊妹因炒食包谷，夫妇口角，被向青河殴伤身死，有向李氏见证。等语。往看属实。查向青河逃避，报请诣验缉究。等情。并据谭维高报同前由。据此，随带吏件前诣相验。据件作陈德茂喝报：验得已死向谭氏问年二十五岁。仰面致命左耳窍一伤，斜长一寸，宽五分，红色，系木器伤。咽喉一伤，横长二寸八分，宽三分，紫红色，系手指叉伤。合面致命脊背一伤，斜长一寸，宽三分，红色。右腰眼接连四伤，均斜长二寸三分，宽三分，红色，系木器伤。余无故。实系受伤身死。报毕亲验无异。当场填格取结，尸饬棺殓。比差于闰四月初一日拿获向青河到案，传同人证研讯。

据保正谭学泮供，与报词同。据谭维高供：已死向谭氏是小的妹子，嫁向青河为婚，已有多年，向相和好。道光二十九年三月二十四日晚，妹子与向青河因炒吃包谷起衅，口角争闹，被向青河把妹子殴打致伤，并叉伤咽喉身死。小的闻信前往查看，向青河已经逃避。有见劝的邻妇向李氏说知情由，小的随投保报验的。今蒙拿获向青河，求审究伸冤。

据向李氏供：丈夫向青淮与分居的夫兄向青河邻近居住。道光二十九年三月二十四日晚，丈夫外出，小妇人听闻向青河与夫嫂谭氏口角吵闹，过去查看，是因谭氏饭后又炒吃包谷，向青河见斥，彼此相争，向青河当拾柴棒打了谭氏左耳窍一下，又打了脊背、右腰眼几下，弃棒走开，谭氏赶向向青河，揪住胸衣撞头拼命，向青河挣扎不脱，手叉谭氏喉下向推，谭氏仰跌倒地，把向青河带跌仆压身上，向青河手指适叉伤谭氏咽喉。小妇人拟向劝阻不及，当时谭氏松手，向青河挣起，谭氏因被叉气闭，随就身死。是实。

并审据向青河供认起衅争殴，致伤伊妻向谭氏身死各情，与向李氏等所供相符。除将该犯收禁，再行研审实情，按拟招解外，合先通报。等情。详奉批饬审解去后，兹据宜昌府知府陈熙晋转据署归州知州刘鸿庚招称，遵提犯证，覆加研讯，除将各供均与前审相同外，据向青河供：归州人，年二十七岁。父亲向大吉，母亲王氏，弟兄四人，小的居长，各已分居。女人谭氏，没有子女。小的与女人完婚多年，向相和好。道光二十九年三月二十四日晚，小的出外寻牛转回，看见女人炒吃包谷，当向斥说才食完饭，不应贪嘴，又吃别物，女人不服，两下口角，致相争闹。小的拾柴棒打了女人左耳窍一下，又打了脊背、右腰眼几下，弃棒走开，女人赶拢揪住小的胸衣撞头拼命，小的挣扎不脱，手叉女人喉下向推，女人立脚不稳，仰跌倒地，把小的带跌仆压身上，致小的手指适叉伤他咽喉。有邻居三弟妇向李氏到来看见喝劝，女人当已松手，小的挣起，不料女人因被叉气闭，随就死了。小的害怕，逃出躲避，被差拿获。实系一时口角争殴，因被揪撞向推同跌，失手叉伤毙命，并不是有心要致死的。等供。

据此，该署归州事委用知县刘鸿庚看得：民人向青河殴伤伊妻谭氏身死一案，缘向青河与妻谭氏结缡多载，素相和睦。道光二十九年三月二十四日晚，向青河出外寻牛转回，见谭氏炒食包谷，斥以甫食晚饭，不应贪嘴又吃别物。谭氏不服，彼此口角，致相争闹。向青河拾柴棒打伤谭氏左耳窍、脊背、右腰眼，弃棒走开。谭氏赶拢揪住向青河胸衣撞头拼命，向青河挣扎不脱，手叉谭氏喉下向推，谭氏立脚不稳，仰跌倒地，将向青河带跌仆压身上，致手指适叉伤谭氏咽喉。经其邻居弟妻向李氏闻闹趋至，劝阻无及，谭氏当已松手，向青河挣起，讵谭氏因被叉气闭，随即殒命。氏兄谭维高闻信前往看明，报州诣验，获犯讯供通详，奉批审解，遵即提犯，覆加研讯，据供认前情不讳，究非有心欲杀。此案向青河因口角争殴，致伤伊妻谭氏身死，自应按律问拟。向青河依夫殴妻致死者绞监候律，拟绞监候，秋后处决。尸棺饬属领埋。理合解候审转。等情。经宜昌府知府陈熙晋审解到司，该湖北按察使椿寿讯与州府所审相符，理合解候院审具题。等情。招解到臣。经臣提犯亲审无异。

该臣看得：归州民人向青河殴伤伊妻谭氏身死一案，缘向青河与妻谭氏结缡多载，素相和睦。道光二十九年三月二十四日晚，向青河出外寻牛转回，见谭氏炒食包谷，斥以甫食晚饭，不应贪嘴又吃别物。谭氏不服，彼此口角，致相争闹。向青河拾柴棒打伤谭氏左耳窍、脊背、右腰眼，弃棒走开。谭氏赶拢揪住向青河胸衣撞头拼命，向青河挣扎不脱，手叉谭氏喉下向推，谭氏立脚不稳，仰跌倒地，将向青河带跌仆压身上，致手指适叉伤谭氏咽喉，经其邻居弟妻向李氏闻闹趋至，劝阻无及，谭氏当已松手，向青河挣起，讵谭氏因被叉气闭，随即殒命。氏兄谭维高闻信前往看明，报州诣验，获犯讯供通详，批饬审解。兹据审拟招解，屡审供认不讳。此案向青河因口角争殴，致伤伊妻谭氏身死，自应按律问拟。向青河依夫殴妻致死者绞监候律，拟绞监候，秋后处决。无干省释。是否允协，理合具题，伏乞皇上圣鉴，敕下法司核覆施行。

再，照此案应以道光二十九年闰四月初一日获犯起限，州距府二百七十里，应扣程限六日，除去程途日期，扣至七月初七日满州审分限。该州于八月初一日解府，计迟延二十四日。所有承审迟延不及一月职名，系署归州事委用知县刘鸿庚，相应开报。人犯到府，府距省一千零八十里，应扣程限二十二日，除去程途日期，再加院司分限两个月，应扣至十一月二十三日届满统限，合并陈明。臣谨具题请旨。

道光二十九年十一月初三日，兵部侍郎兼都察院右副都御史巡抚湖北武昌等处地方提督军务臣罗绕典。

朱批：三法司核拟具奏。

题为审理随州贼犯张九等行窃张登贵家时行强奸污妇女一案依律分别定拟请旨事

道光二十九年十一月初三日

兵部侍郎兼都察院右副都御史巡抚湖北武昌等处地方提督军务臣罗绕典谨题：为报明事。

该臣看得：随州贼犯张九等行窃张登贵家临时行强得赃并奸污妇女一案，缘张九、王三、汪四、张伦籍隶随州，张幺、唐兆林、赵敢籍隶枣阳县，各佣工度日，道光二十九年四月十二日，该犯等在随州万福店地方先后会遇在逃之白观榜、陈和尚、吴学斌、王老四，各道贫难，张九起意，邀允行窃。即于是夜共伙十一人齐抵事主张登贵门首，翻墙进内，事主惊醒喊问，张九料难偷窃，复起意行强，开出大门，向众商允，令张幺、唐兆林、赵敢、张伦、吴学斌、王老四在外接赃，张九同王三、汪四、白观榜、陈和尚撞开院房各门进内，张登贵同母张杨氏、妻张祝氏，并雇工徐德春护阻。张九用刀拒伤张登贵偏左，王三用刀拒伤张杨氏右手背，汪四用木拒伤徐德春右臂膊，白观榜用木棍拒伤张祝氏右手腕，陆续劫得钱文衣物并米鸡，由白观榜、陈和尚携出递交张幺等接收。张九又同王三、汪四走至厨房，适事主之媳张陈氏、甥女夏张氏在彼躲藏，张九等见其年少，各萌淫念，张九按住张陈氏奸污，王三、汪四共按夏张氏轮流奸污逃出，向张幺等告知前情，分携各赃至僻处。先将米鸡煮食，查点赃物，俵分各散。事主报勘，先后拿获该犯等，审供不讳，张九、王三、汪四依例拟斩立决枭示，张幺、唐兆林、赵敢、张伦均拟斩立决，该四犯仅在外接赃行劫，亦止一次，尚属情有可原，相应声明。逸盗白观榜等缉获另结。谨题请旨。

（缺文）落牌保仍革役张幺等在外（缺文）从觉察，应毋庸议，获赃给领，未获追赔，逸盗白观榜等饬缉获日另结。此案首伙十一人已于疏防限内拿获正盗七名，获犯过半，兼获盗首，应免开参。是否允协，理合具题，伏乞皇上圣鉴，敕下法司核覆施行。

再，照此案应以道光二十九年闰四月二十八日获犯起限，应扣至六月二十八日满州审分限。旋于六月二十日续获伙犯赵敢一名，适在分限将满之时，例得扣满统限。州距府一百三十里，应扣程限三日，除去程途日期，扣至九月初一日满限，该州依限解府。该府随于九月初三日赴堤督防，至初九日回署，计公出七日。府距省三百零七里，应扣程限七日，除去公出程途各日期，再加院司分限四十日，应扣至十一月十五日届满统限，合并陈明。臣谨具题请旨。

道光二十九年十一月初三日，兵部侍郎兼都察院右副都御史巡抚湖北武昌等处地方提督军务臣罗绕典。

题为审理襄阳县民李正发因牛践食山草纷争伤毙杨兆碌一案依律拟绞监候请旨事

道光二十九年十一月初三日

　　兵部侍郎兼都察院右副都御史巡抚湖北武昌等处地方提督军务臣罗绕典谨题：为报明事。

　　据湖北按察使椿寿详称，案据襄阳县知县熊宝书详称：道光二十八年六月初二日据保正孙奎安报，据民人杨文治投称，五月二十二日李正发因杨明伦牛只践食山草，口角争闹，伊堂叔杨兆碌同族人杨明杰劝阻，均被李正发、柯长荣殴伤，杨兆碌伤重医治不效，至六月初二日因伤身死，有张老三见证。等语。往查属实。李正发等均已逃避，报乞诣验缉究。等情。并据杨文治报同前由。据此，随带吏仵前诣相验。据仵作徐逢元喝报：验得已死杨兆碌问年三十二岁。仰面不致命右手大指有刃尖划伤一条，斜长一寸二分，宽一分，皮破。致命胸膛一伤，斜长八分，宽一分，深一分。右肋一伤，斜长一寸二分，宽二分，深透膜，均系刃伤。余无故。实系因伤身死。报毕亲验无异。当场填格取结，尸饬棺殓。又验得杨明杰右额角、胸膛各有伤一处，用药敷治，未便揭验，左脚跟一伤，已结痂平复，一并填单饬医，详报差缉。旋因初参限满，犯未弋获，开列承缉不力职名，详请咨参在案。

　　兹于道光二十九年二月十二日据该犯李正发赴县投首前来，饬差起复凶器铁锚，与原验尸伤相符，随传同人证，查验杨明杰伤已平复，讯据保正孙奎安供，与报词同。据张老三供：道光二十八年五月二十二日小的在地工作，见李正发、柯长荣走到李正心门首，与杨明伦曾遇口角争论，有杨明伦的族人杨兆碌、杨明杰走过，向李正发们喝斥，致相吵闹。柯长荣拾取地上砖块打伤杨明杰右额角、胸膛，并致伤他左脚跟。杨兆碌走进李正心屋内，拿取铁锚赶出帮护，李正发上前拦阻。杨兆碌用锚殴戳，李正发把锚夺过，戳伤杨兆碌胸膛，带伤手指。杨兆碌拾石掷打，李正发又用锚戳伤杨兆碌右肋，倒地。小的赶拢喝阻，把杨兆碌扶回医治。不料杨兆碌伤重，到六月初二日身死。是实。

据杨文治供：已死杨兆碌是小的堂叔，与李正发素识无嫌。道光二十八年五月二十二日堂叔同族人杨明杰外出，过了一会，是张老三扶送回家，身受有伤，问说是被李正发用锚戳伤。当请人医治，堂叔伤重，医调不效，到六月初二日身死，小的才投保报验的。李正发业已投首，求审究伸冤。

据杨胡氏供：已死杨兆碌是小妇人丈夫。余与杨文治供同。

据杨明伦供：道光二十八年五月二十二日小的外出，有牛只在外牧放过后，路遇李正发、柯长荣说小的不应纵牛践食他山草，小的不服争论。适族人杨兆碌、杨明杰走来帮向李正发们喝斥，致相吵闹，柯长荣拾砖打伤杨明杰右额、胸膛，并掷伤左脚跟。杨兆碌走进李正心屋内，拿取铁锚赶出帮护，李正发上前拦阻。杨兆碌就执锚向李正发殴戳，李正发把锚夺去，戳伤杨兆碌胸膛，带伤手指。杨兆碌拾石掷打，李正发又用锚戳伤杨兆碌右肋，倒地。是张老三喝散，把杨兆碌扶回，医治不效，到六月初二日身死。并没别故。是实。

据杨明杰供：道光二十八年五月二十二日，小的同族人杨兆碌路过李正心门首，见李正发、柯长荣斥说族人杨明伦不应纵牛践食他山草，杨明伦不服争论，小的与杨兆碌帮同杨明伦喝斥，致相吵闹。柯长荣拾取地上砖块打伤小的右额角、胸膛，并掷伤左脚跟。杨兆碌走到李正心屋内，拿取铁锚赶出帮护，李正发拢阻。杨兆碌就执锚向戳，李正发把锚夺去，戳伤杨兆碌胸膛，并带伤右手指。杨兆碌拾石掷打，李正发又用锚戳伤杨兆碌右肋，倒地。是张老三喝散，把杨兆碌扶回医治。杨兆碌伤重，医调不效，到六月初二日死了。他侄子杨文治就投保报验的。今蒙查讯，小的伤痕早已平复，只求究办并审。

据李正发供认，起衅争闹，戳伤杨兆碌身死各情，均与张老三等所供相符。除将李正发收禁，再行研审实情，按拟招解外，合先通报。等情。详奉批饬审解去后，兹据襄阳府知府樊椿转，据襄阳县知县熊宝书称，遵覆比据柯长荣无获，提集犯证覆加研讯，除各供均与前审相同外，据李正发即李三魁供：是襄阳县人，年三十三岁。父亲已故，母亲张氏年七十一岁。弟兄三人，大哥李正魁已故，无子，二哥李正心出继长房堂伯李学仁为嗣，小的第三，女人柯氏没生子女。与杨兆碌素识无嫌。道光二十八年五月二十二日小的同邻人柯长荣在地工作，见杨兆碌的族人杨明伦家牛只践食小的并柯长荣山草，当同柯长荣把牛赶开，一路转回。走到二哥李正心门首，杨明伦会遇，小的们说他不应纵牛在外践食山草，杨明伦不服争论。适杨兆碌与他族人杨明杰走过，帮同杨明伦向小的并柯长荣喝斥，致相吵闹。柯长荣拾取地上砖块打伤杨明杰右额角、胸膛并左脚跟。杨兆碌走进二哥屋内寻取防夜铁锚，赶出帮护，小的上前拦阻。杨兆碌就执锚向小的殴戳，小的把锚接夺过手回戳，伤他胸膛，并带伤他右手指。杨兆碌拾石掷打，小的闪避，用锚吓戳，适伤他右肋，倒地。是张老三赶拢喝散。不料杨兆碌伤重，到六月初二日身死。小的害怕，逃出躲避。后闻差拿严紧，才赴案投首的。实因被殴吓戳，适伤毙命，并不是有心要戳死他的。铁锚已蒙起缴。等供。

据此，襄阳县知县熊宝书审看得：民人李正发戳伤杨兆碌身死一案，缘李正发即李三魁与杨兆碌素识无嫌。道光二十八年五月二十二日，杨兆碌之族人杨明伦家牛只在外牧放，践食李正发并柯长荣山草，李正发、柯长荣在地工作，擎见赶开，一路转回。至李正心门首，与杨明伦会遇，李正发等即斥杨明伦不应纵牛在外践食伊等山草。杨明伦不服争论，适杨兆碌同族人杨明杰走过，帮同杨明伦向李正发等喝斥，致相吵闹。柯长荣拾取地上砖块殴伤杨明杰右额角、胸膛，并左脚跟。杨兆碌随进李正心屋内寻取防夜铁锚，赶出帮护，李正发上前拦阻。杨兆碌即执锚向戳，李正发将锚接夺过手回戳，伤杨兆碌胸膛，并带伤其右手大指。杨兆碌复拾石掷打，李正发闪避，用锚吓戳，适伤杨兆碌右肋，倒地。经张老三赶拢喝散，将杨兆碌扶回医治。讵杨兆碌伤重，至六月初二日因伤殒命。报县验详差缉，旋因初参限满，犯未弋获，开列承缉不力职名详请咨参。嗣李正发闻拿投首，集证讯供通详，奉批审解，随提犯覆加研讯，据供认前情不讳，究非有心欲杀，案无遁饰。此案李正发戳伤杨兆碌身死，虽据自首，无因可免，仍因按律问拟。李正发合依斗殴杀人者不问手足他物金刃并绞监候律，拟绞监候，秋后处决。据供母老丁单是否属实，俟秋审时查明取结办理。杨明伦牧放牛只不能好为看守，致令食人山草肇衅酿命，应照不应重律，杖八十，折责发落。尸棺饬属领埋。逸犯柯长荣拘获另结。理合解候审转。等情。经襄阳府知府樊椿审解到司。该湖北按察使椿寿讯与县府所审相符，理合解候院审具题。等情。招解到臣。经臣提犯亲审无异。

该臣看得：襄阳县民人李正发戳伤杨兆碌身死一案，缘李正发即李三魁与杨兆碌素识无嫌。道光二十八年五月二十二日，杨兆碌之族人杨明伦家牛只在外牧放践食李正发并柯长荣山草，李正发、柯长荣在地工作，擎见赶开，一路转回。行至李正心门首，与杨明伦会遇，李正发等即斥杨明伦不应纵牛在外践食伊等山草，杨明伦不服争论。适杨兆碌同族人杨明杰走过，帮同杨明伦向李正发等喝斥，致相吵闹。柯长荣拾取地上砖块殴伤杨明杰右额角、胸膛，并左脚跟。杨兆碌随进李正心屋内寻取防夜铁锚，赶出帮护。李正发将锚接夺过手，回戳伤杨兆碌胸膛，并带伤其右手大指。杨兆碌复拾石掷打，李正发闪避，用锚吓戳，适伤杨兆碌右肋，倒地。经张老三赶拢喝散，将杨兆碌扶回医治。讵杨兆碌伤重，至六月初二日因伤殒命。报县验详差缉，旋因初参限满犯未弋获，开列承缉不力职名详请咨参。嗣李正发闻拿投首，集证讯供通详，批饬审解。兹据审拟招解屡审，供认不讳。此案李正发戳伤杨兆碌身死，虽据自首，无因可免，仍因按律问拟。李正发今依斗殴杀人者不问手足他物金刃并绞监候律，拟绞监候，秋后处决。据供母老丁单是否属实，俟秋审时查明取结办理。杨明伦牧放牛只不能好为看守，致令食人山草肇衅酿命，应照不应重律杖八十，折责发落。无干省释。逸犯柯长荣俟拘获日另结。是否允协，理合具题，伏乞皇上圣鉴，敕下法司核覆施行。

再，照此案应以道光二十九年二月十二日该犯李正发赴县投首起限，该县熊宝书即于是月十六日赴堤查勘，至二十三日回署，计公出八日。又于三月初三日赴堤防护，至二十二日回署，计公出七日。又于四月初二日赴堤防护，至初九日回署，计公出八日。又于十六日赴堤防护，至二十二日回署，计公出七日。又于闰四月初三日赴堤防险，至初九日回署，计公出七日。又于十七日赴堤防险，至二十四日回署，计公出八日。又于五月初六日赴堤防险，至十三日回署，计公出八日。又于十九日赴堤防险，至二十五日回署，计公出七日。又于六月初四日赴堤防险，至十一日回署，计公出八日。又于十七日赴堤防险，至二十三日回署，计公出七日。除去公出日期，连闰扣至七月初五日满县审分限。该县于八月初三日解赴，计迟延二十八日。所有承审迟延不及一月职名，系襄阳县知县熊宝书，相应开报附参。人犯到府，距省七百八十里，应扣程限十六日。除去程途日期，再加院司分限两个月，应扣至道光二十九年十一月十九日届满统限，合并陈明。臣谨具题请旨。

道光二十九年十一月初三日，兵部侍郎兼都察院右副都御史巡抚湖北武昌等处地方提督军务臣罗绕典。

题为安陆县童生陈学贵等员
捐修文庙工程请旨奖叙事

道光二十九年十一月十一日

兵部侍郎兼都察院右副都御史巡抚湖北武昌等处地方提督军务臣罗绕典谨题：为详请议叙事。

据署湖北布政使事贵州布政使骆秉章详称，据德安府知府易容之详，据署安陆县知县祁埰详：安陆县文庙因年久殿庑祠宇倾圯，于道光二十六年经前县梁安泰勘估，约需工料银四千六百余两，当即首先倡捐银二百两选交，公正熟谙之首士职员陈廷懋、刘大章、陆兆璜、李维驹、程云鸿、王道森、吴从善、李守磻领首劝捐承修。即于是年十月二十五日兴工。旋因拆卸旧料腐朽不堪凑用，急需另购新料，修理工程浩大。又经前县梅体萱倡捐银三百两，续添公正首士武生杨芬、生员何燮廷、李藻、吴元善，与前首士陈廷懋等分历四乡，先后共劝捐银五千八百余两，敬将大成正殿并两庑及一切祠宇，于道光二十八年六月十八日一律修理完竣。报蒙饬委德安府学教授郑培义亲诣查勘，实系如式修理完竣，并无偷减捏冒情弊，出具勘结申赍在案。所有捐输士民及劝捐出力监修之首士，均应请照例分别议叙，造具册结，由府加结，转详到司。

该署湖北布政使事贵州布政使骆秉章查得：定例，绅士商民人等乐善好施，急公报效，捐修文庙，核其银数在数十两以上，由地方官奖以花红匾额，一百两以上，该省督抚奖以匾额，其捐数较多者，核实具题，分别议叙。士民捐银二百两以上者，给予九品顶戴，又议叙顶戴人员令该督抚查明年貌、籍贯、三代，造具清册，送部填写执照，封发该督抚转给该员收执。等语。今安陆县捐修文庙工程，共用银五千八百余两内，前任告病知县梁安泰捐银二百两，前任知县现署江夏县事蕲水县知县梅体萱捐银三百两，现署该县事试用知县祁埰捐银二百两，阖邑士民公捐银五千一百余两，洵属好义急公，自应分别奖励。除捐银一百两以下士民饬县给以花红匾额，及现署知县祁埰捐银二百两已据声明不敢邀请议叙外，所有捐银二百两之童生陈学贵、刘和光、程象超、王恩诰、李应甲、唐佐才、寇鸿禧、李福生、杨星焕、张联奎、唐日章、陆庆恩、童绳祖、熊德厚、李春林、万松寿、罗春华、周智忠、刘洋亭、卢正芳、孔昭祺二十一名，均应照例题请交部议叙。又监修出力首士之城工议叙监知事职衔陈廷懋、刘大章、增贡生陆兆璜、增生李维驹，城工议叙九品廪生程云鸿，城工议叙九品附生王道森，城工议叙九品岁贡生吴从善，选拔廪生李守磻，武生杨芬，附生何燮廷、李藻、吴元善十二名，或分历四乡劝捐，或购料驻工监修，阅历寒暑，实属不辞劳瘁，勤奋出力，均应声请一并议叙。又，前任安陆县告病知县梁安泰捐银二百两，前任安陆县现署江夏县事蕲水县知县梅体萱捐银三百两，亦应声明，听候部议。合将赍到册结，具文详请查阅具题，并请咨明，照例填写执照，对发来楚，转给收执，俾昭信守。再，此项工程系该士民自行捐资修理，邀免造册报销，合并声明。等情。呈详到臣。

该臣看得：定例，绅士商民人等乐善好施，急公报效，捐修文庙，核其银数在数十两以上，由地方官奖以花红匾额，一百两以上，该督抚奖以匾额，捐数较多者，核实具题，分别议叙。士民捐银二百两以上者，给予九品顶戴，又议叙顶戴人员，令该督抚查明年貌、籍贯、三代，造具清册，送部填写执照，对发该督抚，转给该员收执。等语。今据署湖北布政使事贵州布政使骆秉章详称：安陆县捐修文庙工程，共用银五千八百余两内，前任告病知县梁安泰捐银二百两，前任知县现署江夏县事蕲水县知县梅体萱捐银三百两，现署该县事试用知县祁埰捐银二百两，阖邑士民共捐银五千一百余两，洵属好义急公，自应分别奖励。除捐银一百两以下士民，饬县给以花红匾额，及现署知县祁垛捐银二百两，已据声明不请议叙外，所有捐银二百两之童生陈学贵、刘和光、程象超、王恩诰、李应甲、唐佐才、寇鸿禧、李福生、杨星焕、张联奎、唐日章、陆庆恩、童绳祖、熊德厚、李春林、万松寿、罗春华、周智忠、刘洋亭、卢正芳、孔昭祺二十一名，均应照例题请交部议叙。又监修出力首士之城工议叙监知事职衔陈廷懋、刘大章，增贡生陆兆璜，增生李维驹，城工议叙九品廪生程云鸿，城工议叙九品附生王道森，城工议叙九品岁贡生吴从善，选拔廪生李守磻，武生杨芬，附生何燮廷、李藻、吴元善十二名，或分历四乡劝捐，或购料驻工监修，阅历寒暑，实属不辞劳瘁，勤奋出力，均应声请一并议叙。又，前任安陆县告病知县梁安泰捐银二百两，前任安陆县现署江夏县事蕲水县知县梅体萱捐银三百两，亦应声明，听候部议。合将赍到册结具文详请查阅具题。等情。前来。臣覆查无异，除册结分送部科查核外，理合会同湖广总督臣裕泰恭疏具题，伏乞皇上圣鉴，敕部议覆施行。再，此项工程系该士民自行捐资修理，邀免造册报销。又臣现因丁忧，循例奏明，饬委署藩司事臬司椿寿代印，合并陈明。臣谨会题请旨。

道光二十九年十一月十一日，兵部侍郎兼都察院右副都御史巡抚湖北武昌等处地方提督军务臣罗绕典。

朱批：该部议奏。

为据署布政使骆秉章详称湖北被水成灾
直隶分拨恩赏内帑银三十万两于道光二十九年
八月二十四日到司又陕西拨十六万两
山东拨八万两长芦盐政拨六万两均如数
兑收供支抚赈之用具题前来理合具题事

道光二十九年十一月十一日

兵部侍郎兼都察院右副都御史巡抚湖北武昌等处地方提督军务臣罗绕典谨题：为遵旨速议具奏事。

据署湖北布政使事贵州布政使骆秉章详称：奉前护院札开，道光二十九年七月十三日准兵部火票递到户部咨开，江南司案呈本部议覆江苏巡抚傅绳勋奏江苏省各属被灾，赈恤银两请分别发留济用，捐输归补，并另片奏分给各省银两一折，道光二十九年七月初二日具奏本曰：奉旨："依议。钦此。"查系筹备赈济要需，应由马上飞递行文湖北巡抚钦遵办理可也。计单一纸内开户部谨奏为遵旨速议具奏事，内阁抄出江苏巡抚傅绳勋奏江苏各属被灾赈恤银两，请分别拨留济用，捐输归补一折。道光二十九年六月二十八日奉朱批："户部速议具奏。钦此。"钦遵抄出到部。

据该抚原奏内称，江宁、苏州等属本年被水情形，为从来未有之事，伏查上年江、淮、扬、通等属二十余州县秋被水灾，查放抚赈，会经奏留临近藩关各库银七十八万余两。本年被灾计有四十余州县之多，虽灾分尚未勘定，而灾象已成，将来势不能不照例给赈，所需甚巨，必得先筹银一百五六十万两方可有备无患。即经分查邻省各处及本省运司关道各库，有无堪以协拨银款。昨准浙江抚臣咨覆，该省被灾亦重，不能兼顾邻省，其江西、安徽等省，亦被水灾，未必有堪以协拨之款，而本省司库银两所存无多，现在放赈抚恤，已形支绌，断不能再济大赈之用。仰恳天恩，敕下部臣先行指拨银一百万两，其余不敷银两，并请将本省司道关各库现存及续征银两一并扣留备抵，但国家经费有常，自当力筹归补。查上年安徽、江西等省因灾动缺库款，均经劝捐归补。查照顺天新章办理有案，所有此次指留本省司道关各库银两，将来动缺若干，应请于苏州省城设局开捐弥补。所有各捐户应得议叙，拟请援照顺天新定章程办理。如系本籍绅富捐办义赈赒济本地贫民之用者，仍照常例请奖，以示区别。所收捐项归还本省司道关各库原动银款，设或不敷，作正开销，如有多余，报部拟用。等语。

查江苏省本年被灾较广，既据查明，灾象已成，赈恤所需约共一百五六十万两，并请由臣部先拨银一百万两。臣等公同酌拟，于恩旨赏给内务府银一百万两内拨给银四十万两，再拨江海关征存夷税银五十三万两，以上共拨银九十三万两，其余不敷银两，应如该督抚所请准其在于该省司道关各库现存及续征银内照数扣留备用，恭候命下。臣部行文直隶总督、顺天府府尹，并札调霸昌道迅即来京，先将所拨内务府银四十万两委解江苏备赈，其夷税银五十三万两及准扣留该省司道关库各款银两，仍饬令该督抚核实支放，毋任胥吏侵渔克扣，致有浮冒。惟查该省司道关各库续征银两，截至八、九月间，臣等约计已足敷该督抚所请之数，此外如有余剩，即行报部候拨，总不得于一百六十万两之外稍有增加，致縻帑项。现据江、浙、安徽各省奏称，交六月后，天气放晴，水势渐消，该督抚等仍应速饬地方官劝谕乡民，赶紧补种晚禾蔬菜，以冀稍有补救，毋令流离失所。再据声称，将扣留司道关各库款力筹归补一节，如有本籍绅富捐办义赈赒济本地贫民之用者，自系情殷桑梓，厚谊可嘉，应如所奏，即照常例请奖，以为急公好义者劝。至称各省绅富商民，以现银报捐者，请将应得议叙援照顺天新定章程办理之处。查本年安徽、浙江、湖北等省均因被灾办赈，亦需措款归补，惟应需赈项数目，此时尚难悬定，应俟各省奏报齐全之日，查看情形，由臣部再行奏明办理。谨将遵旨速议缘由，恭折具奏，伏乞皇上圣鉴训示，谨奏请旨。

再，本年江苏、浙江、安徽、湖北等省被水灾区较广。仰荷皇上轸念民依，于扣留拨发各款外，特旨赏给内务府银一百万两，交臣部查明被灾各区，分别配搭拨款，解交各省督抚覆实，认真散放。臣等自当钦遵谕旨，查明各省请留请拨银两与该省约需银数，将内务府银分别配搭，迅速散给。查浙江抚恤，前据该抚奏留该省藩关运库实存、续征并改拨各款，约共一百余万两，复有臣部拨给银二十万两。安徽抚恤，亦据该抚请留该省二十八年奏销实存及二十九年上忙地地丁，并将芜湖、凤阳两关征存税银一并留备灾赈，经臣部奏准，行知在案。今蒙圣恩，颁发内帑，凡被灾黎庶，自当分别拨给，以期实惠均沾。所有恩赏内务府银一百万两，臣等公同商酌，除此次拨给江苏银四十万两外，其余银两拟请再行拨给浙江银十五万两，拨给安徽银十五万两，至湖北抚恤银数，现尚未据该省奏到。惟查湖北省可留之银比江浙安徽款目较少，拟先拨给银三十万两，以应要需，是否有当，理合附片具奏请旨。

又于道光二十九年八月十三日，奉准兵部火票递到户部咨开，湖广司案呈所有本部速议湖督等奏湖北被水各属酌拨银两供支抚赈一折，道光二十九年八月初一日具奏，本日奉旨："依议。钦此。"相应抄录原奏，飞咨湖北巡抚转饬一体遵照可也。计单一纸内开户部谨奏为遵旨速议具奏事，内阁抄出湖广总督裕泰等奏湖北被水各属应行抚赈，现在司库存留关税无多，敕部酌拨银两解楚供支一折，道光二十九年七月二十七日奉朱批："户部速议具奏。钦此。"钦遵抄出到部。

据原奏内称，窃查楚北地方前因雨水过多，江湖同时异涨，滨江各属被淹者已有三十二州县、八卫之多，省城水深三四尺至丈余不等，汉口地方尤甚。被水贫民搬住城上，及迁居高阜，露处炎炎，实堪悯恻。臣等逐日查看，施给席片，搭棚栖止，而各段城垣间有挫塌，亦经委员抢堵，得保无虞。其城外被水各属，在于上年捐输存剩款内拨银解往安抚；旋又筹银，发商分赴邻省采买米石，运回售济；并咨四川、江西督抚，广招米贩来楚，一面动碾仓谷，诚价平粜，以济民食。均经奏蒙圣鉴。嗣因汉、荆二府灾情较重，复饬道员携带银两，驰往查勘。旋据枝江、宜都二县续报，被淹情形尚轻。惟江夏等十二州县不特田庐被水，及城内衙署监仓，亦多淹浸，情形较重，其余大冶等县次之，武昌等卫灾情与屯坐各州县相同。若不亟筹抚赈，诚恐饥寒交迫。且上年被水，元气未复，绅富商贾，无不减色，骤难再劝捐输。约计抚赈两项，虽百万余两不能敷用。乃蒙皇恩浩荡，先将藩关各库银两准其留备赈恤。查藩库现存荆关税银一万三千六百余两，武昌厂关存银一万六千五百两，游湖关存银一千七百余两，由存监饷银三万九千五百余两，封贮银四万三千九百余两，上年捐输款内存银十八万四千一百余两，减平款内存银七万二百余两，以上藩关各库共备银三十六万九千余两，尚不敷支，合无仰恳天恩，敕部酌拨银六十万两解楚，凑供抚赈之用。等语。

臣等伏查湖北省本年雨水过多，以致各属被淹。先据该督抚将大概情形陆续具奏，荷蒙皇上念切民艰，特旨准将藩关各库银两留于该省，以备赈恤，并准商贩米船一体免税，复于该省未经请拨之先渥荷圣恩，赏给内帑，预为拨给银三十万两，解楚以应急需，凡被水贫民自可无虞失所，仰见皇上子爱黎元恩膏速沛之至意。兹据奏称，现在受灾较重滨江各属被淹者有三十二州县、八卫之多，所有赈抚二项，尽将藩关各库银三十六万余两留用外，尚不敷支，仍请拨银六十万两。臣等伏思筹款办赈系属急需，除前经拨解恩赏内帑银三十万两供赈外，仍不敷银三十万两。臣等公同商酌，悉心筹画，拟拨长芦实存盐课银六万两，山东秋拨应报地丁等银八万两，陕西报解耗羡并减平银一十六万两，共银三十万两，解楚以备赈抚之用，恭候命下。臣部飞咨长芦盐政、山东陕西各巡抚，转饬速即起解，毋许迟延。仍令该督抚转饬撙节支用，倘有余剩，即行报拨，务饬委员妥为散放，总期灾黎实惠均沾。如有浮冒克扣情事，即行照例参办。并将灾分户口造具细册，送部查覆。其汉岸绅商如有凑捐银两，随时报部查覆。所有臣等遵旨速议缘由，理合恭折具奏，伏乞皇上圣鉴，谨奏请旨。等因。咨院行司奉此。除将准动藩关各库银三十六万九千九百一十八两八钱三分九厘供支抚赈外，该署湖北布政使事贵州布政使骆秉章查得：前奉准户部咨，奏拨恩赏内帑银三十万两，并续拨长芦实存盐课银六万两，山东秋拨应报地丁等银八万两，陕西报解耗羡并减平银一十六万两，共银六十万两，以备湖北省抚赈之用。旋奉准直隶督院移咨，分拨湖北恩赏内帑银三十万两，已饬大兴、宛平二县预备饷鞘、车辆、人夫等项，并由霸昌道赴京装领，转饬西路厅护解，咨楚委员接护。随经饬委署黄州府岐亭同知林寅前往会同交界之应山县守候营护，于八月二十四日护解到司。饬委荆州府同知诚意、候补同知周祖衔、署武昌府通判李念吴、襄阳府通判崇绶，并传库大使邵承猷，当堂开鞘，遵用部领法码，眼同林倅，于二十五日收明贮库。又奉准陕西府院咨，将奉拨耗羡等银一十六万两分为二起起解，头起委员候补知县李定南管解银八万两，于十月初三日到司，二起委员候补知县王泽春管解银八万两，于十月初七日到司。又奉准山东巡抚院咨，将奉拨地丁等银八万两饬委候补布政司经历陈鹏、试用未入流叶寿海于十月初九日管解到司。又奉准长芦盐院咨，将奉拨盐课银六万两饬委候补知县成芳管解，于十月十五日到司。先后饬委荆州府同知诚意、署武昌府通判李念吴，并传库大使邵承猷，均于解到之次日眼同解员当堂开鞘，逐封查验清楚，按照部颁法码如数兑收贮库。共收银六十万两，供支抚赈之用。所有收明奉拨银两数目、日期，相应详请查覆具题。等情。呈详到臣。

该臣看得：案准部咨，奏拨恩赏内帑银三十万两，又续拨长芦实存盐课银六万两，山东秋拨应报地丁等银八万两，陕西报解耗羡并减平银一十六万两，共银六十万两，以备湖北抚赈之用。

等因。转行遵照去后，兹据署湖北布政使事贵州布政使骆秉章详称：直隶省移咨，分拨湖北恩赏内帑银三十万两由霸昌道赴京装领，转饬西路厅护解，咨楚委员接护。随经饬委署黄州府岐亭同知林寅前往会同交界之处应山县守候迎护，于八月二十四日护解到司，饬委荆州府同知诚意、候补同知周祖衔、署武昌府通判李念吴、襄阳府通判崇绥，并传库大使邵承猷，当堂开鞘，遵用部颁法码，眼同林倅，于二十五日收明贮库。又陕西省将奉拨耗羡等银一十六万两分为二起起解，头起委员候补知县李定南管解银八万两，于十月初三日到司，二起委员候补知县王泽春管解银八万两，于十月初七日到司。又山东省将奉拨地丁等银八万两，饬委候补布政司经历陈鹏、试用未入流叶寿海于十月初九日管解到司。又长芦盐政将奉拨盐课银六万两，饬委候补知县事成芳管解，于十月十五日到司，先后饬委荆州府同知诚意、署武昌府通判李念吴，并传库大使邵承猷，均于解到之次日，眼同解员，当堂开鞘，逐封查验清楚。按照部颁法码，如数兑收贮库。共收银六十万两，供支抚赈之用。所有收明奉拨银两数目、日期，相应详请查覆具题。等情。前来。臣覆核无异，除揭移户部暨内务府、长芦盐政并陕西山东抚臣、直隶督臣查照外，理合会同湖广总督臣裕泰恭疏具题，伏乞皇上圣鉴，敕部查照施行。

又，臣现因丁忧，循例奏明饬委署藩司事臬司椿寿代印，合并陈明。臣谨会题。

道光二十九年十一月十一日，兵部侍郎兼都察院右副都御史巡抚湖北武昌等处地方提督军务臣罗绕典。

朱批：该部知道。

题为审理利川县民邱沅升因钱文纠纷故杀
堂叔邱维斌一案依律拟绞监候请旨事

道光二十九年十一月十一日

兵部侍郎兼都察院右副都御史巡抚湖北武昌等处地方提督军务臣罗绕典谨题：为访闻事。

据湖北按察使椿寿详称，案据代办利川县知县朱佐君详称：道光二十九年二月初八日本任知县常懿麟任内访闻县属夹嵝山地方，有民人邱维斌被殴身死，弃尸沟内之事，正差查问，据保正张地忠报称，正月二十八日据陈方氏投称，伊赴夹嵝山砍柴，路过山沟，见有乱石压盖一尸，被犬刨食。等语。往看尸身腐烂不全，并不认识。随有谭邱氏走至，认明该尸发多辫粗，及腰系布带，并尸旁遗有烧缺蓝布裹腿，系属伊弟邱维斌尸身，并称闻知伊弟会至堂侄邱沅升家讹卖山地，旋来见面，情有可疑。当同伊族人邱俊幅、地邻谭定远往寻邱沅升查问，见邱沅升在家用火烧衣，盘明邱维斌系被邱沅升殴死弃尸。同将邱沅升捉获。因山溪发水，阻隔报验稍运。等情。并据邱沅高、谭邱氏及族人邱俊幅、地邻谭定远各报同前由。

据此，当讯寨邱沅升供称：邱维斌系伊分居小功堂叔，因讹索加价，屡向伊吵闹辱骂，将其殴伤身死，弃尸沟内。等语。当经常懿麟带领吏仵前诣。勘得夹嵝地方四面高山，中系熟地，仅有樵采山径，不通大路。附近亦无居民，山下有沟一道，尸卧沟内，上盖乱石，上身赤，下穿白布裤腰，系蓝布带，尸旁边有蓝布裹腿一条。该尸皮肉腐烂，并被野兽残食不全。

据谭邱氏供称：因伊弟邱维斌发多辫粗，平日腰系裤带系用青布镶头，又裹腿布上有火烧缺口三处，是以认识系伊弟尸身。

等语。查验该尸发辫及腰，系布带旁边裹脚蓝布，布均与谭邱氏所供相符。勘毕饬令升尸平地，如法相验。据件作陈道喝报：验得已死邱维斌问年三十五岁。仰面致命偏右皮肉腐化，骨上有木器伤一处，血晕红色，斜长二寸二分，宽五分，由伤处接连额颅、右额头角、眉业右，右太阳，各骨击碎，一孔长五寸，宽二寸五分，口齐无血晕，白色脱落碎骨六块，比对缺口不足，内有一块长一寸七分，宽一寸，此骨断处一边，有血晕红色芒刺，不齐，系生前木器伤，凑合偏右骨相符。其余各骨断处，均无血晕，俱白色。不致命右肩甲连右胳膊、右腋肗、右胐胅，及合面右胳肘，并致命右乳连右肋、右胁皮肉均被野兽残食，有齿痕，俱白色。不致命右肋骨断，缺八条，五、六、十、十一各条均止存骨寸余，断处俱有血晕红色，芒刺不齐，系生前木器伤。其断落各骨并七、八、九、十二各条，均被野兽残食，无存。不致命右裤至右膝皮肉并右膝以下皮肉骨殖，均被野兽残食无存，露骨处俱白色。合面右臀并右腿肚皮肉腐化，右脚踝以下皮肉骨殖均被野兽残食无存，露骨处白色。余无故。实系生前受伤身死。报毕亲验无异。带同邱沉升在于山坡下起出凶器木柴棍一根，验有血迹，比对尸伤相符，当场填格取结，尸饬棺殓。常懿麟随因另案晋省卸事，卑职朱佐君奉委代办，接准移交。

当提集犯证逐一研讯，据保正张地忠供，与报词同。据谭定远供：小的有山地一段，坐落夹嶍山地方。道光二十九年正月二十八日，听闻那山沟有一受伤男尸，走去查看。会遇保正张地忠、谭邱氏、邱俊幅都在那里，谭邱氏认明死的那人是他兄弟邱维斌，曾向邱沉升讹卖山地未回。张地忠当邀小的同邱俊幅去寻邱沉升弟兄查问，见邱沉升正在烧衣，盘明邱维斌是被邱沉升打死弃尸，把邱沉升捉获送县。小的也就随同具报的，别的事不晓得。

据邱俊幅供：已死邱维斌是小的族叔。余与谭定远供同。

据陈方氏供：利川县人，与谭邱氏同村居住。道光二十九年正月二十八日，小妇人到邻村夹嶍山地方砍柴，路过山沟，见有乱石压盖死尸，正被狗刨出齿食，拢看，并不认识，去向保正张地忠告知，就各自回家去了。后来保正怎样与谭邱氏认尸报验，小妇人不晓得。

据谭邱氏供：已死邱维斌是小妇人胞弟，只身在外帮工度日。邱沅升是兄弟的小功堂侄。道光二十八年十一月二十日，兄弟外归，先在小妇人家内落住后，往族戚各家随便借宿，并没一定住处。兄弟因有已卖祖遗公共夹嶂山地一块，被邱沅升买回。又当给素识的涂贵芳、涂贵刚耕种，要想加价未允，曾向邱沅升吵闹，小妇人是知道的。二十九年五月二十八日，小妇人路过夹嶂山，远见山沟内有一死尸，被狗刨食，保正也正在那里查看。尸已腐烂不全。小妇人因见那尸发多辫粗，腰系裤带是用青布镶头，并旁遗裹脚蓝布，烧有缺口三处，认是兄弟尸身。随向保正告知兄弟向邱沅升讹卖山地的话，保正当同族人邱俊幅们去问明兄弟是被邱沅升打死弃尸，把邱沅升捉获送案。小妇人就随同赴县具报的。求伸冤。

据邱沅高供：已死邱维斌是小的共曾祖的小功堂叔，他只身在外帮工度日。邱沅升是小的胞弟，同居各爨。堂叔与小的弟兄原有公共祖遗夹嶂山地一块，已于道光十六年公同卖与村邻覃远香为业，得过卖价钱三十六千五百文，均分花用。二十六年二月内，兄弟因覃远香要卖那地，向素识的涂贵芳、涂贵刚弟兄借钱二十四千文，并自凑钱十二千五百文，把地照原价购买过手。后因无钱归还借项，又把那地立约抵当与涂贵芳们。二十八年十一月内，堂叔外归闻知，就托方明杰去向涂贵芳们索加地价未允，又要兄弟找他钱六千文，兄弟不肯。堂叔屡向吵闹，小的是知道的。到十二月初八日，小的外出，堂叔怎样来扭兄弟到夹嶂山，被兄弟打死弃尸，小的先不晓得。二十九年正月二十八日，小的听说夹嶂山沟内有死尸，正要往看，适兄弟拿出青布夹袄一件烧毁，小的查问，兄弟说出堂叔邱维斌是他因屡被讹卖山地吵闹辱骂，一时气忿，用柴棍打伤身死，弃尸沟内，这衣是堂叔身上脱下的话，求勿声张。当有保正张地忠同族人邱俊幅并谭定远走来，看见烧衣，再三盘问，小的不能隐瞒，就据实告知，同把兄弟送案的，并无帮同殴打弃尸的事。

据方明杰供：小的在利川县南邻开设酒铺，与邱沅高、邱沅升、邱维斌、涂贵芳、涂贵刚向都认识。道光二十六年邱沅升向覃远香买回他家原卖夹嶂山地，曾借涂贵芳、涂贵刚钱文，后因无钱交还借项，就把那地作价二十四千文，立约抵当与涂贵芳们，小的是晓得的。二十八年十一月内，邱维斌外归，闻知想要涂贵芳们加价，托小的去向涂贵芳们商说，不允。小的就没管闻这事，后来邱维斌因何在夹嶂山与邱沅升吵闹，被邱沅升打死弃尸，小的就不知道。

据涂贵芳、涂贵刚同供：小的们是胞弟兄，同居度日。道光二十六年二月内，邱沅升因他家先年卖与覃远香的夹嶂山地要照原价买回，曾向小的们借过钱二十四千文，后因无钱归还，就把那地作钱二十四千文立约抵当，与小的们管业。二十八年十一月内，邱维斌外归闻知，央托方明杰来叫小的们加价承买，小的们不肯。是实。别的事不晓得。现在小的们情愿照原价找给承买那山地就是。

并审据邱沅升供认，因被小功堂叔邱维斌讹卖山地屡次吵闹，嗣饮醉，将伊扭至夹嶂山索钱，不允，出言辱骂。该犯一时气忿，起意致死用木柴棍将邱维斌殴伤身死，弃尸沟内。等情。不讳。除将邱沅升收禁，再行研审实情，按拟招解外，合先通报。等情。详奉批饬审解。旋据该代办县审拟解，经该府查严案情，恐有未确报，委恩施县知县李嘉瑞会审在案。

兹据施南府知府何大经转，据恩施县知县李嘉瑞、利川县知县常懿麟招称，卑职李嘉瑞提讯，犯供游移，当即详提人证质审。卑职朱佐君卸事，卑职常懿麟回任，遵即比传人证，与卑职朱佐君押解到郡，会同卑职李嘉瑞提集犯证，覆加研讯。除各供均与前审相同外，据邱沅升供：利川县人，年三十五岁。父母俱故，弟兄两人。小的并没妻子，与哥子邱沅高同居各爨。已死邱维斌是小的共曾祖的分居小功堂叔，素好无嫌。堂叔只身在外帮工度日。他与小的弟兄原有公共祖遗夹嶂山地一块，已于道光十六年卖与村邻覃远香为业，得过地价钱三十六千五百文，均分花用。二十六年二月，因闻覃远香要卖那地，是小的向素识的涂贵芳、涂贵刚弟兄借钱二十四千文，并自凑钱十二千五百文把地买回。后因无钱归还借项，又把那地作价二十四千文，立约抵当与涂贵芳们管业。二十八年十一月堂叔外归闻知，央请方明杰去向涂贵芳们索加地价，未允。堂叔又要小的找给他钱六千文，小的无钱。堂叔就屡寻小的吵闹，小的没有理会。十二月初八日，哥子因事外出，堂叔又来要钱，小的随买酒款待。不料堂叔饮醉，扭住小的同去夹嶂山看地。走到山坡边，堂叔说那山地原卖价钱定要找钱给用，并出言辱骂。小的一时气忿，起意致死，当时挣脱，拾取路旁木柴棍，连打伤他偏右、右肋，倒地滚落坡下，仰卧乱骂。小的又用棍头连戳他右肋几下，当时身死。小的怕人看见报官问罪，把柴棍藏匿坡下，脱下尸穿青布夹袄，拖到附近山沟内抛弃，碎石盖住尸身，携衣回家收藏。二十九年正月二十八日，被村邻陈方氏看见堂叔尸身被狗刨食，投保往看。小的闻知害怕，恐那尸衣在家易致败露，正拿衣用火焚烧，哥子查问，小的据实告知，求勿声张。适保正张地忠同族人邱俊幅们走来盘问，哥子不能隐瞒，说出实情。他们就把小的捉住送案报验的。实因堂叔屡次吵闹讹案一时气忿起意致死，并无仇谋别故，也没在场帮殴及帮同弃尸的人。等供。

据此，该恩施县知县李嘉瑞、利川县知县常懿麟、前兼办利川县知县朱佐君会审看得：利川县民人邱沅升故杀小功堂叔邱维斌身死一案，缘邱沅升与共曾祖之分居堂叔邱维斌服属小功，素好无嫌。邱维斌与邱沅升弟兄原有公共祖遗夹嶂山地一段，已于道光十六年卖与村邻覃远香为业，得过地价钱三十六千五百文，均分花用。二十六年二月内，邱沅升因闻覃远香欲卖此地，曾向素识之涂贵芳、涂贵刚借钱二十四千文，并自凑钱十二千五百文将地买回，嗣因无钱归还借项，复将是地作钱二十四千文，立约抵当与涂贵芳、涂贵刚管业。二十八年十一月内，邱维斌外归闻知，即央方明杰往向涂贵芳等索加地价，未允。又令邱沅升找给钱六千文，邱沅升无钱。邱维斌屡向吵闹，邱沅升均未理会。十二月初八日，邱沅升之同居兄邱沅高因事外出，邱维斌复往索钱。邱沅升随沽酒款待，邱维斌饮入醉乡，扭住邱沅升同往夹嶍山看地。行至山坡边，邱维斌声称山地原卖价贱，定欲找钱给用，并出言辱骂。邱沅升气忿，顿起杀机，当时挣脱，拾取路旁木柴棍连殴伤邱维斌偏右、右肋，倒地滚落坡下，仰卧混骂。邱沅升又用棍头连戳伤其右肋，登时殒命。邱沅升虑人见尸报官问罪，将柴棍藏匿坡下，脱下邱维斌身穿青布夹袄，拖尸至附近山沟内抛弃，碎石盖住。携衣回家收藏后，经邻村之陈方氏赴山砍柴，瞥见尸正被犬刨食，投知保正张地忠往看，适邱维斌之姊谭邱氏路过认明，该保正随同邱维斌族人邱俊幅等往寻邱沅升弟兄查问。维时邱沅升正在家用火烧毁尸衣，经伊兄邱沅高问出实情，张地忠等走至查见盘问，邱沅高具以实告。张地忠等将邱沅升捉获送县报验。卑职常懿麟已先访闻差查，随验明尸伤，即因另案晋省卸事。卑职朱佐君奉委代办，讯供通详，批饬审解。旋审拟解府，奉本府查核，案情恐有未确，报明饬委卑职李嘉瑞会审，详提人证。适卑职常懿麟回任，勒集人证，同卑职朱佐君押解人证到郡会，提犯证覆加研讯，据供认前情不讳，究无仇谋别故，亦无在场帮殴及帮同弃尸之人，案无遁饰。查律载，卑幼殴本宗小功尊属死者斩，故杀者亦斩。等语。此案邱沅升因被邱维斌讹闹辱骂，气忿起意致死，实属故杀。查已死邱维斌系邱沅升小功堂叔，自应按律问拟。邱沅升除弃尸不失轻罪不议外，合依卑幼殴本宗小功尊属死者斩、故杀亦斩律，拟斩立决，照例先行刺字。至涂贵芳等原当地亩，据供愿即承买，应令仍照原价找钱，另凭邱姓户族立契，卖绝过割，以杜衅端。尸棺饬属领埋。理合解候审转。

等情。经施南府知府何大经审解到司。正提讯间，据武昌府司狱张士彦详报，利川县犯人邱沅升于道光二十九年九月二十八日在监染患伤寒病证。等情。当经批饬督医调治务瘥，并具详请咨在案。兹于十月二十二日据报，该犯病愈，随即提讯。该湖北按察使椿寿讯与县府等所审相符，理合解候院审具题。等情。招解到臣。

经臣提犯亲审无异，该臣看得：利川县民人邱沅升故杀小功堂叔邱维斌身死一案，缘邱沅升与共曾祖之分居堂叔邱维斌服属小功，素好无嫌。邱维斌与邱沅升弟兄原有公共祖遗夹嶰山地一段，已于道光十六年卖与村邻覃远香为业，得过地价钱三十六千五百文，均分花用。二十六年二月内，邱沅升因闻覃远香欲卖此地，曾向素识之涂贵芳、涂贵刚借钱二十四千文，并自凑钱十二千五百文，将地买回。嗣因无钱归还借项，复将是地作钱二十四千文，立约抵当与涂贵芳、涂贵刚管业。二十八年十一月内，邱维斌外归闻知，即央方明杰往向涂贵芳等索加地价，未允。又令邱沅升找给钱六千文，邱沅升无钱。邱维斌屡向吵闹，邱沅升均未理会。十二月初八日，邱沅升之同居兄邱沅高因事外出，邱维斌复往索钱。邱沅升随沽酒款待，邱维斌饮入醉乡，扭住邱沅升同往夹嶰山看地。行至山坡边，邱维斌声称山地原卖价贱，定欲找钱给用，并出言辱骂。邱沅升气忿，顿起杀机，当时挣脱拾取路旁木柴棍，连殴伤邱维斌偏右、右肋，倒地滚落坡下，仰卧混骂。邱沅升又用棍头连戳伤其右肋，登时殒命。邱沅升虑人见尸报官问罪，将柴棍藏匿坡下，脱下邱维斌身穿青布夹袄，拖尸至附近山沟内抛弃，碎石盖住，携衣回家收藏。后经邻村之陈方氏赴山砍柴，瞥见尸正被犬刨食，投知保正张地忠往看，适邱维斌之姊谭邱氏路过认明。该保正随同邱维斌族人邱俊幅等往寻邱沅升弟兄查问，维时邱沅升正在家用火烧毁尸衣。经伊兄邱沅高问出实情，张地忠等走至查见盘问，邱沅高具以实告。张地忠等将邱沅升捉获送县报验。该县常懿麟已先访闻差查，验明尸伤，即因另案晋省卸事。经代办县朱佐君讯供通详，批饬审解。旋据审拟解，经该府查核，案情恐有未确报明，饬委恩施县知县李嘉瑞会审，详提人证。兹据该县常懿麟回任，勒集人证，同朱佐君押解到郡，会同审拟招解，屡审供认不讳。查律载，卑幼殴本宗小功尊属死者斩，故杀者亦斩。等语。此案邱沅升因被邱维斌讪闹辱骂，气忿起意致死，实属故杀。查已死邱维斌系邱沅升小功堂叔，自应按律问拟。邱沅升除弃尸不失轻罪不议外，合依卑幼殴本宗小功尊属死者斩、故杀亦斩律，拟斩立决，照例先行刺字。至涂贵芳等原当地亩，据供愿即承买，应令仍照原价找钱，另凭邱姓户族立契，卖绝过割，以杜衅端。无干省释。凶器木棍解验，案结销毁。是否允协，理合具题，伏乞皇上圣鉴，敕下法司核覆施行。

再，照此案应以道光二十九年二月初八日报官起限，该县常懿麟于二月二十四日卸事，计历审限十六日。代办县朱佐君于是日到任，前官历限未及一月，应另起审限。县距府一百八十里，应扣程限四日。除去程途日期，扣至三月二十八日满接审分限。该代办县依限解府，该府因查核案情恐有未确，报委恩施县知县李嘉瑞会审。该县因犯供游移，当即详提人证、代办利川县朱佐君于四月初三日奉文，未及传解，于五月十九日卸事。除去传解限二十日，连问计迟延一个月零二十六日，该县常懿麟于是日回任，至七月初七日传齐人证解郡。除去传解限二十日，程限四日，计迟延二十四日，所有解证迟延一月，以上职名系前代办利川县事试用县丞朱佐君，解证迟延不及一月职名系利川县知县常懿麟，相应一并开报。恩施县李嘉瑞应以人证解到之日起，另给委审限一个月，县府同城，扣至八月初七日满委审限，该县等依限解府，府距省一千九百八十里，应扣程限四十日，除去程途日期，扣至九月二十七日满府审分限。该府依限解司，该犯邱沅升旋于九月二十八日在监患病，至十月二十二日病愈，应扣犯病二十四日。除去犯病日期，再加院司分限二十日，应扣至道光二十九年十一月十一日届满统限。又臣现因丁忧，循例奏明，饬委署藩司事臬司椿寿代印，合并陈明。臣谨具题请旨。

道光二十九年十一月十一日，兵部侍郎兼都察院右副都御史巡抚湖北武昌等处地方提督军务臣罗绕典。

题为审理兴山县民简平忠因地界纠纷伤毙族叔简受裁一案依律拟绞监候请旨事

道光二十九年十一月十一日

兵部侍郎兼都察院右副都御史巡抚湖北武昌等处地方提督军务臣罗绕典谨题：为报明事。

据湖北按察使椿寿详称，案据兴山县知县李大根详称：道光二十八年六月二十二日据保正万世斌报，据武生简天佑投称，本月初九日伊弟生员简受裁因族叔简平忠私砍连界松树，往论争闹，被简平忠用石掷伤额门，扶回医治不效，于二十日身死，有简俗见证。等语。往看属实。查简平忠逃避，报请诣验缉究。等情。并据简天佑报同前由。据此，随带吏仵前诣相验。据仵作刘埙喝报：验得已死简受裁问年二十九岁。仰面致命额门一伤三处，参差不齐，难量分寸，皮破骨损，系石伤。不致命胳肘有垫伤一点，红色。余无故。实系因伤身死。报毕亲验无异。当场填格取结，尸饬棺殓。

比差于七月初七日拿获简平忠到案，提同人证研讯。据保正万世斌供，据报词同。据简俗供：小的与简平忠、简受裁同族，道光二十八年六月初九日简平忠把他与简受裁毗连地内松树砍了四株。简受裁因树是蓄作界址，恐致混乱，与简平忠争论吵闹。小的走往，正见简受裁拾起石块向简平忠掷殴，简平忠闪避，也拾石回掷，伤着简受裁额门，侧跌倒地，垫伤左胳肘。小的连忙拢去喝散。信知简受裁的哥子简天佑看明，把简受裁扶回，医治不效，于二十日身死。小的救阻不及。是实。

据武生简天佑供：已死生员简受裁是武生兄弟，简平忠是无服族叔。兄弟买有简平忠兄弟简平孝售出山地，与简平忠地业毗连，向各蓄有树木为界。道光十八年六月初九日，简平忠在他地界砍伐松树四株，兄弟恐致混乱界址，往向争论。随后有族人简俗信说兄弟与简平忠争闹，被简平忠用石掷伤了。武生赶往查看，兄弟额门受伤倒地，当就扶回请医调治，弟伤重医治不效，于二十日身死。武生投保报验的。今蒙拿获简平忠，求审究伸冤。

并审据简平忠供认起衅争殴，致伤简受裁身死各情，与简俗等所供相符。除将该犯收禁，再行研审实情，按拟招解外，合先通报。等情。详奉批饬审解。旋据县审拟解府，经该府查核案情恐有未确报明，饬委署东湖县王梦松会审在案。

兹据宜昌府知府陈熙晋转，据署东湖县知县王梦松、兴山县知县李大根招称，卑职李大根传齐人证押解至郡，卑职王梦松随会同提集犯证覆加研讯。除各供均与原审相同外，据简平忠供：兴山县人，年五十岁。父母俱故，弟兄两人，小的居长。女人舒氏，生有三子。简受裁是小的无服族侄，素好无嫌。小的管业地亩与简受裁价买小的兄弟简平孝售出山地毗连，向各蓄有树木为界。道光二十八年六月初九日，小的需用木料，砍伐自己地内松树四株。简受裁来说伐去树木恐混了界址，向小的斥论，小的不服分辩，致相争闹。简受裁拾取石块掷殴，小的闪避，也拾石回掷，适伤着简受裁额门，侧跌倒地，垫伤左胳肘。是族人简俗喝散。不料简受裁伤重，扶回医治不效，于二十日身死。小的害怕逃避，被差拿获到案。实被掷殴情急，拾石回掷，适伤毙命，并不是有心要打死的。石块当已丢弃了。等供。

据此，该署东湖县知县王梦松、兴山县知县李大根会审看得：民人简平忠殴伤简受裁身死一案，缘简平忠系生员简受裁无服族叔，素好无嫌。简受裁买有简平忠之弟简平孝售出山地，与简平忠地业毗连，向各蓄有树木为界。道光二十八年六月初九日，简平忠需用木料，砍伐己地松树四株，简受裁恐致混乱界址，往向斥论，简平忠不服分辩，致相争闹。简受裁拾取石块掷殴，简平忠闪避，亦拾石回掷，适伤简受裁额门，侧跌倒地，垫伤左胳肘。经族人简俗喝散。讵简受裁伤重，扶回医治不效，于二十日殒命。报县诣验，获犯讯供通详，奉批审解。随经审拟解奉本府查核案情，恐有未确报明，饬委卑职王梦松会审。遵将人证解郡，会同提犯核加研讯，据供认前情不讳究，非有心欲杀，案无遁饰。此案简平忠殴伤简受裁身死，查已死简受裁系简平忠无服族侄，自应照律问拟。简平忠合依同姓服尽亲属相殴致死以凡论、斗杀者绞律，拟绞监候，秋后处决。无干省释。凶石据供丢弃，无从查起。尸棺饬属领埋。理合解候审转。等情。经宜昌府知府陈熙晋审解到司。该湖北按察使椿寿讯与该县府等所审相符，理合解候院审具题。等情。招解到前护抚臣唐树义，提犯亲审无异，因值卸事未及核题，移交到臣。

该臣看得：兴山县民人简平忠殴伤简受裁身死一案，缘简平忠系生员简受裁无服族叔，素好无嫌。简受裁买有简平忠之弟简平孝售出山地，与简平忠地业毗连，向各蓄有树木为界。道光二十八年六月初九日简平忠需用木料，砍伐己地松树四株，简受裁恐致混乱界址，往向斥论，简平忠不服分辩，致相争闹。简受裁拾取石块掷殴，简平忠闪避，亦拾石回掷，适伤简受裁额门，侧跌倒地。扶回医治不效，于二十日殒命。报县诣验，获犯讯供通详，批饬审解。随据该县审拟解府，经该府查核案情，恐有未确报明，饬委署东湖县知县王梦松会审。兹据该县等审拟，由府招解，屡审供认不讳。此案简平忠殴伤简受裁身死，查已死简受裁系简平忠无服族侄，自应照律问拟。简平忠合依同姓服尽亲属相殴致死以凡论、斗杀者绞律，拟绞监候，秋后处决。无干省释。凶石据供丢弃，无从查起。是否允协，理合具题，伏乞皇上圣鉴，敕下法司核覆施行。

再，照此案应以道光二十八年七月初七日获犯起限，距府三百六十里，应扣程限八日，除去程途日期，扣至十月十五日满县审分限。该县依限解府，经该府查核案情未确，当即报委署东湖县王梦松会审，一面饬将人证解质。该县于十月二十三日奉文，至二十九年五月初十日始传齐人证押解至郡，除去应给传解限二十日并到府程限八日，连闰计迟延六个月零十九日。所有解证迟延半年以上职名系兴山县知县李大根，相应开报附参。东湖县王梦松会审应以五月初十日解到人证起给委审限一个月，扣至六月初十日满限。该县等依限解府，府距省一千零八十里，应扣程限二十二日。除去程途日期，再加臬司分限一个月，应扣至道光二十九年九月初二日届满。该司依限审解，前抚臣唐树义于九月初六日入□监临，至二十日回署勘审，旋于二十五日卸事。除去入□日期，计历限八日。臣于是日到任，核覆具题，扣至十月二十五日届满统限，合并陈明。臣谨具题请旨。

道光二十九年十一月十一日，兵部侍郎兼都察院右副都御史巡抚湖北武昌等处地方提督军务臣罗绕典。

朱批：三法司核拟具奏。

题为审理宜城县民尚三因被索欠债伤毙石正沅一案依律拟绞监候请旨事

道光二十九年十一月十一日

兵部侍郎兼都察院右副都御史巡抚湖北武昌等处地方提督军务臣罗绕典谨题：为报明事。

据湖北按察使椿寿详称，案据署宜城县知县贺启详称：道光二十九年四月二十二日据保正刘先报，据民人石正茂投称，有尚三欠伊胞兄石正沅钱文未还，四月二十二日中午伊兄往索争闹，被尚三戳伤身死，有萧铁匠见证。等语。往查属实。尚三业已逃避，报讫诣验缉究。等情。并据石正茂报同前由。据此，随带吏仵前诣相验。据仵作宋口太喝报：验得已死石正沅年四十二岁。仰面不致命右血盆骨一伤，斜长一寸一分，宽二分，深透内，皮肉卷缩，系刀伤。余无故。实系因伤身死。报毕亲验无异。饬起凶刀，比对伤痕相符，当场填格取结，尸饬棺殓。

比据差役于闰四月十五日拿获尚三，传齐人证，逐一研讯。据保正刘先供，与报词同。据石正茂供：已死石正沅是小的哥子，与尚三素识无嫌。道光二十三年间尚三借用哥子钱八千，已还过四千，下欠四千文屡讨没给，小的是晓得的。二十九年四月二十二日中午，哥子去向尚三讨钱，过了一会，有萧铁匠送信说哥子因讨钱争殴，被尚三用刀戳伤的话，小的赶往看明。哥子伤重，过不一会身死。小的就投保报验的。求究办伸冤。

据萧铁匠供：与尚三紧邻居住。道光二十九年四月二十二日中午，听得素识的石正沅到尚三家讨钱，尚三央缓，石正沅不依，斥骂骗赖，尚三回骂，两下争闹。小的过去劝解，见石正沅取用桌上尖刀向尚三殴戳。尚三接刀扭夺，因雨后地滑，石正沅失足仰跌倒地，把尚三带跌，扑压在身上。尚三挣起，石正沅揪住尚三衣襟混骂，尚三用刀戳伤石正沅右血盆骨。是小的赶拢喝阻，信知石正沅的兄弟石正茂前往看明。石正沅伤重，过不一会身死。小的救阻不及。是实。

并审据尚三供讯起衅争闹，被揪吓戳，适伤石正沅身死各情，与萧铁匠所供相符。除将尚三收禁，再行研审实情，按拟招解外，合先通报。等情。详奉批饬审去后，兹据襄阳府知府樊椿转，据署宜城县知县贺启招称，遵提犯证，覆加研讯，除各供均与前审相同外，据尚三供：是宜城县人，年三十三岁。父母俱故，弟兄二人，哥子尚大狗，小的第二，并没妻子。与石正沅素识无嫌。

道光二十三年间小的曾借石正沅钱八千文，后已还过四千，下欠四千文没还。二十九年四月二十二日中午石正沅来小的家讨钱，小的因无钱央缓，石正沅不依，斥骂小的骗赖，小的回骂，彼此争闹。石正沅顺取桌上挖菜尖刀向小的戳来，小的接刀扭夺，因雨后地滑，石正沅失足仰跌倒地，把小的带跌，扑压在他身上。那时小的正把尖刀夺过手内，挣起要走，石正沅揪住小的衣襟混骂，小的用刀吓戳，适伤他右血盆骨。是邻人萧铁匠赶拢喝阻。不料石正沅伤重，过不一会身死。小的害怕躲避，被差拿获的。实因被揪吓戳，适伤致毙，并不是有心要戳死他的。等供。

据此，该署宜城县知县贺启审看得：民人尚三戳伤石正沅身死一案，缘尚三与石正沅素识无嫌。道光二十三年间尚三曾借石正沅钱八千文，嗣经还过四千，尚欠四千文未偿。二十九年四月二十二日中午石正沅至尚三家催索前欠，尚三因无钱央缓，石正沅不依，斥骂骗赖，尚三回骂，致相争闹。石正沅顺取桌上挖菜尖刀向戳，尚三接刀扭夺，因雨后地滑，石正沅失足仰跌倒地，将尚三带跌，扑压身上。维时尚三正将尖刀夺过手内，挣起欲走，石正沅揪住尚三衣襟混骂，尚三用刀吓戳，适伤石正沅右血盆骨。经邻人萧铁匠赶拢喝阻，信知其弟石正茂往看。讵石正沅伤重，旋即殒命。报验获犯，讯供通详，奉批审解，遵即提犯覆加研讯，据供认前情不讳，究非有心欲杀，案无遁饰。尚三合依斗殴杀人者不问手足他物金刃并绞监候律，拟绞监候，秋后处决。尚三所欠钱文照追，给属具领。无干省释。尸棺饬属领埋。理合解候审转。等情。经襄阳府知府樊椿审解到司。该湖北按察使椿寿讯与县府所审相符，理合解候院审具题。等情。招解到臣。

经臣提犯亲审无异，该臣看得：宜城县民人尚三戳伤石正沅身死一案，缘尚三与石正沅素识无嫌，道光二十三年间尚三曾借石正沅钱八千文，嗣经还过四千，尚欠四千文未偿。二十九年四月二十二日中午，石正沅至尚三家催索前欠，尚三因无钱央缓，石正沅不依，斥骂骗赖，尚三回骂，致相争闹。石正沅顺取桌上挖菜尖刀向戳，尚三接刀扭夺，因雨后地滑，石正沅失足仰跌倒地，将尚三带跌，扑压身上。维时尚三正将尖刀夺过手内，挣起欲走，石正沅揪住尚三衣襟混骂，尚三用刀吓戳，适伤石正沅右血盆骨。经邻人萧铁匠赶拢喝阻，信知其弟石正茂往看。讵石正沅伤重，旋即殒命。报验获犯，讯供通详，批饬审解。兹据审拟招解，屡审供认不讳，尚三合依斗殴杀人者不问手足他物金刃并绞监候律，拟绞监候，秋后处决。尚三所欠钱文照追，给属具领。无干省释。是否允协，理合具题，伏乞皇上圣鉴，敕下法司核覆施行。

再，照此案应以道光二十九年闰四月十五日获犯起限，县距府九十里，应扣程限二日，除去程途日期扣至七月十七日满县审分限。该县依限解府。该府旋于七月二十日赴堤防护，至二十六日回署，计公出七日。又于八月初三日赴堤防护，至初九日回署，计公出七日。又于十九日赴堤防护，至二十六日回署，计公出八日。又府距省七百八十里，应扣程限十六日。除去公出程途各日期，再加院司分限两个月，应扣至十一月二十五日届满统限。又臣现因丁忧，循例奏明，饬委署藩司事臬司椿寿代印，合并陈明。臣谨具题请旨。

道光二十九年十一月十一日，兵部侍郎兼都察院右副都御史巡抚湖北武昌等处地方提督军务臣罗绕典。

题为恭报交送抚篆日期事

道光二十九年十一月十五日

兵部侍郎兼都察院右副都御史巡抚湖北武昌等处地方提督军务臣罗绕典谨题：为恭报微臣交送抚篆日期仰祈圣鉴事。

窃照臣于本年十一月十三日接到家信，臣父于十月十六日在籍病故。臣系亲子，例应丁忧。惟巡抚篆务，适值督臣裕泰因湖南匪徒滋事，亲往督办，先期出省，未能就近兼署。经臣循例奏明，饬委署藩司事臬司椿寿代印代行，并请旨简员补放在案。随准督臣裕泰咨会，以湖北现当灾赈之际，臣既丁艰，无人接署省会重地，关系紧要，奏明折回北省，将巡抚关防暂行接管兼署。等因。兹督臣裕泰回至省城，臣谨将钦颁嘉字二十八号、湖北巡抚银关防一颗、王命旗牌八面杆、圣训、上谕及部颁律例各书籍并火牌、文卷等项，于道光二十九年十一月十五日派委署武昌府知府夏廷桢、标中军参将胡俸伸赍送督臣裕泰接收兼署，臣即于是日卸事。所有微臣交送副卸事日期，理合恭疏题报，伏乞皇上圣鉴，敕部查照施行。再，臣因丁忧，系署藩司椿寿代印，合并陈明。臣谨具题。

道光二十九年十一月十五日，兵部侍郎兼都察院右副都御史巡抚湖北武昌等处地方提督军务臣罗绕典。

朱批：该部知道。

题参云南河阳县民宅被贼行劫银物一案内疏防武职官员事

咸丰三年八月初八日

（缺文）题：为题参疏防职名事。

该臣看得：云南河阳县民李起林家被贼行窃，临时行强，捆缚事主，劫去银物一案，先据代理河阳县知县徐承祖会营勘讯详报，当经批司饬缉查参去后，兹据兼署云南按察使崔光笏查明，此案四个月疏防限满，赃贼未获。所有疏防武职：专管汛官系临元镇标左营驻防澂江汛左哨头司把总王朝阳，兼辖官系署临元镇标左营都司事右营守备魏成栩。等情。详请题参前来。臣覆查无异，谨会题请旨。

朱批：兵部（缺文）

题请以俞良杰升补云南永昌府分防龙陵同知事

咸丰三年八月初八日

兵部尚书兼都察院右都御史总督云贵二省等处地方军务兼管粮饷臣罗绕典谨题：为夷疆极边要缺同知遴调乏员，详请具题升补，以裨地方事。

据云南布政使史致蕃会同兼署按察使事粮储道崔光笏详称：窃照云南永昌府分防龙陵同知刘禧祖于咸丰三年六月初八日在署临安府知府任内因病出缺，业经详请具题开缺在案。所遗龙陵同知员缺，系夷疆三年俸满量予优叙、又满三年加衔在任候升要缺，例应在外拣选升调。查该厅地处极边，界连缅甸，汉夷杂处，非精明强干、熟悉边地夷情之员，不足以资治理。于通省应调人员内逐加遴选，亦非现居要缺，即人地未宜，并现任同知内，亦无堪调之员。惟于应升人员内查有曾经著有劳绩以应升之缺升用之安宁州知州俞良杰，年五十三岁，顺天府大兴县人，祖籍浙江，由监生遵续增武陟例，报捐光禄寺署正，嗣遵酌增常例加捐知州，并捐分发签掣云南试用。道光十年十一月蒙吏部带领引见，奉旨："照例发往。钦此。"旋丁本生母忧，服满仍来滇试用。到滇历署马龙、宣威、永善各州县事。试用期满，甄别留滇补用。丁本生父忧回籍，接丁嗣母忧。服满来滇，委署丘北县，兼署弥勒县。委运乙巳年正运一起京铜，依限交清，二十七年四月蒙户部带领引见，奉旨："着仍回原省。钦此。"奉文归入候补班内。补用委署弥渡通判，兼理赵州，补授安宁州知州。二十八年十二月初二日奉文准补到任，因永昌军务案内出力保奏，奉旨："以同知升用。钦此。"委署太和县，调署保山县。卸事回任，委运壬子年正运二起京铜。查该员年富才明，办事老练。自到任以来，每逢朔望，率属恭诣约所，宣讲《圣谕广训》，化导汉夷，咸知礼法。征收钱粮，遵用滚单，令民自封投柜，民乐输将。审理词讼，随到随结，从无冤抑抱累。城乡义学，延师教读，文风日盛。稽查奸匪，宵小潜踪，地方静谧。日用薪蔬、出入夫马，俱发现钱，照市买雇，从无赊欠派累。本任历俸已满三年。在滇年久，熟悉边地夷情，且系著有劳绩、以应升之缺升用之员，请以升补龙陵同知，实属人地相宜，与例亦符。该员系现任知州请升同知，衔小缺大，俟部覆至日，照例给咨送部引见。恭候钦定。所遗安宁州知州系月选之缺，滇省现有应补人员。遵照新例，俟部覆至日另行遴员请补。至该员任内罚俸各案，均系因公处分，毋庸核计。除另行造册送部外，相应开列事实，造具参罚清册，详请查核出考具题。再，龙陵同知刘禧祖病故，归于咸丰三年六月三十日截缺，今遴员升补于七月十五日出详，合并声明。等情。到臣。

该臣看得：云南永昌府分防龙陵同知刘禧祖因病出缺，业经具题开缺在案。所遗龙陵同知系夷疆久任，例应在外拣选题调之缺。兹据云南布政使史致蕃等详称：于通省应调人员内逐加遴选，非现居要缺，即人地未宜，并现任同知内亦无堪调之员，惟于应升人员内查有曾经著有劳绩、以应升之缺升用之安宁州知州俞良杰，年五十三岁，顺天监生，遵续增武陟例，加捐知州，并捐分发签掣云南试用。道光十年十一月引见，奉旨："照例发往。钦此。"旋丁本生母忧，服满仍来滇试用。到滇历署马龙、宣威、永善各州县，试用期满，甄别留滇补用。丁本生父忧回籍，接丁嗣母忧。服满来滇，委署丘北、弥勒等县。委运乙巳年正运一起京铜，依限交清。二十七年四月引见，奉旨："着仍回原省。钦此。"

奉文归入候补班内。补用委署弥渡通判，兼理赵州，补授安宁州
知州，二十八年十二月奉文准补到任。因永昌军务案内出力保奏，
奉旨："以同知升用。钦此。"历署太和、保山等县。卸事回任，
委运壬子年正运二起京铜。查该员年富才明，办事老练。本任历
俸已满三年在滇年久，熟悉边地夷情，且系著有劳绩、以应升之
缺升用之员，请以升补永昌府分防龙陵同知，实属人地相宜，与
例亦符。开列事实，造具参罚清册，详请查核出考具题前来。臣
到任未及三月，例不出考，该布政使史致蕃等查：该员俞良杰年
富才明，办事老练，请以升补永昌府分防龙陵同知，实堪胜任。
如蒙俞允，该员现任知州，请升同知，衔小缺大，俟部覆至日，
照例给咨送部引见。恭候钦定。其所遗安宁州知州，系月选之缺。
滇省现有应补人员，遵照新例，俟部覆至日，另容遴员请补。至
该员任内罚俸各案，均系因公处分，毋庸核计。除另行造册送部
外，臣谨会同云南巡抚臣吴振棫合词恭疏具题，伏乞皇上圣鉴，
敕部议题施行。为此具本，谨题请旨。

咸丰三年八月初八日，兵部尚书兼都察院右都御史总督云贵
二省等处地方军务兼管粮饷臣罗绕典。

朱批：该部议奏。

题请核销滇省云州顺宁县咸丰二年拨运
缅宁厅仓兵粮用过运脚银两事

咸丰三年九月初八日

兵部尚书兼都察院右都御史总督云贵二省等处地方军务兼管
粮饷臣罗绕典谨题：为请销拨运兵粮脚价银两事。

据云南粮储道崔光笏会同布政使史致蕃详称，查得顺宁府属

缅宁厅原驻顺云营分防兵四百名，久经题定，以二年定额备储，将该厅额征秋粮米一千二百一十余石征收备供外，不敷米约计二三百石，采员供支。嗣于嘉庆五年，前任总督书麟于剿捕傈黑军务善后事宜案内，奏准将顺云营参将移驻缅宁，并于顺宁府存城兵内拨出兵三百名，永昌协额设兵内拨出兵四百名，共七百名，移驻缅宁，连原设共兵一千一百名。又于永北营额设千把外委内拨出七员，归入缅宁。另设额外四员，安设塘汛防守。

其前项兵丁岁需粮米，续经奏定，以该厅每年应征额粮尽数征收，备供不敷之项，请将云州、顺宁二州县年征秋粮除备供本处兵粮外，余剩米石照普洱镇买运兵粮事例，每石每站给运脚银二钱，计云州距缅宁四站，顺宁县距缅宁六站，按站发给运脚银两，运交缅宁供支。此外不敷米石，照例价每石发银一两，交该厅自行采买。所需运脚银两，统归于道库收存米折银内动支。事竣造册题销。

又，嘉庆九年奏请各营裁汰马兵，在于普洱等镇、协、营添设步兵案内，缅宁厅裁汰马兵六十五名，实驻兵一千三十五名。又于嘉庆十八年缅宁边外筹酌善后事宜案内，奏请于各营额兵内拨往缅宁厅添驻兵四百三十名，外委二员，共弁兵四百三十二员名。内除分驻云州所属万年桩兵四十名，所需月粮于云州仓支食外，实驻缅宁厅弁兵三百九十二员名，连原设共弁兵一千四百二十七员名，所需粮米较多，采买维艰。奏准查照普洱、威远二镇、营兵丁本折兼支之例，以每年春夏二季全支本色米石，秋冬二季大建之月折给银二十日，小建之月折给银二十九日，其余二十日仍支本色。自嘉庆二十二年秋冬二季起，本折兼支。至道光十一年，奉旨查明云贵两省额兵酌定裁减案内，奏准临安府属蒙自等处改营添汛，将临元、广西镇、营兵丁分拨驻防，仍于顺云营兵内裁减兵一百名，拨归临元、广西二镇、营，以便差操。内系云州额兵内裁拨兵二十名，缅宁厅额兵内裁拨兵八十名，计缅宁厅实存兵一千二百五十二名。道光二十九年奉准兵部议覆前任总督林则徐具奏迤西一带改移营汛添拨弁兵一案，前经钦遵转饬遵办。嗣准据文武各员议请，将龙陵协改为龙陵营，顺云营改为顺云协，并于龙陵营额兵内裁拨兵二百二十二名移驻顺宁县属锡腊地方防守。计顺宁县连原驻兵丁四百四名，二共兵六百二十六名，所需粮米已于咸丰二年会计案内核实造册题咨。计咸丰二年分云州应运缅宁厅米九百石六斗七升三合四勺，顺宁县应运缅宁厅米六百五十七石七斗七升四合一勺。所需运脚，亦经查照题定成案，发给征运在案。

兹据云州、顺宁二州县各将应运米石照数征收，雇脚运交清楚取具，缅宁厅实敢造册出结，由顺宁府盘明加结申报前来。该司道覆查云州册开拨运缅宁厅仓米九百石六斗七升三合四勺，该州至缅宁厅四站，每石每站给运脚银二钱，共用运脚银七百二十两五钱三分八厘七毫二丝。顺宁县册开拨运缅宁厅仓米六百五十七石七斗七升四合一勺，该县至缅宁厅六站，每石每站给运脚银二钱，共用运脚银七百八十九两三钱二分八厘九毫二丝，共计拨运米一千五百五十八石四斗四升七合五勺，该运脚银一千五百九两八钱六分七厘六毫四丝。核数俱属相符，应请准销。所运米石及用过运脚银两，已于咸丰二年奏销各册内分别收除造报外，合将报到册结仓收，详请查核题销。等情。到臣。

该臣看得：缅宁厅增驻兵丁咸丰二年分不敷粮米，业于通省会计兵粮案内造册题请动支脚价，发给云州、顺宁二州县，于额征秋粮米内拨运缅宁供支在案。兹据云南粮储道崔光笏会同布政使史致蕃查明，云州、顺宁县咸丰二年分共拨运缅宁厅仓兵粮米一千五百五十八石四斗四升七合五勺，共用运脚银一千五百九两八钱六分七厘六毫四丝，俱经运交清楚，取造册结仓收，详请题销前来。臣覆查无异，除册结仓收分送部科查核外，谨会同云南巡抚臣吴振棫合词恭疏具题，伏乞皇上圣鉴，敕部核覆施行。为此具本，谨题请旨。

咸丰三年九月初八日，兵部尚书兼都察院右都御史总督云贵二省等处地方军务兼管粮饷臣罗绕典。

朱批：该部察核具奏。

题请罕恩泽承袭云南顺宁府属耿马宣抚司事

咸丰三年十月十三日

234

兵部尚书兼都察院右都御史总督云贵二省等处地方军务兼管粮饷臣罗绕典谨题：为详请承袭土职事。

据云南布政使史致蕃详称：窃查顺宁府属耿马宣抚司罕恩沛于咸丰元年三月二十四日病故，当经详请咨部，并饬查应袭之人，取造亲供宗图册结，照例详请顶袭去后，兹准迤西道王发越咨，据署顺宁府知府刘廷谔申称：查承袭耿马宣抚司罕恩沛于咸丰元年三月二十四日病故，其子罕荣福亦于是年四月内相继身故，该土职并无次丁、族目人等。于亲支内公举已故土司罕恩沛亲堂弟罕恩泽，现年三十七岁，熟习边务，夷众悦服，昭穆相当，族无争袭之人。取造亲供宗图册结及罕恩沛病故各结，由府申道移司。该云南布政使史致蕃查得定例：土官病故乏嗣，按本身支派挨次承袭。等语。兹顺宁府属耿马宣抚司罕恩沛病故，其子罕荣福相继身故，该土职又无兄弟、子嗣、族目人等。公举已故土司罕恩沛亲堂弟罕恩泽，现年三十七岁，熟习边务，夷众悦服，族无争袭之人。取造亲供宗图册结，请以承袭耿马宣抚司之职，颁给号纸管理地方，以专责成。合将送到册结，详请查核具题请袭。

再，土司病故承袭例限六个月，此案应以咸丰元年三月二十四罕恩沛病故之日起，扣至是年九月二十四日限满。因该土司病故乏嗣，并无弟兄，照例于本支亲族内遴选顶袭。因族繁人众，一时碍难选定，以致稽延，所有迟延职名，应请免议。合并声明。

等情。到臣。

该臣看得：云南顺宁府属耿马宣抚司罕恩沛病故乏嗣，当经咨部，并饬查承袭之人，取造亲供宗图册结，详请顶袭去后，兹据云南布政使史致蕃详称：查得已故土司罕恩沛有亲堂弟罕恩泽，现年三十七岁，熟习边务，夷众悦服，族无争袭之人。应准其承袭耿马宣抚司之职，以专责成。由该管府道取造亲供宗图册结，详请查核具题前来。臣覆查无异，相应题请以罕恩泽承袭耿马宣抚司之职，颁给号纸，转发祗领，饬令管理地方，以专责成。除亲供宗图册结送部外，臣谨会同云南巡抚臣吴振棫合词恭疏具题，伏乞皇上圣鉴，敕部议覆施行。为此具本，谨题请旨。

咸丰三年十月十三日，兵部尚书兼都察院右都御史总督云贵二省等处地方军务兼管粮饷臣罗绕典。

朱批：该部议奏。

题请庆瑞升补贵州铜仁协副将事

咸丰三年十月十三日

兵部尚书兼都察院右都御史总督云贵二省等处地方军务兼管粮饷臣罗绕典谨题：为题请升补副将事。

案准兵部咨：贵州铜仁协副将莫尔根泰病故，所遗副将员缺系题补之缺，轮用豫保人员。该省现无豫保，亦无拣发，应令于现任应升应补人员内拣选题补。等因。到臣。

该臣看得：贵州铜仁协副将员缺，接准部咨，另于现任应升应补人员内拣选题补。臣悉心拣选，查有贵州黎平营参将庆瑞，年四十岁，正黄旗满洲祥瑞佐领下人，由粘竿处拜唐阿补授十五善射，递升云麾使，拣发来黔，补授今职。道光三十年正月二十六日到任，二月初一日接授札付，前于咸丰二年副参保列等次案内，经前督臣吴文镕保列一等，咨部在案。该员年富才明，老成干练，请以升补贵州铜仁协副将，洵堪胜任。如蒙俞允，该员于保列一等案内，经兵部调取引见，因黎平地方与粤西毗连，防堵吃紧，一时乏员委署，尚未给咨。今升补副将，请俟部覆至日，再行并案给咨。除履历清册送部，印结俟取到另咨外，臣谨会同贵州巡抚臣蒋霨远、署提督臣赵万春合词恭疏具题，伏乞皇上圣鉴，敕部议覆施行。为此具本，谨题请旨。

咸丰三年十月十三日，兵部尚书兼都察院右都御史总督云贵二省等处地方军务兼管粮饷臣罗绕典。

朱批：该部议奏。

题参贵州永宁州民罗发被人殴伤身死失去衣物一案内疏防武职官员事

咸丰三年十月十三日

兵部尚书兼都察院右都御史总督云贵二省等处地方军务兼管粮饷臣罗绕典谨题：为报验缉究事。

据贵州按察使孔庆镠详称，案据代理永宁州知州党思齐详称：咸丰二年十二月十二日据州属乡约明潮法报，据郎岱厅民妇罗杨氏投称，本月初三日，伊子罗发与素识之陈盛祥、宋老大、张老幺赶马驮锡赴雨王寨交替。次日，仅有陈盛祥、宋老大送马回家，向伊告称：伊子路过萧二裁缝家，邀张老幺买酒同饮，并未前往。伊连日各处找寻，至初六日在案下杉树林地方得见伊子尸身。原穿衣服已失，不知被何人殴毙。等语。往看属实，理合报验缉究。等情。并据尸母罗杨氏报同前由。据此，查距城一百二十里，随饬差严缉凶犯，一面带领刑仵会同营员驰诣尸所。先勘得杉树林地方系偏僻荒山，中有小路一条，上通雨王寨，下达郎岱厅，附近并无居民，亦无（唐）[塘]汛、墩铺。该尸仰卧路旁，坎下并无衣服，仅穿旧白布裤一条，尸旁亦无遗物。勘毕，饬令将尸移放平地，如法相验。据仵作王淮淋喝报：已死罗发问年三十八岁。验得仰面致命偏右一伤，斜长一寸二分，宽一分，深一分，皮破血污，系刀伤。左额角一伤，斜长七分，宽三分，紫红色。胸膛一伤，围圆一寸四分，微红色。不致命左肩甲、左腋肢各一伤，均斜长一寸一分，微红色，俱系木器伤。两手腕有绳捆痕一道。致命脐肚一伤，尖圆不整，难量分寸，微红色，系脚踢伤。不致命左右臁肕各有擦伤数处。合面不致命右臂膊一伤，左右后肋各二伤，均斜长一寸一分，宽三分，紫红色，俱系木器伤。左腿肚有擦伤数处。余俱无故。委系受伤身死。报毕亲验无异。凶犯在逃，无凭查起凶器，比对尸伤。当场填格取结，尸饬棺殓。即选差干役，勒限严缉，并飞关邻封营邑，一体协缉此案，逃凶务获，并查传张老幺、萧二裁缝到案，研讯确情，据实究报外，合将诣勘验讯缘由具文通报。等情。详奉批司移营严缉查参去后，今准署贵州提督照会内开查此案，自咸丰二年十二月十二报案之日起，扣至三年四月十二日，四个月疏防限满，犯仍未获。所有疏防武职职名：专管官系贵州永安协左营分防坡贡汛把总林锦星，兼管官系永安协左营分防永宁汛守备唐德，统辖官系护永安协副将兴山，相应开列具文详请题参。等情。到臣。

该臣看得：贵州永宁州民罗发不知被何人殴伤身死失去衣物一案，前据代理永宁州知州党思齐会营勘验通详，当经批司饬缉查参去后，兹据贵州按察使孔庆鏦查明此案，自咸丰二年十二月十二失事之日起，扣至三年四月十二日，四个月疏防限满，犯仍未获。所有疏防武职职名：专管官系贵州永安协左营分防坡贡汛把总林锦星，兼管官系永安协左营分防永宁汛守备唐德，统辖官系护永安协副将兴山。等情。详参前来。除饬严缉逃凶，务获究报外，所有疏防武职各职名，相应具疏题参，伏乞皇上圣鉴，饬部议覆施行。

再，失事地方离协一百八十里，离兼管官一百二十里，离专管汛六十里，专兼、统各官俱不同城，合并声明。为此具本，谨题请旨。

咸丰三年十月十三日，兵部尚书兼都察院右都御史总督云贵二省等处地方军务兼管粮饷臣罗绕典。

朱批：该部议奏。

题为请销采买云南普洱镇不敷兵粮价脚银两事

咸丰三年十一月初八日

兵部尚书兼都察院右都御史总督云贵二省等处地方军务兼管粮饷臣罗绕典谨题：为详请买备兵粮以供支放事。

据云南粮储道崔光笏会同布政使史致蕃详称：查得普洱镇额设兵丁所需月粮，历系筹备二年。因宁洱县思茅厅额征粮米不敷支放，前经题定，每米一石给价银一两，每站给运脚银二钱，发给该厅县于四站以内地方采买供运。又思茅厅属之攸乐、宁洱县属之普藤等寨均因相距窎远，山高箐密，难以挽运，亦经题定，照例每石折征银一两，拨给脚价，于四站以内买运凑供。又滇沅直隶州仓不敷米石每石给价银一两，外加一站脚价银二钱，在于该州境内买运。又威远厅额征秋粮按年征存米五百四十石，恩乐县额征秋粮按年征存米一百八十五石，以供分防汛兵岁需之用，其余额粮各以每石折征银一两解道。又奉文裁汰普洱镇马兵一百五十名，增添步兵一千六百名，又于新嶍营内拨驻外委二员，共实驻新旧兵丁四千三百一十八名，内于普洱府驻兵一千八百一十六名，思茅厅驻兵一千名，威远厅驻兵一千一百八十五名，镇沅州驻兵二百六十七名，恩乐县驻兵五十名，所需粮米除思茅、镇沅、恩乐三厅州县驻兵无多，均照旧例分别征买备供外，其普洱府威远厅驻兵较多，所需月粮该处产米有限，难以全数买运，附近各处又无折征秋粮余米可以改拨，当经议请查照昭通镇兵丁本折兼支之例，将该府厅新旧兵丁应支粮米，概以每年春夏二季米少价昂之时，全支本米，其秋冬二季米价稍减，以大建之月折给米价银十日，小建之月折给米价银九日，每石折给银一两八钱，在于道库收存米折银内发给，令兵丁自行买食，其余二十日仍支本米。除将额征秋粮就近征收备供外，不敷米石照旧给价买运。又奉文于普洱镇中营威远营新添兵内抽拨步守兵六百名内，分添景蒙、元江营各二百四十名，分添思茅厅一百二十名，所需粮米，该三处向系产米之区，即存仓兵米不敷搭放，易于采买，其仍驻普洱、威远兵丁应需粮米，仍以每年秋冬二季兼支折色。又奉文于镇沅直隶州驻防兵内，拨往威远厅属之斗母汛兵二十六名，所需月粮就近于威远厅仓支领。又奉文于宁洱县驻札普洱镇存城兵内，裁减马步守军二十七名，又威远厅驻札威远营兵内裁减兵十二名，镇沅州驻兵内裁减兵九名，二共兵二十一名。又奉文于威远营额兵内裁兵一百名拨归开化、广西二镇营差操，当于镇沅厅额兵内裁拨兵六十名，威远厅额兵内裁拨兵四十名，又道光二十一年十月内奉文直隶天津等处海口添兵防堵夷匪，于普洱镇额兵内裁减马步守兵二十三名，宁洱县存城兵内裁减兵十三名，思茅厅存城兵内裁减兵十名，节省粮米均已扣存入册开造。

今届咸丰三年会计兵粮，除移驻景蒙、元新、开化、广西等镇营兵丁所需粮米已归入通省会计案内核计汇办外，所有驻札普洱等厅县兵丁所需米石应照例筹备供支。查镇沅直隶同知驻兵一百七十二名，岁需米六百一十九石二斗，遇闰加米五十一石六斗，每岁应摊计米一十七石二斗，共米六百三十六石四斗。遵照二年定额，计咸丰甲寅、乙卯二年连闰共应需米一千二百七十二石八斗。该仓放至咸丰三年冬季止存仓并应收咸丰三年分额征秋粮共米一千九十九石三斗三升四合四勺,较二年岁需之数不敷米一百七十三石四斗六升五合六勺。

又镇沅直隶同知拨管裁缺恩乐县驻札兵五十名,岁需米一百八十石,遇闰加米一十五石,每岁应摊计米五石,共米一百八十五石。遵照二年定额,计咸丰甲寅、乙卯二年连闰共应需米三百七十石。该仓放至咸丰三年冬季止存米一百九十二石五斗,较二年岁需之数不敷米一百七十石五斗,应于咸丰三年分额征秋粮米七百四十二石九斗四升四合一勺内征收备供,毋庸采买外,下余米五百六十五石四斗四升三合一勺,应请仍照旧例每石折征银一两征收起解。

又普洱府于宁洱县同城驻札兵一千四百七十六名内,于一件知照事案内,奉准兵部议覆前任总督林则徐会奏普洱府属之他郎厅地方坤勇厂现在督办开采,应移驻重兵弹压,奏请于普洱镇中营存成兵内抽拨兵一百三十名移驻他郎,归普洱镇左营管辖。除分驻外,实存兵一千三百四十六名。咸丰甲寅年连闰七大建六小建,计三百八十四日,内除闰月米石另于后款摊计外,其余三百五十五日应需米四千七百七十八石三斗,内应放秋冬二季大建月分配放十日小建月分配放九日,计五十八日折色米七百八十石六斗八升,内除咸丰二年秋冬二季分截旷折色米九斗五升拨抵配放外,实该折色米七百七十九石七斗三升。每石折银一两八钱,该银一千四百三两五钱一分四厘,实支二百九十七日本色米三千九百九十七石六斗二升。又遇闰加米四百三石八斗,每岁应摊计米一百三十四石六斗,共应需米本色米四千一百三十二石二斗二升。又咸丰甲寅年七月分遇闰应需九日折色米一百二十一石一斗四升,每石折银一两八钱,该银二百一十八两五分二厘,连前共需折色米九百石八斗七升,该银一千六百二十一两五钱六分六厘。又搭放分防普洱镇左营管辖通关哨汛兵八十名,系在宁洱县地面,应支粮米就近于宁洱县仓支食本色米石。咸丰甲寅年连闰共应需米三百一十二石内，除闰月米石另于后款摊计外，实支米二百八十八石。又遇闰加米二十四石，每岁应摊计米八石，共应需米二百九十六石，二共应需本色米四千四百二十八石二斗二升。又乙卯年应需米四千四百二十八石二斗二升，遵照二年定额，计咸丰甲寅、乙卯二年共应需本色米八千八百五十六石四斗四升，宁洱县仓放至咸丰三年冬季止存仓并应收咸丰三年分额征秋粮及应收他郎通判拨运该县属之通关哨仓，三共米六千八十三石五斗七升九合一勺，较二年岁需之数，不敷米二千七百七十二石八斗六升九勺。

又威远同知驻兵八百五十九名，咸丰甲寅年连闰七大建六小建，计三百八十四日。内除闰月米石另于后款摊计外，其余三百五十五日应需米三千四十九石四斗五升。内除应放秋冬二季大建月分配放十日，小建月分配放九日，计五十八日折色米四百九十八石二斗二升，每石折银一两八钱，该银八百九十六两七钱九分六厘，实支二百九十七日本色米二千五百五十一石二斗三升。又遇闰加米二百五十七石七斗，每岁应摊计米八十五石九斗，共应需本色米二千六百三十七石一斗三升。又咸丰甲寅年七月分遇闰应需九日折色米七十七石三斗一升，每石折银一两八钱，该银一百三十九两一钱五分八厘，连前共应需折色米五百七十五石五斗三升，该银一千三十五两九钱五分四厘。又乙卯年应需本色米二千六百三十七石一斗三升，遵照二年定额，计咸丰甲寅、乙卯二年共应需本色米五千二百七十四石二斗六升，委员厅仓放至咸丰三年冬季止存仓并应收咸丰三年分额征秋粮，二共米三千五百九十三石五斗六升五勺，较二年岁需之数不敷米一千六百八十石六斗九升九合五勺。

又思茅厅驻札兵一千七十名，岁需米三千八百五十二石，遇闰加米三百二十一石，每岁应摊计米一百零七石，共米三千九百五十九石。遵照二年定额，计咸丰甲寅、乙卯二年共应需米七千九百一十八石。该仓放至咸丰三年冬季止存仓并收咸丰三年分额征秋粮共米五千六百九石七斗四升九合二勺，较二年岁需之数不敷米二千三百八石二斗五升八勺。

以上宁洱、思茅、威远、镇沅四仓共不敷米六千九百三十五石二斗七升六合八勺。

查宁洱县应买兵米，从前因为数较多，恐该县照察难周，每年俱令普洱府代买米一二千石，其余米石归该县自行买运。因该县驻兵先后移驻威远、思茅、景蒙、元江、他郎等处，其现驻宁洱兵丁又以每年秋冬二季兼支折色银两，需米较少，该县可以自行买运，当于嘉庆十八年会计案内详请题明，全归该县买运在案，今甲寅年应买米石仍应全归该县买运。计宁洱县应买米二千七百七十二石八斗六升九勺，每石米价银一两外加四站运脚银八钱，共应需价脚银四千九百九十一两一钱四分九厘六毫二丝。该县额征秋粮米内应行折征普藤等处秋粮米四百八十一石三斗五升一合，以每石折银一两，就近征收采买，每石应给四站脚银八钱，该银三百八十五两八分八毫，仍照例年成案在于领买兵米节省银内支销，毋庸另行发给。又威远厅应买米一千六百八十石六斗九升九合五勺，每石米价银一两外加四站运脚银八钱，共应发价脚银三千二十五两二钱五分九厘一毫。又镇沅直隶同知应买米一百七十三石四斗六升五合六勺，每石米价银一两，外加一站运脚银二钱，共应发价脚银二百八两一钱五分八厘七毫二丝。又思茅厅应买米二千三百八石二斗五升八勺，每石米价银一两，外加四站运脚银八钱，共应发价脚银四千一百五十四两八钱五分一厘四毫四丝。又该厅攸乐县等处秋粮折征米一千二百七十四石五斗七升九合，就近征收采买，每石照例给四站运脚银八钱，该银一千一十九两六钱六分三厘二毫，共计应拨思茅厅价脚银五千一百七十四两五钱一分四厘六毫四丝。以上通共应发米价、运脚银一万三千三百九十九两八分二厘八丝。又配放折色米价银二千六百五十七两五钱二分，二共银一万六千五十六两六钱二厘八丝，应请于粮库收存米折正款银内动支，将应发折色银两发给该镇营领回散放。其米价、运脚银发给该厅县，于附近粮价平减地方撙节采买运供，不得总以外加四站运脚银八钱之数造册详请题销。如有节省，解缴还款，倘有浮冒、扣克、压派等弊，查出揭参。理合详请查核具题。等情。到臣。

该臣看得：普洱等属厅县采买不敷兵粮，应需米价、运脚银两，例应会计具题。兹据云南粮储道崔光笏会同布政使史致蕃查得：普洱镇兵丁应需咸丰甲寅、乙卯二年兵粮，除镇沅直隶厅及并归管理之已裁恩乐县地方在于仓存余米及应征咸丰三年额征备供外，计宁洱、思茅、威远、镇沅四厅县共不敷米六千九百三十五石二斗七升六合八勺，照例年支销定数应发米价、运脚银一万三千三百九十九两八分二厘八丝，又配放折色米价银二千六百五十七两五钱二分，二共银一万六千五十六两六钱二厘八丝。至宁洱县有应行折征普藤等处秋粮米四百八十一石三斗五升一合，就近征收采买，应给价脚银三百八十五两八分八毫，系于采买节省银内支销，毋庸另行发给。所有应发前项米价、运脚及折色银两，照例于粮库收存米折正款银内动支。将折色银两发给该镇营领回散给，其米价、运脚发给该厅县，于附近粮价平减地方撙节采买运供，造册详请报销。如有节省，据实解缴，倘有浮冒、扣克、压派等弊，查出揭参。等情。详请核题前来。臣覆查无异，谨会同云南巡抚臣吴振棫合词恭疏具题，伏乞皇上圣鉴，敕部核覆施行。为此具本，谨题请旨。

咸丰三年十一月初八日，兵部尚书兼都察院右都御史总督云贵二省等处地方军务兼管粮饷臣罗绕典。

朱批：该部议奏。

题为循例筹办云南昭通镇咸丰元年
至咸丰三年兵粮以资储备事

咸丰三年十一月初八日

兵部尚书兼都察院右都御史总督云贵二省等处地方军务兼管粮饷臣罗绕典谨题：为循例筹办兵粮以资储备事。

据云南粮储道崔光笏会同布政使史致蕃详称：窃照昭通镇所需兵粮，本境粮米不敷支放，邻封远难协拨，前奉题准动支道库正款银两，豫期发给该府厅县各就川蜀及本省地方采买运供，每石价脚不得逾二两六七钱之数，历年照此报销。

嗣于道光十一年十二月内奏明，及奉文酌裁滇黔兵丁节省粮米，均已入册开造。兹届咸丰三年会计甲寅等三年应需兵粮，照例分别筹办供支。查昭通镇制额兵三千二百三十四名，咸丰甲寅年连闰三百八十四日，应需米一万二千四百一十八石五斗六升。内除大建月分配放荞折八日，小建月分配放荞折七日，共计九十八日，该配放荞折米三千一百六十九石三斗二升，合荞六千三百三十八石六斗四升。每荞一石合银七钱五分，该银四千七百五十三两九钱八分，照例折给外，尚应需二百八十六日本米九千二百四十九石二斗四升。查昭通府与恩安县同城，驻札兵一千一百八十名，连闰岁需米四千五百三十一石二斗。内除配放九十八日荞折米一千一百五十六石四斗，实应放二百八十六日本米三千三百七十四石八斗。内除闰月兵粮本米二百五十九石六斗应归恩安县仓备放外，其余米三千一百一十五石二斗，府县二仓各分放二季米一千五百五十七石六斗。昭通府仓放至咸丰三年冬季止，存米三千一十四石一斗一升。以甲寅、乙卯、丙辰三年定额计算，共应需米四千六百七十二石八斗，按仓存之数不敷米一千六百五十八石六斗九升，应于恩安县咸丰三年分额征秋粮内拨收米二百五十四石九斗七合六勺，仍不敷米一千四百三石七斗八升二合四勺，照例采买供支。又恩安县仓放至咸丰三年秋季止，存仓米三千八十六石四斗六升，加以咸丰三年分额征秋粮米二千一百石八斗四升七合六勺，内除拨交昭通府仓米二百五十四石九斗七合六勺外，实存本仓米一千八百四十五石九斗四升，连旧存共米四千九百三十二石四斗。以甲寅、乙卯、丙辰三年定额计算，共应需米四千九百三十二石四斗，按仓存之数足敷备供，毋庸采买。

又大关厅驻兵六百九十六名，连闰岁需米二千六百七十二石六斗四升，内应配放九十八日荞折米六百八十二石八升，实应放二百八十六日本米一千九百九十石五斗六升。该仓放至咸丰三年冬季止，存仓并应收咸丰三年分额征秋粮、条改共米四千六百三十六石七斗九升六合六勺。以甲寅、乙卯、丙辰三年定额计算，共应需米五千六百六十五石四斗四升。按仓存之数核计，不敷米一千二十八石六斗四升三合四勺。又鲁甸厅驻兵六百八十名，连闰岁需米二千六百一十一石二斗，内应配放九十八日荞折米六百六十六石四斗，实应放二百八十六日本米一千九百四十四石八斗。该仓放至咸丰三年冬季止，存仓并应收咸丰三年分额征秋粮共米四千一百九十五石四斗三升三合七勺，以甲寅、乙卯、丙辰三年定额计算，共应需米五千五百三十五石二斗。按仓存之数核计，不敷米一千三百三十九石七斗六升六合三勺。又永善县驻兵六百七十八名，连闰岁需米二千六百三石五斗二升，内应配放九十八日荞折米六百六十四石四斗四升，实应放二百八十六日本米一千九百三十九石八升。该仓放至咸丰三年冬季止，存仓并应收咸丰三年分额征秋粮共米三千七百六十四石一斗六合六勺。以甲寅、乙卯、丙辰三年定额计算，共应需米五千五百一十八石九斗二升，按仓存之数核计，不敷米一千七百五十四石八斗一升三合四勺。以上共不敷米五千五百二十七石五合五勺。照例每石豫发银二两，该银一万一千五十四两一分一厘。又配放荞折银四千七百五十三两九钱八分，二共银一万五千八百七两九钱九分一厘。应照乾隆三十一年详请题明米折留办兵粮等事案内，于道库收存永折改折正款银内动支。将莾折银两发给镇营领回散放，其米价银两分发昭通等府厅县承领，各将所需米石乘时采买运仓备供。所有应找尾银，续行核发，造册报销，不得有逾例销之数。如有捏报米价、浮冒运脚及派买滋累等弊，查出揭参，相应详请查核具题。等情。到臣。

该臣看得：云南昭通镇标驻札夷疆，应需兵粮历系豫期动支道库正款银两，发给该府厅县各就产米地方买运供支。兹据云南粮储道崔光笏会同布政使史致蕃查明：昭通镇制额兵丁三千二百三十四名，应需咸丰甲寅、乙卯、丙辰三年兵粮米石，核计昭通、大关、鲁甸、永善等府厅县各仓不敷米五千五百二十七石五合五勺。照例年支销定数，每石豫发银二两，该银一万一千五十四两一分一厘，又配放莾折银四千七百五十三两九钱八分，二共银一万五千八百七两九钱九分一厘，照例于道库收存正款银内动支。将莾折银两发给镇营领回散放，米价银两分发昭通等府厅县承领，饬将所需米石乘时采买运仓备供。所有应找尾银，续行核发，造册报销，不得有逾例销之数。如有捏报、浮冒及派员滋累等弊，查出揭参。等情。详请具题前来。臣覆查无异，谨会同云南巡抚臣吴振棫合词恭疏具题，伏乞皇上圣鉴，敕部核覆施行。为此具本，谨题请旨。

咸丰三年十一月初八日，兵部尚书兼都察院右都御史总督云贵二省等处地方军务兼管粮饷臣罗绕典。

朱批：该部议奏。

题为循例采买云南腾越镇龙陵营兵丁
咸丰元年至咸丰三年不敷兵粮事

咸丰三年十一月初八日

兵部尚书兼都察院右都御史总督云贵二省等处地方军务兼管
粮饷臣罗绕典谨题：为循例采买不敷兵粮事。

据云南粮储道崔光笏会同布政使史致蕃详称：查得腾越镇及
龙陵营制额官兵岁需粮米，因该二厅年征额粮不敷支放，先经详
题，奉户部核覆，将不敷之数每石准以一两三钱按年采买备供，
节年遵照办理。嗣于乾隆五十六年经前任总督奏请，将腾越厅存
储加买及节年升息共谷九万二千九百九十九石零内，拨出谷三万
石，连旧有谷一万石，共谷四万石，作为常平正额；余谷六万二
千九百九十九石零，以二谷一米碾放腾越镇不敷兵粮。龙陵厅存
储加买并节年升息共谷四万八千四百二十四石零内，拨出谷一万
六千石，连旧有谷四千石，共谷二万石，作为常平正额；余谷三
万二千三百二十四石零碾放龙陵协不敷兵粮。保山县存储加买及
节年升息共谷一十一万四千四百五十八石零内，拨出谷三万石，
连旧有谷一万石，共谷四万石，作为常平正额；余谷八万四千四
百五十八石零碾放永昌协不敷兵粮。等因。至嘉庆元年碾放完竣，
仍按年动项买备供支。

至保山县拨出余谷八万四千四百五十八石二斗三升一合三勺
内，除碾放兵粮谷二万九千三百五十二石二斗二升七合二勺外，
尚存谷五万五千一百五石八斗四合一勺。该县原驻札永昌协官兵
一千八百九十五名，前蒙奏请拨出兵四百名移驻缅宁防守，所需
粮米归缅宁厅仓支食，计保山县实只驻札兵一千四百九十五名，
需米较少，将所需粮米于每年应征秋粮内照例核计备供三年外，

其余税秋、条改米石仍以每石折银一两征收解道，留办各属兵粮。至该县仓存余谷五万五千一百五石八斗四合一勺内，除各案军需动支，以及前县赵煜宗亏缺，共谷二万四千六百三十三十三石。咨部覆准，饬令粜价报拨充饷，共出粮谷六千九十五石八斗一升八合五勺，粜获银两移解司库报拨充饷。其余谷二万四千三百七十六石九斗八升二合六勺内，有前次清查案内咨追前县王彝象及各上司分赔赵煜宗等短缺之项，将奏明豁免及结报家产尽净、无可着追并未奉准免及尚未追获各细数造册详咨，应俟筹追买补全完，再行饬催粜解。

嗣又将该县原驻兵内裁汰马兵一百名，腾越厅驻兵内裁汰马兵一百二十五名，龙陵厅驻兵内裁汰马兵一百一十名，归于普洱等镇协营设步兵。又于永昌协驻兵内拨兵七十名，龙陵营拨外委一员移至缅宁驻防。又嘉庆二十年奉文裁汰永昌协步守兵丁一百九名。又二十三年奏明龙陵厅属芒市、遮放二土司积欠兵粮米九千七百三十六石五斗三升三合二勺，腾越厅属南甸等土司积欠兵粮米一万七千七百五十一石一斗五升八合六勺，俱照例价在于历任厅州名下，分别摊赔。一面先为垫项，发给买补，取收详咨。又道光十一年十二月奉旨：于保山县驻札永昌协存城兵内裁减马步守兵二十八名，腾越镇额兵内裁减兵三十五名，龙陵协额兵内裁减兵二十名，以后照现额兵数支销造报在案。又道光二十一年十月，奉准兵部咨，议奏直隶天津等处海口添兵防堵夷匪，云南省拟裁兵二百八十名内，于保山县驻札永昌协额兵内裁减马步守兵十二名，腾越镇额兵内裁减兵二十六名，龙陵协额兵内裁减兵十一名，共裁兵四十九名，节省粮米已照数扣存，入于道光二十二年兵马钱粮奏销册内，分晰开造在案。所有咸丰三年会计兵粮案内，腾越同知及保山县、龙陵厅所需兵粮，自应照例分别筹办供支。

查保山县驻札永昌协兵丁，除奉裁外，实存兵一千一百七十六名。又于一件知照事案内奉准兵部议覆：前任总督林则徐奏请于永昌协新添保山县属之姚关汛兵四十名，又旧乃汛兵五十名，又永昌坡添募兵六十二名，共添兵一百五十二名。赴司支领折色银两外，实支本色兵一千一百七十六名，岁需米四千二百三十三石六斗，遇闰加米三百五十二石八斗，每岁应摊计米一百一十七石六斗。计咸丰甲寅、乙卯、丙辰三年共应需米一万二千八百一十八石四斗。该仓放至咸丰三年冬季止，应存米八千六百四十三石六斗，较三年岁需之数不敷米四千一百七十四石八斗，于该县咸丰三年分额征秋粮、条改共米五千一百四十石九斗二升五合，并永昌府咸丰三年分额征税秋、条改共米八百三十三石六斗一合六勺，一并照例以每石折银一两征收解道，存为发买各属不敷兵粮之用。

又腾越厅驻扎腾越镇兵丁二千八百一十四名，岁需米一万一百三十石四斗，遇闰加米八百四十四石二斗，每岁应摊计米二百八十一石四斗。计咸丰甲寅、乙卯、丙辰三年共应需米三万六百七十二石六斗。该仓放至咸丰三年冬季止应存米二万六百八十三石六斗一升，加以咸丰三年分该厅额征税秋米五千八百九十石九斗五升四合四勺，二共旧存、新收米二万六千五百七十四石五斗六升四合四勺，较三年岁需之数不敷米四千九十八石三斗五合六勺。龙陵厅驻扎龙陵营兵丁九百七十九名，岁需米三千五百二十四石四斗，遇闰加米二百九十三石七斗，每岁应摊计米九十七石九斗。计咸丰甲寅、乙卯、丙辰三年共应需米一万六百七十一石一斗，该仓放至咸丰三年冬季止应存米七千一百二十四石六斗五升，加以咸丰三年分该厅额征秋粮条改共米九十一石三斗八升五合二勺，共旧存、新收米七千二百一十六石三升五合二勺，较三年岁需之数不敷米三千四百五十五石六升四合八勺。以上腾越、龙陵二厅不敷米石，应请遵照题定支销例案，以每石合银一两三钱发买。计腾越厅不敷米四千九十八石三升五合六勺，该价银五千三百二十七两四钱四分六厘二毫八丝。龙陵厅不敷米三千四百五十五石六升四合八勺，该价银四千四百九十一两五钱八分四厘二毫四丝。二共不敷米七千五百五十三石一斗零四勺，该银九千一百八十九两三分五毫二丝，照例在于粮库收存税秋米折银内照数动支发给该二厅，遵照于秋成后在于土司地方查明可买之处，将银两当同土司发给采买雇脚挽运，并责成该管永昌府稽查，倘有浮冒捏混等弊，查明揭参。所买米石，依限全完，照例造具册收，由府核盘加结，详报请销。理合详请查核具题。等情。到臣。

该臣看得：腾越、龙陵等镇营制额官兵每年不敷粮米，例应题请发银买备供支。兹据云南粮储道崔光笏会同布政使史致蓄查得：保山县驻札永昌协兵丁应需咸丰甲寅、乙卯、丙辰三年兵米，除该县仓存并额征咸丰三年分税秋、条改米石备供外，尚余米九百七十石一斗二升五合，同永昌府咸丰三年分额征税秋、条改米八百三十三石六斗一合六勺，照例每石一两折银解道，存为发买各属不敷兵粮之用。其腾越、龙陵二厅驻札腾越镇、龙陵营兵丁，应需兵粮计咸丰甲寅、乙卯、丙辰三年共不敷米七千五百五十三石一斗零四勺，应照题定支销例案以每石一两三钱发银采买，共该银九千八百一十九两三分五毫二丝，照例在于粮库收存税秋米折银内如数动支，发给该二厅于秋成后采买运供，依限造具册收，由府核盘，详报请销。倘有浮捏等弊，查出揭参。等情。详请核题前来。臣覆查无异，谨会同云南巡抚臣吴振棫合词恭疏具题，伏乞皇上圣鉴，敕部核覆施行。为此具本，谨题请旨。

咸丰三年十一月初八日，兵部尚书兼都察院右都御史总督云贵二省等处地方军务兼管粮饷臣罗绕典。

朱批：该部议奏。

题请报销云南各标镇协营咸丰二年恤赏兵丁银两事

咸丰三年十一月初八日

兵部尚书兼都察院右都御史总督云贵二省等处地方军务兼管

粮饷臣罗绕典谨题：为请销恤赏兵丁银两事。

窃照滇省各营恤赏兵丁红白各事银两，例应按年造册题销。兹据云南布政使史致蕃详称，准各标镇协营将咸丰二年分赏过兵丁各事银两造具细册，并据各府厅州县亲诣盘查，俱系实领实支，并无虚捏浮冒等弊，出结申送到司。该布政使覆查，各营恤赏兵丁咸丰元年分存银无项，新收咸丰二年于司库征获民屯条丁银内拨收银一万六千四百六十三两，内除赏给兵丁红白事宜银一万六千四百六十三两外，并无存银，理合照例造具管、收、除、在总册加具总结，同各营各属细册印结详请查核题销。等情。前来。臣覆核无异，除册结分送军机处及部科查核外，臣谨会同云南巡抚臣吴振棫合词恭疏具题，伏乞皇上圣鉴，敕部核销施行。为此具本，谨题请旨。

咸丰三年十一月初八日，兵部尚书兼都察院右都御史总督云贵二省等处地方军务兼管粮饷臣罗绕典。

朱批：该部察核具奏。

为贵州松桃协右营游击达冲阿身健技优保题留任事

咸丰三年十一月初八日

兵部尚书兼都察院右都御史总督云贵二省等处地方军务兼管粮饷臣罗绕典谨题：为遵例甄别保题留任事。

案准兵部咨，具奏酌议条款内开：嗣后绿营副将以下守备以上各员，除才技庸劣、巡防疏懈之员随时纠参外，其年逾六十三岁者，应令各该督抚提镇仿照千总之例，概予甄别，将年力就衰者即行勒令休致，如有精神尚健堪以留任者，仍着该督抚提镇出具切实考语保题留任。既留之后，如有精力已衰不能训练操防者，即将保留之各上司照例议处。等因。遵照在案。

兹准署贵州提督臣赵万春咨，准署镇远镇总兵色克精阿移称：查得护铜仁协副将事松桃协右营游击达冲阿，现年六十三岁，例应初次甄别，理合造具履历清册，具文连人一并呈送考验具题。等情。由署提督臣转咨到臣。

该臣看得：绿营将备员弁，前准部咨，通行副将以下守备以上各员年逾六十三岁者，令仿照千总之例，概予甄别。等因。遵照在案。今查贵州松桃协右营游击达冲阿，现年六十三岁，例应甄别。今准署贵州提督臣赵万春取造履历，连人呈送前来。臣随考验得：该游击达冲阿身健技优，营务谙练，堪以保题留任。除履历分送部科外，臣谨会同贵州巡抚臣蒋霨远、署提督臣赵万春合词恭疏具题，伏乞皇上圣鉴，敕部议覆施行。为此具本，谨题请旨。

咸丰三年十一月初八日，兵部尚书兼都察院右都御史总督云贵二省等处地方军务兼管粮饷臣罗绕典。

朱批：该部议奏。

题为报销咸丰元年黔省兵丁差费银两事

咸丰三年十一月初八日

兵部尚书兼都察院右都御史总督云贵二省等处地方军务兼管粮饷臣罗绕典谨题：为报销兵丁差费银两事。

据贵州布政使吕佺孙详称：案照奉准户部咨，贵州司案呈户科抄出云贵总督明山题贵州省各营兵丁护饷、解犯等项差务，准贵州提督刘荣庆咨称，黔省地瘠民贫，一经入伍，每日操防之外，并无别项营运，各兵护饷、解犯所需盘费银两，向系自行公摊捐食，并无报销。而路当孔道之镇远、安顺、普安等标营每日护送饷鞘、递解人犯，差务络绎，尤形竭蹶。各省兵丁差费多系在于余存公费内支销，黔省各营兵丁护饷、解犯差务，每年所需银一千数百两。饬据贵州布政使麋奇瑜详：请在于公费项下支销，以恤兵艰。按六十里为一站，照山东等省之例，每兵每日酌给盘费银三分，如本日可以交替回营者，不准支给。臣谨会同贵州巡抚程国仁合词恭疏具题。等因前来。

查定例，贵州等省各标营办差兵丁向于本营扣存公费名粮银内协济，毋庸另行筹给差费。今黔省各营兵丁护饷、解犯等项，既系自行捐贴，未免竭蹶，应照例酌给盘费，以恤兵艰。并查与山东等省例案相符，应如所请，按六十里为一站，每兵每日准给盘费银三分，其本日可以交替回营者，不准支给。计每年护饷、解犯约需银一千数百两。嗣后应准遵照开销，不得逾数请领，亦不得于扣存公费之外另设动用。应令核实办理，即将按年支给银数详细造入公费报销册内，送部查核。等因。道光四年三月初八日题，本月二十日奉旨："依议。钦此。"相应行文云贵总督，遵照可也。

又于道光六年六月二十八日奉准户部咨开：据云贵总督咨称，贵阳营护饷、解犯差使，由省城至清镇，由清镇至安平，计程二站，虽不及六十里，而皆在五十里以外，山路崎岖，断非一日可能交替回营，若令枵腹奔驰，未免苦累。咨请无论大道僻路，均照领饷之例，按站支给。应如所请，准其将一日不能交替往回之清镇、安平二站，按每站每日给银三分之例，一体支给。此外平坦道路，如计程不及六十里而一日可能交替往回者，仍不准支给，以昭限制。至称有驿地方，按站给领，无驿之处，按程给发，亦应如所请，无论大道僻路，准其按程站每兵日给银三分之例支给，俾免苦累，而示体恤。仍令遵照原题，每年不能逾一千数百两，亦不得于扣存公费之外另款开支。相应咨覆云贵总督，转饬查照可也。等因。咨院行司，转移各营查照办理在案。

兹陆续准据威宁、古州、镇远、都匀、大定、永安、遵义、平远、定广、黎平、贵阳、毕赤、平越、思南、普安、黔西、安顺、凯里、黄平、天柱、安南、新添、石阡、仁怀等标协营，将咸丰元年分差兵护饷、解犯支过盘费银两造册请销前来，该布政使查：黔省各标镇协营咸丰元年分应需核定差兵护饷、解犯盘费银一千七百三十四两，应于各营报销咸丰元年分存剩公费银两内支给。今查各营咸丰元年分共领过差兵护饷、解犯盘费银一千六百九十四两三钱，内除册报请销银一千三百六十两五分外，存剩银三百三十四两二钱五分，已准各营照数解缴存库，同核定自行捐给办理之安义、清江、上江、松桃、铜仁、台拱、朗洞、丹江、长寨、荔波、下江、归化、长坝、水城、册亨等标协营未支差兵解犯盘费银三十九两七钱，共银三百七十三两九钱五分，应请造入咸丰四年秋季册内报拨。所有各营报销咸丰元年分差兵护饷、解犯共实支过盘费银一千三百六十两五分。该布政使按册覆核无浮，应请照数准销。理合汇造总册，同各营送到撒册，并户部副册，一并具文详候察核题销。等情。前来。臣覆查无异，除册送部外，臣谨会同贵州巡抚臣蒋霭远合词恭疏具题，伏乞皇上圣鉴，敕部核覆施行。为此具本，谨题请旨。

咸丰三年十一月初八日，兵部尚书兼都察院右都御史总督云贵二省等处地方军务兼管粮饷臣罗绕典。

朱批：该部察核具奏。

为护贵州下江营游击事台拱营左军守备褚玉奉于咸丰三年十月初三日在署任病故具疏题报事

咸丰三年十二月二十日

兵部尚书兼都察院右都御史总督云贵二省等处地方军务兼管

粮饷臣罗绕典谨题：为题报委护游击之守备病故日期事。

准署贵州提督臣赵万春咨，准署古州镇总兵哈达古吉拉移称：窃照护下江营游击事台拱营左军守备褚玉奉得染伤寒病症，医治不愈，于咸丰三年十月初三日病故。随委署镇标中军游击荣光前往下江暂代游击事务，查验属实。取具该故员原领守备札付，并亲供医验各结，具文呈送前来。相应移请转咨。等因。准此，相应将札付遵例截角钤销，同各结及该守备病故日期，一并咨送题报。等因。到臣。

该臣看得：护贵州下江营游击事台拱营左军守备褚玉奉得染伤寒病症，医治不愈，于咸丰三年十月初三日在署任病故。由镇委验属实。取具该故员原领守备札付，并亲供医验各结，移送署提督臣赵万春转咨具题前来。臣覆查无异，除札、结送部外，所有该守备病故日期，理合恭疏具题，伏乞皇上圣鉴，敕部查照施行。为此具本，谨具题闻。

咸丰三年十二月二十日，兵部尚书兼都察院右都御史总督云贵二省等处地方军务兼管粮饷臣罗绕典。

朱批：兵部知道。

题报檄委台拱营参将彭长春署理广定协副将事

咸丰三年十二月二十日

兵部尚书兼都察院右都御史总督云贵二省等处地方军务兼管粮饷臣罗绕典谨题：为委署副将循例具题事。

窃查定例，副将遇有升迁事，故悬缺需员署理。如委署在一年以内者，该督抚恭疏具题。等因。遵照在案。兹查护定广协副将事准升丹江营参将之抚标右营游击闪云应撤回省，另候差委。

所遗原护副将事务，查有台拱营参将彭长春，营务谙练，训饬有方，堪以署理。除檄饬遵照外，所有委署副将缘由，理合循例恭疏具题，伏乞皇上圣鉴，敕部查照施行。为此具本，谨具题闻。

咸丰三年十二月二十日，兵部尚书兼都察院右都御史总督云贵二省等处地方军务兼管粮饷臣罗绕典。

朱批：该部知道。

题请准以沈绍裘承袭云南广南府属土富州知州事

咸丰三年十二月二十日

兵部尚书兼都察院右都御史总督云贵二省等处地方军务兼管粮饷臣罗绕典谨题：为请袭土职事。

据云南布政使史致蕃详称，准迤东道潘楷咨，据广南府知府梁金诏申，据广南府属土富州抚幼嫡母岑氏、生母韦氏、族目沈佩琚等呈称：应袭土富州沈绍裘亲父沈佩玙于嘉庆十六年承袭土富州知州，十七年十月接奉号纸，祗领任事。因正妻岑氏无出，道光二十年九月初三日侧室沈韦氏生子绍裘，具结报明在案。沈佩玙于道光二十六年因病身故，当将原领号纸呈缴。嗣因应袭沈绍裘年未及岁，呈请以嫡母岑氏等一同抚幼管理地方事务，俟绍裘年满一十五岁，照例另请承袭。奉文咨准亦在案。

查应袭沈绍裘扣至咸丰四年，届满一十五岁，例应承袭。再查州治三面接壤粤西，近年粤匪滋事，边境戒严，时须集练防堵。抚幼岑氏等均已年老多病，不能管理外事。应袭沈绍裘人已长成，自上年以来，督同头目、土练等周历巡防，不辞劳苦，于地方公事亦尚明白。先期呈报，听候咨部，颁给号纸，以便届期任事。理合取造亲供宗图册结，钤印加结申报。等情。由府道核明移司。

该布政使查得：广南府属土富州沈佩玙侍妾韦氏于道光二十

年九月初三日亲生独子，例应丁袭父职。但年甫九岁，未合承袭之例，族目公举沈绍裘嫡母岑氏、生母韦氏一同抚孤管理地方事务，俟绍裘年满一十五岁，另请承袭，取具亲供宗图各册结，详请具题。等因。道光二十九年闰四月二十九日，奉旨："依议。钦此。"钦遵在案。兹该应袭沈绍裘扣至咸丰三年，甫届一十四岁，核与承袭之例未符。据该管道府查明：该土富州与粤西接壤，岑、韦氏皆已年老多病，不能亲督练丁，周历防堵，该应袭沈绍裘人已长成，于地方公事亦尚明白，合将送到亲供宗图册结，先期详请查核具题，颁给号纸。再，土司承袭例限六个月，此案系先经承袭，应请毋庸扣限，合并声明。等情。到臣。

该臣看得：云南广南府属土富州沈佩玙病故，有亲子沈绍裘系沈佩玙侍妾韦氏亲生独子，例应承袭父职。因年甫九岁，未合承袭之例，族目等公举沈绍裘之嫡母岑氏等一同抚幼管理地方事务，俟绍裘年岁合例，另请承袭。奉部覆准在案。兹据云南布政使史致蕃详称：该应袭沈绍裘扣至咸丰三年，甫届一十四岁，核与承袭之例未符。经该管地方官查明：土富州与粤西接壤，岑、韦氏均已年老多病，不能亲督练丁，周历防堵，该应袭沈绍裘公事明白，夷众悦服。取造亲供宗图册结，先期详请查核具题。前来。臣覆查无异，相应题请将沈绍裘准其承袭广南府属土富州之职，颁给号纸，以专责成。除亲供宗图册结送部外，臣谨会同云南巡抚臣吴振棫合词恭疏具题，伏乞皇上圣鉴，敕部议覆施行。为此具本，谨题请旨。

咸丰三年十二月二十日，兵部尚书兼都察院右都御史总督云贵二省等处地方军务兼管粮饷臣罗绕典。

朱批：该部议奏。

题为盘查贵州各标镇协营咸丰三年旗帜军火等项事

咸丰三年十二月二十日

兵部尚书兼都察院右都御史总督云贵二省等处地方军务兼管粮饷臣罗绕典谨题：为请旨事。

准署贵州提督臣赵万春咨称：承准兵部札付内阁直省满绿各营军装器械，每于十月内委员盘查，于封印前具题。等因。遵照在案。今查咸丰二年十一月起，至咸丰三年十月止，黔省各标镇协营马步兵丁旗帜、军火、甲械、战箭、钱粮、马匹公费银两等项，例应遵照盘查保题。当经饬委护平远协副将鄂清盘查提标、安顺二标营，署长寨营参将赵起祥盘查定广、归化二协营，署遵义协都司陈昕盘查仁怀营，护大定协副将伍勒登额盘查遵义、黔西二协营，护黔西营游击李应发盘查大定、平远二协，署归化营游击李恒英盘查长寨营，护平越营游击龙云化盘查平越营，并移安义、威宁、古州、镇远四镇一体遵例委盘去后，兹准各镇及据委盘提辖各员覆称，查得各营马步兵丁额设旗帜、军火、甲械、战箭及钱粮、马匹公费银两均无缺额短少，俱出具盘查并无捏饰印钤各结，由该署提督汇造清册，同安义、威宁、古州、镇远四镇各盘查辖属军械及救火器具清册，一并咨送保题，并声明各营并未制有红衣炮位，其印结遵例停止。等因。到臣。

该臣看得：各营军装器械例应按年盘查保题，并将钱粮有无亏缺、马匹是否膘壮，查明取结汇报。兹准署贵州提督臣赵万春咨称，咸丰三年分黔省各标镇协营马步兵丁旗帜、军火、甲械、战箭、钱粮、马匹公费银两等项，准各镇及据委盘提辖各员查得，各营马步兵丁额设旗帜、军火、甲械、战箭及钱粮、马匹公费银两均无缺额短少，出具印钤各结，汇造清册同安义、威宁、古州、镇远四镇各盘查辖属清册，一并咨送保题前来。臣覆查无异，除各册分送部科外，所有咸丰三年分黔省各标协营军装器械及钱粮、马匹公费银两并救火器具均无亏缺缘由，理合恭疏具题，伏乞皇上圣鉴，敕部查照施行。再，各营并未制有红衣炮位，其印结遵例停止，合并陈明。为此具本，谨题请旨。

咸丰三年十二月二十日，兵部尚书兼都察院右都御史总督云贵二省等处地方军务兼管粮饷臣罗绕典。

朱批：该部知道。

为原任云南禄丰汛把总李敏等员疏防限满赃贼未获题请参处事

咸丰三年十二月二十日

兵部尚书兼都察院右都御史总督云贵二省等处地方军务兼管粮饷臣罗绕典谨题：为题参疏防事。

据云南按察使清盛详称，案据禄丰县知县陈国器详：咸丰三年二月初八日据乡约刘璋报，据民人刘珍报称，本月初七日伊家被贼抢去门首鸡只等物，伊子刘本仁追捕，被贼拒伤。等语。往看属实，理合报请勘验缉究。等情。并据事主刘珍开单，报同前由。据此，查该处距城九十里，随差缉贼犯，一面会营前往。勘得该处系偏僻荒区，附近并无塘汛、墩台，人户散居。据刘珍指称，伊门首喂养鸡只，晒晾糖烟，被贼走来抢去，伊子刘本仁追捕，被贼拒伤。等语。随验得刘本仁脊背、左右胳膊、右腿各有木器伤一处，填单饬医。传纪估计失赃共值库平纹银八分三厘。除选差干役关移营汛、邻封，一体严缉赃贼，务获究报外，合将勘讯缘由造册录供通报。等情。详奉批司饬缉查参去后，兹准署理云南城守营参将恒权移称，查此案应自咸丰三年二月初七失事之日起，扣至六月初七日，四个月疏防限满，赃贼未获，所有疏防武职：专管汛官职名系原任禄丰汛把总李敏，该弁已于三月初二日因另案往五台山木城地方会缉贼匪，被戕身死，计承缉二十五日。调署禄丰汛把总本营安宁汛把总张得魁，奉文于是月二十八日到汛接缉起，至九月二十八日交卸离汛止，计接缉六个月二十日，系署事之弁，不复回汛，应请议结接缉。新拔把总李元即于是日到汛，应俟接缉一年限满，有无获犯，再行查参。查中军守备向不作兼辖。统辖官职名系不同城前署云南城守营参将武定营参将吉尔杭阿，自咸丰三年二月初七失事之日起，至四月初十日交卸历任止，计承缉两个月零三日，系署事之员，不复回任，应请议结接缉。统辖官例无处分，邀免开送。再，失事地方并无塘汛、墩台，合并声明。等情。由营移司。覆查无异，除仍移饬严缉赃贼，务获究报外，理合详请查核题参。再，此案所有开报疏防延迟职名，容俟移取另文开送，合并声明。等情。到臣。

该臣看得：云南禄丰县民刘珍具报被贼抢去鸡只等物，拒伤伊子刘本仁一案，先据禄丰县知县陈国器会营勘讯详报，当经批司饬缉查参去后，兹据云南按察使清盛查明，此案应自咸丰三年二月初七失事之日起，扣至六月初七日，四个月疏防限满，赃贼未获。所有疏防武职：专管汛官职名系原任禄丰汛把总李敏，该弁已于三月初二日因另案往五台山木城地方会缉贼匪，被戕身死，计承缉二十五日。调署禄丰汛把总本营安宁汛把总张得魁，奉文于是月二十八日到汛接缉起，至九月二十八日交卸离汛止，计接缉六个月二十日，系署事之弁，不复回汛，应请议结接缉。新拔把总李元即于是日到汛，应俟接缉一年限满，有无获犯，再行查参。查中军守备向不作兼辖。统辖官职名系不同城前署云南城守营参将武定营参将吉尔杭阿，自咸丰三年二月初七失事之日起，至四月初十日交卸历任止，计承缉两个月零三日，系署事之员，不复回任，应请议结接缉。统辖官例无处分，邀免开送。并声明失事地方并无塘汛、墩台。等情。详请题参前来。臣覆查无异，除仍移饬严缉赃贼，务获究报外，臣谨会同云南巡抚臣吴振棫、云南提督臣荣玉材恭疏具题，伏乞皇上圣鉴，敕部议覆施行。为此具本，谨题请旨。

咸丰三年十二月二十日，兵部尚书兼都察院右都御史总督云贵二省等处地方军务兼管粮饷臣罗绕典。

朱批：该部议奏。

为云南广西营分防弥勒汛左哨二司把总速锐并护该营游击事门国安疏防限满承缉不力题请参处事

咸丰三年十二月二十日

兵部尚书兼都察院右都御史总督云贵二省等处地方军务兼管粮饷臣罗绕典谨题：为补参疏防职名事。

据云南按察使清盛详称，案据署弥勒县知县周熙有详：咸丰二年三月初一日据客民饶早贵等报称，伊等由蒙自用马驼载银物回籍，本年二月二十八日路过县属蕨箕凹地方，被贼持械拒伤，抢去银物，开单报请缉究。等情。据此，查该处距城六十里，向来设有乡约，随差缉赃贼，一面会营驰诣。勘得该处系偏僻小路，树木丛杂，附近并无居民，亦无塘汛、墩台。勘毕，验得饶早贵脊背有刀伤一处，填单饬医。讯据事主供，与报词相同，传纪估计失赃共值库平银三百四十八两七钱八分五厘，勘验详奉饬缉。嗣于七月初一等日据该县兵役协同文山、阿迷等县州差役先后拿获贼犯戴花膊子、龙小二、王小胖、田小二、沈巴脸、田亦流、黄六指七名，格毙沈亦杜、田以审、万小老、田布条四名，黄六指因被捕拿，拒伤练役马汶启身死。验讯造册录供通报。等情。

详奉批司饬缉审办查参去后，嗣据署弥勒县知县周熙有详称，遵提覆讯，委系戴花膊子起意纠抢，首伙二十一人持械抢夺拒伤事主平复不讳。将戴花膊子审依抢夺财物聚至十人以上，执持器械，倚强肆掠，果有凶暴众著情事者，照粮船水手之例，分别首从定拟，粮船水手伙众十人以上，执持器械抢夺，为首照强盗律斩立决例，拟斩立决。黄六指合依官司差人持票拘捕，如有逞凶拒捕杀死差役，为首无论谋故殴杀，俱拟斩立决例，拟斩立决。龙小二、王小胖、田小二、田亦流、沈巴脸、沈亦杜、田以审、万小老、田布条依为从减一等，例应于首犯戴花膊子斩罪上减一等，均拟杖一百，流三千里。除戴花膊子、黄六指、田小二、田亦流、沈巴脸、沈亦杜、田以审、万小老、田布条、龙小二均因病故格毙，均毋庸议外，王小胖照例刺字定地发配，折责安置。等情。由州司审拟详咨在案。

兹据护云南广西营游击门国安移称，查此案贼犯首伙二十一人，已于是年七月初二等日二参限内拿获戴花膊子等首从十一名，获犯过半，兼获首犯，二参职名邀免开送，疏防职名仍应补参。应自咸丰二年二月二十八失事之日起，扣至六月二十八日，四个月疏防限满。所有疏防武职：专管汛官职名系广西营分防弥勒汛左哨二司把总速锐，兼辖官职名系不同城护广西营游击事提标右营守备门国安，相应开报，并声明失事地方并无塘汛、墩台。等情。由营移司。覆查无异，除仍移饬严缉逸犯张亦普等，务获究报外，理合详请查核题参。再，此案系定案后补参，迟延有因，所有迟延职名邀免开送，合并声明。等情。到臣。

该臣看得：云南弥勒县贼犯戴花膊子等在途抢劫拒伤事主饶早贵平复一案，先据署弥勒县知县周熙有会营勘讯详报，当经批司饬缉审办查参去后，兹据云南按察使清盛查明，此案贼犯首伙二十一人，已于二参限内拿获戴花膊子等首从十一名，获犯过半，兼获首犯，二参职名邀免开送，疏防职名仍应补参。应自咸丰二年二月二十八失事之日起，扣至六月二十八日，四个月疏防限满。

所有疏防武职：专管汛官职名系广西营分防弥勒汛左哨二司把总速锐，兼辖官职名系不同城护广西营游击事提标右营守备门国安，相应开报，并声明失事地方并无塘汛、墩台。再，此案系定案后补参，迟延有因，所有迟延职名邀免开送，合并声明。等情。详请题参前来。臣覆查无异，除饬严缉逸犯张亦普等，务获究报外，臣谨会同云南巡抚臣吴振棫、云南提督臣荣玉材恭疏具题，伏乞皇上圣鉴，敕部议覆施行。为此具本，谨题请旨。

咸丰三年十二月二十日，兵部尚书兼都察院右都御史总督云贵二省等处地方军务兼管粮饷臣罗绕典。

朱批：该部议奏。

为调署贵州提标右营守备事永安协右营守备李焕林精力尚健保题留任事

咸丰三年十二月二十日

兵部尚书兼都察院右都御史总督云贵二省等处地方军务兼管粮饷臣罗绕典谨题：为遵例甄别保题留任事。

案准兵部咨，具奏酌议条款内开：嗣后绿营副将以下守备以上各员，除才技庸劣、巡防疏懈之员随时纠参外，其年逾六十三岁者，应令各该督抚提镇仿照千总之例，概予甄别，将年力就衰者即行勒令休致，如有精神尚健堪以留任者，仍着该督抚提镇出具切实考语，保题留任。既留之后，如有精力已衰，不能训练操防者，即将保留之各上司照例议处。等因。遵照在案。

兹准署贵州提督臣赵万春咨，据署提标中军参将事毕赤营游击图塔纳呈，准署右营游击佛恩移称：窃查调署右营守备事永安协右营守备李焕林，现年六十三岁，例应初次甄别，理合造具履历，移请呈送。等情。由署中军参将送经提督考验，连人一并咨送考验具题。等因。到臣。

该臣看得：绿营将备员弁，前准部咨，通行副将以下守备以上各员年逾六十三岁者，令仿照千总之例概予甄别。等因。遵照在案。今查调署贵州提标右营守备事永安协右营守备李焕林，现年六十三岁，例应甄别。经该管将领造具履历，送经署提督臣赵万春考验，连人一并咨送到滇。臣随考验得：该守备李焕林精力尚健，枪箭有准，堪以保题留任。除履历分送部科外，臣谨会同贵州巡抚臣蒋霨远、署提督臣赵万春合词恭疏具题，伏乞皇上圣鉴，敕部议覆施行。为此具本，谨题请旨。

咸丰三年十二月二十日，兵部尚书兼都察院右都御史总督云贵二省等处地方军务兼管粮饷臣罗绕典。

朱批：该部议奏。

题为奏销云南各标镇协营咸丰二年动支公费银两事

咸丰三年十二月二十日

兵部尚书兼都察院右都御史总督云贵二省等处地方军务兼管粮饷臣罗绕典谨题：为奏销咸丰二年分公费银两事。

据云南布政使史致蕃详称，案查奉准户部咨：令将各营虚兵名粮刚除，改设实兵，应需公费银两作正估拨，年终造册报部核销，如有余剩，按年报拨。又奉准工部咨，公费报销案内，令将修建工程银数在一千两以上者造册题销。又奉准兵部咨，直省额设军械，遇有损坏，详请督抚派委文员令其切实查明，已逾应修应制年分，实在损坏者，准其动项修制。工竣之日，仍由委员查验，造具册结，报部核销。又奉准户部咨，嗣后凡报销一切银款，将某任经收经支各细数于文册内详悉声注，以便查核。又奉准户部议覆，直隶天津等处海口添兵驻防案内，奉裁滇省兵丁，除裁减节省外，核实估拨银二万五千五百七十两一钱五分。准自道光二十三年起，每年照此估拨支用，年底据实报销，如有余剩，随案报拨。又奉准户部咨，令将减平银数于各报销案内分晰声叙，以凭稽核。各等因。遵奉在案。

又道光二十九年奉文于迤西善后事宜案内，顺云、龙陵互相裁改协营、移拨官弁兵丁，并景蒙营添设三站汛，及永昌、楚雄、大理城守等三协营添设塘汛，新添守兵六百四十一名。除应增应减外，实在酌设有定数公费银八千六百四十三两七钱四分二厘，无定数公费银一万七千二百四十一两四钱二分五厘，共银二万五千八百八十五两一钱六分七厘。请自道光三十年起每年照此估拨支用，年底据实报销，如有余剩，随案报拨。各等因。

兹据各标镇协营将咸丰二年分用过各款项公费银两及减平银数，分造清册，取具领运硝磺、铅斤，经过程站里数印结，移送核汇请销。前来。该布政使史致蕃查各标镇协营咸丰二年分应需公费银两，动支咸丰元年分商税银二万五千八百八十五两一钱六分七厘，查此项银两系前任布政使徐有壬任内全数动拨供支，内除应由户部核销制办祭祀牲醴、报资、津贴、请饷、马脚盘费、鋻饷、火工、造册纸张等项有定数银八千五百八十八两八钱三分八厘，支给各堆卡灯油、牛烛、灯笼等项，无定数银三千九百二十三两五钱八厘，由兵、工部核销制造火药、铅丸等项银五千一百四十一两四钱三分二厘，以上共放银一万七千六百五十三两七钱七分八厘，系前任布政使徐有壬任内全数动放。兹按各营细册逐一核算，总撒数目并无舛错。所有咸丰二年分支销前项有定数公费银两，核与应支银数相符，并无浮冒，其支给各堆卡油烛等项无定数公费银两，亦与各管现设堆卡及历届准销价值符合。又制造年操药铅等项俱与奉颁成规例价无浮，应请于各彼册内查核准销。至实存银八千二百三十一两三钱八分九厘，查前项实存公费银两，经前督院吴文镕具奏，云南省道光二十五六七八等年永昌、云缅、弥渡、保山等处汉回及哨匪滋事案内，分调各营弁兵剿办，所有各营携带军械损失不少，火药、铅丸亦多动缺，阅今或七八年，或四五年，均急需筹补足额。前经咨请留存历年朋马余剩及各年公费余银，动用修制，经部臣以此项留存朋马公费余银，系应行报拨之项，未便先行留款支发，饬即造入季册报部拨用。等因。业于咸丰年秋拨册内，将留存节年朋马及公费余银一并入拨册，报部拨用在案。因思道光二十五六年两年永昌案内，各营应补军械因迟延已久，即续后云缅、弥渡、保山等案内应补军械亦未便再延，通饬各镇协营，不论何案内损失之械，何案内用缺之火药、铅丸，统归一册，按各该标营额设之数，将某械损坏若干应修，某械遗失若干，应造火药、铅丸用缺若干应制逐一据实开造草册送核。兹据各标营将草册陆续呈送前来，查验各标营历年保题细册，亲加确核，严定准驳，刚除浮冒，按照例价通盘核算，大约共需银四万三千余两，可以造补足额。覆查此案军储要件关系匪轻，若再不赶紧筹办，万一遇有征调，有兵无械，必至于措手不及。惟经费有常，库额未裕，既无闲款可筹，及每年朋马余银不下一万余两，亦应照例报部听拨，未便留作此项修械之用。只有各营公费一款，岁拨既有定额，余剩亦属无多，本系为各营公费之用，即以之筹办各营补额军械，事理亦顺。每年除将各营有定款照旧支给外，其余年支修补军械之项，概行停给，岁可节省银七八千两，尽数修造此项补额军械、药铅，计五年余即可一律照额补全。如蒙俞允，即将咸丰元年公费余银及咸丰二年公费应余银两先行提取办理，以免再事宕延。等因。具奏。

嗣于咸丰二年八月二十四日奉准工、兵部咨，于咸丰二年六月初二日内阁奉上谕："吴文镕奏动款分年修造军械等项一折，云南省道光二十五六年等年永昌案内并云缅、弥渡、保山等案内损失军械，用缺火药、铅丸等项，经该督查照各标营报册，分别准驳，筹款修造，约需银四万三千余两。着照所请，准其将各营公费岁拨余剩节省银两尽数动用，五年后一律照额补全。另片奏此次应补军械，挨年递办，由该督在省委员监视修造，毋庸交各营领办之处，均着照所请行。该督务当随时查核，毋任草率偷减，此项工程，免其分案造册题估，仍于每年工竣后由该督随同按年奏销公费之案，另行造册奏销。余着照所议办理。该部知道。钦此。"

钦遵抄出到部，相应抄录原奏，恭录谕旨，应咨该督转饬即将该省各营应制应修各项军器名目、件数，并时换下铜钱旧料，照例据实分别回火变抵，造具细册，送部查核，并知照云南巡抚暨户、工二部可也。等因。咨院札司奉此。

嗣奉前督院札，饬滇省各标镇协营历次出师永昌、云缅等处损失军械，应即修制补额一案，前经奏明再行修造。兹据各营分别首修、缓修、次缓修、后修名目陆续造册呈核，自应均准次第动项兴修。惟查各营道路远近不同，若将损坏各械运省补完发回，以及新制之械由省解营，往返盘川无出，实难拘泥，尽行由省制造，拟将损失各项军械仍由各营自行制办，所需银两即由营具文专弁径赴督院衙门请领，以便当堂亲发。等因。当经饬行各营遵照办理。嗣奉督院札，取各营请领首修各项军械银两，业经由司在于咸丰元、二两年岁拨余剩公费款内呈送转发，各营请领回营制补在案。现在各营有具报工竣造册报销者，有未具报工竣亦未造册报销者，应俟催造到齐，即将咸丰元年及咸丰二年实存银两修补军械，另造细册详请奏销。至各营公费内实销请饷，马脚盘费，桶筐绳席，錾饷，火工，包封造册纸张，灯笼，领运硝磺、铅斤脚价，筐绳盘费等项，共银六千六百五十五两七钱四分三厘，应扣减平银三百九十九两三钱四分五厘。除俟归入造报咸丰年分减平总册内收造详咨拨抵滇饷外，至公费内应扣减平及不应扣各情节已据各该营于各款报销册内备细分晰声登，请于各彼册内查核，相应将各营送到报销并减平清册及文员印结，汇造总册详请查核具题。等情。前来。臣覆核无异，除册结送部外，臣谨会同云南巡抚臣吴振棫合词恭疏具题，伏乞皇上圣鉴，敕部核覆施行。为此具本，谨题请旨。

咸丰三年十二月二十日，兵部尚书兼都察院右都御史总督云贵二省等处地方军务兼管粮饷臣罗绕典。

朱批：该部察核具奏。

题报署贵州古州镇总兵印务上江协副将
哈达古吉拉丁忧事

咸丰四年正月二十二日

兵部尚书兼都察院右都御史总督云贵二省等处地方军务兼管粮饷臣罗绕典谨题：为题报副将丁忧日期事。

准署贵州提督臣赵万春咨，准署古州镇总兵印务上江协副将哈达古吉拉移称：窃副将系正蓝旗蒙古人，由承袭一等子爵兼勋旧佐领，补放印务章京，拣发来黔，补授上江协副将，蒙委署理古州镇总兵印务。兹有亲母佟氏，于咸丰三年十月十八日在京病故，副将于本年十二月二十四日在古州镇署任闻讣，例应离任丁忧。自闻讣之日起，除闰不计，扣至咸丰六年三月二十四日二十七个月服满，理合具文呈报。等情。由署提督臣赵万春转咨题报前来。等因。到臣。

该臣看得：副将丁忧，例应开缺回旗守制。今署贵州古州镇总兵印务上江协副将哈达古吉拉有亲母佟氏，于咸丰三年十月十八日在京病故，该副将于本年十二月二十四日在古州镇署任闻讣，例应丁忧。由署提督臣转咨前来。除古州镇总兵印务业经委员接署，另行恭折具奏，该副将原领札付俟取到另咨外，所有副将哈达古吉拉丁忧日期，臣谨会同贵州巡抚臣蒋霨远、署提督臣赵万春合词恭疏具题，伏乞皇上圣鉴，敕部议覆施行。为此具本，谨题请旨。

咸丰四年正月二十二日，兵部尚书兼都察院右都御史总督云贵二省等处地方军务兼管粮饷臣罗绕典。

朱批：兵部知道。

题请鄂清护理贵州松桃协副将
并文英调署平远协副将事

咸丰四年正月二十二日

兵部尚书兼都察院右都御史总督云贵二省等处地方军务兼管粮饷臣罗绕典谨题：为委署副将循例具题事。

窃查定例，副将遇有升迁事故悬缺，需员署理，如委署在一年以内者，该督抚恭疏具题。等因。遵照在案。今贵州松桃协副将文英改委调署平远协副将，所遗松桃协副将事务，查有现护平越协副将事平越营游击鄂清，训练有方，营务熟习，堪以改委护理。鄂清所遗原护平远协副将事务，改委文英调署。除檄饬遵照外，所有委署副将缘由，理合循例恭疏具题，伏乞皇上圣鉴，敕部查照施行。为此具本，谨具题闻。

咸丰四年正月二十二日，兵部尚书兼都察院右都御史总督云贵二省等处地方军务兼管粮饷臣罗绕典。

朱批：该部知道。

题报云南开化镇标右营阵亡把总
议给云骑尉请伊其子袭职事

咸丰四年正月二十二日

兵部尚书兼都察院右都御史总督云贵二省等处地方军务兼管粮饷臣罗绕典谨题：为请袭世职事。

据云南布政使史致蕃详称：窃照原任云南开化镇标右营把总沙文奉派出师粤西追贼阵亡，奉部议给云骑尉世职，袭次完时给与恩骑尉，世袭罔替，行令查明应袭之人，取造亲供宗图册结，详请承袭去后，兹据开化府知府李荣灿申，据文山县知县冯峻申称，查明阵亡把总沙文有嫡亲长子沙常禄，现年九岁，并无过继、假冒、违碍等弊，请以承袭云骑尉世职。取具亲供宗图族邻册结，加具印结，申请核转。等情。到司。查得例载，承袭世职人员，必以嫡长子孙承袭，又承袭世职如年未及岁者，先将宗图册结查核具题请袭，俟题准后给与半俸。各等因。兹阵亡把总沙文有嫡亲长子沙常禄，现年九岁，既据该管地方官查明，并无过继、假冒、违碍等弊，核与承袭之例相符，合将送到亲供宗图册结，详请查核具题请袭。俟奉旨准袭后给与半俸，年及岁时，再行照例办理。等情。到臣。

该臣看得：原任云南开化镇标右营把总沙文奉派出师粤西，追贼阵亡，奉部议给云骑尉世职，袭次完时给与恩骑尉，世袭罔替。行据云南布政使史致蕃转饬该管地方官查明阵亡把总沙文有嫡亲长子沙常禄，现年九岁，并无过继、假冒、违碍等弊，核与承袭之例相符。取造亲供宗图册结，详请查核具题请袭前来。臣覆查无异，相应题请准以沙常禄承袭云骑尉世职，俟奉旨后给与半俸，年及岁时照例办理。除宗图册结送部外，臣谨会同云南巡抚臣吴振械合词恭疏具题，伏乞皇上圣鉴，敕部议覆施行。为此具本，谨题请旨。

咸丰四年正月二十二日，兵部尚书兼都察院右都御史总督云贵二省等处地方军务兼管粮饷臣罗绕典。

朱批：该部议奏。

题报贵州平越州民人银物被抢疏防限满未获盗贼知州外委参劾事

咸丰四年正月二十二日

兵部尚书兼都察院右都御史总督云贵二省等处地方军务兼管粮饷臣罗绕典谨题：为报验缉究事。

据贵州按察使孔庆镠详称，案据平越直隶州知州曹兴仁详称：案查咸丰元年十一月十二日前署州程枚任内，据州民黎灿然具报，本月十一日伊弟黎浩然与李怀远合伙在鸡场买盐转回，将银钱、衣物装作两担，雇脚夫李书弟等分挑同行。午后行至州属平坡井地方，被贼五人执持器械赶出，抢夺担内银钱逃跑。伊弟与李怀远等追捕，一贼放枪轰伤伊弟人中等处，身死，理合报验缉究。等情。当经会营勘验，获犯通详，奉批饬缉查参审办去后，兹准署贵州提督照会内开，查此案于咸丰二年正月二十七八日及二月二十四等日，据承缉兵役拿获伙贼潘二即潘老二、潘三即潘老三、首犯张三即阿颢三名，业经文员审拟详办在案。惟此案首伙五人虽于疏防限内缉首伙获贼犯三名，获犯业已过半，惟拒捕凶贼阿九龚及逸犯阿萨尚未弋获，仍应照例补参疏防。查自咸丰元年十一月十一失事之日起，扣至咸丰二年三月十一日四个月疏防限满，凶贼未获。所有疏防武职承缉不力职名：专管官系贵州平越营分防瓮安汛外委彭万春，兼辖官系平越营中军守备李文标，统辖官系护平越营游击事提标左营守备龙云化。

又，自咸丰二年三月十一疏防限满之日起，扣至咸丰三年三月十一日二参一年限满，凶贼仍未弋获。所有二参武职职名：专管官系平越营分防瓮安汛外委彭万春，兼辖官系平越营中军守备李文标，统辖官系护平越营游击事提标左营守备龙云化。等因。照会到司，覆查无异，理合详请查核题参。等情。到臣。

该臣看得：贵州平越直隶州民人黎浩然、李怀远被贼抢夺银物放枪轰伤黎浩然身死一案，前据署平越直隶州知州程枚会营勘验，获犯通详，当经批司饬缉查参审办去后，兹据贵州按察使孔庆镧查明，此案首伙五人，虽于疏防限内缉获首伙贼犯三名，获犯业已过半，惟拒捕凶贼阿九龚及逸犯阿萨尚未弋获，仍应照例补参疏防。查自咸丰元年十一月十一失事之日起，扣至咸丰二年三月十一日四个月疏防限满，凶贼未获。所有疏防武职承缉不力职名：专管官系贵州平越营分防瓮安汛外委彭万春，兼辖官系平越营中军守备李文标，统辖官系护平越营游击事提标左营守备龙云化。

又，自咸丰二年三月十一疏防限满之日起，扣至咸丰三年三月十一日二参一年限满，凶贼仍未弋获。所有二参武职职名：专管官系平越营分防瓮安汛外委彭万春，兼辖官系平越营中军守备李文标，统辖官系护平越营游击事提标左营守备龙云化。等情。详参前来。除饬严缉凶贼务获究报外，所有疏防及二参限满承缉不力武职各职名，相应具疏题参，伏乞皇上圣鉴，敕部议覆施行。再，失事地方离汛八十里，离营七十里，系偏僻小路，附近并无居民，亦无塘汛、墩铺，兼统各官俱不同城。又，此案因缉获各犯供词游移，今于审明后始行补参，是以稍迟，合并陈明。为此具本，谨题请旨。

咸丰四年正月二十二日，兵部尚书兼都察院右都御史总督云贵二省等处地方军务兼管粮饷臣罗绕典。

朱批：该部议奏。

题报云南禄劝州世职恩骑尉
年已及岁请发标营学习事

咸丰四年正月二十二日

兵部尚书兼都察院右都御史总督云贵二省等处地方军务兼管粮饷臣罗绕典谨题：为世职年已及岁发标学习事。

据云南布政使史致蕃详称：窃照原任云南禄劝州知州解士英顺治五年秦邦明陷城死难，奉文赏给恩骑尉世职。先以解士英七世孙解德俊承袭，后病故，又以解德俊嫡长子解珍承袭，因年未及岁，给与半俸在案。兹准武定营参将吉尔杭阿移称，该世职解珍前于道光二十三年请袭，时年甫十岁，扣至咸丰元年，已及十八岁。因该世职患病，今已全愈，扣至咸丰三年，已及二十岁，例应送验，造具履历清册，连人移送到司。查例载，承袭世职人员年已及岁者，免其送部，令该督抚验看具题，俟题准后就近发标学习，准食全俸，扣至五年期满，照例出具考语，给咨送部引见。等语。今武定营承袭恩骑尉世职解珍前于道光二十三年请袭，时年甫十岁，扣至咸丰元年，已及十八岁。因该世职患病，今病已全愈，扣至咸丰三年，已及二十岁，由营造册移送到司。相应将履历清册连人详请验看具题。等情。到臣。

该臣看得：原任云南禄劝州知州解士英顺治五年秦邦明陷城死难，奉文赏给恩骑尉世职。先以解士英七世孙解德俊承袭，后病故，又以解德俊嫡长子解珍承袭，因年未及岁，给与半俸在案。兹据云南布政使史致蕃详称，该世职解珍前于道光二十三年请袭，时年甫十岁，扣至咸丰元年，已及十八岁。因该世职患病，今病已全愈，扣至咸丰三年，已及二十岁，由营造册移司，连人详请验看具题前来。臣随验看得：恩骑尉世职解珍年力正强，人亦朴实，堪以造就。除俟部覆奉旨后就近发标学习，照例办理，并将清册送部外，臣谨会同云南巡抚臣吴振棫合词恭疏具题，伏乞皇上圣鉴，敕部议覆施行。为此具本，谨题请旨。

咸丰四年正月二十二日，兵部尚书兼都察院右都御史总督云贵二省等处地方军务兼管粮饷臣罗绕典。

朱批：该部议奏。

274

题报贵州永宁州沙营长官司土官病故
其子年巳及岁请袭职事

咸丰四年正月二十二日

兵部尚书兼都察院右都御史总督云贵二省等处地方军务兼管粮饷臣罗绕典谨题：为承袭土职事。

据贵州布政使吕佺孙详称：案查永宁州属沙营长官司土职安荣诰前因缘事斥革，旋即病故遗缺，查沙姓现无合例应袭之人，详请咨部裁汰。嗣奉部覆，沙营长官司一缺，有管理地方、约束夷众之责，咨请裁汰，并未声明有无夷众信服之人，此后有无窒碍，行令确实查明报部。等因。当经转行去后，兹准兼护贵西道张瑛移据安顺府知府承龄转据永宁州知州徐震翔详称，查州属地方辽阔，汉苗杂处，该土职有催征粮赋、管理土务、协拿盗犯之责，且现有安荣诰之子安日暄，年二十五岁，熟悉夷情，苗众悦服，堪以袭替，业经具文详请咨覆在案。理合取造宗图册结，加具印结，详请核转。等情。由府详道移司。覆查无异，相应详请查核具题，颁给号纸，准其承袭。等情。到臣。

该臣看得：贵州永宁州属沙营长官司土职安荣诰前因缘事斥革，旋即病故。查沙姓现无合例应袭之人，咨部裁汰。嗣准部咨，沙营长官司一缺有管理地方、约束夷众之责，咨请裁汰，并未声明有无夷众信服之人，此后有无窒碍，行令确实查明报部。等因。当经转行去后，兹据贵州布政使吕佺孙行据该地方官查明，州属地方辽阔，汉苗杂处，该土职有催征粮赋、管理土务、协拿盗犯之责，现有安荣诰之子安日暄，年二十五岁，熟悉夷情，苗众悦服，堪以袭替，先经据详咨覆在案。兹取造宗图册结，详请具题，颁给号纸，准其承袭前来。臣覆查无异，除图结分送部科外，谨会同贵州巡抚臣蒋霨远合词恭疏具题，伏乞皇上圣鉴，敕部议覆施行。为此具本，谨题请旨。

咸丰四年正月二十二日，兵部尚书兼都察院右都御史总督云贵二省等处地方军务兼管粮饷臣罗绕典。

朱批：该部议奏。

为云南昭通镇标中营守备员缺请以云南抚标左营右哨千总张得权升补会疏题请事

咸丰四年正月二十二日

兵部尚书兼都察院右都御史总督云贵二省等处地方军务兼管粮饷臣罗绕典谨题：为题请升补守备事。

按准兵部咨：云南鹤丽镇标右营右哨千总奚祖培任内有疏防盗案限缉一案，例有展参，应行停升，令该督请将该员题请升补云南昭通镇标中营守备，与例不符，应毋庸议。所有云南昭通镇标中营守备员缺，仍令该督照例拣题调。等因。于咸丰三年八月十五日题，本月十七日奉旨："依议。钦此。"咨覆到臣。

该臣看得：云南昭通镇标中营守备员缺，经前督臣吴文镕请以云南鹤丽镇标右营右哨千总奚祖培题请升补。奉部议覆，千总奚祖培任内有疏防盗案限缉一案，例有展参，应行停升。升补守备，与例不符，应毋庸议。行令照例拣员题调。等因。臣查滇省现任守备内，非现居要缺，即人地未宜，或与例不符，实无堪以调补之员。随于应升人员内逐加拣选，查有云南抚标左营右哨千总张得权，年四十九岁，云南昆明县人，由行伍历拔今职。出师永昌、弥渡等处，道光二十八年弥渡军务案内，打仗出力，经前督臣林则徐保奏，奉旨："赏加守备衔。钦此。"咸丰元年豫保案内，经前督臣吴文镕以守备豫保具题，奉部覆准在案。该员老成练达，营务认真，现署臣标左营守备事务，办理裕如。请以升补云南昭通镇标中营守备，洵堪胜任。如蒙俞允，张得权于豫保案内，应行给咨送部引见。俟部覆至日，并案给咨赴部引见。恭候钦定。

再，张得权原籍云南昆明县，与昭通镇中营守备系属隔府，与例相符。除履历清册送部，印结俟取到另咨外，臣谨会同云南巡抚臣吴振棫、云南提督臣荣玉材合词恭疏具题，伏乞皇上圣鉴，敕部议覆施行。为此具本，谨题请旨。

咸丰四年正月二十二日，兵部尚书兼都察院右都御史总督云贵二省等处地方军务兼管粮饷臣罗绕典。

朱批：该部议奏。

为云南普洱镇右营游击员缺请以云南腾越镇左营都司怀唐阿升补会疏题请事

咸丰四年正月二十二日

兵部尚书兼都察院右都御史总督云贵二省等处地方军务兼管粮饷臣罗绕典谨题：请升补游击事。

按准兵部咨：内阁抄出钦差大臣向荣奏，云南龙陵营参将韦中魁病故缺出，查有云南普洱镇右营游击惠成，管带弁兵得法，以之升补云南龙陵营参将，实堪胜任一折。奉朱批："惠成着准其升补。该部知道。钦此。"除将该员升补参将之处注册，惟该员现在军营，应先给与升署云南龙陵营参将札付，令其承领，俟回营之日，即行送部引见，换给实授札付，其所遗云南普洱镇标右营游击员缺，系题补之缺，轮用、拣发人员行令照例题补。等因。到臣。

该臣看得：云南普洱镇右营游击员缺，接准部咨，轮用、拣发人员行令照例题补。等因。查滇省只有拣发游击松龄一员，于咸丰三年七月十五日病故，业将病故日期咨部在案。现在滇省已无拣发游击，臣随于应升都司内悉心拣选，查有云南腾越镇左营都司怀唐阿，年四十七岁，正黄旗蒙古人，由前锋参领拣发来滇，以都司委用，拟补今职。咸丰二年军政案内，经前督臣吴文镕将该员卓异荐举保题，奉部覆准在案。该员才具稳练，熟习边防，历俸已满三年，现署提标中军参将，办理裕如。请以升补云南普洱镇标右营游击，实堪胜任。如蒙俞允，怀唐阿于军政卓异案内应行引见，俟部覆至日，并案给咨部，赴部引见。恭候钦定。并将履历清册送部，印结俟取到另咨外，臣谨会同云南巡抚臣吴振棫、云南提督臣荣玉材合词恭疏具题，伏乞皇上圣鉴，敕部议覆施行。为此具本，谨题请旨。

咸丰四年正月二十二日，兵部尚书兼都察院右都御史总督云贵二省等处地方军务兼管粮饷臣罗绕典。

朱批：该部议奏。

为咸丰三年滇省各标镇协营一切军械
钱粮马匹等项照例委员盘查均系实贮
无亏分别造册送部具疏保题事

咸丰四年正月二十二日

兵部尚书兼都察院右都御史总督云贵二省等处地方军务兼管粮饷臣罗绕典谨题：为循例保题军械事。

按准兵部咨：嗣后直省满、绿各营军装器械，每年均于十月起，限委员盘查造册，详送督抚于封印前具题。其自每年十月以后，有收支军械，即造入下年题报册内，送部查核。如任意延迟，即照造册延迟例议处。又于道光二年八月，内准兵部咨各部每年造报额设枪炮并救火器具及守御军械，均归入保题册内造报，毋庸分案造册。等因。遵照办理在案。

除云南抚、标两营军械、钱粮、马匹，业经抚臣吴振棫取造册结保题外，该臣看得：滇省各标镇协营一切军火器械、钱粮、马匹，例应委员盘查，按年保题。先据署督标中军副将孝顺将咸丰三年分督标三营军械、枪炮、钱粮、马匹并救火器具，逐一盘查，俱系实贮，钱粮并无亏缺，马匹俱各膘壮足额，并查明军械制造、修理、拨补年份，逐一登注，取具册结加具，并无扶同捏饰。印结呈报到臣。又准云南提督荣玉材咨报：据提标、临元、开化、昭通、普洱、腾越、鹤丽、元新、广南、广西、东川、镇雄、威远、景蒙、永昌、顺云、龙陵、维西、永北、剑川、曲寻、楚雄、武定、寻沾、云南城守、大理城守等二十六标镇协营造报咸丰三年分额设军火、器械、枪炮并救火器具等项，俱各委员分别逐一盘查，均系实贮，局库堆卡，钱粮亦无亏缺，马匹俱各膘壮足额。并查明军械制造、修理、拨补年分，逐一登注，取造册结及委盘，并无扶同捏饰。印钤各结，由该提督加具总结，一并汇送查核保题。并声明因各营造册舛错，往返驳换，以致稍迟。等因。前来。臣覆查无异，除册结分送部科外，理合恭疏保题，伏乞皇上圣鉴，敕部查照施行。为此具本，谨题请旨。

咸丰四年正月二十二日，兵部尚书兼都察院右都御史总督云贵二省等处地方军务兼管粮饷臣罗绕典。

朱批：该部知道。

为云南抚标右营守备员缺请以云南大理城守营分驻宾川汛右哨千总李占先升补恭疏具题事

咸丰四年二月二十七日

兵部尚书兼都察院右都御史总督云贵二省等处地方军务兼管粮饷臣罗绕典谨题：为题请升补守备事。

按准兵部咨：调任云贵总督吴文镕疏称，云南抚标右营守备员缺，接准部咨，行令照例拣选题补。查有云南顺云协左营左哨千总赵纯，题请升补。部议以千总赵纯业于豫保案内擘升云南元新营右军守备，今请将该员题补抚标右营守备之处，应毋庸议。所有云南抚标右营守备员缺，仍令于应升应补人员内照例题补。等因。于咸丰三年四月二十七日题，本月二十九日奉旨："依议。钦此。"咨覆到臣。

该臣看得：云南抚标右营守备员缺，系题补之缺。经前督臣吴文镕以云南顺云协左营左哨千总赵纯题请升补，部议以该员业于豫保案内擘升云南元新营右军守备，其抚标右营守备员缺，仍令照例题补。等因。臣查滇省现无候补守备，随于应升人员内考验，得云南大理城守营分驻滨州汛右哨千总李占先，年四十七岁，云南太和县人，由行伍出师永昌、云缅、弥渡等处，节次打仗出力，历拔今职。道光二十八年弥渡军务案内，打仗奋勇。经前督臣林则徐保奏，奉旨："赏加守备衔。钦此。"咸丰元年豫保案内，经前督臣吴文镕以守备豫保具题，奉部覆准在案。该员营务明晰，弓马俱好，现署大理城守营守备事务，办理裕如。请以升补云南抚标右营守备，洵堪胜任。如蒙俞允，李占先于豫保案内应行给咨送部引见，俟部覆至日，并案给咨赴部引见。恭候钦定。

再，李占先原籍云南太和县，与抚标右营守备系属隔府，与例相符。除履历清册送部，印结俟取到另咨外，臣谨会同云南巡抚臣吴振棫、云南提督臣荣玉材合词恭疏具题，伏乞皇上圣鉴，敕部议覆施行。为此具本，谨题请旨。

咸丰四年二月二十七日，兵部尚书兼都察院右都御史总督云贵二省等处地方军务兼管粮饷臣罗绕典。

朱批：该部议奏。

为云南东川营右军守备员缺请以出师永昌打仗著绩之龙陵营左哨千总罗勋臣升补会疏题请事

咸丰四年二月二十七日

兵部尚书兼都察院右都御史总督云贵二省等处地方军务兼管粮饷臣罗绕典谨题：为题请升补守备事。

按准兵部咨：准调任云贵总督吴文镕咨报，准升云南东川营右军守备尚未引见之顺云协左营右哨千总陈国梁于咸丰二年十月二十一日瘴故，并送印甘各结，及缴原札。前来。除结备查，原札查销，病故日期注册外，其所遗云南东川营右军守备员缺系题调之缺，行令照例拣员题调。等因。到臣。

该臣看得：云南东川营右军守备员缺，接准部咨，令照例拣员题调。臣查滇省现任守备内，非现居要缺，即人地未宜，或与例不符，实无堪以调补之员。随于应升人员内考验，得云南龙陵营左哨千总罗勋臣，年四十九岁，云南陆凉州人，由武举拔补今职。出师永昌，打仗著绩。咸丰元年豫保案内，经前督臣吴文镕以守备豫保具题，奉部覆准在案。该员技艺优长，深明营务，现署龙陵营守备事务，办理裕如。请以升补云南东川营右军守备，洵堪胜任。如蒙俞允，罗勋臣于豫保案内应行给咨送部引见，俟部覆至日，并案给咨赴部引见。恭候钦定。

再，罗勋臣原籍云南陆凉州，与东川营右军守备系隔府，与例相符。除履历清册送部，印结俟取到另咨外，臣谨会同云南巡抚臣吴振棫、云南提督臣荣玉材合词恭疏具题，伏乞皇上圣鉴，敕部议覆施行。为此具本，谨题请旨。

咸丰四年二月二十七日，兵部尚书兼都察院右都御史总督云贵二省等处地方军务兼管粮饷臣罗绕典。

朱批：该部议奏。

题请以王秀毓升补云南景东直隶厅同知事

咸丰四年二月二十七日

兵部尚书兼都察院右都御史总督云贵二省等处地方军务兼管粮饷臣罗绕典谨题：为要缺同知遴调乏员，请具题升补，以裨地方事。

据云南布政使史致蕃会同按察使清盛详称：窃查云南景东直隶厅同知贾洪诏奉文准升顺宁府知府，所遗景东直隶厅同知缺，行令拣员调补，坐八月二十五日等因咨滇。按行文坐日照现减半，扣至十月二十日限满，应归十月三十日截缺，系繁、疲、难三项相兼要缺，例应在外拣员调补，毋庸掣签。随于通省应调人员内逐加遴选，非现居要缺，即人地未宜。应升班内虽有劳绩人员，与此缺亦难期胜任。惟查有运铜卓异补缺，后以应升之缺尽先升用之准调昆明县知县王秀毓，年四十八岁，系安徽六安直隶州人，由附生中式道光壬辰科江南乡试举人，戊戌科会试中式贡士，殿试二甲第五十一名进士，引见奉旨："以知县即用。钦此。"掣签云南。到省后历署马龙州、恩安县、新兴州各印务，历充己亥、庚子、癸卯等科同考官，请补楚雄县知县，奉文覆准委管四川泸店铜务，承运甲辰年京铜。因署新兴州任内失防绞犯在狱伤人致死，议以降一级调用。送部引见，奉旨："着仍以知县用，其降调之案改为补官日降一级留任。钦此。"嗣运铜交清，引见奉旨："着回原省候补。钦此。"例应补缺。后入于卓异班内尽先升用。回滇后因姚州白井匪徒滋事案内出力，奉上谕："赏加知州衔。"委署会泽、建水、蒙自等县知县，题补丽江县知县。咸丰元年闰八月十五日，奉文准补到任，仍署蒙自县知县，捐免历俸，奏调昆明县知县，委令先署。于咸丰三年八月二十日奉文准调到任。查该员老成明练，办事实心。自到任以来，每逢朔望，率领教杂等官恭诣约所，宣讲《圣谕广训》，化导愚民，咸知礼法。征收钱粮，遵用滚单，令名自封投匦，民乐输将。审理词讼，随到随结，从无冤抑拖累。城乡义学，延师教读，文风日盛。编立保甲，稽查奸匪，宵小潜踪，地方安静。日用薪蔬、出入夫马，俱发现钱，照市买雇，从无赊欠派累。该员系运铜卓异、以应升之缺尽先升用之员，遵筹饷例，捐免历俸在案。今请以升补景东直隶厅同知，实属人地相宜，与例亦符，系现在知县请升同知，衔小缺大。俟部覆至日，照例给咨送部引见。恭候钦定。所遗昆明县知县系省会首邑，升调要缺，遵例俟覆准至日，另行遴员调补。相应开列事实，造具参罚清册，详请查核出考具题。再，该同知系十月底截缺，例限三个月，内除封篆一月，扣至咸丰四年二月三十日限满，今遴员请补，于正月二十二日出详，合并声明。等情。
到臣。

该臣看得：云南景东直隶厅同知贾洪诏准升顺宁府知府，所
遗员缺系繁、疲、难三项相兼要缺，例应在外拣员调补。兹据云
南布政使史致蕃等详称：于通省应调人员内逐加遴选，非现居要
缺，即人地未宜。其应升班内虽有劳绩人员，与此缺亦难期胜任。
惟查有运铜卓异补缺，后以应升之缺尽先升用之准调昆明县知县
王秀毓，年四十八岁，安徽附生中式道光壬辰科江南乡试举人，
戊戌科会试中式贡士，殿试二甲第五十一名进士，引见奉旨："以
知县即用。钦此。"签掣云南。到省后历署马龙、恩安、新兴等州
县，历充己亥、庚子、癸卯等科同考官，请补楚雄县知县，委管
四川泸店铜务，承运甲辰年京铜。因署新兴州任内失防绞犯在狱
伤人致死，议以降一级调用，送部引见，奉旨："着仍以知县用，
其降调之案，改为补官日降一级留任。钦此。"嗣运铜交清，引见
奉旨："着回原省候补。钦此。"例应补缺，后入于卓异班内尽先
升用。回滇后因姚州白井匪徒滋事案内出力，奉上谕："赏加知州
衔。"委署会泽、建水、蒙自等县知县，题补丽江县。咸丰元年闰
八月奉文准补到任，署蒙自县知县，捐免历俸，奏调昆明县知县，
委令先署。三年八月，奉文准调到任。查该员老成明练，办事实
心，且系运铜卓异、以应升之缺尽先升用人员，遵筹饷例，捐免
历俸在案，请以升补景东直隶厅同知，实属人地相宜，与例亦符。
开列事实，造具参罚清册，详请查核出考具题。前来。臣查王秀
毓老成干练，振作有为，以之升补景东直隶厅同知，洵堪胜任。
如蒙俞允，该员系现任知县，请升同知，衔小缺大。俟部覆至日，
照例给咨送部引见。恭候钦定。其所遗昆明县知县，系省会首邑
升调要缺，遵例俟覆准至日，另行遴员调补。除将清册送部外，
臣谨会同云南巡抚臣吴振棫合词恭疏具题，伏乞皇上圣鉴，敕部
议覆施行。为此具本，谨题请旨。

咸丰四年二月二十七日，兵部尚书兼都察院右都御史总督云

贵二省等处地方军务兼管粮饷臣罗绕典。

朱批：该部议奏。

为贵州普安营存城右哨外委伍齐禄等员疏防限外获犯题请参处事

咸丰四年二月二十七日

兵部尚书兼都察院右都御史总督云贵二省等处地方军务兼管粮饷臣罗绕典谨题：为补参疏防事。

据贵州按察使孔庆镠详称：案查前署普安直隶同知桂隆于咸丰元年十月二十三日访闻本年四月内厅民贺阿付纠劫黄潮义家银物，犯属与事主私和赔赃，捏供被窃，误行据供详报，将该署厅详请奏参革职一案。查此案于是年十二月初三日□获首犯贺阿付、伙犯张六十，又先后续获伙犯唐应陇、温幺大、邹麻二、张老三、王蛮、赵七、周毛牛、谢受保、张连三、邹老喜、黄老长、韦麻二、茄幺大、向富溃，共十六犯。除贺阿付、张六十在普安厅监病故外，余犯解省审明，分别拟以斩决杖流，并声明逸犯邓幺妹等缉获另结。已革署普安直隶同知桂隆因事主供系被窃，获贼研讯，亦供行窃，以致误行。据供详报，讯非有心讳饰捏详，惟于盗窃重案未能审出实情，非寻常疏忽可比，业经革职，应毋庸议，详解贵州抚部院审明具奏在案。惟此案首伙二十八人，现获十六人，获犯虽已过半，兼获盗首，惟系在疏防限外，疏防职名仍应补参，当经移营饬取去后，兹准署贵州提督照会内开查此案自咸丰元年四月初一失事之日起，扣至八月初一日，四个月疏防限满。所有疏防武职职名：专管官系贵州普安营存城右哨外委伍齐禄，兼辖官系不同城普安营分驻亦资孔汛中军守备杨普，统辖官系同

城普安营游击长年。等因。照会到司。覆查无异，理合详请查核
题参。等情。到臣。

该臣看得：贵州普安厅民贺阿付纠劫黄潮义家银物，犯属与
事主私和赔赃，捏供被窃等情一案，据前署普安直隶同知桂隆访
闻会营勘验，获犯通详，当经批司饬缉查参，提督审明定拟，先
后详经贵州巡抚臣蒋霨远会同前任督臣吴文镕及臣恭折具奏在案。
兹据按察使孔庆镠查明，此案首伙二十八人，现获十六人，获犯
虽已过半，兼获盗首，惟系在疏防限外，疏防职名仍应补参。查
自咸丰元年四月初一失事之日起，扣至八月初一日，四个月疏防
限满。所有疏防武职职名：专管官系贵州普安营存城右哨外委伍
齐禄，兼辖官系不同城普安营分驻亦资孔汛中军守备杨普，统辖
官系同城普安营游击长年。等情。详参前来。除饬严缉逸犯邓幺
妹等务获究报外，所有疏防武职各职名，相应具疏题参，伏乞皇
上圣鉴，敕部议覆施行。

再，失事地方离汛二百二十里，离营一百五十里，系偏僻山
区，附近并无塘汛、墩铺。又，此案已于二参限内获犯过半，兼
获盗首，所有二参及接缉各职名，均免开送，合并陈明。为此具
本，谨题请旨。

咸丰四年二月二十七日，兵部尚书兼都察院右都御史总督云
贵二省等处地方军务兼管粮饷臣罗绕典。

朱批：该部议奏。

为云南维西协中军都司员缺查有拣发都司阿克敦布堪以题补事

咸丰四年二月二十七日

兵部尚书兼都察院右都御史总督云贵二省等处地方军务兼管

粮饷臣罗绕典谨题：为请补都司事。

按准兵部咨：武选司案呈兵科抄出调任云贵总督吴文镕疏称，云南维西协中军都司德英额因从前出师，身受潮湿，动履维艰，恳请辞休。查滇省因楚粤军务未竣，各营尚未查阅，应将该员照例勒休。除注册外，其所遗云南维西协中军都司员缺系题补之缺，轮用、拣发人员，行令照例题补。等因。到臣。

该臣看得：云南维西协中军都司员缺，接准部咨，轮用、拣发人员，行令照例题补。臣查有拣发都司阿克敦布，年四十七岁，镶蓝旗满洲人，由护军出师喀什噶尔，历升副尉，拣发来滇，以都司委用。于咸丰二年八月二十六日收标。该员才具明晰，任事勇往，委署提标左营游击。现在派令带兵前往湖北防堵，请以补授云南维西协中军都司，洵堪胜任。如蒙俞允，阿克敦布系奉旨拣发来滇，以都司委用之员，毋庸送部引见。除履历清册送部，印结俟取到另咨外，臣谨会同云南巡抚臣吴振棫、云南提督臣荣玉材合词恭疏具题，伏乞皇上圣鉴，敕部议覆施行。为此具本，谨题请旨。

咸丰四年二月二十七日，兵部尚书兼都察院右都御史总督云贵二省等处地方军务兼管粮饷臣罗绕典。

朱批：该部议奏。

为原任云南腾越镇左营把总毕云礼奉派带兵剿捕腾越边外野夷受伤身故议给云骑尉世职由长子毕万年承袭后以年老革退随营仍留世职前颁给敕书因悬供家堂焚香供奉年久绳朽坠入香炉内被烧毁题请补颁案事

咸丰四年三月二十八日

兵部尚书兼都察院右都御史总督云贵二省等处地方军务兼管粮饷臣罗绕典谨题：为呈请颁给敕书事。

据云南布政使史致蕃详称：窃查原任云南腾越镇左营把总毕云礼奉派带兵剿捕腾越边外野夷，受伤身故，蒙部议给云骑尉世职，袭次完时给与恩骑尉，世袭罔替。以该故弁毕云礼嫡长子毕万年题准承袭云骑尉世职，收标学习，支食全俸，期满候补。嗣因年逾六旬，骑射维艰，奉文革退随营，仍留世职，支食半俸在案。其前经颁给敕书一道，因悬供家堂，且夕焚香供奉，历年无异。突于咸丰三年九月初一日夜间，又因年久绳朽，坠入香炉内，被香火烧毁。次早知觉，世职毕万年随即禀报到镇，委弁往验属实。该护镇具文申报前来，当经行司转移查明，照例详办去后，兹准护腾越镇总兵倭什浑泰移称，查得镇标革退随营、仍留云骑尉世职毕万年原领敕书实系被炉内香火烧毁属实，并无别故。取具委验钤结及该世职邻佑甘结加具。剩有烧残余灰，委验查有实据，核与呈请颁给之例相符。合将送到抄录原领敕书底册同印甘各结，详请查核具白。结由镇移司。准此，该布政使查中枢政考内载：敕书被水火盗贼毁失，查有实据者免议，仍准题请重给。等语。今革退随营、仍留云骑尉世职毕万年原领敕书因悬供家堂，且夕焚香供奉，又因年久绳朽，坠入香炉内，被香火烧毁，剩有烧残余灰。既据该护镇委验，查有实据，呈请颁给，核与例符。理合查照原领敕书成案，抄录底册同印甘各结，详请查核具题颁给。等情。到臣。

该臣看得：云南腾越镇标云骑尉世职毕万年前经颁给敕书一道，被炉内香火烧毁一案，先据护腾越镇总兵倭什浑泰委弁往验申报，当经行司转移查明，照例详办去后，兹据云南布政使史致蕃详称：查得镇标革退随营仍留云骑尉世职毕万年原领敕书，因悬供家堂，旦夕焚香供奉，又因年久绳朽，坠入香炉内，被香火烧毁，剩有烧残余灰，委验查有实据，核与承请颁给之例相符。合将送到抄录原领敕书底册同印甘各结，详请查核具题颁给。前来。臣覆查无异。除册结送部外，臣谨会同云南巡抚臣吴振棫、云南提督臣荣玉材合词恭疏具题，伏乞皇上圣鉴，敕部查照施行。为此具本，谨题请旨。

咸丰四年三月二十八日，兵部尚书兼都察院右都御史总督云贵二省等处地方军务兼管粮饷臣罗绕典。

朱批：该部知道。

题请以杨怀远补授贵州松桃协右营守备事

咸丰四年三月二十八日

（缺文）期满，经前任贵州巡抚臣裕泰考验，给咨赴部引见。奉旨："杨怀远着发回本省，照例以守备题补。钦此。"钦遵在案。今考验得：该员年富技娴，营务谙练。虽到标在后，而才技较优，以之请补贵州松桃协右营守备，洵堪胜任。如蒙俞允，该世职系奉旨发回。以守备题补之员，应请毋庸送部引见。再，该世职籍隶瓮安县，今请补松桃协右营守备，系隔府别营，与例亦属相符。

除履历清册送部，印结俟取到另咨外，臣谨会同贵州巡抚臣蒋
（缺文）

题请核销黔省标镇协营咸丰元年
应需公费银两动支各项银数事

咸丰四年三月二十八日

兵部尚书兼都察院右都御史总督云贵二省等处地方军务兼管
粮饷臣罗绕典谨题：为奏明请旨事。

据贵州布政使吕佺孙详称：案奉行准户部咨开，贵州省各标
镇协营岁需公费银两，向于额兵每百名扣除名粮三分以供支用，
并不报部。嗣于乾隆四十六年裁汰名粮添补实兵案内，各省应需
公费银两，经军机大臣奏准查明，应需银数报部作正估拨，并议
令嗣后将实用公费银数按照核定应支款目，按款汇核各营总数，
另造司总清册题报户、兵、工三部核销。又于嘉庆十七年十一月
奉准户部咨，准云贵总督伯麟将黔省嘉庆十七年分各标镇协营制
给守卡兵丁皮棉衣价银两造册咨送前来。查黔省守卡更兵制给皮
棉衣件，前据该督奏报，各营堆卡共七百零三所，共卡兵三千五
百一十五名，嗣后应请每年添制五分之一。经本部酌议，应令按
照六分之一核算，每兵六名添制一件，每年添制五百八十六件。
奏明自嘉庆十七年起，按年造册报部在案。今据该督册报上江等
一十二标镇协营守卡兵丁原系制给皮衣，轮流穿换御寒，每件需
工料银二两二钱。又抚标等二十九标镇协营守卡兵丁，原系制给
棉衣轮流穿换御寒，每件需工料银一两一钱四分。本部核与奏准
应给皮棉衣价银数，均属相符。应令转饬，按年分晰各款，造具
司总清册题报核销。又于嘉庆二十五年十二月奉准工部咨，准户

部咨，准贵州巡抚咨，称黔省各标镇协营年额领运硝斤，都匀府产硝地方硐老山空，无硝可采，现在大塘产硝丰旺，请以大塘州判代为缴办。但各营请领程途较远，应增加脚价银两，请于公费册内开报。等语。应如所咨办理，相应咨覆该抚并知照户部可也。又道光十一年十一月钦奉上谕："筹办回疆善后事宜，所节经费着各省督抚各按全省兵数以每百名暂裁二名，遇有拨补开革事故出缺，陆续分别扣除所裁饷银等项，应酌定裁减。等因。钦此。"又于道光十二年十一月奉准户部咨覆贵州省各标镇协营支用公费银两造册报销一案，兵部查黔省各营修制救火器具等项并未派员查验具结送部，应令转饬，遵照定例派员查验，另造妥册送部题报，到日再行核办。各等因。咨院行司奉此，当经移行遵照按年造报去后，兹陆续准据抚标、提标、安义、威宁、古州、镇远、清江、上江、松桃、同仁、都匀、大定、永安、遵义、平远、定广、台拱、朗洞、丹江、黎平、长寨、荔波、下江、贵阳、毕赤、平越、归化、思南、长坝、水城、普安、黔西、安顺、凯里、黄平、天柱、安南、新添、石阡、仁怀、册亨，并都江、下江二厅标等协营，咸称额设枪炮兵丁每遇操期，均系令其操演，如有护饷、解犯等差，均令弓箭兵丁前往，其枪炮兵丁设有事故，据经随时招募顶补，并不酌派前项差务，亦不准其告假，务使利器有准，技艺纯熟，咸成劲旅，以归实效。所有应需药铅，并无扣除。前于报销支用公费银两案内，奉部饬查，均经各营查明，移请详题声覆准销在案。今咸丰元年操演枪炮兵丁事同一律所需药铅俱系实用实销，并无扣除，应请照数准销。至修制救火器具等项，俱经派员查验，换下旧铁旧料，亦经照例八折回火变价抵用，所有各营咸丰元年分支用公费银两，遵照旧定例款，分晰造册具结，移呈请销前来。该布政使查：贵州省各标镇协营咸丰元年分旧管道光三十年十二月底止存剩公费银无项，新收咸丰元年分各标镇协营请领年需公费银二万四千二百六两五钱一厘，内除节省减估银三千两外，实估拨公费银二万一千二百六两五钱一厘。开除咸丰元年分一除各标镇协营四季散饷捶工包封银八百七十五两四钱四分八厘，一除各标镇协营春秋祭祀银七百一十七两六钱二分八厘，一除各标镇协营奏销纸张银二千九百两一钱六分四厘，一除各标镇协营津贴楚豫马塘银八百一十六两九钱七分六厘，一除各标镇协营请饷篮筐夫价及目兵盘费银八百四十两六钱一分九厘，一除抚标制办文武乡场棚桶等项工料银一十两四钱五份三厘，一除各标镇协营守卡兵丁巡夜灯油银一百九十六两八钱四分七厘，一除各标镇协营守卡兵丁御寒及棉衣价银七百二十一两五钱四分七厘，一除各标镇协营配造火药工料银五百七十二两八分六厘，一除各标镇协营领运硝磺、铅斤夫价及目兵盘费银六百一十八两六钱四分一厘，一除各标镇协营操演硝磺工本银三千七百六十两三钱八分九厘，一除各标镇协营搀修堆卡救火器具等项银五千八百一十七两一钱，一除安顺营搀修卡房工料银五十八两八钱六厘，以上各项共除银一万七千九百六两七钱四厘。实在咸丰元年十二月底止，应存剩银六千二百九十九两七钱九分七厘。内除节省减估银三千两外，实存剩银三千二百九十九两七钱九分七厘。内除动支各营差兵护饷、解犯盘费银一千七百三十四两，又动支丹江营请制旗帜、帐房等项工料银五百八十一两三钱八分八厘，遵义协请制旗帜、凉篷等项工料银八百五十五两二钱四分五厘外，实存剩银一百二十九两一钱六分四厘，全数动支新添营请制旗帜、帐房等项工料银两之用。所有咸丰元年分各营支用公费开销各款银两数目，均与旧定例款相符。该布政使按册覆核无异，相应汇造司总清册同各营撒册印结，并户部副册一并具文详候察核题销。等情。前来。臣覆查无异，除册结送部外，谨会同贵州巡抚臣蒋霨远合词恭疏具题，伏乞皇上圣鉴，敕部议覆施行。为此具本，谨题请旨。

咸丰四年三月二十八日，兵部尚书兼都察院右都御史总督云贵二省等处地方军务兼管粮饷臣罗绕典。

朱批：该部察核具奏。

为贵州清江协右营游击那丹珠五年俸满考验该员才识干练地方静谧并无违罚案件循例报满会疏保题事

咸丰四年五月十八日

兵部尚书兼都察院右都御史总督云贵二省等处地方军务兼管粮饷革职留任臣罗绕典谨题：为游击边俸已届五年循例报满事。

准贵州提督臣赵万春，准署镇远总兵色克精阿移，据护清江协副将事黔西营游击何泽呈，据右营游击那丹珠呈称：窃游击自道光二十八年二月十三领札到任之日起，连闰扣至咸丰二年十二月十三日，历俸已满五年，应报满，理合呈请考验。等情。由该管将领造具履历，呈镇移送提督考验，连人一并咨送到滇。经臣随考验得：该游击那丹珠才识干练，技艺优长，应准其报满，当经行司查详去后，兹据署贵州布政使孔庆鎕、兼署按察使承志会详称：查得清江协右营那丹珠自道光二十八年二月十三领札到任之日起，连闰扣至咸丰二年十二月十三日，历俸已满五年。任内苗民相安，地方静谧，并无违碍、逃盗参罚及已参未议案件，与边俸报满之例相符。相应会文详请查核具题。等情。前来。臣覆查无异，除履历清册送部外，谨会同贵州巡抚臣蒋霨远、提督臣赵万春合词恭疏具题，伏乞皇上圣鉴，饬部议覆施行。

再，该游击那丹珠引见已逾三年，除照例另行给咨赴部外，合并陈明。为此具本，谨题请旨。

咸丰四年五月十八日，兵部尚书兼都察院右都御史总督云贵二省等处地方军务兼管粮饷革职留任臣罗绕典。

朱批：该部议奏。

题报贵州思南营游击陈师诚病故事

咸丰四年五月十八日

兵部尚书兼都察院右都御史总督云贵二省等处地方军务兼管粮饷革职留任臣罗绕典谨题：为游击病故日期事。

准湖南巡抚臣骆秉章咨，据湖南布政使徐有壬详，据沅陵县申，据推升山东东昌营参将陈师诚家丁张祥呈称：窃家主陈师诚系厢白旗汉军，天保佐领下人，由云麾使补授贵州思南营游击。咸丰三年六月内推升山东东昌营参将，请领咨批准进京引见。十二月初二日自营起程，行至镇远县偶感风寒，沿途调治，病体稍平，于四年正月十七日行至湖南辰州府沅陵县属之浦市地方，旧病复发，医药罔效，即于是日病故，当即殡殓。家主母陈马氏并小主人泽寰年甫三岁，因贼匪此剿彼窜，途次不静，将柩搬至辰州，浅厝暂居，俟贼匪平静，即行搬柩回旗。所有家主原领咨批并札付，理合呈缴。由县查验属实，申报到司详院咨明部旗缴札并咨缴咨批前来。

该臣看得：贵州思南营游击陈师诚推升山东东昌营参将，经臣发给咨批，赴部引见。因在途感冒风寒，医药罔效，于咸丰四年正月十七日行至沅陵县属之浦市地方病故，经沅陵县查验属实。详经湖南巡抚臣骆秉章咨明部旗缴札，并将咨批咨缴前来。臣覆查无异，除咨批涂销外，所有该员陈师诚病故日期，理合恭疏具题，伏乞皇上圣鉴，敕部议覆施行。为此具本，谨题请旨。

咸丰四年五月十八日，兵部尚书兼都察院右都御史总督云贵二省等处地方军务兼管粮饷革职留任臣罗绕典。

朱批：该部知道。

题请核销滇省腾越龙陵二厅镇营咸丰三年等兵米不敷采买完仓用过银两数目事

咸丰四年五月十八日

兵部尚书兼都察院右都御史总督云贵二省等处地方军务兼管粮饷革职留任臣罗绕典谨题：为循例等事。

据云南粮储道崔光笏会同布政使史致蕃详称，按奉行准户部咨：云南司案呈户部抄出云贵总督吴文镕题滇省腾越、龙陵二镇营应需咸丰癸丑等三年备储不敷兵米动项采买一案，咸丰二年十月二十九日题，三年三月初二日奉旨："该部议奏。钦此。"钦遵于本日抄出到部。该臣等查得：滇省腾越、龙陵二镇营应需兵米向系备储三年，其不敷米石按照每石一两三钱给价采买。又永昌协额驻兵丁，前据该督奏明裁减，其岁需兵米于保山县额征税秋米内征收备供外，尚有余剩米石，声请折银解道。经臣部覆准在案。今据云贵总督吴文镕疏称：保山县驻札永昌协兵丁应需咸丰癸丑等三年兵米，按照仓存并额征咸丰二年税秋米石征收备供外，仍余米九百八十一石八斗八升五合，同永昌府额征税秋、条改米八百三十三石六斗一合六勺，一并照例以每石折银一两征收解道。又腾越、龙陵二镇营兵丁应需咸丰癸丑等三年兵米，按照仓存并咸丰二年额征税秋、条改粮米数目核算，共不敷米七千五百三十二石五斗三升四勺，以每石一两三钱发银采买，共该银九千七百九十二两二钱八分九厘五毫二丝，照例在于粮库收存税秋米折银内如数动支，发给该二厅采买运供，依限造具册结仓收，题请核销。等语。查前项采买储不敷兵米动支价银，既据该督题请动项采买，臣部按照仓存并额征之数核算，与应买米数相符，惟所用价脚银两节，经臣部于题请采买兵米及运脚报销案内，行令该督抚转饬，将前项采买备储米石照例于邻近粮价减平地方采买，不得逐年仍以每石一两三钱采办，以致糜费。并令于报销案内据实节减，报部核销，各在案。今腾越、龙陵二厅采买备储兵米，仍按每石一两三钱，竟将历届题令核减之处置若罔闻。现当筹备军饷之际，无论何项支销，俱应力求撙节，乃该二厅采买价值不按年岁之丰歉、时价之低昂，概以每石一两三钱采买，而于保山县及永昌府余剩税秋、条改等项米石，仅以每石一两折银解道。于采买则加增，而折银则减少，似此出入参差，殊非慎重帑项之道，恐难保无浮销侵蚀情弊，应仍令该督抚转饬，将前项采买备储兵米于题销案内据实力加删减题报核销，毋得支饰，致滋浮销。至疏称保山县驻札永昌协兵丁不敷米石，在于保山县税秋米内征收备供外，尚余米石同永昌府额征税秋共米一千八百一十五石四斗八升六合六勺，以每石折银一两征收解道，存留各属不敷兵粮之用，应令该督抚转饬，照数解道，造入咸丰二年地丁奏销案内题报查核。等因。咸丰三年九月二十九日题，十月初二日奉旨："依议。钦此。"相应行文云贵总督、云南巡抚遵照可也。等因。咨院。

札行下道，遵即饬行永昌府转饬该二厅，立将采买米石所需价脚银两遵照部议据实删减，力加撙节，造册详销去后，兹据永昌府彭崧毓详，准署腾越同知姚延之牒称：腾越本系边地，内地产米无多，不得不买于土司地方，其土司地方粮米因距城窎远，地多瘴疠，夷人皆情愿领价采买，由各土司具领转发，按其程站远近给予价脚银两，通盘并计每石总在一两四五钱以上，较之报销成案，已属有增无减，尚须捐廉添补，实难再从撙节。伏乞仍照旧章准销。等情。又准署龙陵同知宋淇牒称：龙陵环列峻岭崇山，不产谷米者十居七八，是以递年采买兵米，亦俱向芒市土司地方买运备供，该处距厅城七八十里不等，每石价脚并计应需银一两四钱有零，除例准销银一两三钱外，每石不敷银一钱有零，尚须捐廉添补。此系实在情形，伏乞俯赐核转。各等情。由府覆核，详请照旧准销，邀免节减前来。该司道覆查无异，查此案并先据该府将该二厅采买米石册结仓收，由府核盘，先后结报到道。

该司道查得：咸丰二年分会计案内，腾越同知应买不敷备储腾越镇兵粮米四千七十二石六斗九升五合六勺，龙陵同知应买不敷备储龙陵营兵粮米三千四百五十九石八斗三升四合八勺，前均详请具题，照例以每石合银一两三钱动支粮库米折银两发买备供，奉部覆准在案。今该二厅既各将所买米石如数买运交仓，造具报销册结仓收，由府核盘加结申报。查署腾越同知姚延之册开，采买兵粮米四千七十二石六斗九升五合六勺，每石价脚银一两三钱，共用银五千二百九十四两五钱四厘二毫八丝。署龙陵同知宋淇册开，采买兵粮米三千四百五十九石八斗三升四合八勺，每石价脚银一两三钱，共用银四千四百九十七两七钱八分五厘二毫四丝。逐一核算，均属相符。其用过米价、运脚银两既据分晰声明，俱系远赴土司地方采办，实在难从撙节，自系实在情形，应请俯如所请，仍照旧章准销，免其节减。除将采买米石及动用银两已于咸丰二年民屯钱粮节收支粮米银款奏销各册内分别收除造报外，合将送到册结仓收，详请查核具题。

再，此案例限六个月，系边地兵粮展现两个月，定限年底采买完仓。自次年正月初一日起，限造册报销扣至咸丰三年八月底限满，惟此案历系装录详请动项采买，部覆详请题销。今于咸丰四年二月初七日始行奉准部覆，该司道于四月十四日具详请题前来，臣随即签发粮道会同藩司查明，转饬该二厅：遵照部覆，屡经饬令节减，今采买兵米每石仍按一两三钱，竟将历届题令核减之处置若罔闻。现当筹备军饷之际，无论何项，俱应力求撙节。等因。今据详请题销癸丑年兵米仍未节减，合将详册结收，一并签发该道，饬令据实力加撙节，另行详请题销，以免驳诘去后，据该司道覆称：此案采买兵米自道光丙午、丁未年起，节奉部驳，历经详覆在案，嗣于咸丰辛亥、壬子等年，又奉部驳，业经札行永昌等府转饬腾越、龙陵等厅，各将采买米石据实核减，力加撙节去后，旋据永昌等府叠次详准该厅等牒称，此项领买米石俱系赴土司地方采办，应需价脚除例准报销外，尚有不敷，难以节减。等情。由府覆核前来，均已据情详请照旧准销，邀免核减在案。兹奉签示，该司道覆查：腾越厅远处边末瘴苦山区，产米较少，势不得不买向土司地方。至土司地方地多瘴疠，商贩不前，是以向来皆由各土司具领将银转发，按其程站远近，给予脚价通盘，并计每石总须银一两四五钱以外，较之历年准销一两三钱之数，计不敷银一二钱不等，向系捐廉赔补。又查龙陵厅属，跬步皆山，不产米谷，是以历年均向芒市土司地方采买，距城七八十里不等，每石价脚计需银一两四钱有零，除例准销银一两三钱外，计不敷银一钱有零，尚须捐廉添补。覆查该二厅历年采买米石节奉部驳，由府叠详，难以撙节，以历年未能核减之案，现在收成未裕，米价日增，若再行抑令节减，恐至误公，且往返驳查徒烦案牍，是以癸丑年采买兵米，仍请照旧准销，免其节减。缘奉签示，理合据实会覆，并将详册结收，一并呈缴，请仍照原详具题，实为公便，合并声明。等情。到臣。

该臣看得：腾越、龙陵二厅采买腾越、龙陵二镇营兵米，例应造册取收题销。兹据云南粮储道崔光笏会同布政使史致蕃详称：查明腾越、龙陵二厅采买储备癸丑等三年不敷兵米七千五百三十二石五斗三升四勺，共用过银九千七百九十二两二钱八分九厘五毫二丝，均各照数采买完仓造册，出收由府盘明加结，申送该司道核算，并无浮冒，与例相符。详请题销前来。臣覆查无异，除册结仓收分送部科查核外，谨会同云南巡抚臣吴振棫合词恭疏具题，伏乞皇上圣鉴，敕部核覆施行。为此具本，谨题请旨。

咸丰四年五月十八日，兵部尚书兼都察院右都御史总督云贵二省等处地方军务兼管粮饷革职留任臣罗绕典。

朱批：该部察核具奏。

题请以汤兰亭调补贵州清江协左营都司
吴世斌调补仁怀营都司事

咸丰四年五月十八日

兵部尚书兼都察院右都御史总督云贵二省等处地方军务兼管粮饷革职留任臣罗绕典谨题：为调补都司事。

案准兵部咨，内阁奉上谕："向荣奏军营现在将备各缺请分别拣补，开单呈览一折，着照所请。贵州清江协都司准其以守备吴世斌升补。所遗长寨营守备，着以千总李连升升补。等因。钦此。"查吴世斌，贵州人，由承袭云骑尉，系贵州长寨营右军守备，任内有恩诏加一级，寻常纪录二次。今升补都司，应给与升署贵州清江协左营都司，带恩诏加一级，寻常纪录二次，札付令其承领。所有加级，俟实授时，再行查改。查清江协左营都司驻札清江厅，距该员本籍镇远府系在五百里以内，例应回避，应令该督拣员对调，俟凯撤回营，给咨送部引见后，另行换给实授札付。等因。到臣。

该臣看得：贵州清江协左营都司员缺，接准部咨，钦奉上谕，以守备吴世斌升补，给予升署札付。该员本籍镇远府，相距清江厅系在五百里以内，例应回避，行令拣员对调。等因。臣悉心拣选，查有贵州仁怀营都司汤兰亭，年四十一岁，系河南归德府商丘县人，由武进士三等侍卫补放今职。该员年力正强，营务明练，请以之调补贵州清江协左营都司。其所遗仁怀营都司员缺，即以吴世斌调补，与例相符。如蒙俞允，汤兰亭系现在都司，调补都司，毋庸送部引见。其吴世斌系由守备升补都司，于荐举案内保荐，因派出师，尚未给咨。应照部文，俟凯撤回营并案给咨送部引见。再，吴世斌系贵州镇远府人，与仁怀营都司已在五百里以外。除履历清册送部，印结俟取到另咨外，臣谨会同贵州巡抚臣蒋霨远，提督臣赵万春合词恭疏具题，伏乞皇上圣鉴，敕部议覆施行。为此具本，谨题请旨。

咸丰四年五月十八日，兵部尚书兼都察院右都御史总督云贵二省等处地方军务兼管粮饷革职留任臣罗绕典。

朱批：该部议奏。

题参贵州瓮安县民张溁洸被贼抢夺银两拒伤一案内疏防武职官员事

咸丰四年五月十八日

兵部尚书兼都察院右都御史总督云贵二省等处地方军务兼管粮饷革职留任臣罗绕典谨题：为报验缉究事。

据兼署贵州按察使事粮储道承志详称，案据署瓮安县知县徐河清详：咸丰三年九月二十三日据县属乡约彭世德报，据县民张溁洸投称，伊向贩盐生理，本月二十二日携带市银五十六两四钱来城买盐，行至地名贾土地地方，被贼匪数人将伊身带银两抢去，伊即追拿，被贼拒伤右手心，贼各逃逸。理合报验缉究。等情。并据事主张溁洸报同前由。据此，查该处距城四十里，随差缉赃贼，一面会营驰诣。勘得失事处所系偏僻荒区，坡上有土地祠一所，上通平越，下达瓮安，附近并无居民，亦无塘汛、墩铺。据张溁洸指称：贼人由坡上土地祠内跑出喊抢，当即追拿，被贼用刀割伤右手心，仍由坡上而逸。等语。勘毕，随验得张溁洸右手心有刀划伤一处，填单伤医。随传牙估计共值库平纹银四十八两七钱二分。除选差干役，悬赏勒限严缉，并飞关邻封营邑一体协缉赃贼，务获究报外，合将据报勘讯缘由，具文通报，寻请详奉批司饬缉查参去后，兹准贵州提督照会内开查此案，自咸丰三年九月二十二失事之日起，扣至四年正月二十二日，四个月疏防限满，赃贼未获。除再严缉务获究报外，所有疏防承缉不力武职各职名：专管官系平越营分防瓮安县汛外委彭万春，兼辖官系署平越营中军守备事提标世职云骑都尉朱开云，统辖官系护平越营游击事提标左营守备龙云化。等因。照会到司，覆查无异，理合具文详请题参。等情。到臣。

该臣看得：贵州瓮安县民张溁洸被贼抢夺银两拒伤一案，前据署瓮安县知县徐河清会营勘验通详，当经批司饬缉查参去后，兹据兼署贵州按察使事粮储道承志查明，此案自咸丰三年九月二十二日，四个月疏防限满，赃贼未获，所有疏防承缉不力武职各职名：专管官系平越营分防瓮安汛外委彭万春，兼辖官系署平越营中军守备事提标世职云骑都尉朱开云，统辖官系护平越营游击事提标左营守备龙云化等，详请参前来。除饬严缉赃贼务获究报，所有疏防承缉不力武职各职名相应具疏题参，伏乞皇上圣鉴，饬部议覆施行。

再，专管官与兼、统各官俱系不同城，又失事地方离汛四十里，营八十里，系偏僻荒区，附近并无居民，亦无塘汛、墩铺，合并陈明。为此具本，谨题请旨。

咸丰四年五月十八日，兵部尚书兼都察院右都御史总督云贵二省等处地方军务兼管粮饷革职留任臣罗绕典。

朱批：该部议奏。

为贵州大定协右营守备王连忠现年六十三岁例应甄别验得该员精力未衰堪以保题留任会疏题请事

咸丰四年五月十八日

兵部尚书兼都察院右都御史总督云贵二省等处地方军务兼管粮饷革职留任臣罗绕典谨题：为遵例甄别保题留任事。

按准兵部咨，具奏酌议条款内开：嗣后绿营副将以下、守备以上各员，除才技庸劣、巡防疏懈之员随时纠察外，其年逾六十三岁者，应令各该督抚提镇仿照千总之例，概予甄别，将年力就衰者，即行勒令休致，如有精神尚健，堪以留任者，仍着该督抚提镇出具切实考语保题留任。既留之后，如有精力已衰，不能训练操防者，即将保留之各上司照例议处。等因。遵照在案。

兹准贵州提督臣赵万春：兹据护大定协副将事提标前营游击伍勒登额呈，据右营守备王连忠呈称，窃照守备年居六十三岁，例应考验，理合造具履历清册，呈请考验。等情。由该管将领送经提督考验，连人一并咨送考验。等因。到臣。

该臣看得：绿营将备员弁，前准部咨，通行副将以下守备以上各员，年逾六十三岁者，令仿照千总之例，概予甄别。等因。遵照在案。今查贵州大定协右营守备王连忠现年六十三岁，例应甄别。经该管将领造具履历，送经提督臣赵万春考验，连人一并咨送到滇。臣随考验，得该守备王连忠技艺尚好，精力未衰，堪以保题留任。除履历分送部科外，臣谨会同贵州巡抚臣蒋霨远、提督臣赵万春合词恭疏具题，伏乞皇上圣鉴，敕部议覆施行。为此具本，谨题请旨。

咸丰四年五月十八日，兵部尚书兼都察院右都御史总督云贵二省等处地方军务兼管粮饷革职留任臣罗绕典。

朱批：该部议奏。

题报咸丰三年贵州各标镇协营官兵马匹及朋桩皮脏银两管收除在数目事

咸丰四年五月二十二日

302

兵部尚书兼都察院右都御史总督云贵二省等处地方军务兼管粮饷革职留任臣罗绕典谨题：为请定岁底奏报以肃马政事。

据署贵州布政使孔庆镠详称，奉准兵部咨：各省督抚于年底确查某营经制该马若干，旧存若干，新收若干，部拨若干，朋银买过若干，某营额兵若干，某年朋银若干，桩银若干，解过户部若干，拨充兵饷若干，买马用过若干，现今存贮若干，比依钱粮岁底奏报之例，查照督抚统辖营伍马数汇为一总册，银数汇为一总册，具本奏报。等因。咨院行司。奉此，当经移行各标、镇、协、营，遵照在案。

今该署布政使查得：贵州省经制抚、提二标，安义、威宁、古州、镇远四镇，清江、上江、松桃、铜仁、都匀、大定、永安、遵义、平远、定广十协，台拱、朗洞、丹江、黎平、长寨、荔波、下江、贵阳、毕赤、平越、归化、思南、长坝、水城、普安、黔西、安顺、凯里、黄平、天柱、安南、新添、石阡、仁怀、册亨二十五营，并都江、下江通判二亲标，咸丰三年分朋桩、马政，按照各标、镇、协、营马匹各册细加核算，旧管各官例马一千二百二十四匹，各兵骑操马二千一百九匹，新收咸丰三年正月起至十二月底止，各官例马七百八十匹，各兵骑操马六百二十四匹，内朋银买补马四百七十八匹，又裁缺改步兵遗存拨给例马兵丁骑操马一百四十二匹，开除各官例马九百三十二匹，各兵骑操马七百八十八匹，内一百四十二匹系裁缺改步兵遗存官马，拨给在营倒马兵丁骑操，又六百一十六匹系在营马兵限满倒毙官马，除将前项裁缺改步兵遗存官马一百四十二匹拨给骑操外，实应补倒毙限满马四百七十四匹，又买补出师广西调赴湖南等省遣发回营马兵存营拨骑官马四匹，共马四百七十八匹。又三十匹系出师湖南等处弁兵随带本身官马，应由军营支领草干银两，请俟师旋日收回归伍。实在咸丰三年十二月底止各官例马一千七十二匹，各兵骑操马一千九百四十一匹。

又，按朋银各册细加核算，旧管朋银九千八百二十五两一钱四分，桩银无项，皮脏银三百五十八两一钱九分，新收咸丰三年动支朋银一万九千八百五十八两五钱四分四厘。查本年分系无闰之年，应额扣官兵朋银二万七十八两五钱二分，内除官兵升迁事故缺额，计短扣朋银二百一十九两九钱七分六厘，截入截旷银两册内造报外，桩银无项，皮脏银三百八两，开除咸丰三年正月起至十二月底止，朋银八千六百四两，又动支咸丰三年分朋银二百二十五两九分，系遵照请旨事案内余剩朋银百两解银二两之例，照数解部充公，又动支咸丰二年分朋银九千八百二十五两一钱四分，俟奉户部核覆详咨，造入季册报拨。又动支咸丰三年分皮脏银六两一钱六分，解部充公。又动支咸丰年分皮脏银三百五十八两一钱九分，俟奉户部核覆详咨，造入季册报拨。实在咸丰三年十二月底止，存朋银一万一千二十九两四钱五分四厘，桩银无项，皮脏银三百一两八钱四分。该署布政使逐款覆核无异。合将各官兵操备马匹及朋桩、皮脏并动用朋银各数目汇造总册，并另造皮脏变价银两数目总册，同各标、镇、协、营朋桩、皮脏、马政细册，一并详候查核题销。等情。到臣。

该臣看得：贵州省各标、镇、协、营官兵操备马匹及动用朋桩、皮脏银两，例应按年造册题销。兹据署贵州布政使孔庆镠将黔省各标、镇、协、营咸丰三年分实在官兵马匹及朋桩、皮脏银两汇造总册，同各标、镇、协、营细册一并详请题销前来。臣覆核无异。除册分送部科外，臣谨恭疏具题，伏乞皇上圣鉴，敕部核覆施行。为此具本，谨题请旨。

咸丰四年五月二十二日，兵部尚书兼都察院右都御史总督云贵二省等处地方军务兼管粮饷革职留任臣罗绕典。

朱批：该部察核具奏。

题为奏销滇省咸丰三年兵马钱粮事

咸丰四年六月初十日

兵部尚书兼都察院右都御史总督云贵二省等处地方军务兼管粮饷革职留任臣罗绕典谨题：为奏销滇省兵马钱粮事。

据云南布政使史致蕃详称：窃照兵马钱粮，例应按年造册奏销。又道光五年九月奉准户部咨，嗣后凡报销一切银款，将某任经收经支各细数于文册内详悉声注，以便查核。又道光二十五年二月奉准户部咨，令将减平银数于各报销案内逐款声叙，以凭稽考核。各等因。通移遵照造办去后，查滇省经制云贵督标、云南抚标、提标、临元、开化、腾越、鹤丽、昭通、普洱、曲寻、永昌、楚雄、顺云、维西、云南城守、永北、武定、元新、大理城守、寻沾、广南、景蒙、东川、龙陵、镇雄、广西、剑川、威远等二十八标、镇、协、营咸丰三年分兵马钱粮逐一核算。

旧管咸丰二年十二月底止，官三百三十员，外委千、把总二百九十员，额外外委二百一十五员，马兵一千五百九十四名，战兵二万一千五百三十名，守兵一万六千七百四十七名；新收咸丰三年分官四十五员，外委千、把总六十三员，额外外委六十八员，马兵二百四十三名，战兵二千一十七名，守兵二千八百一十三名。

开除官六十员，外委千、把总六十一员员额外，外委六十二员，马兵二百四十七名，战兵二千八百六十四名内，募补兵二千一十二名，裁汰兵八百五十一名，缺额兵一名；守兵三千三百一十名内，募补兵二千八百一十三名，裁汰兵四百九十七名。查各营奉文通裁兵额营中。有以本年夏季起始行裁汰者，有以秋季起裁汰者，间有春季裁汰者，其未裁以前兵丁事故出缺仍行募补，是以本年仍有新募步守兵丁。实在咸丰三年十二月底止官三百一十五员，外委千、把总二百九十名，战兵二万六百八十三名，守兵一万六千二百五十名。

又按马匹册核算，旧管咸丰二年十二月底止，马三千八十七匹内，各官例马九百六十六匹，各兵骑征马二千一百二十一匹；新收咸丰三年分马七百六十六匹内，各官例马一百四十六匹，各兵骑征马六百二十匹。开除马八百一十二匹内，各官例马一百九十二匹，各兵骑征马六百二十匹，实在咸丰三年十二月底止，马三千四十一匹内，各官例马九百二十匹，各兵骑征马二千一百二十一匹，此咸丰三年分官兵马匹开收之实数也。

又司库收支银两，新收奉部酌议滇省癸丑年各营官兵岁需俸饷、马干、米折等银七十一万五千五百八十九两二钱九分，一收奉拨本省冬拨实存地丁银二十八万六千三百两，一收奉拨本省壬子年未完地丁银三万八千六百三两三千四分九厘，一收奉拨本省永昌等协营添兵应需兵饷、米折动支常年边费项下银九千九百九十九两六钱，一收本省道光三十年分扣存减平银三万六百八十六两三千四分一厘，一收前督抚捐佐赈需划解河南拨抵浙江省协滇兵饷银九千两，一收督抚司道及各府等捐输军饷拨抵浙江省协滇兵饷银四万七千两，一收提督及府县等续捐军饷拨抵浙江省协滇兵饷银四千五百两，一收兵饷不敷支放暂行借动大库实存各款项下银二十八万九千五百两，以上共收银七十一万五千五百八十九两二钱九分。内系前任布政使徐有壬任内收银六十六万四千八十九两二钱九分，布政使史致蕃任内收银五万一千五百两，二共收银即合奉拨暂借之数。开除支放各标镇协营官兵俸饷等银六十六万七千六百二十五两五钱三分二厘，又永昌、楚雄、大理城守三协营新添兵丁共支米折银二千二百七十五两三钱七分，二共实支俸饷米折等银六十六万九千九百两九钱二厘，系前任布政使徐有壬任内放银三十七万三百三十八两八钱五厘，内除已收回银一十六两七钱二分一厘外，前任布政使徐有壬任内实支放银三十七万三百二十二两八分四厘，布政使史致蕃任内放银二十九万九千五百七十八两八钱一分八厘，二共放银即合实支之数，共扣官兵朋银二万二千八十九两二分四厘，已于朋马奏销各营细册并司总册内声明题报在案。共截旷银一万三千八百九十两二钱五分五厘，内系官弁俸例银七千七百四十四两七钱一分八厘，又裁汰步守兵饷银六千一百四十五两五钱三分七厘，又截旷新添兵丁米折银一钱八分；共小建银九千六百七十六两八钱七分九厘，新添兵丁小建米折银三十二两五分。以上截旷、小建共银二万三千五百九十九两三钱六分四厘。查此截旷、小建银两内小建一项，系于支领官兵俸饷时，由各营计除，不支至截旷一项，系零星缴回，均存司库兵饷项下支放。各营支食建旷项下马步守粮、半饷等项之用，并非另款扣收，应俟奏销核实，始能截出建旷确数，核实开造至所收细数，已于营册内分晰造报。至咸丰三年内奉文裁汰步兵八百五十一名，守兵四百九十七名，共兵一千三百四十八名，应行截支饷米银两，已于各营兵马钱粮截旷册内分晰造报。一咸丰三年分建旷不敷动支咸丰二年分地丁银三千九百九十八两九钱五分六厘，查此项银两因阵伤亡故兵丁所遗眷属孤苦无倚，例准支给半饷银米养赡，并承袭云骑尉、恩骑尉，支食全、半俸等银，为数较多，俱系在于建旷项下动支。今是年建旷尚不敷支放，布政使史致蕃遵照历年不敷之案，在于司库收存地丁银内照数找拨清款，另案详咨，所拨银两俟于咸丰三年民屯奏销及下届交代各册内分别造报，以上共收咸丰三年分兵饷建旷动拨地丁共银二万七千五百九十八两三钱二分。一放维西协阿海洛古等处兵米二千九十四石一斗八升二合，每石折银二两，共折银四千一百八十八两三钱六分四厘。一放各标、镇、协、营出师黔、楚等处残废兵林大年等三百五十四名，共支守饷银四（缺文）故云骑尉马升之妻马叶氏周年半俸银四十二两五钱。一放各标、镇、协、营年已及岁恩骑尉王俊义等八十六员共支全俸银三千三百四十四两八钱四分七厘。一放各标、镇、协、营年未及岁恩骑尉胡元等四十四员共支半俸银九百七十三两一钱二分五厘。一放各镇、营候补把总杨先茂等八员共支半俸薪银三十二两五钱六分七厘。一放临元镇推升直隶杜胜营都司白人鹏共支俸饷例马银一百一十七两八钱五分七厘。一放昭通镇署总兵爱兴阿共支俸薪例马银二百二两一钱五分七厘。一放各标、镇、协、营候补委署各官德瑞等一百七员共支半俸薪全例马银二千八百八十三两二钱九分八厘。以上共放米折、残废、守饷、半饷、辞休、步守饷、马饷、全半俸候补署事人员、半俸薪全例马等项共银二万七千五百九十八两三钱二分，内系前任布政使徐有壬任内放银一万三千三百八十二两七钱八厘，布政使史致蕃任内放银一万四千二百一十五两六钱一分二厘，二共放银即合共销之数。所有奏销前项各款银两，俱系实用实销，年清年款，应请查核准销。实在存库银无项。又各营官弁实支俸例等款共银五万三千三百七十七两四钱六分，应扣减平银三千二百二两六钱四分八厘。内除已由四季册造支过俸例等银四万六千三百八十六两三钱二分，业经缴过减平银二千七百八十三两一钱七分九厘外，现在奏销核实计找支俸例等银六千九百九十一两一钱四分，尚应补缴减平银四百一十九两四钱六分九厘，除俟归入咸丰三年分藩库补缴各款减平司总册内收造详支，并遵照奏准章程留抵咸丰五年分滇饷外，所有扣缴前项各款减平银两，俱系按照实销实扣。相应汇造收支总册，并各标、镇、协、营细册及减平各册，详请核题奏销。等情。

又据云南粮储道崔光笏详称：查收支粮米数目，咸丰三年分奏销册载，旧管存折共米三十七万二百九十三石八斗三合五勺，内系截存咸丰二年分建旷米二千四百五十六石八斗二升，节年支剩存仓米三十七万八百三十六石九斗八升三合五勺，二共即合前项实存之数，新收咸丰二年分民屯税秋、条改米、谷、麦、荞、豆、高粱、青稞、大麦、小麦、小米、杂粮及采买折色兵粮，折共米一十五万五千四百二十九斗二升三合。管收米、谷、麦、荞、豆、高粱、青稞、大麦、小麦、小米、杂粮并采买折色兵粮，折共米五十二万八千六百九十六石七斗二升六合五勺。开除一放笔帖式锡霖官役家丁口粮谷折米三十五石三斗五升八合，又放督、抚、提并临元等二十八标、镇、协、营制额兵丁，自咸丰三年正月初一日起，至年底止，计十二个月，支过各仓米、谷、麦、荞、豆、高粱、青稞、大麦、小麦、小米、杂粮并折色兵粮，折共米一十四万三千四百八十九石三斗六升。内除维西协墩浪、南路、土官等塘汛兵应支折色米二千九十四石一斗八升二合，每石折银二两，该折银四千一百八十八两三钱六分四厘，另于司库建旷银内支给，又永昌、楚雄、大理等协、营新添永定、龙街、漾濞、姚关、旧乃、澜沧、姚州、下关、弥渡、红岩等汛兵，应支折色米二千二百七十五石三斗七升，每石折银一两，该折银二千二百七十五两三钱七分赴司支领折色银两外，实支过米、谷、麦、荞、豆、高粱、青稞、大麦、小麦、小米、杂粮并折色兵粮，折共米一十三万九千一百一十九石八斗八合，实在存仓支剩节年税秋、条改、采买等项米、谷、麦、荞、豆、高粱、青稞、大麦、小麦、小米、杂粮，折共米三十八万九千五百四十一石五斗六升五勺。总计滇省额设马步战守兵丁三万九千七百六十二名。查咸丰三年通裁各省额兵案内，滇省各营拟裁步守兵三千九百八十二名。自咸丰三年起，遇有兵丁开除事故缺出，停起募补，作为裁汰，统限三年，概令陆续裁竣。所有各营裁汰兵丁，应行截止粮未已并同各营弁兵小建米石之项，并计仍应于实存米内开造登明。又永昌、楚雄、大理等协、营新添永定、龙街等汛兵六百四十一名，二共兵四万四百三名，赴司支领折色银两外，原额设马步战守兵丁三万九千七百六十二名，咸丰三年分计三百六十日，共需米一十四万三千一百四十三石二斗。又督标抚标提标临元、开化、腾越、鹤丽、昭通、曲寻、永昌、楚雄、顺云、云南城守、武定、元新、寻沾、广南、东川、龙陵、广西、威远等标、镇、协、营，承荫八品监生及新拔把总李万春等七十员，未经接札仍支外委月粮米一百三十六石二斗六升，又督标、抚标、提标、鹤丽、昭通、普洱、曲寻、楚雄、顺云、维西、云南城守、永北、武定、大理城守、寻沾、龙陵、镇雄、剑川等标、镇、协、营辞休把总、外委及出师残废兵四百五名，共支米一千四百八石六斗九升，统共应支米一十四万四千六百八十八石一斗五升，内除维西协墩浪、

南路、土官等塘汛兵应支折色米二千九十四石一斗八升二合，每石折银二两，该折银四千一百八十八两三钱六分四厘，另于司库建旷银内支给外，其余督、抚、提并临元等二十八标、镇、协、营制额及辞休把总、外委、残废兵丁并承荫八品监生及新拔把总员弁实支过兵粮米一十三万九千一百一十九石八斗八合，已于册内按数开除造报。其截存、小建及陆续裁汰兵丁截旷粮米三千四百七十四石一斗六升，已并同司中截旷饷银，由司造报。至截存米石，即在前项册造实在存仓米三十八万九千五百四十一石五斗六升五勺数内，另于下届册内分晰造报。

再，实存米内有参追各员短缺米石奉准豁免，应否动项发买，另行详咨办理，分别饬催买补取收，另案详咨，亦于册内登造。理合分晰管、收、除、在数目造具清册，详请查核奏销。等情。到臣。

该臣看得：滇省各标、镇、协、营制额官兵支过俸饷银米及马干银两，例应按年奏销。兹据云南布政使史致蕃将咸丰三年自正月起至十二月底止各标、镇、协、营官兵、马匹实支俸饷、马干银两扣存截旷、小建数目，并据云南粮储道崔光笏将放过官兵粮米按款造册，同各标、镇、协、营细册一并报销前来。臣覆核无异，除各册送部外，谨将各标、镇、协、营支过银米总数恭缮

黄册，进呈御览，伏乞皇上圣鉴，敕部核覆施行。为此具本，谨题请旨。计恭呈御览黄册一本。

咸丰四年六月初十日，兵部尚书兼都察院右都御史总督云贵二省等处地方军务兼管粮饷革职留任臣罗绕典。

朱批：该部察核具奏，册并发。

题请核销滇省镇沅等厅县咸丰三年采买不敷兵米用过银两数目事

咸丰四年七月初六日

兵部尚书兼都察院右都御史总督云贵二省等处地方军务兼管粮饷革职留任臣罗绕典谨题：为详请等事。

据云南粮储道崔光笏会同布政使史致蕃详称，奉准户部咨：云南司案呈户科抄出云贵总督吴文镕题滇省普洱镇应需咸丰癸丑等二年不敷兵米动项采买一案，咸丰二年十二月初二日题，三年四月十六日奉旨："该部议奏。钦此。"钦遵本□抄出□□该臣等查：滇省普洱镇兵米向系备贮二年，不敷米石动项采买，历经办理在案。今据云贵总督疏称：镇沅、宁洱、思茅、威远等厅县驻札兵丁应需癸丑等二年兵米，按照仓存并额征之数核算，共不敷米七千一石五斗二升六合八勺，每石米价银一两，外加四站运脚银八钱，又镇沅厅外加一站运脚银二钱，又思茅厅属之攸乐等处秋粮折征米一千二百七十四石五斗七升九合，就近征收采买，每石给四站运脚八钱，该银一千一十九两六钱六分三厘二毫。宁洱县属之普藤等处秋粮折征四□□十一石三斗五升一合，就近征收采买，每石□给四站运脚银八钱，该银三百八十五两八分八毫。仍照历年成案，在于领买兵米节省银内支销，毋庸另行发给。通共应发米价、运脚银一万三千五百一十九两六钱二分八厘八丝，又配放折色米价银二千二百六十两八钱九分，二共银一万五千七百八十两五钱一分八厘八丝，照例于道库收存米折银内动支，将应发折色银两发给该镇营领回散放，其米价、运脚银两发给该厅县采买运供，造册题销。等语。

查前项采买备贮不敷兵米动支脚价银两，既据该督题请动项采买，臣部按照仓存并额□□数核算，与应买采数虽属相符，惟查宁洱□□思茅、镇沅等厅县采买米石所需运脚银两，经臣部节次于题请采买兵米及运脚报销各案内，行令该督抚转饬该厅县，将前项采买米石系备贮之米，例应于邻近粮价平减地方采办，现在节省经费，何得仍以远赴四站之外采买？核实撙节，报部核销亦在案。今宁洱等厅县采买备贮兵米，仍以每石米价银一两外加一站运脚银二钱至四站不等，共采买米七千一石五斗二升六合八勺，米价银七千一两零，运脚银六千五百一十八两零，价脚牵算用过运脚银较之米价将近一倍，历届采买□令□□核减之处置若罔闻，现当筹饷孔殷之际，□□支销款项俱应力求撙节，乃该厅县采买备贮价值，不按年岁之丰歉、时价之低昂、路途之远近，概以每石米价银一两外加一站运脚银二钱并四站不等之数开销，臣部碍难核准。应令该督抚转饬，将前项采买备贮米石于题销案内，据实大加撙节，报部核销，毋得任其浮销，致滋糜费。其折给兵丁米价银两，并令该督入于咸丰二年兵马奏销案内题报查核。至镇沅直隶同知拨归恩乐县驻札兵丁应需兵米，除在于额征秋粮米内征收备供，毋庸采买外，下余米五百六十五石九斗四升三合一勺，应□仍照旧例，每石折银一两征收起解□处□□该督抚转饬照数解道，造入咸丰二年分地丁奏销案内题报查核。等因。咸丰三年十二月十六日题，本月十八日奉旨："依议。钦此。"相应行文云贵总督：遵照可也。等因。咨院札道。

奉此，查此案采买米石，节奉部驳，饬令核减，均经札行普洱等府，转饬该厅县等，各将采买米石所需价脚，据实删减报部核销。叠据该厅县等均称地界极边，产米较少，历年兵米俱系远赴四站或五站地方采买运供，所需价脚与题定准销之数尚有不敷，均须承办之员贴补，实难再从议减。等情。□□覆核转详。当经分别入于采买兵米□销□□内详请咨覆，各在案。嗣于题请动项采买癸丑年兵米案内，覆奉驳饬此项采买米石不按年岁之丰歉、时价之低昂、路途之远近，概以每石米价银一两外加一站运脚银二钱并四站不等之数开销，碍难核准，饬令于题销案内大加删减，报部核销。等因。遵即札饬普洱府转饬该厅县等各将此案采买米石所需价脚，遵照部指情节，分别年岁、丰歉、时价低昂、路途远近，据实大加节减，造册详销去后，兹据署普洱府知府张恩溥详，准署思茅同知侯晟、署威远同知官昕，又据署宁洱县知县曾上庚，并据署□□直隶同知高鲁等呈称：该处地居边□，山□□少，驻兵较多，需米浩繁。附郭产米有限，即丰稔之年，仅敷居民食用，年岁稍歉，民间尚赴各猛贩运，以资接济。是以递年兵米领价到署，转发运户俱赴四五站及五六站之猛缅地方采买运供。该处米粮时价亦无定额，每石有买银一两有零及卖九钱有零不等，其间遇有稍减，尚不及一钱之数，亦属无多，而各猛所属，又皆荒陬僻壤，路径崎岖，动需民夫，方可负运，间有马驮，甚属寥寥。路程虽仅四五站，究难计日按站趱行，每有需延五六日及六七日，始能背负到仓。此种艰险情形，不可言状，是以从前例□□石每站准销运脚银二钱，计其程途远近□□脚费银两以资糊口，亦属体恤穷黎之意。卑厅等历届采买米石，亦俱照案核发，除每石米价银一两余钱外，加以四站或五站运脚银八九钱至一两不等。价脚牵算，每石总须银二两有奇，较之例得准销银一两八钱之数，计每石已不敷银二钱有零。因格于定例，不敢请加，均须承办之员捐廉贴补，实难再从撙节，委无捏饰情事。兹奉饬查脚价，将以倍于米价。等语。实因运脚费重，道里险僻使然，非卑厅等敢为浮多地步捏冒请销。缘奉檄饬，理合据实叠覆，伏乞俯赐核转，仍照旧章准销，邀免节减。等情。由□覆核前来。

该司道覆查，该厅县等地□极□，□□田少，附近产米有限，节年兵糈，远赴四站以外产米地方采买运供，往往多有赔贴。因格于向例，不敢请加，委系实情。若于赔贴不敷之中再行强令节减，恐办公逾行掣肘，必致运户观望畏缩，贻误堪虞。应请仍照旧章准销，免其节减。

至支给兵丁折色米价银两，已于咸丰二年兵马奏销册内开造请销。又镇沅直隶同知应征裁缺恩乐县本仓秋粮米石及折征银两，亦据征收报解全完，俱经入于咸丰二年民屯钱粮银款奏销及收支粮米各册内分别造报，详请题咨在案。查此案采买米石，已据该厅县□□具题销，册结仓收由道府核盘先□加结□□前来。该司道覆查无异。所有镇沅直隶同知册载采买米一百七十一石三斗五合六勺，共用过价脚银二百五两五钱六分六厘七毫二丝。思茅同知册载采买米二千三百二石六斗二升八勺，原领米价银二千三百二两六钱二分八毫，又攸乐等处折征秋粮采买米一千二百七十四石五斗七升九厘，二共米三千五百七十七石一斗九升九合八勺，该银三千五百七十七两一钱九分九厘八毫，又请领运脚银二千八百六十一两七钱五分九厘八毫四丝三□，米价、运脚银六千四百三十八两九□五□□厘六毫四丝，每米一石银一两，应买米三千五百七十七石一斗九升九合八勺，用过银三千五百七十七两一钱一钱九分九厘八毫，所需运脚自三站至四站不等，每石每站给银二钱，共给运脚银二千八百二十七两六钱八厘，二共用过米价、运脚银六千四百四两八钱七厘八毫，节省银三十七两一钱五分一厘八毫四丝。宁洱县册载采买米二千八百二十石六斗三合九勺，原领米价银二千八百二十两六钱三分九毫，运脚银二千二百五十六两五钱四厘七毫二丝，二共银五千七十七两一钱三合□厘六毫二丝，每米一石价银一两，应□米二□八百二十石六斗三升九勺，用过银二千八百二十两六钱三分九毫，所需运脚自二站至四站不等，每石每站给银二钱，共给运脚银一千九百五十五两六钱，二共米价、运脚银四千七百七十六两二钱三分九毫，节省银三百两九钱四厘七毫二丝，归于普藤折征米内动用。又该县另册开造折征采买米价银四百八十一两三钱五分一厘，又收采买项下节省银三百两九钱四厘七毫二丝，共银七百八十二两二钱五分五厘七毫二丝，每米一石价银一两，应买米四百八十一石三斗五升一合，用过银□□八十一两三钱五分一厘，所需运脚□□二□□□站不等，每石每站给银二钱，共给运脚银二百九十二两八钱，二共米价、运脚银七百七十四两一钱五分一厘，节省银八两一钱四厘七毫二丝。威远同知册载采买米一千七百六石九斗六升九合五勺，每石价银一两，外加四站运脚银八钱，共用过价脚银三千七十二两五钱四分五厘一毫。以上该厅县共原领采买米七千一石五斗二升六合八勺，又攸乐、普藤等处秋粮折征采买米一千七百五十五石四斗五升六合八勺，共该米价、运脚银一万五千二百□□三两三钱一厘五毫二丝，较原经题请动支道库米折应发米价、运脚银一万三千五百一十九两六钱二分八厘八丝，又思茅厅属之攸乐等处、宁洱县属之普藤等处秋粮照例折征采买银一千七百五十五两九钱三分，二共一万五千二百七十五两五钱五分八厘八丝之数，节省银四十二两二钱五分六厘五毫六丝。所有该厅县采买米石及用过价脚并节剩银两，业经入于咸丰二年民屯钱粮收支粮米银款奏销各册内分别收除造报在案，应请仍照向例按数准销，免其再行撙节。理合将议覆缘由及报到册结仓收□□□核具题。

再，此案报销例限六个月，□边□□□展限两个月，定限年底买运完仓，自次年正月初一日起限造册报销，扣至咸丰三年八月底限满。核因奉驳删减缘由，未据议覆，今据该厅县等始行议覆，由府转详前来，以致详办稍迟，合并声明。等情。到臣。

该臣看得：云南普洱镇兵丁应需癸丑等年不敷兵粮，先经具题动银分发采买在案。兹据云南粮储道崔光笏会同布政使史致蕃称：除支给折色银两，另于兵马奏销册内开造请销外，查镇沅、思茅、宁洱、威远等厅县共采买兵粮米八千七百五十七石四斗五升六合八勺，该米价、运脚银一万五千二百三十三两三钱一厘

□□□丝，较原题动支倒库米折并思茅厅、宁洱县之攸乐、普藤等处秋粮折征共银一万五千二百七十五两五钱五分八厘八丝之数，计节省银四十二两二钱五分六厘五毫六丝，已据完解，入于咸丰二年民屯奏销册内收造，并无浮冒。将报到册结仓收详请题销前来。臣覆查无异。除册结仓收分送部科查核外，臣谨会同云南巡抚臣吴振棫合词恭疏具题，伏乞皇上圣鉴，敕部核覆施行。为此具本，谨题请旨。

咸丰四年七月初六日，兵部尚书兼都察院右都御史总督云贵二省等处地方军务兼管粮饷革职留任臣罗绕典。

朱批：该部察核具奏。

题请核销滇省昭通等府厅县咸丰三年采买不敷兵米用过银两数目事

咸丰四年七月初六日

兵部尚书兼都察院右都御史总督云贵二省等处地方军务兼管粮饷革职留任臣罗绕典谨题：为循例等事。

该臣看得：云南昭通镇应需癸丑等年不敷兵米，先经具题动银分发采买在案。兹据云南粮储道崔光笏会同布政使史致蕃详查，昭通、大关、鲁甸、永善等府厅县共采买米四千七百八十九石零，共用过银一万二千九百一十六两零，核与旧章题定之价并无浮多。所买米石及用过银两，分别入于咸丰二年及三年民屯钱粮奏销册内。除照应请照例准销，将报到册结仓收，详请题销。前来。臣覆查无异，除册结仓收分送部科查核外，谨题请旨。

皇上圣鉴，敕部核覆施行。为此具本，谨题请旨。

旨："该部议奏。钦此。"钦遵于本日抄出到部。该臣等查滇省昭通镇应需兵粮向系备储三年，其不敷米石，按年采买，所需运脚银两，在于道库存留米折银内动支，核实题销，历经办理在案。今据云贵总督吴文镕疏称：昭通镇驻札兵丁，除恩安县仓存足敷备供，毋庸采买外，所有昭通、大关、鲁甸、永善等府厅县癸丑等三年兵米，按照仓存并咸丰二年分额征秋粮、条改粮米数目核算，共不敷米四千七百八十九石六斗九升五合五勺，每石预发银二两，该银九千五百七十九两三钱九分一厘，又配放养折银四千四百一十四两四钱一分，二共银一万三千九百九十三两八钱一厘，照例于道库收存正款银内动支，发给昭通等府厅县采买运仓备供，所有应找尾银续行核发。等语。

查前项采买备储兵米，既据该督题请动项采买，臣部按照仓存并额征之数核算，与应买米数虽属相符，惟查前项采买备储兵米价值，节经臣部题覆，例应于补追粮价平减地方采办，何得逐年仍以每石二两之数发给。至所称应找尾银续行核覆之处，行令核实撙节，题销在案。今该镇应需癸丑、甲寅、乙卯等三年备储不敷兵米四千七百八十九石零，仍请预发银二两，且所称应找尾银续行核发，是该省采买此项米价，系为浮销钱粮地步，不以当时之月报粮价为凭，概以每米一石请销银至二两余钱之多，难保无浮销情事。现当筹饷孔殷之际，各直省支销款项均须详慎勾稽，以杜冒滥，应仍令该督抚转饬，将前项采买备储兵米价值、究系于何地方采买、按照何月分时价发给，确切查明，据实删减，报部核销，毋任仍前浮冒，致滋糜费。至折给兵丁养价银两，应令该督抚转饬造入咸丰二年兵马奏销案内题报查核。等因。咸丰三年七月二十五日题，本月十七日奉旨："依议。钦此。"相应行文云贵总督："遵照可也。"等因。咨院札道。

奉此，案采买米石，节奉部驳行令核减，均经札行昭通等府转饬该厅县等，各将采买米石所需价脚据实删减报部核销。叠据该府等以此项采买米石，需用价脚与题定准销之数尚有不敷，均系捐资贴补，实难再行议减。等情。由府议覆。当经分别入于采买兵米题销各案内，详请咨覆在案。嗣于题补动项采买癸丑年兵米案内，覆奉驳饬此项采买米石究系于何地方采买、按照何月分价值，确切查明，据实删减，报部核销。等因。又经札饬昭通府转饬该厅县等，各将采买癸丑年兵米需用价脚银两，遵照部议，究于何处采买、系照何月时价，据实力加撙节，造册项销去后，兹据昭通府审省：查卑府采买昭通镇不敷兵粮米石，向于附郭恩安县境内照市购买。该处十二月分报部市卖中红米价每仓石系买银二两六钱九分，其邻近贵州大定府属之水城厅及威宁、毕节各州县地方米价，虽属平减，而距府各有数站，不通舟楫，旱运维艰，是以先年改为本境采买，总不得逾二两七钱之数，如粮价间有增昂，稍有不敷，均系捐廉贴补，实难再行议减，应请仍照旧章准销。又准大关同知牒称：遵查敝厅所属地方山多田少，米价高昂，附近虽有恩安所属各处可以采买，但该处价值亦与厅属无异，且距厅三站，必须运脚靡费更多，若赴邻境四川产米之州县地方采买，均相隔十余站，水陆兼运，价脚并计每石应需银三两四五钱，转不若在本处乘时采买，较为节省。查厅属历年十月分市卖中红米价均系每石需银二两七钱四五分至五六分不等，敝厅总以历次奉文不得逾二两七钱之数为率，稍有加增，俱系自行捐资贴补，实难再从撙节，请祈查核转详。又准署鲁甸通判牒称：遵查敝厅地方与恩安县壤地相连，山多田少，产米无多，价值向来昂贵，而附近贵州威宁、水城等处间有产米之区，但需雇脚，方可挽运上仓，计其脚费价值每石需银二两八九钱至三两以上方能买运，更属耗费，是以从前即就本境采买。查卑厅十月分报部市卖中红米价每石合银二两七钱六分，较之历年准销成案，每石已不敷银六分，均须承办之员捐资贴补，势难议减，仰祈核转。又据署永善县申称：遵查县属跬步皆山，产米甚少，附近州县又无产米之区可以采办，故历年备储兵米，均系赴四川泸州地方采买。查泸州每年报部十月分市卖中红米价每石合银一两八九钱不等，加以盘滩转运脚价，总计每石需银三两二钱有零，与题定不得过二两七钱之例不符。兵糈紧要，卑职暨前任均系捐资贴补造册报销，难以再行议减，惟有据实申覆，仰祈核转。各等语。由府覆核，均系实在情形，委无捏饰情事，应请仍照题定旧章准销，免其节减，以重兵粮。等情。前来。

该司道覆查：昭通、大关、鲁甸等府厅每年采买不敷兵粮米石，该府厅地方所产稻谷均属无多，粮价素昂，若于邻封州县采办，运费更多，是以改为由本境采买。查该府厅等十月分报部市卖中红米价每石均合银二两六钱九分及七钱五六分不等，与题定之数稍有不敷，皆系捐资添补，若再抑令节减，转恐办理竭蹶，必致贻误兵糈。又永善县赴四川泸州采买，均系按照该处每年十月分报部市卖中红米价，加以盘滩运脚，牵算每石合银三两二钱有零，与例定准销二两七钱之数，尚不敷银五钱零，均系承办之员自行贴补，若再于赔贴不敷之中强令节减赔项逾增，贻误堪虞。均系实在情形，并无捏饰情事。应请仍照题定旧章准销，免其节减，以重兵糈。至折给兵丁莽价银两，业经入于咸丰二年兵马奏销册内造报题销在案。

该司道查得：昭通等府厅县采买癸丑等三年备储不敷兵米四千七百八十九石六斗九升五合五勺，前经详请题明，动支粮库米折银九千五百七十九两三钱九分一厘，又续详找发银三千三百十七两五钱七分五厘四毫二丝一忽零八纤八尘三渺八漠，已先后据昭通府知府吉廉、署大关同知韩捧日、鲁甸通判德铭、署永善县知县吴荣禧各如数请领买运存仓备供，具造册结仓收，由该管道府核盘加结移报前来。该司道覆查：昭通府在本境采买米一千一百二十一石五斗四升二合四勺，共用过米价银三千一十六两九钱四分九厘；大关厅采买米八百七十五石一斗四升三合四勺，共用过米价银二千三百六十二两八钱八分七厘；鲁甸厅采买米一千一百八十五石一斗九升六合三勺，共用过米价银三千二百二百两零三分；永善县赴川采买米一千六百零七石八斗一升三合四勺，共用过米价、运脚等银四千三百三十七两一钱。总计买运米四千七百八十九石六斗九升五合五勺。原发续发银一万二千九百一十六两九钱六分六厘，核与题定每石二两六七钱之价，并无浮多。至昭通、大关、鲁甸三府厅在本境采买米石，核与迤东道并该府厅所报咸丰二年十月分市卖米价稍减。又永善县赴四川泸州采买米石，亦与该县取获川省秋成市卖米价相符，其用过水陆运脚银两，与历年报销之数均属符合，并取有地方官米价印结附送，委无浮冒情弊。所买米四千七百八十九石六斗九升五合五勺，原发米价银九千五百七十九两三钱九分一厘，业经入于咸丰二年兵马民屯钱粮节年收支粮米银款奏销各册内收除造报，至续详找发银三千三百三十七两五钱七分五厘四毫二丝一忽零八纤八尘三渺八漠，另于咸丰三年民屯钱粮银款册内除照。应请照例准销，免其节减。合将议覆缘由及送到册结仓收详请查核题销。

再，此案报销例限六个月，昭通府系属边地，照例展限两个月，以咸丰三年正月初一日起造册报销，扣至八月底限满。查此案结收，先于上年内据该府厅县由府道核盘，结移到道，因饬令核减之处，并未议覆，叠经札催，今据该府厅县各将不能节俭缘由详覆到齐，于咸丰四年六月十二日始行具详，以致稍迟，合并声明。等情。到臣。

该臣看得：昭通镇应需癸丑等年不敷兵米，先经具题动银分发采买在案。兹据云南粮储道崔光笏会同布政使史致蕃查明：昭通、大关、鲁甸三府厅在本境采买米三千一百八十一石八斗八升二合一勺，共用过米价银八千五百七十九两八钱零；永善县赴四川泸州买运米一千六百零七石八斗一升三合四勺，共用过米价、运脚等银四千三百三十七两一钱零。通共买运米四千七百八十九石六斗九升九合五勺，原题动放及找发共银一万二千九百一十六两九钱零，脚价牵算每石合银二两六钱九分六厘，核与旧章题定二两六七钱之价并无浮多。至昭通、大关、鲁甸三府厅本境采买米价，核与迤东道并该府厅所报咸丰二年秋成米价相符，永善县赴四川泸州采买米价亦与川省报部咨滇米价无浮，其用过水陆运脚银两，与历年报销之数均属符合，委无浮冒情弊。所买米石及用过银两，分别入于咸丰二年及三年民屯奏销册内除造。应请照例准销。等情。将报到册结仓收详请题销前来，臣覆查无异。除册结仓收分送部科查核外，臣谨会同云南巡抚臣吴振棫合词恭疏具题，伏乞皇上圣鉴，敕部核覆施行。为此具本，谨题请旨。

咸丰四年七月初六日，兵部尚书兼都察院右都御史总督云贵二省等处地方军务兼管粮饷革职留任臣罗绕典。

320

为原署云南楚雄协把总毕万春出师维西打仗阵亡议给云骑尉世职查有曾孙毕隽保例应接袭取具宗图册结会疏题请事

咸丰四年七月初六日

兵部尚书兼都察院右都御史总督云贵二省等处地方军务兼管粮饷革职留任臣罗绕典谨题：为补袭世职事。

据云南布政使史致蕃详称：窃照原署云南楚雄协把总事督标武举毕万春出师维西打仗阵亡，奉部议给云骑尉世职。袭次完时，给与恩骑尉，世袭罔替。前以伊嫡长子毕联甲承袭云骑尉世职，发标学习期满，题补腾越镇中营守备。嗣于军政案内勒休。又以伊嫡长孙毕润请袭云骑尉，尚未奉准部覆，旋即病故。详蒙咨部，并饬另查补袭之人去后，兹据署昆明县知县王秀毓申称：查明已故云骑尉毕润有嫡亲长子毕隽保，现年五岁，实系阵亡署把总事武举毕万春嫡长曾孙，勒休守备云骑尉毕联甲嫡亲长孙，并无虚冒、过继、违碍、顶替等弊。取造亲供宗图族邻册结，加具印结，申请核转。等情。到司。查例载，武官荫袭，必以嫡长子孙承袭，又承袭世职人员如年未及岁者，先将宗图册结查核具题请袭，俟奉旨准袭后给与半俸。等因。兹已故云骑尉毕润有嫡亲长子毕隽保，现年五岁，实系阵亡署把总事武举毕万春嫡长曾孙，勒休守备云骑尉毕联甲嫡亲长孙，请以补袭云骑尉世职，核与承袭之例相符。合将送到宗图册结，详请查核具题请袭，俟奉旨准袭后，给与半俸，年及岁时，再行照例办理。等情。到臣。

该臣看得：原署云南楚雄协把总事督标武举毕万春出师维西打仗阵亡，奉部议给云骑尉世职。前以伊嫡长子毕联甲承袭云骑尉世职，发标学习期满，题补腾越镇中营守备。嗣于军政案内勒休。又以伊嫡长孙毕润请袭云骑尉，尚未奉准承袭，旋即病故。当经咨部，并饬查有无补袭之人去后，兹据云南布政使史致蕃行据该管地方官查明：已故云骑尉毕润有嫡亲长子毕隽保，现年五岁，实系阵亡署把总事武举毕万春嫡长曾孙，勒休守备云骑尉毕联甲嫡亲长孙，请以补袭云骑尉世职，并无虚冒、过继、违碍、顶替等弊，核与例相符。取造宗图册结，详请查核具题请袭前来。臣覆查无异，相应题请准以毕隽保承袭云骑尉世职，俟奉旨后，给与半俸，年及岁时，照例办理。除宗图册结送部外，臣谨会同云南巡抚臣吴振棫合词恭疏具题，伏乞皇上圣鉴，饬部议覆施行。为此具本，谨题请旨。

咸丰四年七月初六日，兵部尚书兼都察院右都御史总督云贵二省等处地方军务兼管粮饷革职留任臣罗绕典。

朱批：该部议奏。

为顺治年间殉节之云南曲靖卫指挥王寿彭八世孙请袭恩骑尉世职取具宗图册结会疏题请事

咸丰四年七月初六日

兵部尚书兼都察院右都御史总督云贵二省等处地方军务兼管粮饷革职留任臣罗绕典谨题：为请袭世职事。

据云南布政使史致蕃详称：窃照云南曲靖卫指挥王寿彭，顺治四年流寇陷城，不屈殉节，奉文赏给恩骑尉世职。先以该故员七世孙王靖承袭，后病故，无子，以王靖胞侄王金榜过继与王靖为嗣，补袭恩骑尉，后病故，无嗣。当经咨部，并饬查有无补袭之人去后，兹据署曲靖府知府贾洪诏申，据南宁县知县毛玉成申，查明已故恩骑尉王金榜并无子嗣，有堂弟王金斗，现年二十九岁，过继与王靖为嗣，实系不屈殉节卫指挥王寿彭之八世孙，请以补袭恩骑尉世职，并无虚捏假冒情弊。取造亲供宗图册结加结，连人申请核转到司。查例载，承袭世职，令嫡长嫡次子孙，如无嫡长嫡次子孙，许令弟侄应合承继者承袭。又承袭世职年已及岁者，免其送部，令该督抚验看具题。俟题准后，就近发标营学习，准食全俸。各等语。今王金斗现年十九岁，据该管地方官查明：系王靖胞侄，过继与王靖为嗣，实系殉节卫指挥王寿彭八世孙，并无虚捏假冒情弊，核与承继之例相符。相应将送到亲供宗图册结，连人详送验看具题请袭。俟奉旨准袭后，给与全俸。等情。到臣。

该臣看得：云南曲靖卫指挥王寿彭，顺治四年流寇陷城，不屈殉节，奉文赏给恩骑尉世职。先以该故员七世孙王靖承袭，后病故，无子，以王靖胞侄王金榜过继与王靖为嗣，补袭恩骑尉，后病故，无嗣。当经咨部，并饬查有无补袭之人去后，兹据云南布政使史致蓄转据署曲靖府知府贾洪诏申，据南宁县知县毛玉成申，查明已故恩骑尉王金榜并无无子嗣，有堂弟王金斗，现年十九岁，过继与王靖为嗣，实系不屈殉节卫指挥王寿彭八世孙，并无虚捏假冒情弊，核与承袭之例相符。取造亲供宗图册结，连人详送具题请袭前来。臣随验看得：请袭恩骑尉王金斗年力正富，有志上进，堪以造就。除俟部覆奉旨准袭后，就近发标营学习，照例办理，并将宗图册结送部外，臣谨会同云南巡抚臣吴振棫合词恭疏具题，伏乞皇上圣鉴，饬部议覆施行。为此具本，谨题请旨。

咸丰四年七月初六日，兵部尚书兼都察院右都御史总督云贵二省等处地方军务兼管粮饷革职留任臣罗绕典。

朱批：该部议奏。

为署贵州安顺城守营分防白老虎汛左哨二司把总事提标前营武举程永昌等员疏防限满赃贼未获题请参处事

咸丰四年七月初六日

兵部尚书兼都察院右都御史总督云贵二省等处地方军务兼管粮饷革职留任臣罗绕典谨题：为报恩勘缉事。

据贵州按察使孔庆鏴详称，案据署安顺府知府周献廷详称：咸丰三年十一月初六日据府属阿得枝乡约吴玉潮报，据生员夏廷英投称，本月初四日伊弟夏鼎新与彭文魁挑盐赴场售卖，各背银物转回，午后行至破岩冲地方，被贼数人抢去银物，伊等追捕，均被贼人拒伤。等语。往查属实，理合报恩勘缉。等情。并据事主夏廷英报同前由。据此，查该处距城七十五里，随差缉赃贼，一面会营驰诣。勘得破岩冲地方系偏僻小路，四面皆山，附近并无居民，亦无塘汛、墩铺。勘毕，验得夏鼎新左胳肘有铁器伤一处，红色，彭文魁左肩甲、左臂膊、左胳肘、左膝、左脚踝各有铁器伤一处，青红色，分别填单饬医。随传牙估计各赃。夏鼎新被抢银物共值库平纹银六十七两三钱七分三厘，彭文魁被抢银物共值库平纹银二十九两六钱五分二厘。除选差干役分途勒限严缉，并飞关邻封营邑，一体协拿此案赃贼务获究报外，合将据报验讯缘由，具文通报。等情。详奉批司饬缉查参去后，兹准贵州提督照会内开查此案，自咸丰三年十一月初四失事之日起，扣至四年

三月初四日四个月疏防限满，赃贼未获，所有疏防限满承缉不力武职各职名：专管官系署安顺城守营分防白老虎汛左哨二司把总事提标前营武举程永昌，兼辖官系分防旧州汛兼辖右哨，并不同城，例不作兼辖，所有兼辖职名邀免开送，统辖官系署安顺城守营都司事中军守备胡万春，接缉统辖官系署安顺城守营都司事贵阳营中军守备崔锡麒。等情。由提督照会到司。覆查无异，理合开列具文详请查核题参。等情。到臣。

该臣看得：贵州安顺府民夏鼎新等被贼抢去银物拒伤一案，前据署安顺府知府周献廷会营勘验通详，当经批司饬缉查参去后，兹据贵州按察使孔庆鏴详称，查明此案自咸丰三年十一月初四失事之日起，扣至四年三月初四日四个月疏防限满，赃贼未获，所有疏防限满承缉不力武职各职名：专管官系署安顺城守营分防白老虎汛左哨二司把总事提标前营武举程永昌，兼辖官系分防旧州汛兼辖右哨，并不同城，例不作兼辖，所有兼辖职名邀免开送，统辖官系署安顺城守营都司事中军守备胡万春，接缉统辖官系署安顺城守营都司事贵阳营中军守备崔锡麒。等情。详参前来。除饬严缉赃贼务获究报外，所有疏防限满承缉不力武职各职名相应具疏题参，伏乞皇上圣鉴，敕部议覆施行。再，照统辖官胡万春于咸丰三年十一月二十四日卸事，计督缉二十日，系署事之员，不复回任，应请议结。崔锡麒即于是日到任，计接督缉三个月零

十日，此案失事地方离营七十五里，离汛九十里，系偏僻山区，附近并无居民，亦无塘汛、墩铺及协防之弁，专统各官并不同城，合并陈明。为此具本，谨题请旨。

咸丰四年七月初六日，兵部尚书兼都察院右都御史总督云贵二省等处地方军务兼管粮饷革职留任臣罗绕典。

朱批：该部议奏。

为署贵州贵阳城守营右哨二司把总事郝懋修并署贵阳城守营游击事图塔纳疏防限满赃盗未获题请参处事

咸丰四年七月初六日

兵部尚书兼都察院右都御史总督云贵二省等处地方军务兼管粮饷革职留任臣罗绕典谨题：为报勘缉究事。

据贵州按察使孔庆鏋详称，案据贵筑县知县恩彬详称：咸丰三年十一月十四日据县属捕属里乡约高大鹏报，据双水井民胡韶九投称，本年十一月十三日夜，伊家被盗打开大门房门入室，伊子胡克佳起捕，被盗用绳捆缚，劫去银饰、衣物。等语。往查属实，理合报勘缉究。等情。并据事主胡韶九报同前由。据此，查该处离城一十五里，随差缉赃盗，一面会同营员驰诣。勘得双水井系荒僻乡区，附近并无邻佑，亦无塘汛、墩铺，相距约一箭许，有苗民两户，系胡韶九佃户。胡韶九竹屋瓦房一排七间，第一间系胡韶九卧室，二间、六间系伊子胡克明、胡克佳居住，三间系厨房，四间隔作两截，前系空房，后系仓屋，五间系堂屋，七间系空房。据事主胡韶九指称：是夜被盗打开大门，并各房门，入室将儿子胡克佳捆缚，搜劫箱柜内银饰、衣物，仍由大门而逸。

等语。查看大门及各房门、箱柜，俱有打损痕迹，并拾得盗遗棉条油捻一个，又验得事主胡克佳并无捆缚形迹。勘毕，传衙估计被劫各赃共值库平纹银一百三十八两八钱五分六厘。除会差兵役分途勒限严缉，并飞关邻封营邑，一体协拿此案赃盗，务获究报外，合将据报勘验缘由，具文通报。等情。详奉批司饬缉查参去后，兹准贵州提督照会内开查此案，自咸丰三年十一月十三失事之日起，扣至四年三月十三日四个月疏防限满，赃盗未获，所有疏防限满，承缉不力武职各职名：专管官系署贵阳城守营右哨二司把总事外委郝懋修，统辖官系同城署贵阳城守营游击事毕赤营游击图塔纳，相应开列具文详请查核题参。等情。到臣。

该臣看得：贵州贵筑县民胡韶九家被盗打门入室劫去银饰、衣物一案，前据贵筑县知县恩彬会营勘验通详，当经批司饬缉查参去后，兹据贵州按察使孔庆镛查明，此案自咸丰三年十一月十三失事之日起，扣至四年三月十三日四个月疏防限满，赃盗未获，所有疏防限满，承缉不力武职各职名：专管官系署贵阳城守营右哨二司把总事外委郝懋修，统辖官系同城署贵阳城守营游击事毕赤营游击图塔纳。等情。详参前来。除饬严缉赃盗务获究报外，所有疏防限满承缉不力武职各职名，相应具疏题参，伏乞皇上圣鉴，敕部议覆施行。再，失事地方离营离汛均计程十五里，系荒僻乡区，附近并无邻佑，亦无塘汛、墩铺及协防之弁。又查陆路，同城中军守备例不作兼辖，所有守备职名，应免开送，合并陈明。为此具本，谨题请旨。

咸丰四年七月初六日，兵部尚书兼都察院右都御史总督云贵二省等处地方军务兼管粮饷革职留任臣罗绕典。

朱批：该部议奏。

题报署云南维西协中军都司事
右营守备马霄汉病故事

咸丰四年七月初六日

兵部尚书兼都察院右都御史总督云贵二省等处地方军务兼管粮饷革职留任臣罗绕典谨题：为守备病故日期事。

据署云南鹤丽镇总兵福陞详，据护维西协副将王涛详称：署职协中军都司事右营守备马霄汉染患痰喘病症，医治不愈，于咸丰四年五月初五日病故。当即饬委署左营千总卢映斗看验属实，取具看验医属印甘各结，同该故员原领守备札付，照例截角注销，一并缴报。等情。转详到臣。

该臣看得：署（南）［云］南维西协中军都司事右营守备马霄汉染患痰喘病症，医治不愈，于咸丰四年五月初五日病故。经护维西协副将王涛委验属实，取具札结，转详前来。臣覆查无异，除委员接署，并札结送部外，所有守备马霄汉病故日期，理合恭疏具题，伏乞皇上圣鉴，敕部查照施行。为此具本，谨题请旨。

咸丰四年七月初六日，兵部尚书兼都察院右都御史总督云贵二省等处地方军务兼管粮饷革职留任臣罗绕典。

朱批：兵部知道。

题请钟大荣调补贵州丹江营左军守备
并王万年调补思南营守备事

咸丰四年七月初六日

兵部尚书兼都察院右都御史总督云贵二省等处地方军务兼管

粮饷革职留任臣罗绕典谨题：为题请调补守备以重苗疆事。

窃照贵州丹江营左军守备王万年，自道光二十八年五月十七接札任事之日起，连闰扣至咸丰三年三月十七日，历俸已满五年，例应考验。准贵州提督臣赵万春连人一并咨送到滇，臣随考验得：该守备王万年人尚明白，技艺中平，系寻常供职之员，未便保题，应照例调回内地，另行拣员对调。查有贵州思南营守备钟大荣，年四十岁，浙江诸暨县人，由武进士选补今职。该员年富才明，请以调补丹江营左军守备，洵堪胜任。其所遗思南营守备员缺，即以王万年调补，人地亦属相宜。如蒙俞允，该员等系对缺调补，均毋庸送部引见。再，钟大荣，浙江人，今调补丹江营左军守备；王万年，贵州镇远府台拱厅人，调补思南营守备。俱属合例。除履历清册送部，印结俟取到另咨外，臣谨会同贵州巡抚臣蒋霨远、提督臣赵万春合词恭疏具题，伏乞皇上圣鉴，敕部议覆施行。为此具本，谨题请旨。

咸丰四年七月初六日，兵部尚书兼都察院右都御史总督云贵二省等处地方军务兼管粮饷革职留任臣罗绕典。

朱批：该部议奏。

题参云南临元镇标分防宁州汛左哨二司把总陈思义等员疏防客民朱怀被贼行窃一案限满无获事

咸丰四年七月初六日

兵部尚书兼都察院右都御史总督云贵二省等处地方军务兼管粮饷革职留任臣罗绕典谨题：为题参疏防职名事。

据云南按察使清盛详称：案据署宁州知州杜浩详，咸丰三年十一月十二日据乡约廖本信报，据州属浪广小街客民朱怀投称，本月初九日夜伊家被贼撬门入室行窃，临时行强，劫去银物。等语。往查属实。盗已逃逸，理合报勘缉究。等情。并据朱怀开单报同前由。据此，查失事地方距城一百二十里，随饬差严缉，一面会营驰诣。勘得该处居民星散，附近并无塘汛、墩铺。朱怀住屋一所，外设大门一道。据称贼系撬门入室行窃，临时行强，劫获银物，仍由原路而逸。等语。查看门扇有撬损痕迹，并无遗下油捻器械。勘毕，传纪估计失赃共值库平纹银一十八两二钱二分二厘。除选差干役，关移营汛、邻封一体严缉赃盗务获究报外，理合将勘讯缘由造册录供通报。等情。详奉批司饬缉查参去后，兹准护理云南临元镇伊昌阿移称，此案自咸丰三年十一月初九失事之日起，扣至四年三月初九日，四个月疏防限满，犯无弋获。所有疏防武职：专管汛官职名系临元镇标右营分防宁州汛左哨二司把总陈思义，兼辖官职名系不同城署临元镇标右营中军守备事中营右哨千总龙翔，相应开报。再，失事地方并无塘汛、墩台，提镇职名邀免开送。等情。由镇移司。覆查无异。除仍移饬严缉赃盗务获究报外，理合详请查核题参，合并声明。等情。到臣。

该臣看得：云南宁州客民朱怀被贼行窃，临时行强，劫去银物一案，先据署宁州知州杜浩会营勘讯详报，当经批司饬缉查参去后，兹据云南按察使清盛查明，此案自咸丰三年十一月初九失事之日起，扣至四年三月初九日，四个月疏防限满，犯无弋获。所有疏防武职：专管汛官职名系临元镇标右营分防宁州汛左哨二司把总陈思义，兼辖官职名系不同城署临元镇标右营中军守备事中营右哨千总龙翔，相应开报。并声明失事地方并无塘汛、墩台，提镇职名邀免开送，合并声明。等情。详请题参前来。臣覆查无异，除饬严缉赃贼务获究报外，臣谨会同云南巡抚臣吴振棫、云南提督臣荣玉材恭疏具题，伏乞皇上圣鉴，敕部议覆施行。为此具本，谨题请旨。

咸丰四年七月初六日，兵部尚书兼都察院右都御史总督云贵二省等处地方军务兼管粮饷革职留任臣罗绕典。

朱批：该部奏议。

题请核销滇省云州顺宁县咸丰三年拨运缅宁厅不敷兵米用过脚价银两事

咸丰四年七月初六日

兵部尚书兼都察院右都御史总督云贵二省等处地方军务兼管粮饷革职留任臣罗绕典谨题：为请销拨运兵粮脚价银两事。

据云南粮储道崔光笏会同布政使史致蕃详称：查得顺宁府属缅宁厅原驻顺云营分防兵四百名，久经题定，以二年定额备储，将该厅额征秋粮米一千二百一十余石征收备供外，不敷米约计二三百石，采买供支。嗣于嘉庆五年前任总督书麟于剿捕保黑军务善从事宜案内，奏准将顺云营参将移驻缅宁，并于顺宁府存城兵内拨出兵三百名，永昌协额裁兵内拨出兵四百名，共兵七百名移驻缅宁，连原设共兵一千一百名。又于永北营额设千把、外委内拨出七员归入缅宁，另设额外四员安设塘汛防守，共前项兵丁，岁需粮米，续经奏定，以该厅每年应征额粮尽数征收备供，不敷之项，请将云州、顺宁二州县年征秋粮除备供本处兵粮外，余剩米石照普洱镇买运兵粮事例，每石每站给运脚银二钱。计云州距缅宁四站，顺宁县距缅宁六站，按站发给运脚银两运交缅宁供支。此外不敷米石照例价每石发银一两，交该厅自行采买，所需运脚银两统于道库收存米折银内动支，事竣造册题销。又嘉庆九年奏请各营裁汰马兵，在于普洱等镇协营添设步兵案内，缅宁厅裁汰马兵六十五名，实驻兵千三十五名。又于嘉庆十八年缅宁边外筹酌善后事宜案内，奏请于各营额兵内拨往缅宁厅，添驻兵四百三十名，外委二员，共弁兵四百三十二员名。内除分驻云州所属万年桩兵四十名所需月粮于云州仓支食外，实驻缅宁厅弁兵三百九十二员名连原设共弁兵一千四百二十七员名，所需粮米较多，采买维艰，奏准查照普洱、威远二镇营兵丁米折兼支之例，以每年春夏二季全支本色米石，秋冬二季大建之月折给银两十日，小建之月折给银两九日，共余二十日仍支本色。自嘉庆二十二年秋冬二季起，本折兼支。至道光十一年，奉旨查明云桂两省额兵酌定裁减案内，奉文裁减兵九十五名，实存弁兵一千三百三十二名。

道光二十年移营添汛案内，奏准临安府属蒙自等处改营添汛，将临元、广西镇营兵丁分拨驻防，仍于顺云营兵内裁减兵一百名，拨归临元、广西二镇营，以便差操，内系云州额兵内裁拨兵二十名，缅宁厅额兵内裁拨八十名。道光二十九年奉准兵部议覆，前任总督林则徐具奏迤西一带改移营汛，添拨弁兵一案，前经钦遵，转饬遵办，嗣准据文武各员议，请将龙陵协改为龙陵营，顺云营改为顺云协，并于龙陵营额兵内裁拨兵二百二十二名移驻顺宁县属锡腊地方防守，计顺宁县连原驻兵丁四百四名，二共兵六百二十六名，所需粮米已于咸丰三年会计案内核实造册题咨。计咸丰三年分云州应运缅宁厅米八百五十六石九斗六升三合四勺，顺宁县应运缅宁厅米四百九十二石三斗三升四合一勺，所需运脚亦经查照题定成案，发给征运在案。兹据云州、顺宁二州县各将应运米石照数征收，雇脚运交清楚，取具缅宁厅实收造册出结，由顺宁府盘明加结申报前来。该司道覆查云州册开，拨运缅宁厅仓米八百五十六石九斗六升三合四勺，该州至缅宁厅四站，每石每站给运脚银二钱，共用运脚银六百八十五两五钱七分七毫二丝。顺宁县册开，拨运缅宁厅仓米四百九十二石三斗三升四合一勺，该县至缅宁厅六站，每石每站给运脚银二钱，共用运脚银五百九十两八钱九毫二丝。共计拨运米一千三百四十九石二斗九升七合五勺，该运脚银一千二百七十六两三钱七分一厘六毫四丝。核数俱属相符，应请准销。除所运米石及用过运脚银两已于咸丰三年奏销各册内分别收除造报外，合将报到册结仓收，详请查核题销。等情。到臣。

该臣看得：缅宁厅应增驻兵丁咸丰三年分不敷粮米，业于通省会计兵粮案内造册题请，动支脚价发给云州、顺宁二州县，于额征秋粮米内拨运缅宁供支在案。兹据云南粮储道崔光笏会同布政使史致蕃查明，云州、顺宁县咸丰三年分共拨运缅宁厅仓兵粮米一千三百四十九石二斗九升七合五勺，共用运脚银一千二百七十六两三钱七分一厘六毫四丝。俱经运交清楚，取造册结仓收，详请题销前来。臣覆查无异，除册结仓收分送部科查核外，谨会同云南巡抚臣吴振棫合词恭疏具题，伏乞皇上圣鉴，敕部核覆施行。为此具本，谨题请旨。

咸丰四年七月初六日，兵部尚书兼都察院右都御史总督云贵二省等处地方军务兼管粮饷革职留任臣罗绕典。

朱批：该部察核具奏。

题请以杨名高升补贵州铜仁协右军守备事

咸丰四年八月初十日

兵部尚书兼都察院右都御史总督云贵二省等处地方军务兼管粮饷革职留任臣罗绕典谨题：为题请升补守备事。

案准兵部咨：拟补贵州铜仁协右军守备吴锡光斥革遗缺，系题补之缺，轮用豫保人员。该省现无豫保，应另于现任应升应补人员内拣选题补。等因。到臣。

该臣看得：贵州铜仁协右军守备员缺，接准部咨，令于应升应补人员内拣补。查例载，陆路守备缺出，轮应各项应升人员补用者，先以奉旨回任候题及军政卓异并历俸三年出师著绩之千总补用。如无此数项人员，即于奉旨回任候推之千总内题补，送部引见。等语。臣查黔省候题守备及军政卓异、出师著绩之千总，俱已用竣，其余豫保并俸满保送各员，均系引见在出缺之后，尚未接准部咨，自应照例于候推守备千总中拣补。臣悉心拣选，查有贵州毕赤营左哨千总杨名高，年五十六岁，贵州兴义府人，由行伍拔补永安协千总，调补今职。于道光二十八年七月六年俸满案内，经前任督臣林则徐考验，给咨赴部引见。奉旨："杨名高着发回本任，照例以守备候推。钦此。"钦遵在案。该员弓马娴熟，留心营务，以之升补贵州铜仁协右军守备，洵堪胜任。历经委署守备数次，办理无误。如蒙俞允，杨名高系六年俸满引见，钦奉特旨回任候推之员。俟部覆至日，照例给咨送部引见，恭候钦定。再，该员系贵州兴义府人，升补铜仁协右军守备，系属隔府别营，与例相符。除履历送部，印结俟取到另咨外，臣谨会同贵州巡抚臣蒋霨远、提督臣赵万春合词恭疏具题，伏乞皇上圣鉴，敕部议覆施行。为此具本，谨题请旨。

咸丰四年八月初十日，兵部尚书兼都察院右都御史总督云贵二省等处地方军务兼管粮饷革职留任臣罗绕典。

朱批：该部议奏。

题请以邓国煊补授云南开化府分防安平同知事

咸丰四年八月初十日

兵部尚书兼都察院右都御史总督云贵二省等处地方军务兼管粮饷革职留任臣罗绕典谨题：为极边要缺同知遴选乏员，详请题补，以裨地方事。

据云南布政使史致蕃会同按察使清盛详称：窃查云南开化府

分防安平同知姚延之于本年五月内因病禀请开缺调理，当经详请具题，尚未奉文覆准，旋于七月二十日在省寓病故，亦经详题开缺声明，所遗安平同知系极边要缺，例应在外拣选调补，照例以病故本日作为开缺日期，归于七月底截缺。七月分要缺同知仅止此缺，毋庸掣签。查该厅接壤越南，地方辽阔。一切控驭抚绥，均关紧要，必须精明干练，熟悉边情之员，方足以资治理。随于通省应升应调人员内逐加遴选，非现居要缺，即人地未宜，一时实无合例堪以升补之员，惟于应补人员内查有查有候补同知邓国煊，年五十六岁，贵州普安厅人，由廪生中式嘉庆戊寅恩科本省乡试第二十五名举人，道光丙戌科会试中式第三十四名，殿试第三甲进士。由吏部带领引见，奉旨："以知县即用。钦此。"签掣山东。六年七月到省，八年补授招远县知县，十年调补益都县知县，十一年告病开缺，十二年病痊引见，照例到省，坐补原缺，十四年奉委审办科场假印舞弊之案，蒙山东巡抚臣钟祥保奏，奉旨："俟得缺后以应升之缺尽先升用。钦此。"历署滕县、诸城、章丘等县印务，十七年丁父忧回籍守制，十九年服阕，仍赴原省，坐补二十六年蒙题补益都县原缺。二十七年丁继母忧，回籍守制。二十九年服满赴部候选。遵筹饷事例，由劳绩捐升同知，指省分发云南，归候补班内，无论应题应调应选之缺，均准酌量补用。咸丰二年九月初七日引见，奉旨："照例发往。钦此。"三年八月二十七日到滇，委署通海县，卸事，现署蒙化直隶同知。查该员才情稳练，听断勤明，任内并无参罚案件，请以补授开化府分防安平同知，实属人地相宜，与例亦符。该员系候补同知请补同知，衔缺相当，毋庸送部引见，亦毋庸开列事实，相应详请查核，出考具题。再姚延之病故，应归于咸丰四年七月三十日截缺，今遴员请补于闰七月二十七日出详，合并声明。等情。到臣。

该臣看得：云南开化府分防安平同知姚延之因病禀请开缺调理，当经详请具题，尚未奉文覆准，旋于在省寓病故。亦经详题开缺。所遗安平同知系极边要缺，例应在外拣选调补。查该厅接壤越南，地方辽阔，一切控驭抚绥，均关紧要，必须精明干练、熟悉边情之员，方足以资治理。兹据云南布政使史致蓄等详称：于通省应升应调人员内逐加遴选，非现居要缺，即人地未宜，实无合例堪以升调之员，惟于应补人员内查有候补同知邓国煊，年五十六岁，贵州普安厅人，由嘉庆戊寅恩科举人中式道光丙戌科进士，引见奉旨："以知县即用。钦此。"签掣山东，六年七月到省，八年补授招远县知县，十年调补益都县知县，十一年告病开缺，十二年病痊引见，照例到省，坐补原缺。十四年奉委审办科场假印舞弊之案。蒙山东巡抚臣钟祥保奏，奉旨："俟得缺后，以应升之缺尽先升用。钦此。"丁父忧回籍守制。十九年服阕，仍赴原省坐补。二十六年蒙题补益都县原缺。二十七年丁继母忧，回籍守制，二十九年服满赴部候选。遵筹饷事例，捐升同知，指省分发云南，归候补班内补用。咸丰二年九月引见，奉旨："照例发往。钦此。"三年八月到滇，委署通海县。卸事，现署蒙化直隶同知。该员才情稳练，听断勤明，任内并无参罚案件，请以补授开化府分防安平同知，实属人地相宜，与例亦符。详请查核出考具题前来。臣查邓国煊办事勤慎，干练老成，请以补授安平同知，洵堪胜任。如蒙俞允，该员系候补同知请补同知，衔缺相当，当毋庸送部引见，亦毋庸开列事实。臣谨会同贵州巡抚臣吴振棫合词恭疏具题，伏乞皇上圣鉴，敕部议覆施行。为此具本，谨题请旨。

咸丰四年八月初十日，兵部尚书兼都察院右都御史总督云贵二省等处地方军务兼管粮饷革职留任臣罗绕典。

朱批：该部议奏。

题报咸丰三年贵州各标镇协营经制原设额数并裁汰增添安塘存营实在兵丁马匹各数目事

咸丰四年九月二十八日

兵部尚书兼都察院右都御史总督云贵二省等处地方军务兼管粮饷革职留任臣罗绕典谨题：为通行事。

据署贵州布政使觉罗炳纲详称，案查奉准兵部咨：各省路营兵丁数目，虽据造册报部，但内中如山东等省报部册内，俱为按年分晰开造增添裁汰数目，各省以为能画一，本部难以核办，应将册式通行各省，遵照按年开列原额、增添、裁汰、缺额、实在数目，分晰马步守兵，造册送部查核，仍按年造报。等因。通行遵照在案。

今准据各标、镇、协、营并都江、下江二厅标，将咸丰三年分经制原设额数及各年增添裁汰并现经安塘驻防实在兵丁、马匹等项各数目造具清册前来。该署布政使查得：咸丰三年分黔省各标、镇、协、营原设马步战守兵丁五万六千八百八十四名、马五千八百五十四匹，除各年裁汰增添各数分晰开造外，实在现存马步守兵三万五千八百六十名，内马兵二千五十四名、步兵一万六千五百一十六名、守兵一万七千二百九十名、马二千五十四匹。一调拨无项一汛防安塘马步守兵一万八千四百六十二名，内马兵七百二十四名、步兵八千二十六名、守兵九千七百一十二名、马七百二十四匹。一驻防马步守兵一万七千三百九十八名，内马兵一千三百三十名、步兵八千四百九十名、守兵七千五百七十八名、马一千三百三十匹。共马兵二千五十四名。内抚标缺外委马兵三名，提标缺额外外委马兵一名，安义镇标缺外委马兵二名，古州镇标缺外委马兵一名，永安协缺外委马兵一名，长寨营缺外委马兵一名，荔波营缺外委马兵一名，贵阳营缺外委额外外委马兵二名，实在马兵二千四十名、步兵一万六千五百一十六名、守兵一万七千二百九十名、马二千六十二匹，内缺各标镇协营出师湖南等处弁兵遗营官马拨给在营倒马兵丁骑操并在营倒毙官马九十一匹，请俟师旋日买补骑操。又外委马兵随带出征，由军营支领草干银两，官马三十匹应俟师旋日收回归伍，实在马一千九百四十一匹，内在营事故弁兵尚未补缺存槽马一十一匹，又各标协营事故裁缺遗存官马八匹，留为下年拨给各营倒马兵丁骑操，理合分别开造各数目清册，详候察核具题，至各兵花名已于兵马奏销案内按名分晰开造详咨在案，应请毋庸重造，合并声明。等情。到臣。

该臣看得：贵州通省经制原设额数，并裁汰增添安塘存营实在兵丁、马匹各数目，例应按年造册具题。兹据署贵州布政使觉罗炳纲查得：黔省咸丰三年分各标、镇、协、营原设马步战守兵丁，除各年裁汰增添分晰开造外，一汛防安塘马步守兵一万八千四百六十二名，内马兵七百二十四名、步兵八千二十六名、守兵九千七百一十二名、马七百二十四匹。一驻防马步守兵一万七千三百九十八名，内马兵一千三百三十名、步兵八千四百九十名、守兵七千五百七十八名、马一千三百三十匹。共马兵二千五十四名。实在马兵二千四十名、步兵一万六千五百一十六名、守兵一万七千二百九十名、马二千六十二匹。分晰开造清册，详请核题。并声明各兵花名已于兵马奏销案内开造。等情。前来。臣覆核无异。除册送部外，理合恭疏具题，伏乞皇上圣鉴，敕部查照施行。为此缮本，谨具题闻。

咸丰四年九月二十八日，兵部尚书兼都察院右都御史总督云贵二省等处地方军务兼管粮饷革职留任臣罗绕典。

朱批：该部察核具奏。

为署贵州永安协左营分防上挂汛把总顾玉梁等员疏防限满赃贼未获题请参处事

咸丰四年九月二十八日

兵部尚书兼都察院右都御史总督云贵二省等处地方军务兼管粮饷臣罗绕典谨题：为报验缉究事。

据贵州按察使孔庆鏴详称：案据永宁州知州徐震翱详，咸丰四年三月初五日据州民罗显庭报称，上年十二月二十二日早，伊与工人罗阿三及韦阿三同往卖牛，行至擦耳岩地方，有贼四人从树林内赶出抢获牛只逃跑，罗阿三追捕，被贼人用石块拒伤左肋等处，延至二十四日，因伤死。伊因患病，住处并无乡约，致未具报，将尸停放屋后地上，用沙土掩盖。如今病痊，如蒙差查，理合报验缉究。等情。查该处距城八十里，随差缉赃贼，一面会同管员并带刑仵驰诣该处。勘得擦耳岩地方系偏僻小路，两边均系高山箐林，附近并无塘汛、墩铺，亦无居民。勘毕，复诣尸所，饬令刨去沙土。因该处地气阴寒，尸身尚未腐烂。饬令将尸移放平地，如法相验。据仵作王湉淋喝报：已死罗阿三问年三十九岁。验得仰面面色发变，致命右肋一伤，尖圆不整，难量分寸，红色，小腹一伤，尖圆不整，难量分寸，紫赤色，均系石伤。合面致命、脊背不致命右臂各一伤，均尖圆不整，难量分寸，微红色，俱系石擦伤。余俱无故。委系受伤身死。报毕，亲验无异。凶贼在逃，无凭查起凶器，比对尸伤。当场填格取结，尸饬棺殓。随传牙估计被抢牛只，实值库平纹银二两五钱。除选差干役分途勒限严缉，飞关邻封营邑一体协拿此案赃贼务获究报外，合将诣勘验讯缘由具文通报。等情。详奉批司饬缉查参去后，今准贵州提督照会内开，查此案自咸丰三年十二月二十二失事之日起，扣至四年四月二十二日，四个月疏防限满，赃贼未获，所有疏防限满承缉不力武职职名：专管官系署永安协左营分防上挂汛把总顾玉梁，兼管官系署永安协左营分驻永宁汛守备事抚标左营云骑尉吴遇春，统辖官系护永安协副将上江协右营游击兴山。等情。由提督照会到司，覆查无异，理合开列具文详请查核题参。等情。到臣。

该臣看得：贵州永宁州民罗显庭被贼抢夺牛只拒伤工人罗阿三身死一案，前据永宁州知州徐震翱会营勘验通详，当经批司饬缉查参去后，据贵州按察使孔庆鏋详称：查明自咸丰三年十二月二十二失事之日起，扣至四年四月二十二日，四个月疏防限满，赃贼未获，所有疏防限满承缉不力武职职名：专管官系署永安协左营分防上挂汛把总顾玉梁，兼管官系署永安协左营分驻永宁汛守备事抚标左营云骑尉吴遇春，统辖官系护永安协副将上江协右营游击兴山。等情。详参前来。除饬严缉赃贼务获究报外，所有疏防武职承缉不力各职名，相应具疏题参，伏乞皇上圣鉴，敕部议覆施行。

再，照失事地方离营八十里，离汛四十里，系偏僻小路，附近并无居民，亦无塘汛、墩铺。专兼统各官并未同城，合并陈明。为此具本，谨题请旨。

咸丰四年九月二十八日，兵部尚书兼都察院右都御史总督云贵二省等处地方军务兼管粮饷革职留任臣罗绕典。

朱批：该部议奏。

为代防云南临元镇标右营江川汛右哨千总事马登洲等员限满逸犯未获题请参处事

咸丰四年九月二十八日

兵部尚书兼都察院右都御史总督云贵二省等处地方军务兼管

粮饷革职留任臣罗绕典谨题：为补参疏防职名事。

　　据云南按察使清盛详称，案据署江川县知县张启辰详：咸丰三年十二月初一日据乡约曹本立报，据武举杨镇邦投称，本年十一月二十九日夜，伊家被盗撞门入室，劫去钱物。等语。约往查属实。盗已逃逸，理合报勘缉究。等情。并据杨镇邦开单报同前由。据此，查失事地方距城九十里，随饬差严缉，一面会营驰诣。勘得该处系孤村独户，附近并无居民，亦无塘汛、墩台。杨镇邦住屋一所，外设大门一道。据称盗系撞门入室劫获钱物，仍由原路而逸。等语。查看门扇有撞损痕迹，并无遗下油捻、器械。勘毕，传纪估计失赃共值库平纹银十七两四钱六分二厘。正详报间，旋于十六等日据兵役拿获盗犯张遇椿、张世柯暨送令盗首杨自和逃匿之侯汶三名解案。又据禀称，据侯汶告知杨自和逃匿处所，当即前往拿获，并起获赃衣等物。等情。到县。讯据供认，杨自和起意纠约首伙七人行劫事主杨镇邦家属实。侯汶实只送令首盗逃匿，被获后供出逃匿地方，当将首盗拿获，并无伙同行劫情事。将杨自和、张遇椿、张世柯均审依强盗已行得财不分首从皆斩律，俱拟斩立决。声明杨自和起意纠劫入室搜赃，法所难宥。张遇椿、张世柯仅止在外接赃，系属情有可原。侯汶依律酌减，拟以杖一百，徒三年。等情。由府到司审拟详题，并声明此案首伙七人疏防限内仅获首从三名，获犯尚未及半，所有应参职名，饬取另文开送。等因。在案。兹准护理云南临元镇总兵伊昌阿移称，此案自咸丰三年十一月二十九失事之日起，扣至四年三月二十九日，四个月疏防限满，逸犯未获。所有疏防武职：专管汛官系代防临元镇标右营江川汛右哨千总事右营左哨头司外委把总马登洲，兼辖官系不同城署临元镇标右营中军守备事中营左哨千总龙翔。再，失事地方并无塘汛、墩台。等情。移司覆查无异，除仍移饬严缉逸犯双临等务获究报外，相应详请查核题参。再，此案系获犯审定后补参，延迟有因。所有延迟职名，邀免开送，合并声明。等情。到臣。

　　该臣看得：云南江川县武举杨镇邦家被盗撞门入室劫去钱物一案，先据署江川县知县张启辰会营勘讯，获犯详报，当经批司饬缉审办查参去后，兹据云南按察使清盛查明，此案自咸丰三年十一月二十九失事之日起，扣至四年三月二十九日，四个月疏防限满，逸犯未获。所有疏防武职：专管汛官系代防临元镇标右营江川汛右哨千总事右营左哨头司外委把总马登洲，兼辖官系不同城署临元镇标右营中军守备事中营左哨千总龙翔。并声明失事地方并无塘汛、墩台。等情。详请题参前来。臣覆查无异。除饬严缉逸犯双临等务获究报外，臣谨会同云南巡抚臣吴振棫、云南提督臣荣玉材恭疏具题，伏乞皇上圣鉴，敕部议覆施行。为此具本，谨题请旨。

　　咸丰四年九月二十八日，兵部尚书兼都察院右都御史总督云贵二省等处地方军务兼管粮饷革职留任臣罗绕典。

　　朱批：该部议奏。

题请王兴邦补授贵州安义镇标左营守备事

咸丰四年九月二十八日

　　兵部尚书兼都察院右都御史总督云贵二省等处地方军务兼管粮饷革职留任臣罗绕典谨题：为请补守备事。

　　案准兵部咨：贵州安义镇标左营守备员缺，系题补之缺，应轮用豫保人员。该省现无豫保，应于世职人员内拣选题补。等因。到臣。

　　该臣看得：世职人员补缺，定例通行考核，择其技艺最优者题请补用。又于道光六年十二月内奉上谕：嗣后遇有守备缺出，轮用世职，先将到标名次在先之员调考，若弓马才具俱堪称职，即将该员题补。倘弓马生疏，撤回原营练习，再调其次之员考验，如难称职，即挨次递推调考，下次缺出，仍将前次退回原营之员调考。如练习胜前，准将该员题补，倘仍前生疏，即着勒令休致，所遗世职另行承袭，并着各该督抚提镇于较阅营伍时将世职人员择其技艺优长、年份较深及平日差操勤慎者随时存记，遇有应补缺出，即可核实拣补，以重营务，而历人才。钦此。又准部咨，各省遇有守备缺出，轮用世职云骑尉时，该督抚等遵照新定章程，按到标在先人员挨次调考补用。如题补到标在后人员，即将该员名次声叙，并将到标在先之弓马生疏各员、曾经调考一次二次均于本内逐一声叙。又准咨，如有查阅营伍时将记名世职人员先行咨部，以备查核，如无记名人员，仍照原定章程按到标先后逐一挨次考补。各等因。遵照在案。

今贵州安义镇标左营守备员缺，接准部咨，应轮用世职人员题补。臣查黔省并无查阅营伍记名世职人员，惟于各标、镇、协、营内将到标在先之云骑尉世职各员挨次较考，或弓马生疏，或营务未能娴熟，均未便请补。除饬令该世职等勤加练习外，查有到标在后之普安营云骑尉世职王兴邦，年四十岁，贵州普安直隶厅人。因父王发贵承袭胞伯王发明原系贵州都匀协把总，出师黔楚、铜仁、兴义、川陕等处，在军营打仗阵亡，奉部议准袭云骑尉世职。因父王发贵承袭后病故，查明王兴邦系王发贵亲生长子，实系阵亡把总王发明嫡亲胞侄，例应过继请袭云骑尉世职。自道光十六年十一月初八收营学习之日起，连闰扣至十九年十月初八日止，三年期满。经前任贵州巡抚臣贺长龄考验，给咨赴部引见。奉旨："王兴邦着发回本省，照例以守备题补。钦此。"钦遵在案。今考验得：该员年富技娴，营务谙练，虽到标在后，而才技较优，以之请补贵州安义镇标左营守备，洵堪胜任。如蒙俞允，该世职系奉旨发回以守备题补之员，应请毋庸送部引见。再，该世职籍隶普安直隶厅，今请补安义镇标左营守备，系隔府别营，与例亦属相符。除履历清册送部，印结俟取到另咨外，臣谨会同贵州巡抚臣蒋霨远、提督臣赵万春合词恭疏具题，伏乞皇上圣鉴，敕部议覆施行。为此具本，谨题请旨。

咸丰四年九月二十八日，兵部尚书兼都察院右都御史总督云贵二省等处地方军务兼管粮饷革职留任臣罗绕典。

朱批：该部议奏。

题报咸丰三年云南各标镇协营原设额数及裁汰增添调拨换防实在兵丁马匹数目事

咸丰四年九月二十八日

兵部尚书兼都察院右都御史总督云贵二省等处地方军务兼管粮饷革职留任臣罗绕典谨题：为造报兵马额数事。

据云南布政使史致蕃详称：窃照奉准兵部咨各省兵马开收实在等项数目，令各省督抚照陕省之例，于年终具题造册送部，以便查核汇题。等因。遵照在案。兹准各标、镇、协、营将咸丰三年分原设额数、裁汰、增添、调拨、换防、实在外委兵丁、马匹造册移送汇核前来。

该布政使查得：咸丰三年分滇省各标、镇、协、营原设额兵，除各年裁汰增添各数遵照分晰开造外，实在现存外委马步战守兵四万四百三名。今咸丰三年通裁各营额兵案内，滇省奉裁步守兵三千九百八十二名，统限三年裁竣，业经裁汰步守兵一千三百四十八名外，现设兵三万九千五十五名，骑操马二千一百二十一匹。相应汇造总册，详请查核具题。等情。到臣。

该臣看得：云南通省原设额数及裁汰、增添、调拨、换防、实在兵丁、马匹，例应按年造册具题。兹据云南布政使史致蕃查明，咸丰三年分各标、镇、协、营原设额数，除裁汰增添分晰开造外，实在现存外委马步战守兵三万九千五十五名，骑操马二千一百二十一匹。汇造总册，详请具题前来。臣覆查无异，除册分送部科外，臣谨会同云南巡抚臣吴振棫、云南提督臣荣玉材合词恭疏具题，伏乞皇上圣鉴，敕部查照施行。为此缮本，谨具题闻。

咸丰四年九月二十八日，兵部尚书兼都察院右都御史总督云贵二省等处地方军务兼管粮饷革职留任臣罗绕典。

朱批：该部察核具奏。

344

题报署贵州天柱营都司事长寨营左军守备吴登发病故事

咸丰四年九月二十八日

兵部尚书兼都察院右都御史总督云贵二省等处地方军务兼管粮饷革职留任臣罗绕典谨题：为守备病故日期事。

该臣看得：署贵州天柱营都司事长寨营左军守备吴登发赴省请饷，因逾次感受寒疾，省中医治未愈，咸丰四年四月初七日解饷回营，沿途病势加重，十三日行至镇远属之文德关地方病故。经镇远文武查验属实，取具医生书目甘结，并该故备原领札付，由营加结呈镇转咨提督，将札付截角钤销，移咨具题前来。臣覆查无异，除札结送部外，所有该守备在途病故日期，谨具题闻。

咸丰四年九月二十八日，兵部尚书兼都察院右都御史总督云贵二省等处地方军务兼管粮饷革职留任臣罗绕典。

题请以刘廷谔补云南东川府分防巧家同知事

咸丰四年九月二十八日

（缺文）民自封投柜，民乐输将。审理词讼，虚衷剖断，随到随结，民无冤抑拖累。城乡义学，延师教读，文风日盛。编立保甲，稽查奸匪，宵小潜踪，地方安静。日用薪蔬、出入夫马，俱发现钱，照市买雇，从无赊欠派累。历俸已满三年，在滇年久，熟悉边地夷情。请以升补东川府分防巧家同知，实属人地相宜，与例亦符。至该员夷疆虽未报满，而常俸已满三年，且系经征盐课溢额，不论俸满即升之员，例准升补。该员系现任知州，请升同知，衔小缺大。俟部覆至日，并同卓异之案照例给咨送部引见。恭候钦定。其所遗镇雄州知州调缺，俟覆准日另行遴员升调。相应开列事实，造具参罚清册，详请查核出考具题。再，张燮宽病故归于咸丰四年闰七月底截缺，今遴员升补，于八月十七日出详，合并声明。等情。到臣。

该臣看得：云南东川府分防巧家同知张燮宽在省寓病故，当经详请具题声明。所遗巧家同知系夷疆五年俸满在任候升之缺，照例在外拣选升调。兹据云南布政使史致蕃等详称：于通省应调应补同知内逐加遴选，非现居要缺，即人地未宜，实无堪以调补之员。惟于应升人员内查有经征盐课溢额不论俸满即升之镇雄州知州刘廷谔，年五十四岁，河南永城县增贡生。遵筹边经费事例，捐纳知州，签掣云南试用。引见奉旨："照例发往。钦此。"道光十七年六月到滇，署他郎通判、安宁州知州。委运道光己亥年京铜，依限交清，引见奉旨："着回原任。钦此。"奉文俟回省后，归于候补班内，无论应题应调之缺，酌量补用。于二十二年二月差竣回滇，委署陆凉州知州。奉议以运铜回滇，檄照违限降三级调用，奉旨："刘廷谔着该督抚出具考语，送部引见，再降谕旨。钦此。"请咨引见，奉旨："刘廷谔着仍发云南，以原官补用，其降调之案，改为补官日降三级留任。钦此。"二十三年十一月到滇，历署永善、定远二县知县，兼署琅盐井提举、赵州知州，调署保山县知县。因剿办保山界外野夷出力保奏。奉上谕："署保山县、候补知州刘廷谔着以知州尽先补用。钦此。"委署蒙化同知，奏补镇雄州知州。奉文覆准，三十年四月准部到任，仍署蒙化同知。调署黑盐井提举。因经征盐课五万两以上，奉准部咨，照例加级。又因溢额多征八万两以上，照例不论俸满即升。咸丰三年十二月奉旨："依议。钦此。"钦遵在案。奏署顺宁府知府。卸事回任，是年大计卓异在案。该员精明老练，振作有为，历俸已满三年，在滇年久，熟悉边地夷情，请以升补东川府分防巧家同知，实属人地相宜，与例亦符。开列事实，造具参罚清册，详请查核出考具题。前来。臣查刘廷谔稳练勤能，志图上进，请以升补东川府分防巧家同知，洵堪胜任，如蒙俞允，该员夷疆虽未报满，而常俸已满三年，且系经征盐课溢额，不论俸满即升之员，例准升补。该员系现任知州，请升同知，衔小缺大。俟部覆至日，并同卓异之案照例给咨送部引见，恭候钦定。其所遗镇雄州知州调缺，俟覆准日，另行遴员升调。除将参罚清册送部外，臣谨会同云南巡抚臣吴振棫合词恭疏具题，伏乞皇上圣鉴，敕部议覆施行。为此具本，谨题请旨。

咸丰四年九月二十八日，兵部尚书兼都察院右都御史总督云贵二省等处地方军务兼管粮饷革职留任臣罗绕典。